Secrets et passions

STEFAN ZWEIG

AUX ÉDITIONS PAYOT & RIVAGES

Vingt-quatre heures de la vie d'une femme
La Confusion des sentiments
Le Joueur d'échecs
Lettre d'une inconnue, suivi de : *La Ruelle au clair de lune*
Amok
Brûlant secret
La Peur
La Gouvernante, suivi de : *Eros matutinus*
Destruction d'un cœur
Le Monde sans sommeil, suivi de : *La Contrainte*, de : *Au bord du lac Leman*, et de : *Ypres*
Le Wagon plombé, suivi de : *Voyage en Russie*, et de : *Sur Maxime Gorki*
Dans la neige, suivi de : *Le Chandelier enterré*
Secrets et pasions
Volpone
Jérémie
Correspondance avec Sigmund Freud
Correspondance avec Arthur Schnitzler
Correspondance avec Joseph Roth

Stefan Zweig

Secrets et passions

Brûlant secret – La gouvernante –
La confusion des sentiments – Amok –
Lettre d'une inconnue – Destruction d'un cœur –
Vingt-quatre heures de la vie d'une femme

PETITE BIBLIO
PAYOT

Retrouvez l'ensemble des parutions

des Éditions Payot & Rivages sur

payot-rivages.fr

Note de l'éditeur. Brûlant secret et *La Gouvernante* ont été traduits par Alinc Oudoul ; *Amok* et *Lettre d'une inconue* ont été traduits par Leïla Pellissier et Corinna Gepner ; *La Confusions des sentiments* a été traduit par Olivier Mannoni ; *Destruction d'un cœur* a été traduit par Nicole Casanova ; *Vingt-quatre heures de la vie d'une femme* a été traduit par Aline Weill.

TITRES ORIGINAUX :
Brennendes Geheimnis
Die Gouvernante
Verwirrung der Gefühle : Private Aufzeichnungen des Geheimrates R.V.D
Der Amokläufer
Brief einer Unbekannten
Untergang eines Herzens
Vierundzwanzig Stunden aus dem Leben einer Frau

Brûlant secret

Le partenaire

La locomotive émit un sifflement éraillé : elle avait atteint le Semmering [1]. Les wagons noirs s'arrêtèrent une minute dans la lumière d'altitude argentée, éjectèrent divers passagers, en avalèrent d'autres ; des voix irritées fusèrent de tous côtés, puis la machine enrouée siffla de nouveau et monta dans la grotte du tunnel en tirant derrière elle son chapelet de voitures. Alors, le paysage se redéploya à perte de vue, balayé et purifié par un vent humide.

---

1. Col autrichien, situé à 935 mètres d'altitude, qui relie la Basse-Autriche au Land de Styrie, formant ainsi une frontière naturelle. *(N.d.T.)*

L'un des arrivants, jeune, avenant par son élégance et l'élasticité naturelle de son pas, devança rapidement les autres pour prendre un fiacre jusqu'à l'hôtel. Sans hâte, les chevaux gravirent lourdement le chemin. L'air sentait le printemps. Dans le ciel, voltigeaient ces nuages blancs et turbulents qu'on ne voit qu'en mai et en juin, eux-mêmes encore jeunes et volages, qui courent en folâtrant au-dessus de la piste bleue pour se cacher soudain derrière de hautes montagnes, qui s'enlacent et se sauvent, tantôt se chiffonnant comme des mouchoirs, tantôt s'effilochant en traînées laiteuses, et qui, finalement, coiffent malicieusement les montagnes de bonnets blancs. L'effervescence régnait aussi là-haut dans le vent, qui agitait si frénétiquement les arbres frêles, encore mouillés de pluie, que leurs jointures craquaient légèrement et que des milliers de gouttes en jaillissaient comme des étincelles. Qui plus est, par moments, un froid parfum de neige semblait venir des montagnes – et l'on sentait alors, en respirant, quelque chose d'à la fois doux et mordant. Tout, dans l'air et sur la terre, n'était que mouvement et sourde impatience. Les chevaux, en haletant un peu, descendaient maintenant le chemin en trottant et leurs grelots tintaient loin devant eux.

Dès son arrivée à l'hôtel, le jeune homme parcourut tout d'abord la liste des clients – mais il fut rapidement déçu. « Pourquoi donc suis-je venu ici ? » commença-t-il à se demander avec inquiétude. « Être seul en montagne, sans compagnie, est plus pénible que le bureau. Apparemment, je suis venu trop tôt ou trop tard. Je n'ai jamais de chance avec mes vacances. Je ne vois pas un seul nom connu parmi tous ces gens. Si seulement il y avait quelque femme, un petit flirt, à la rigueur même innocent, pour ne pas passer cette semaine de façon trop terne… » Le jeune homme, un baron issu d'une noblesse de robe autrichienne assez obscure, employé au gouvernorat, avait pris ce petit congé sans nécessité, à vrai dire juste parce que tous ses collègues avaient obtenu une semaine de vacances au printemps et qu'il ne voulait pas laisser la sienne à l'administration. Il était, bien que non dénué de personnalité, de nature parfaitement mondaine, apprécié comme tel, bien vu dans tous les cercles et parfaitement conscient d'être inapte à la solitude. N'ayant aucun penchant pour les face-à-face avec lui-même, il évitait ces rencontres le plus possible, car il répugnait à se connaître plus intimement. Il savait qu'il avait besoin de se frotter aux autres pour laisser s'enflammer tous ses talents, la chaleur et la fougue de son cœur ; seul, il était glacial et inutile, comme une allumette dans sa boîte.

Contrarié, il arpenta le hall vide de long en large, tantôt feuilletant les journaux avec hésitation, tantôt retournant au salon de musique s'essayer au piano à une valse, dont ses doigts, cependant, ne purent capter le rythme. Finalement, il s'assit avec morosité, regarda au dehors la nuit lentement tomber et le brouillard émerger des épicéas dans une vapeur grise. Une heure s'égrena ainsi, fiévreuse et stérile. Puis il se réfugia dans la salle à manger.

Là-bas, seules quelques tables étaient occupées, qu'il survola toutes d'un regard rapide. En vain, pas de connaissances, sauf là – il rendit négligemment un salut – un entraîneur sportif, là encore un visage aperçu sur le Ring, sinon rien. Aucune femme, rien qui promette une aventure, même passagère. Sa mauvaise humeur empira. Il était de ces jeunes gens qui obtiennent beaucoup par leur joli visage et qui sont toujours prêts pour une nouvelle rencontre, une nouvelle expérience, toujours curieux de se lancer dans l'inconnu d'une nouvelle aventure et que rien ne surprend parce qu'ils ont tout calculé en la guettant – enfin, qui ne laissent échapper aucune occasion érotique, car ils saisissent, dès le premier regard, la sensualité de chaque femme, la détaillant sans faire de différence entre l'épouse d'un ami et la bonne qui leur ouvre la porte. Quand on nomme ces hommes à la légère, avec quelque mépris, des « chasseurs » de femmes, ce mot contient, sans qu'on le sache, une grande vérité d'observation car, de fait, tous les instincts fougueux de la chasse – le flair, l'excitation et la cruauté mentale – flambent dans l'œil inlassablement ouvert de ces êtres. Ils sont toujours à l'affût, sans cesse prêts et résolus à suivre la piste d'une aventure jusqu'au bord de l'abîme. La passion les habite constamment – non pas celle de l'amant, mais la flamme du joueur : une ardeur froide, calculatrice et dangereuse. Il y a chez eux des obstinés, dont la vie tout entière, bien au-delà de la jeunesse, se mue par cette attente en aventure perpétuelle, ceux pour qui un seul jour se ramène à une centaine de petites expériences sensuelles – un coup d'œil en passant, un sourire furtif, un genou frôlé –, pour lesquels une année se réduit à des centaines de jours similaires et pour qui l'expérience voluptueuse est la source toujours jaillissante, nourricière et stimulante de la vie.

Ici, il n'y avait pas de partenaire de jeu, son œil inquisiteur le remarqua d'emblée. Or, nulle irritation n'est plus grande que celle du joueur qui est assis, les cartes en main, conscient de sa supériorité, devant le tapis vert, attendant vainement un partenaire. Le baron se fit apporter un journal. Maussade, il laissa son regard parcourir les lignes, mais son esprit était paralysé, trébuchant sur les mots comme en proie aux brumes de l'alcool.

Alors, il entendit derrière lui le bruissement d'une robe et une voix un peu agacée, à l'accent affecté, dire :

– *Mais tais-toi donc, Edgar*[1] *!*

Près de sa table passèrent le frou-frou d'une robe de soie, puis la silhouette d'un grand corps plantureux, suivi d'un garçon plus petit

---

1. En français dans le texte, ainsi que tous les autres passages en italiques. *(N.d.T.)*

et plus pâle en costume de velours, dont le regard l'effleura avec curiosité. Tous les deux s'assirent face à face à la table réservée, l'enfant s'efforçant clairement d'observer une tenue qui semblait en contradiction avec l'agitation de ses yeux noirs. La dame – le baron ne prêtait attention qu'à elle – était très soignée, vêtue avec une élégance manifeste et, en outre, d'un genre qui lui plaisait beaucoup : celui de ces Juives un peu corpulentes, jetant les derniers feux de la maturité et d'une nature visiblement passionnée, mais qui ont appris à cacher leur tempérament derrière une mélancolie distinguée. Ne pouvant pour l'instant la regarder dans les yeux, le baron se borna à contempler la ligne pure, arquée de ses sourcils, au-dessus d'un nez fin et arrondi lequel, certes, trahissait sa race, mais dont la forme noble rendait son profil piquant. Ses cheveux étaient, comme tous les attributs féminins de ces corps pleins, d'une luxuriance singulière et sa beauté, forte de l'assurance d'être souvent admirée, semblait devenue orgueilleuse et blasée. Elle commanda d'une voix très basse, remit à sa place le garçon qui, par jeu, faisait tinter sa fourchette – tout cela avec une indifférence apparente envers le regard prudemment insidieux du baron, qu'elle ne semblait pas remarquer alors qu'en vérité, cette réserve lui était imposée par la grande vigilance de l'observateur.

Le visage sombre du baron s'éclaira tout à coup : ses nerfs frémirent, secrètement stimulés – lissant les rides, bandant les muscles, au point qu'il sursauta et qu'une lueur vacilla dans ses yeux. Lui-même n'était pas différent des femmes qui ont besoin de la présence d'un homme pour déployer pleinement leur pouvoir. Seule une excitation charnelle portait son énergie à son apogée. Le chasseur en lui flaira ici une proie. Provocant, son œil chercha à rencontrer son regard, qui le croisait parfois avec une lueur indécise, sans jamais cependant lui répondre clairement. Autour de la bouche aussi, il croyait par moments sentir le tressaillement d'un sourire naissant, mais tout cela n'était pas sûr, et cette incertitude même le grisait. Les seules choses qui lui semblaient prometteuses, c'étaient sa persistance à détourner les yeux – car elle disait sa gêne et sa résistance en même temps – et sa manière étrangement scrupuleuse de s'adresser à son enfant, visiblement à l'intention d'un spectateur. Même la réserve obstinée de ce sang-froid annonçait, il le sentait, les prémices d'un émoi. Lui aussi s'était enflammé : le jeu avait commencé. Il traîna à table – ses yeux ne lâchèrent pas d'une demi-heure cette femme, jusqu'à ce qu'ils aient dessiné chaque trait de son visage, exploré insensiblement chaque partie de son corps somptueux. Dehors, les ténèbres oppressantes s'étendaient et les bois soupiraient d'une crainte puérile, car alors, de gros nuages de pluie étiraient vers eux leurs mains grises ; les ombres pénétraient toujours plus sinistrement dans la pièce, où les dîneurs semblaient toujours plus écrasés par le silence. Le dialogue de la mère avec son enfant devenait de plus en plus forcé, artificiel sous sa menace pesante et bientôt, il le sentait, il allait s'arrêter. Là, il décida de tenter un essai. Il se leva le premier, puis marcha lentement vers la porte et, en passant devant elle, jeta un long regard au paysage. Sur le seuil de la pièce, il tourna soudain la tête, comme s'il avait oublié quelque chose. Et il la surprit à l'examiner d'un regard vif.

Cela l'enchanta. Il attendit dans le hall. Elle arriva bientôt, l'enfant à la main, feuilleta des magazines au passage, montra quelques images au gamin. Mais quand le baron, comme par hasard, s'approcha de la table, apparemment pour chercher lui aussi une revue – en fait pour percer plus profondément l'éclat humide de ses yeux, voire peut-être entamer un échange, elle se détourna, dit en tapotant l'épaule de son fils : « *Viens, Edgar, au lit !* » et s'éloigna en froufroutant. Il la suivit des yeux, un peu désappointé. À vrai dire, il avait compté lier connaissance le soir même, et ces manières sèches le déçurent. Toutefois, cette résistance ne manquait pas de charme, et l'incertitude où il était attisa son désir. Dans le fond, il avait son partenaire, et un jeu pouvait commencer.

Une amitié rapide

Quand, le lendemain matin, le baron pénétra dans le hall, il y vit l'enfant de la belle inconnue en grande conversation avec les deux liftiers, auxquels il montrait les images d'un livre de Karl May[1]. Sa maman n'était pas là, apparemment encore occupée à sa toilette. Ce fut seulement alors que le baron le regarda de plus près. C'était un garçon timide, malingre, d'une douzaine d'années, avec des gestes nerveux et des yeux sombres et fureteurs. Il donnait l'impression, chose fréquente chez les enfants de cet âge, d'être

1. Karl Friedrich May (1842-1912), célèbre dans le monde entier pour ses romans d'aventures se déroulant au Far West. *(N.d.T.)*

effarouché, comme s'il venait d'être arraché au sommeil pour être soudain placé dans un cadre étranger. Son visage, bien que non sans beauté, était encore très indéterminé, le conflit entre la virilité et l'enfance semblait même à peine vouloir commencer ; tout en lui était comme pétri, pas encore dégrossi ; rien ne s'exprimait par des lignes nettes, ne formant à la diable qu'un mélange de traits pâles. De plus, il était justement à cet âge disgracieux où les vêtements ne vont jamais aux enfants, flottant – manches comme pantalons – autour des membres grêles, et où nulle coquetterie ne les porte encore à veiller sur leur mise.

Le garçon faisait là, en errant d'un air indécis, une piètre impression. À vrai dire, il gênait tout le monde. Tantôt le portier, qu'il semblait harceler par toutes sortes de questions, l'écartait, et tantôt il bloquait l'entrée ; apparemment, il manquait d'amis. Aussi tentait-il, dans son besoin de babillage puéril, d'entreprendre les employés de l'hôtel, qui lui répondaient quand ils avaient le temps, mais s'interrompaient dès qu'un adulte apparaissait ou qu'une tâche les réclamait. Le baron contemplait avec intérêt, en souriant, le malheureux enfant, qui regardait chaque chose avec curiosité et que tout fuyait désagréablement. Une fois, il croisa hardiment un de ses regards curieux, mais les yeux noirs s'étrécirent avec crainte dès qu'il les surprit dans leur quête, et se cachèrent sous des paupières baissées. Cela amusa le baron. Le garçon commençait à l'intéresser et il se demanda si cet enfant que seule la peur, visiblement, rendait aussi timide, ne pourrait pas lui servir d'intermédiaire à un rapprochement. Enfin, il allait essayer. Discrètement, il suivit le gamin qui, justement, errait à nouveau devant la porte et, dans sa soif de tendresse candide, flattait les naseaux d'un cheval blanc jusqu'à ce que – il n'avait vraiment pas de chance – le cocher, à son tour, le rejette assez brusquement. Vexé et déconfit, il se remit à traîner avec son regard vide et un peu triste. Ce fut alors que le baron s'adressa à lui.

– Alors, jeune homme, te plais-tu ici ? commença-t-il, en s'efforçant de prendre le ton le plus jovial possible.

L'enfant devint cramoisi et leva craintivement les yeux. Il ramena, par peur, sa main vers lui et se tourna de-ci de-là avec embarras.

C'était la première fois qu'un inconnu engageait la conversation avec lui.

– Bien, merci… arriva-t-il tout juste à balbutier, en lâchant le dernier mot d'une voix étranglée.

– Cela m'étonne, dit le baron en riant, c'est pourtant un endroit ennuyeux, surtout pour un jeune homme comme toi. Que fais-tu donc toute la journée ?

Le garçon était encore trop dérouté pour répondre. Se pouvait-il vraiment que cet élégant étranger ait envie de lui parler – à lui dont personne d'autre ne se souciait ? Cette pensée l'intimida et l'enorgueillit à la fois. Il se ressaisit tant bien que mal.

– Je lis, et puis, on va beaucoup se promener. Des fois, on fait aussi un tour en voiture, ma maman et moi. Ici, je dois me reposer, j'ai été malade. C'est pour ça que je dois aussi m'asseoir longtemps au soleil, a dit le docteur.

Il prononça cette dernière phrase d'une voix un peu plus sûre. Les enfants sont toujours fiers d'une maladie, car ils savent que le danger redouble leur importance aux yeux de leur famille.

– Oui, le soleil est vraiment bon pour les jeunes gars dans ton état, il ne va pas tarder à te bronzer. Mais tu ne devrais quand même pas rester assis toute la journée. Un garçon comme toi doit se dépenser, être turbulent, faire aussi un peu de bêtises. Il me semble que tu es trop sage, trop casanier avec ton gros livre sous le bras. Quand je pense au garnement que j'étais à ton âge : tous les soirs, je rentrais à la maison avec mon pantalon déchiré. Il ne faut pas être trop sage !

Malgré lui, l'enfant ne put s'empêcher de sourire, ce qui chassa sa peur. Il aurait bien voulu répondre quelque chose, mais tout ce qui lui venait semblait trop effronté, trop prétentieux devant ce gentil monsieur inconnu, qui lui parlait si aimablement. Il n'avait jamais été impertinent et se troublait toujours facilement – et là, le bonheur et la honte le plongèrent dans la plus grande confusion. Il aurait tant aimé poursuivre la discussion, mais il ne trouvait rien à dire. Par chance, le grand saint-bernard roux de l'hôtel passa juste à cet instant, les flaira tous les deux et se laissa volontiers caresser.

– Aimes-tu les chiens ? demanda le baron.

– Beaucoup, ma grand-mère en a un dans sa villa de Baden [1] et quand on vit là-bas, il est toute la journée avec moi. Mais c'est juste en été, quand on va la voir.

– Nous en avons deux douzaines, chez nous, dans notre domaine, je crois, dit le baron. Si tu es gentil, je t'en offrirai un. Marron, avec des oreilles blanches, un tout jeune. Tu veux ?

L'enfant rougit de joie.

– Oh oui ! s'écria-t-il ardemment, avec convoitise. (Toutefois, l'instant d'après, il hésita, comme saisi de peur.) Mais maman ne le permettra pas. Elle dit qu'elle ne supporte pas les chiens dans la maison. Ils donnent trop de tracas.

Le baron sourit. Enfin, on parlait de la mère…

– Ta maman est-elle si sévère ?

L'enfant réfléchit, leva une seconde les yeux vers lui, comme pour se demander si on pouvait bien faire confiance à cet inconnu. Il se borna à répondre prudemment :

---

1. Station thermale proche de Vienne. Stefan Zweig s'y rendait souvent. *(N.d.T.)*

– Non. En ce moment, comme j'ai été malade, elle me permet tout. Peut-être même qu'elle me laissera avoir un chien.

– Veux-tu que je le lui demande ?

– Oui, s'il vous plaît ! lança l'enfant en jubilant. Alors, elle sera sûrement d'accord. Et de quoi a-t-il l'air ? Il a des oreilles blanches, c'est ça ? Est-ce qu'il sait rapporter ?

– Oui, il sait tout faire.

Le baron ne put s'empêcher de sourire en voyant les étincelles qu'il avait fait naître si vite dans les yeux du gamin. Sa réserve initiale s'était soudain brisée et sa chaleur, contenue par la peur, débordait. Par une transformation éclair, l'enfant timide, effarouché, était devenu un garçon exubérant. « Si seulement la mère était pareille, se dit spontanément le baron, aussi fougueuse derrière sa peur ! » Mais déjà, le gosse l'assaillait de questions.

– Comment s'appelle le chien ?

– Karo.

– Karo ! exulta l'enfant, qui riait malgré lui d'allégresse à chaque mot, tout grisé par la surprise que quelqu'un l'ait pris en amitié.

Le baron, s'étonnant lui-même de son succès rapide, voulut battre le fer pendant qu'il était chaud. Il invita le garçon à faire quelques pas avec lui et le pauvre enfant, qui avait soif d'un camarade depuis des semaines, fut enchanté de cette proposition. Sans réfléchir, il révéla tout ce que son nouvel ami lui soutira par de petites questions, apparemment fortuites. Le baron sut bientôt tout de sa famille, en premier lieu qu'Edgar était le fils unique d'un avocat viennois, visiblement de la riche bourgeoisie juive. En le sondant avec habileté, il apprit que ce séjour au Semmering ne ravissait pas absolument sa mère, qui s'était plainte d'un manque de compagnie sympathique – et il crut même pouvoir déduire de la réponse évasive d'Edgar quand il lui demanda si sa maman aimait beaucoup son papa, que là, tout n'allait pas pour le mieux. Il avait presque honte de sa facilité à arracher au gamin candide tous ces secrets de famille, car Edgar, très fier que les choses qu'il ait à raconter puissent intéresser une grande personne, fit aussitôt confiance à son nouvel ami. Son cœur d'enfant cognait de fierté – le baron avait, en se promenant, posé un bras sur son épaule – d'être vu publiquement en conversation aussi familière avec un adulte et, peu à peu, il oublia son inexpérience, bavardant librement et naturellement comme avec un camarade de son âge. Il se révéla, en parlant, un garçon très intelligent, un peu précoce comme la plupart des enfants maladifs qui sont beaucoup restés avec les grands, et ses sympathies et ses inimitiés étaient excessivement passionnées. Il semblait ne rien prendre avec calme, parlant de tout et de tout le monde, soit avec enthousiasme, soit avec une haine si violente qu'elle déformait son visage et le rendait presque laid et méchant. Quelque chose de sauvage et de versatile, lié peut-être à sa maladie fraîchement surmontée, donnait une ardeur fanatique à ses paroles, et sa gaucherie ne semblait être qu'une peur, refoulée à grand-peine, de son étrange passion.

Le baron gagna aisément sa confiance. En moins d'une demi-heure, il tint dans sa main ce cœur palpitant, inquiet et fougueux. Il est tellement facile de tromper les enfants, ces innocents, dont on recherche l'amour si rarement ! Pour cela, il n'eut qu'à s'inspirer de son passé et le parler enfantin lui vint si naturellement qu'Edgar le considéra comme son égal et, en quelques minutes, perdit toute impression de distance. Il était seulement comblé d'avoir là, en ce lieu isolé, trouvé un ami – et quel ami ! Oubliés les camarades de Vienne, les petits garçons aux potins naïfs et aux voix grêles, balayé leur souvenir dès ces premiers instants ! Toute son ardeur passionnée était maintenant vouée à ce grand, à ce nouvel ami, et son cœur s'enfla de fierté quand ce dernier, en prenant congé, l'invita à revenir le lendemain matin et le salua de loin en agitant la main, comme un frère. Cette minute fut peut-être la plus belle de sa vie. Il est si facile de tromper les enfants... Le baron sourit en voyant le garçon s'éloigner en courant. Dès lors, l'intermédiaire lui était tout acquis. Le gosse allait maintenant, il le savait, accabler sa mère d'histoires jusqu'à épuisement, lui répéter chaque mot – là, il se félicita d'avoir habilement glissé quelques compliments à son adresse, d'avoir toujours parlé à l'enfant de sa « jolie maman ». Il était convaincu que le gamin loquace n'aurait de cesse de lui faire rencontrer sa mère. Il n'avait même pas besoin de lever le petit doigt pour réduire la distance entre la belle inconnue et lui – à présent, il pouvait rêver en paix et contempler le paysage, car il savait que deux mains d'enfants lui bâtissaient un pont jusqu'à son cœur.

Trio

Le plan, comme il se révéla une heure plus tard, fut excellent et réussit dans les moindres détails. Quand le jeune baron, avec un léger retard calculé, pénétra dans la salle à manger, Edgar bondit de son fauteuil, le salua fougueusement avec un joyeux sourire, et agita la main. En même temps, il tira sa mère par la manche, lui parla à la hâte, tout excité, en montrant le baron avec de grands gestes. Celle-ci lui reprocha avec gêne, en rougissant, d'être aussi turbulent, mais ne put éviter de regarder derrière elle pour accéder à son désir, et le baron, sautant sur l'occasion, s'inclina respectueusement. Ils avaient fait connaissance. Elle fut contrainte de lui rendre la politesse mais, après ça, elle baissa les yeux sur son assiette et prit soin de ne pas les relever de tout le dîner. Contrairement à Edgar, qui jetait sans cesse des regards vers le baron et tenta même une fois de lui lancer quelques mots, une chose inadmissible qui lui valut sur-le-champ une semonce de sa mère. Le repas terminé, celle-ci lui signifia qu'il devait se coucher et tous deux entamèrent un chuchotement animé dont le résultat fut, à force de prières acharnées, qu'il eut la permission de gagner l'autre table pour dire bonsoir à son ami. Le baron lui prodigua quelques paroles cordiales, qui rallumèrent des étincelles dans les yeux de l'enfant, et bavarda avec lui quelques minutes. Mais soudain, par un revirement habile, il se tourna en se levant vers l'autre table, félicita sa voisine un peu confuse d'avoir un fils si éveillé, aussi intelligent, vanta la matinée exquise qu'il avait passée avec lui – Edgar se tenait à ses côtés, rouge de joie et de fierté – et s'enquit finalement de la santé de l'enfant, avec tant de détails et de petites questions qu'elle fut obligée de répondre. Aussi se trouvèrent-ils pris irrésistiblement dans une conversation plus longue, que l'enfant écouta attentivement, ravi, avec une sorte de vénération. Le baron se présenta et il crut remarquer que son nom ronflant n'était pas sans effet sur la coquette. En tout cas, elle se montra extrêmement obligeante envers lui, mais ne se compromit pas et prit même congé de bonne heure, à cause de l'enfant, ajouta-t-elle en s'excusant.

Ce dernier protesta violemment qu'il n'était pas fatigué et ne demandait qu'à veiller toute la nuit mais, déjà, la mère avait tendu sa main au baron, qu'il baisa d'un air respectueux.

Edgar dormit mal cette nuit-là. Il était perturbé, partagé entre la félicité et un désespoir puéril. Car aujourd'hui, il s'était passé quelque chose de nouveau dans sa vie. Pour la première fois, il était intervenu dans le destin des adultes. Il oublia ainsi, déjà à moitié plongé dans un rêve, qu'il était un enfant et se prit tout à coup pour un grand. Jusqu'alors, élevé seul et souvent malade, il avait eu très peu d'amis. Pour satisfaire tous ses besoins de tendresse, il n'avait eu que ses parents, qui ne se souciaient guère de lui, et les domestiques. Or, la force d'une affection n'est jamais bien mesurée quand on l'estime seulement en fonction de sa cause, et non de l'espoir fébrile qui la précède : cette étendue sombre, profonde, de déception et de solitude, qui prélude à tous les grands événements du cœur. Une sensibilité impétueuse, inemployée, avait attendu là et le jetait, les bras grands ouverts, vers la première personne qui semblait la mériter. Edgar était couché dans le noir, heureux et dérouté, il avait envie de rire et ne pouvait s'empêcher de pleurer. Car il aimait cet homme comme il n'avait jamais aimé un ami, son père ni sa mère, pas même Dieu. Toute l'ardeur inexpérimentée de ses jeunes années s'accrochait à l'image de cet homme dont, encore deux heures plus tôt, il ignorait le nom.

Mais il était pourtant assez intelligent pour ne pas être embarrassé par l'aspect étrange et soudain de cette nouvelle amitié. Ce qui le gênait tant, c'était le sentiment de son inanité, de son insignifiance. « Suis-je digne de lui, moi, un gamin de douze ans qui doit encore aller à l'école et qu'on envoie au lit avant les autres ? se tourmentait-il. Que puis-je être pour lui, qu'ai-je donc à lui offrir ? » C'était précisément sa cruelle impuissance à lui montrer, d'une façon quelconque, son sentiment qui le rendait malheureux. D'habitude, quand il se prenait d'affection pour un camarade, son premier désir était de partager avec lui les quelques petits trésors de son pupitre, les timbres et les pierres, les richesses puériles de l'enfance ; mais toutes ces choses qui, la veille encore, étaient d'une grande importance et d'un rare intérêt, lui semblaient tout à coup dérisoires et méprisables. Car comment pouvait-il offrir ce genre d'objets à ce nouvel ami, à qui, pas une seule fois, il n'avait osé rendre son tutoiement ? Où trouver un moyen, une possibilité, de révéler ses sentiments ? Il était de plus en plus torturé par l'idée d'être petit, incomplet, immature, un gamin de douze ans ; et jamais encore il n'avait maudit si furieusement sa condition d'enfant – jamais il n'avait eu autant envie de se réveiller différent, tel qu'il se rêvait : grand et fort, un homme, un adulte comme les autres.

Dans ces pensées fiévreuses se jetaient pêle-mêle les premiers rêves colorés du nouveau monde de la virilité. Edgar finit par s'endormir en souriant, et pourtant, le souvenir du rendez-vous du lendemain troubla son sommeil. Il se réveilla en sursaut dès sept heures, craignant déjà d'arriver en retard. Il s'habilla en hâte, surprit sa mère qui, d'habitude le tirait du lit à grand-peine, en courant la saluer dans sa chambre, et dévala l'escalier avant qu'elle ait pu l'interroger. Il erra dans le hall avec impatience jusqu'à neuf heures et oublia son petit déjeuner, ne songeant qu'à ne pas faire attendre son ami pour la promenade.

À neuf heures et demie, le baron insouciant arriva enfin en flânant. Il avait, naturellement, oublié le rendez-vous depuis longtemps – là pourtant, quand le garçon accourut vers lui, il ne put s'empêcher de sourire devant cet enthousiasme et se montra disposé à tenir sa promesse. Il le prit à nouveau sous son bras, arpenta le hall de l'hôtel avec l'enfant rayonnant, seulement il refusa d'une voix douce, mais ferme, de se promener avec lui tout de suite. Il semblait attendre quelque chose, du moins c'était ce que suggéraient ses regards nerveux vers les portes. Soudain, il tressaillit. La mère d'Edgar venait d'entrer et, en lui rendant son salut, se dirigea aimablement vers eux. Elle sourit d'un air approbateur quand elle apprit le projet de promenade que son fils lui avait caché comme un précieux trésor, et se laissa de désirs qui avaient été mal accueillis jusqu'alors. Il n'était donc pas étonnant que croisse rapidement en lui le sentiment trompeur d'être un adulte. Déjà, l'enfance, dans ses rêves brillants, était loin derrière lui, comme un vêtement trop petit délaissé et jeté par terre.

À midi, le baron, sur l'invitation de sa mère de plus en plus aimable, vint s'asseoir à leur table. Le face-à-face s'était mué en côte à côte, la connaissance en amitié. Le trio commençait et les trois voix de la femme, de l'homme et de l'enfant résonnaient à l'unisson.

rapidement persuader par l'invitation du baron à les accompagner. Edgar s'assombrit aussitôt et se mordit les lèvres. Comme il était rageant qu'elle soit passée juste à ce moment-là ! Quand même, cette promenade n'appartenait qu'à lui, et s'il avait présenté son ami à sa maman, ça n'avait été que par gentillesse ; il ne voulait pas le partager. Une sorte de jalousie naquit bientôt en lui quand il remarqua l'amabilité du baron à l'égard de sa mère.

Ils allèrent donc se promener à trois, et l'enfant nourrit encore plus l'impression enivrante de sa brusque importance quand il vit l'intérêt manifeste que tous deux lui prêtaient. Il était presque exclusivement l'objet de la conversation : sa mère s'épanchait avec une inquiétude un peu hypocrite sur sa pâleur et sa nervosité, tandis que le baron objectait en souriant et se répandait en éloges sur les manières charmantes de son « ami », comme il l'appelait. Ce fut un moment inouï pour Edgar. Il disposa de droits qui ne lui avaient jamais été octroyés de toute son enfance. Il put participer à la discussion sans être rabroué sur-le-champ, voire exprimer sans y être invité toutes sortes

L'attaque

Le chasseur impatient eut alors l'impression qu'il était temps de s'approcher prudemment de son gibier. La tonalité familiale, le triple accord de cette affaire, lui déplaisaient. Certes, il était bien gentil de bavarder à trois, mais enfin, la causerie n'était pas son but. Et il savait que les mondanités, où le désir se cache sous un jeu de masques, retardent toujours les rapports érotiques entre l'homme et la femme, ôtent aux mots leur ardeur et son feu à l'attaque. La dame, pendant qu'ils devisaient, ne devait jamais oublier ses intentions réelles, qu'elle avait – il en était certain – déjà comprises.

Que ses efforts auprès de cette femme ne soient pas inutiles était, à bien des égards, vraisemblable. Elle se trouvait à l'âge décisif où une femme commence à regretter d'être restée fidèle à un époux qu'elle n'a, au fond, jamais aimé, et où le crépuscule pourpre de sa beauté lui laisse encore un dernier choix pressant entre le maternel et le féminin. La vie, qui semblait déjà depuis longtemps réglée, est à nouveau, en cet instant, remise en cause – pour la dernière fois, l'aiguille magique de la volonté oscille entre l'espoir d'une aventure érotique et la résignation définitive. Une femme doit alors prendre la décision périlleuse de vivre son destin ou celui de ses enfants, d'être femme ou bien mère. Et le baron, qui était perspicace en la matière, croyait déjà sentir en elle cette hésitation dangereuse entre l'élan vital et le sacrifice. Elle oubliait toujours, dans la conversation, d'évoquer son époux, qui semblait satisfaire ses seuls besoins superficiels, pas son snobisme éveillé par un mode de vie distingué et, en fait, elle en savait très peu sur la vie intérieure de son fils. Une ombre d'ennui, déguisée dans ses yeux sombres en mélancolie, planait sur sa vie et camouflait sa sensualité. Le baron décida ainsi d'agir vite, mais d'éviter en même temps tout semblant de précipitation. Au contraire, il voulait, comme le pêcheur retirant l'appât pour mieux ferrer sa proie, opposer à cette nouvelle amitié une feinte indifférence – se laisser courtiser, alors que c'était lui qui faisait la cour en réalité. Il prévoyait d'outrer une certaine suffisance pour mieux souligner leur différence de statut social, car il était séduit par l'idée de pouvoir conquérir ce beau corps opulent rien que par l'accentuation de son arrogance, le prestige d'un nom aristocratique et des manières froides.

Ce jeu brûlant commençait déjà à l'exciter, au point qu'il se força à la prudence. Il passa l'après-midi dans sa chambre, avec le sentiment plaisant d'être cherché et regretté. Or, cette absence ne fut pas tellement remarquée par la dame, à laquelle elle était destinée, mais confina au tourment pour le pauvre enfant. Edgar se sentit tout l'après-midi infiniment perdu et désemparé. Avec la fidélité obstinée propre aux garçons de son âge, il attendit inlassablement son ami pendant de longues heures. Il aurait considéré comme un manquement à l'amitié de partir ou de faire quelque chose tout seul. Il se traîna vainement dans les couloirs, et plus le temps passait, plus son cœur était gros. Déjà, dans son imagination fébrile, il inventait un accident ou un affront qu'il aurait commis inconsciemment, et la peur et l'impatience le mettaient au bord des larmes.

Lorsque, le soir venu, le baron descendit à table, il fut reçu avec éclat. Edgar bondit à sa rencontre, indifférent au cri réprobateur de sa mère et à l'étonnement des autres gens, et étreignit fougueusement sa poitrine de ses petits bras maigres.

– Où étiez-vous ? Où êtes-vous allé ? lança-t-il précipitamment. Nous vous avons cherché partout.

La mère, rougissant de cette association importune, dit d'une voix assez dure :

– *Sois sage, Edgar. Assieds-toi !*

(Elle lui parlait, en effet, toujours en français, bien que cette langue ne lui vînt pas très naturellement et qu'elle achoppât un peu sur les explications ardues.)

Edgar obéit, mais ne cessa pas d'interroger son ami.

– N'oublie pas que monsieur le baron peut faire ce qui lui plaît, reprit sa mère. Peut-être s'ennuie-t-il en notre compagnie.

Cette fois, elle s'associa elle-même à son enfant, et le baron sentit avec joie que ce reproche appelait un compliment.

Le chasseur se réveilla en lui. Il était enivré, excité d'avoir trouvé aussi vite la bonne piste, de sentir le gibier si près d'être tiré. Ses yeux brillèrent, le sang afflua dans ses veines, les paroles jaillirent de ses lèvres, sans qu'il sût trop comment lui-même. Il était, comme tout homme extrêmement sensuel, en pleine possession de ses talents quand il se savait plaire aux femmes, tels de nombreux acteurs qui ne brûlent les planches que lorsqu'ils sentent devant eux l'assistance, le souffle de la foule entièrement sous le charme. Il avait toujours été un bon conteur, doué pour les récits évocateurs, mais ce jour-là – après quelques verres de champagne, qu'il avait commandés en l'honneur de leur nouvelle amitié – il se surpassa. Il raconta des chasses aux Indes, auxquelles il avait été invité par un ami de la haute aristocratie anglaise, en choisissant ce thème parce qu'il était sans risque et qu'il sentait que toutes les choses exotiques, inaccessibles, attiraient cette femme. Mais celui qu'il enchanta par ces histoires fut surtout Edgar, dont les yeux pétillaient d'enthousiasme. Il en oubliait de manger, contemplant le narrateur en buvant ses paroles. Il n'avait jamais espéré voir réellement un homme ayant vécu ces choses prodigieuses qu'il lisait dans ses livres : les chasses aux tigres, les hommes au teint cuivré, les hindous et Jagannatha, la roue terrible qui broyait des milliers de gens sur son passage. Jusqu'alors, il n'avait jamais pensé que ces hommes existaient dans la réalité, pas plus qu'il n'avait cru aux pays des contes, et cette révélation lui ouvrit de vastes perspectives. Il ne pouvait quitter des yeux son ami, fixait en retenant son souffle ces mains, si près de lui, qui avaient tué un tigre… À peine osait-il poser une question que sa voix résonnait, agitée et fébrile. Sa vive imagination lui faisait apparaître, comme par magie, les tableaux de ces histoires ; il voyait le baron juché sur un éléphant caparaçonné de pourpre, encadré par des hommes au teint mat en turbans précieux et, soudain, le tigre jaillir de la jungle en montrant les dents et abattre sa grosse patte sur la trompe de l'éléphant. Là, son ami raconta quelque chose d'encore plus intéressant, comment on attrapait habilement les éléphants, à l'aide des vieux déjà apprivoisés qui attiraient dans des enclos les jeunes, sauvages et impétueux : les yeux de l'enfant étincelaient. Puis brusquement – ce fut comme s'il recevait un coup de couteau –, sa mère lança, en jetant un œil à l'horloge :

– *Neuf heures ! Au lit !*

Edgar blêmit d'effroi. Pour tous les enfants, être envoyé au lit est une chose terrible, car c'est l'humiliation la plus flagrante devant les adultes, le stigmate de l'enfance, de l'infériorité, du besoin de sommeil puéril. Mais à cet instant palpitant, cette vexation fut d'autant plus affreuse qu'elle lui faisait rater tant de choses inouïes.

– Juste encore cette histoire, maman, celle sur les éléphants, laisse-moi juste l'écouter !

Il faillit quémander, mais, très vite, il se rappela sa nouvelle dignité d'adulte. Aussi n'osa-t-il faire qu'une seule tentative. Or sa mère, ce jour-là, était étrangement stricte.

– Non, il est trop tard. Monte sans discuter. *Sois sage, Edgar*. Je te rapporterai fidèlement toutes les histoires de monsieur le baron.

L'enfant hésita. D'habitude, sa mère l'accompagnait toujours au lit. Mais il ne voulut pas la supplier devant son ami. Sa fierté puérile tenta de sauver les apparences en donnant un semblant de spontanéité à cette sortie piteuse.

– C’est bien vrai, maman, tu me raconteras tout, tout ! Celle sur les éléphants et les autres !

– Oui, mon enfant.

– Et tout à l’heure ! Ce soir même !

– Oui oui, mais là, va te coucher. Va !

Edgar s’étonna lui-même de pouvoir tendre la main au baron et à sa mère sans rougir, alors que déjà, sa gorge était étranglée de sanglots. Le baron lui ébouriffa amicalement les cheveux, ce qui arracha un sourire à son visage crispé. Mais après, il dut s’élancer vers la porte, sinon ils auraient vu les grosses larmes couler sur son visage.

Les éléphants

La mère resta encore un certain temps à table avec le baron, mais ils ne parlèrent plus d'éléphants ni de chasse. Un ange passa, une gêne plana entre eux après le départ du garçon. Finalement, ils sortirent dans le hall et s'assirent dans un coin. Le baron était plus éblouissant que jamais, et elle, un peu grisée par les quelques verres de champagne, de sorte que l'entretien prit bien vite un tour dangereux. Le baron n'était pas à proprement parler joli garçon, mais il était jeune et d'aspect très viril avec son visage énergique, son teint mat et ses cheveux ras, et il la ravissait par ses gestes pleins d'entrain, et presque impertinents. À présent, elle avait plaisir à le voir de près et ne craignait plus son regard.

Pourtant, tout doucement, se glissa dans les paroles du baron une hardiesse qui la troubla un peu, comme si quelque chose s'emparait de son corps, le tâtait et se retirait, une sorte de licence inconcevable qui lui fit monter le feu aux joues. Mais aussitôt, le baron partait d'un rire jeune, détendu et insouciant, qui donnait à ses petites libertés l'apparence détachée d'une blague juvénile. Par moments, il lui semblait qu'elle devait le remettre à sa place pour un mot déplacé, mais ces privautés ne faisaient qu'inciter cette femme, de nature coquette, à attendre qu'il poursuive. Transportée par ce jeu audacieux, elle tenta même, à la fin, de lui donner la réplique. Ses regards laissèrent flotter vers lui quelques petites promesses, elle se donna déjà par des paroles et par des gestes, souffrit même qu'il se rapprochât et toléra la proximité de sa voix, dont elle sentait parfois le souffle chaud et palpitant sur ses épaules. Comme tous les joueurs, ils oublièrent le temps et se perdirent si complètement dans ce dialogue brûlant qu'ils sursautèrent quand, à minuit, les lumières du hall s'éteignirent peu à peu.

Elle se leva d'un bond, obéissant à une peur spontanée, et sentit tout à coup jusqu'où elle avait osé s'aventurer. Jouer avec le feu ne lui était d'ailleurs pas étranger, mais là, son instinct aiguisé perçut combien ce badinage frôlait le sérieux. En frissonnant, elle découvrit qu'elle ne se sentait plus très sûre d'elle, qu'une partie d'elle-même commençait à glisser, dangereusement attirée dans la tourmente. La tête lui tournait sous l'effet de la crainte, du vin, et des paroles brûlantes – une peur idiote, folle, s'empara d'elle, celle qu'elle avait déjà connue quelques fois dans sa vie en des secondes aussi hasardeuses, mais jamais de manière si violente et vertigineuse.

– Bonne nuit, bonne nuit… À demain matin ! dit-elle très vite, prise d'une envie de fuir.

Pour fuir moins le baron que le risque de cet instant et un péril étrange, nouveau, qu'elle pressentait en elle.

Mais le baron retint avec une douce violence la main offerte pour prendre congé, la baisa – non pas une fois par correction, mais quatre à cinq avec les lèvres, du bout des doigts fuselés jusqu'au poignet tremblant, et elle sentit avec un léger frisson sa moustache hérissée chatouiller le dos de sa main. Une vague sensation, chaude, oppressante, rayonna dans son sang à travers tout son corps, une vive peur monta en elle, martelant ses tempes de façon menaçante, sa tête devint brûlante et la peur, cette folle peur, la parcourut convulsivement… là, elle ôta sa main sur-le-champ.

– Restez encore un peu… chuchota le baron.

Mais déjà, elle sortait précipitamment, avec une raideur dans sa hâte qui révélait sa peur et son trouble. En elle régnait l'excitation qu'il avait recherchée, elle sentait à quel point tout son corps était ébranlé. Elle était en proie à la peur ardente, cruelle, que l'homme, derrière elle, la suive et s'empare d'elle, mais en même temps, encore à l'état naissant, elle éprouvait déjà le regret qu'il ne le fît pas. À cet instant aurait pu se passer ce qu'elle désirait ardemment, inconsciemment, depuis des années, l'aventure dont elle aimait voluptueusement le frôlement et à laquelle elle s'était toujours dérobée à la dernière minute, la grande et dangereuse intrigue, pas seulement le flirt excitant et passager. Mais le baron était trop fier pour profiter d'un moment propice, trop sûr de sa victoire pour prendre cette femme à la hussarde dans un instant de faiblesse et d'ivresse – au contraire, le joueur loyal n'était tenté que par la lutte et l'abandon pleinement conscient. Elle ne pouvait lui échapper. Le poison coulait déjà dans ses veines.

En haut, dans l'escalier, elle s'arrêta, la main sur son cœur haletant. Elle devait se reposer un instant. Ses nerfs défaillaient. Un soupir s'exhala de sa poitrine, moitié de soulagement d'avoir évité un danger, et moitié de regret ; mais tout cela était confus et s'agitait encore dans son sang comme un léger vertige. Les yeux mi-clos, elle repartit à tâtons vers sa porte comme si elle était ivre, et là, elle respira en saisissant la poignée fraîche. Enfin, elle était en sécurité !

Sans bruit, elle la tourna pour entrer dans la pièce. Et fut saisie d'effroi la seconde suivante… Quelque chose avait bougé dans la chambre, tout au fond, dans le noir. Ses nerfs à vif tressaillirent, déjà elle voulait crier au secours quand une voix ensommeillée s'éleva :

– Maman, c'est toi ?

– Pour l'amour du ciel, que fais-tu là ?

Elle courut jusqu'au divan où son fils, pelotonné, venait de se réveiller. Au début, elle crut qu'il était malade, qu'il avait peut-être besoin d'aide.

Mais l'enfant, encore tout engourdi, dit sur un ton de léger reproche :

– Je t'ai attendue si longtemps que je me suis endormi.

– Pourquoi donc ?

– À cause des éléphants.

– Quels éléphants ?

Là seulement, elle comprit. C'était vrai, elle lui avait promis de tout lui raconter, le soir même, sur la chasse et les aventures… Et l'enfant s'était glissé dans sa chambre – ce garçon naïf et puéril – pour attendre son retour avec confiance, et s'était endormi entre-temps. Cette extravagance l'indigna. Ou plutôt, elle se sentit en colère contre elle-même, un murmure de honte et de culpabilité bourdonna dans sa tête.

– Au lit, tout de suite, sale désobéissant ! hurla-t-elle à son fils, pour couvrir cette voix.

Edgar la regarda, ébahi. Pourquoi était-elle si furieuse contre lui – lui qui n'avait rien fait ? Mais cet étonnement ne fit que décupler l'irritation de sa mère.

– Va tout de suite dans ta chambre ! cria-t-elle, ulcérée, car elle avait conscience d'être injuste envers lui.

Edgar obéit sans un mot. En fait, il était épuisé et sentait juste vaguement, dans les brumes pesantes du sommeil, que sa mère n'avait pas tenu une promesse et qu'on était, en quelque sorte, méchant avec lui. Mais il ne se révolta pas. Hébété de fatigue, il s'en voulait beaucoup de s'être endormi, au lieu de l'attendre en veillant. « Comme un petit enfant ! » se dit-il en lui-même, écœuré, avant de replonger dans le sommeil.

Car depuis la veille, il haïssait sa condition d'enfant.

Escarmouches

Le baron avait mal dormi. Il est toujours dangereux d'aller se coucher après l'interruption brutale d'une aventure. Une nuit agitée, compromise par des rêves érotiques, lui fit bientôt regretter de n'avoir pas fait ses bagages aussitôt après ce coup dur. Quand il descendit le matin, encore assombri par le sommeil et la mauvaise humeur, l'enfant, surgissant d'une cachette, bondit à sa rencontre, le serra dans ses bras avec enthousiasme et commença à le harceler de questions. Il était heureux d'avoir son grand ami un instant tout à lui, de ne pas avoir à le partager avec sa mère. Ce dernier ne devait raconter ses histoires qu'à lui, non plus à sa maman, insista-t-il car, malgré sa promesse, elle ne lui avait rien répété des choses merveilleuses. Il importuna le baron mal réveillé, qui cachait difficilement sa morosité, par des centaines de questions puériles – mêlées de témoignages fougueux de son affection –, tant il était aux anges d'être à nouveau seul avec celui qu'il avait longtemps cherché et attendait depuis des heures.

Le baron répondit d'un ton maussade. Être sans cesse guetté par l'enfant, la niaiserie de ses questions et, surtout, sa passion encombrante commençaient à l'ennuyer. Il était las d'errer toute la journée avec un garçon de douze ans et de dire des bêtises avec lui. À présent, il ne tenait qu'à battre le fer pendant qu'il était chaud et à prendre la mère, ce qui, par la fâcheuse présence du gamin, devenait un problème. Une première gêne d'avoir éveillé imprudemment cette passion le saisit, car, pour l'instant, il ne voyait pas comment se débarrasser de cet ami beaucoup trop fidèle.

Quand même, il devait essayer. Jusqu'à dix heures, l'heure à laquelle il avait convenu d'une promenade avec la mère, il laissa l'ardent gazouillis de l'enfant se déverser sur lui sans l'écouter, en lui jetant par moments quelques bribes de réponses pour ne pas le vexer, mais en lisant le journal. Enfin, quand l'aiguille approcha de la verticale, il pria Edgar, comme s'il s'en souvenait brusquement, d'aller juste un instant dans l'hôtel voisin demander si le comte Grundheim, son cousin, était déjà arrivé.

L'enfant candide, ravi de pouvoir enfin rendre un service à son ami et fier de sa dignité de commissionnaire, détala sur-le-champ, et à une telle allure que les gens le suivirent des yeux, étonnés. Mais il tenait à montrer comme il était rapide quand on lui confiait un message. Le comte, lui dit-on là-bas, ne s'était pas encore présenté – en fait, pour le moment, il ne s'était même pas annoncé. Le garçon rapporta cette nouvelle tout aussi promptement. Mais le baron n'était plus dans le hall de l'hôtel. Edgar frappa donc à la porte de sa chambre – sans succès ! Inquiet, il parcourut toutes les pièces, le salon de musique et le café, puis courut chez sa mère, tout excité, pour se renseigner : elle aussi avait disparu. Le portier, auquel il finit par s'adresser, désespéré, lui dit à sa grande stupeur qu'ils étaient sortis ensemble quelques minutes plus tôt.

Edgar attendit patiemment. Dans sa crédulité, il ne supposait rien de mal. Sûrement, ils ne pouvaient s'être absentés qu'un petit moment, car le baron avait besoin de sa réponse. Mais quand le temps traîna en longueur, l'inquiétude germa en lui. En fait, depuis le jour où ce charmant inconnu s'était immiscé dans sa petite vie innocente, il était anxieux, tendu et dérouté toute la journée. Dans un organisme aussi délicat que celui des enfants, chaque passion imprime sa marque comme sur de la cire tendre. Ses paupières commencèrent à trembler nerveusement et, bientôt, il pâlit. Edgar attendit, attendit… d'abord avec patience, puis follement agité et, à la fin, au bord des larmes. Mais il n'était pas encore soupçonneux. Dans sa confiance aveugle en ce nouvel ami merveilleux, il présumait juste un malentendu, tourmenté par la crainte secrète d'avoir peut-être mal compris sa mission.

Mais, chose des plus étranges, lorsqu'ils arrivèrent enfin ensemble, ils continuèrent à bavarder gaiement et ne montrèrent aucun étonnement. Il ne semblait pas du tout leur avoir manqué.

– Nous sommes partis à ta rencontre en espérant te trouver en chemin, Edi ! lança le baron sans s'informer de la tâche qu'il lui avait confiée.

Et quand l'enfant, tout effrayé à l'idée qu'ils aient pu le chercher en vain, se mit à déclarer qu'il était juste passé par la voie directe, par la rue principale, et tenta de savoir quelle direction ils avaient prise, sa maman, aussitôt, l'interrompit.

– Ça suffit ! jeta-t-elle. Les enfants ne doivent pas parler autant.

Edgar devint rouge de colère. C'était la deuxième fois qu'elle faisait une vile tentative pour le rabaisser devant son ami. Pourquoi agissait-elle ainsi ? Pourquoi essayait-elle toujours de le présenter comme un enfant, alors que – il en était certain – il n'était plus un gamin ? Apparemment, elle était jalouse de son ami et voulait le lui prendre. Et c'était sûrement elle aussi qui avait conduit exprès le baron sur un mauvais chemin. Mais il ne la laisserait pas le maltraiter, il allait lui montrer… Déjà, il aspirait à la provoquer. Aussi décida-t-il de ne pas lui dire un mot à table, de ne causer qu'avec son ami.

Or, ce fut difficile. Ce à quoi il s'attendait le moins se produisit : on ne remarqua pas sa bravade. En fait, ils ne parurent même pas le voir, lui qui, pourtant, la veille, avait été au centre de leur conversation ! Ils parlaient par-dessus sa tête, plaisantaient et riaient comme s'il avait disparu sous la table. Le sang lui monta aux joues et un nœud, se formant dans sa gorge, l'étrangla. En frissonnant, il prit conscience de son impuissance effrayante. Devrait-il rester là sans broncher et regarder sa mère lui voler son ami, le seul être qu'il aimait, sans pouvoir se défendre autrement qu'en se taisant ? Il faillit se lever et taper des deux poings sur la table – juste pour qu'ils le remarquent. Mais il se domina, posa simplement son couteau et sa fourchette et ne mangea plus une seule bouchée. Toutefois, pendant longtemps, ils ne s'aperçurent pas non plus de ce jeûne obstiné, et ce fut juste au dernier plat que sa mère s'en avisa, lui demandant s'il ne se sentait pas bien. « C'est écœurant, se dit-il, elle pense toujours la même chose, que je suis malade. À part ça, tout lui est égal. » Il répondit tout net qu'il n'avait pas envie de manger, et elle s'en contenta. Rien, aucune tactique ne les força à prêter attention à lui. Le baron semblait l'avoir oublié, du moins il ne lui adressa pas la parole une seule fois. Les yeux brûlants, de plus en plus gonflés, Edgar dut recourir à la ruse enfantine de lever en hâte sa serviette avant que l'on puisse voir que des larmes jaillissaient sur ses joues et coulaient, salées, entre ses lèvres. Il respira quand le repas s'acheva.

Au cours du dîner, sa mère avait proposé une promenade en voiture à Maria-Schutz[1]. Edgar avait entendu ça, les dents serrées. Elle ne voulait donc plus le laisser une minute seul avec son ami. Mais sa haine s'enflamma quand elle lui dit en se levant :

– Edgar, tu vas encore oublier tout ce que tu as appris à l'école, tu devrais rester pour une fois dans ta chambre, et réviser un peu !

Il serra son petit poing d'enfant. Elle voulait toujours l'humilier devant son ami, sans cesse lui rappeler publiquement qu'il était encore un enfant, qu'il devait aller à l'école et n'était que toléré parmi les adultes. Cette fois, son intention était quand même

1. Lieu de pélerinage dans la région du Semmering. *(N.d.T.)*

trop flagrante. Il ne répondit pas, mais il se retourna brusquement.

– Ah ah, encore vexé... fit-elle en souriant, puis elle dit au baron : Serait-ce si terrible s'il devait, juste une fois, travailler une bonne heure ?

Et là – le cœur de l'enfant se glaça de stupeur – le baron renchérit, lui qui se disait son ami, lui qui l'avait traité de casanier par plaisanterie :

– Allons, une heure ou deux ne pourraient sûrement pas faire de mal !

Étaient-ils donc complices ? S'étaient-ils vraiment ligués contre lui ? La colère flamba dans les yeux de l'enfant.

– Papa a défendu que j'étudie ici, papa veut que je me repose ! lança-t-il avec tout l'orgueil de sa maladie, en se cramponnant désespérément à la parole, à l'autorité de son père.

Il jeta tout cela comme une menace. Et le plus curieux fut que le mot « papa » parut éveiller un réel malaise chez les deux adultes. La mère détourna les yeux et tambourina nerveusement des doigts sur la table. Un silence pénible s'installa entre eux.

– Comme tu veux, Edi, dit enfin le baron avec un sourire forcé. Je n'ai pas d'examen à passer, il y a bien longtemps que je les ai tous ratés !

Edgar, pourtant, ne sourit pas de la plaisanterie et le toisa d'un air inquisiteur, comme s'il voulait le percer jusqu'au tréfonds de l'âme. Que se passait-il donc ? Quelque chose avait changé entre eux, et l'enfant ignorait pourquoi. Ses yeux vagabondèrent avec inquiétude. Dans son cœur cognait fébrilement un petit marteau : le premier soupçon.

Brûlant secret

« Qu'est-ce qui les a autant changés ? » se demandait Edgar, assis en face d'eux dans la calèche en marche. « Pourquoi ne sont-ils plus avec moi comme avant ? Pourquoi maman détourne-t-elle toujours les yeux quand je la regarde ? Pourquoi cherche-t-il toujours à plaisanter et à faire le pitre devant moi ? Tous deux ne me parlent plus comme hier et avant-hier, j'ai presque l'impression qu'ils ont changé de visage. Aujourd'hui, maman a les lèvres si rouges qu'elle a dû les farder. Je ne l'ai jamais vue comme ça… Et lui a toujours le front plissé, comme s'il était vexé. Je ne leur ai pourtant rien fait, je n'ai pas dit un mot qui puisse les contrarier ? Non, ça ne peut pas être à cause de moi, car, ensemble, eux aussi ne sont plus pareils. Ils ont l'air d'avoir fait une chose qu'ils n'osent pas avouer. Ils ne parlent plus comme hier, ils ne rient même pas, ils sont embarrassés, ils cachent quelque chose… Ils doivent avoir un secret, qu'ils ne veulent pas me révéler. Un secret qu'il me faut découvrir à tout prix. Je le devine déjà, ça doit être celui qui les fait toujours s'enfermer à clé devant moi, dont on parle dans les livres et les opéras, quand les hommes et les femmes chantent face à face, en écartant les bras, quand ils s'étreignent et se repoussent. Ça doit être un peu comme ce qui s'est passé avec ma préceptrice de français, qui s'est si mal conduite avec Papa qu'elle a été renvoyée. Toutes ces choses sont liées, je le sens, mais je ne sais simplement pas comment. Oh, j'aimerais tant le connaître, le connaître enfin, ce secret, saisir cette clé qui ouvre toutes les portes, ne plus être un enfant devant qui on cache tout, ne plus me laisser tromper et trimballer… Maintenant ou jamais ! Je veux le leur arracher, ce terrible secret ! » Un pli se creusa sur son front et le frêle garçon de douze ans eut l'air presque vieux en ruminant ainsi gravement, sans jeter un seul regard au paysage qui s'ouvrait autour de lui dans des tons assortis : les montagnes d'un vert pur sous leurs forêts de sapins, les vallées à l'éclat encore pâle en ce printemps tardif. Il ne voyait que les deux adultes face à lui sur la banquette, qu'il fixait comme s'il pouvait, avec ses regards brûlants, extirper ce secret des lueurs profondes de leurs yeux. Rien n'aiguise davantage l'intelligence qu'un violent soupçon, rien ne développe mieux les possibilités d'un esprit immature qu'une piste courant dans l'obscurité. Car parfois, en effet, seule une mince porte sépare les enfants de ce qu'on appelle le monde du réel, et le hasard veut qu'un souffle de vent l'ouvre devant eux.

Edgar sentit tout à coup cette inconnue, ce grand secret, à portée de sa main comme jamais jusqu'alors – là, juste devant lui, certes encore caché et obscur, mais proche, tout proche… C'était cela qui l'excitait, lui donnait ce sérieux soudain et solennel. Car il devinait inconsciemment qu'il se trouvait au terme de son enfance.

Les deux adultes, sur le siège opposé, percevaient devant eux une vague résistance, sans se douter qu'elle venait de lui. Ils se sentaient serrés et empruntés à trois dans la voiture. Les deux yeux, en face d'eux, les gênaient, avec les sombres braises couvant dans leurs prunelles. Ils osaient à peine parler, à peine se regarder. Là, ils ne reprenaient plus leur conversation légère, mondaine – déjà trop empêtrés dans le ton des familiarités brûlantes, de ces mots dangereux où vibre l'indécence flatteuse des attouchements secrets. Leur discussion était heurtée, entrecoupée. Elle s'arrêtait, voulait continuer, mais butait sans cesse sur le silence obstiné de l'enfant.

Son mutisme acharné pesait avant tout à sa mère. Soudain, en glissant un regard vers lui, elle sursauta comme si, à la manière dont il pinçait les lèvres, elle avait perçu une ressemblance avec son mari quand il était irrité ou tendu. Se voir rappeler son époux juste au moment où elle jouait avec une aventure la rendit mal à l'aise. L'enfant lui pesait comme un spectre, un gardien de sa conscience doublement insupportable dans l'exiguïté de la voiture, tout juste à dix pouces d'elle avec ses yeux perçants et son esprit aux aguets sous son front pâle. Alors, un bref instant, Edgar la regarda. Tous les deux baissèrent aussitôt les yeux : ils sentaient qu'ils s'épiaient pour la première fois de leur vie. Jusqu'à présent, ils s'étaient fait aveuglément confiance, mais là, quelque chose entre la mère et l'enfant, entre elle et lui, avait soudain changé. Pour la première fois, ils commençaient à s'observer, à séparer leurs deux destins, déjà opposés par une haine secrète, simplement trop nouvelle pour qu'ils puissent oser se l'avouer.

Tous les trois respirèrent quand les chevaux s'arrêtèrent devant l'hôtel. L'excursion avait été un échec, ils le sentaient, mais aucun n'osa l'avouer. Edgar sauta dehors le premier. Sa mère s'excusa, en alléguant un mal de tête, et monta en hâte dans sa chambre. Elle était fatiguée et voulait être seule. Edgar et le baron se retrouvèrent gênés. Le baron paya le cocher, regarda sa montre et marcha vers le hall, sans prêter attention au garçon. Il passa devant lui en lui tournant le dos – son dos fin et distingué –, de cette démarche légère et chaloupée qui enchantait l'enfant et que, la veille encore, il avait tenté d'imiter. Le baron passa carrément devant lui. Il semblait l'avoir oublié et le laissa debout à côté du cocher, à côté des chevaux, comme s'il ne le connaissait pas le moins du monde.

Au fond d'Edgar, quelque chose se déchira quand il le vit l'ignorer ainsi, cet homme que, malgré tout, il aimait toujours à la folie. Le désespoir lui creva le cœur quand il passa de cette façon, sans l'effleurer de son manteau, sans lui dire un seul mot, à lui qui n'avait pas conscience d'avoir commis de faute. La contenance qu'il avait gardée avec peine se brisa, le poids artificiellement rehaussé de sa dignité glissa de ses épaules trop maigres, et il redevint un enfant, petit et humble comme la veille, comme naguère. Quelque chose, malgré lui, le poussa en avant. D'un pas vif et tremblant, il suivit le baron, lui barra le passage juste au moment où il voulait monter l'escalier et dit d'une voix étouffée, en retenant difficilement ses larmes :

– Qu'est-ce que je vous ai fait, pour que vous ne me regardiez plus ? Pourquoi êtes-vous maintenant toujours comme ça avec moi ? Et maman aussi ? Pourquoi voulez-vous m'écarter ? Me trouvez-vous assommant, ai-je fait quelque chose ?

Le baron sursauta. Un accent, dans cette voix, le troubla et l'attendrit.

– Edi, tu es fou ! J'étais juste de mauvaise humeur aujourd'hui. Tu es un gentil garçon, que j'aime vraiment bien !

Ce faisant, il lui ébouriffa les cheveux, mais en tournant légèrement son visage, pour ne pas devoir regarder les grands yeux humides, implorants, du gamin. La comédie qu'il jouait commençait à le gêner. À vrai dire, il avait déjà honte d'avoir usé aussi cyniquement de l'affection d'un enfant, et cette voix fluette, vibrant de sanglots contenus, lui fit mal.

– Allez, monte à présent, Edi – ce soir, nous allons nous raccommoder, tu verras, lui dit-il d'un ton apaisant.

– Mais vous ne tolérerez pas que maman m'envoie au lit juste après le dessert, pas vrai ?

– Non, non, Edi, ne t'en fais pas, dit le baron en souriant. Allez, monte, je dois m'habiller pour dîner.

Edgar obéit, enchanté pour l'instant. Mais bientôt, le marteau dans son cœur se remit à battre. Depuis hier, il avait vieilli de plusieurs années ; un hôte étranger, la méfiance, s'était déjà solidement installé dans sa poitrine.

Il attendit. Bientôt arriverait le moment crucial. Ils étaient tous les trois à table. Neuf heures sonnèrent, mais sa mère ne l'envoya pas se coucher. Il ne tarda pas à s'inquiéter. Pourquoi le laissait-elle, justement ce soir-là, rester aussi longtemps, elle qui d'habitude était si stricte ? Le baron lui avait-il, après coup, révélé leur discussion et son désir ? Soudain, un remords brûlant l'envahit, d'avoir couru aujourd'hui en toute confiance après lui. À dix heures, sa mère se leva brusquement et prit congé du baron. Chose étrange, celui-ci ne parut nullement surpris de ce départ prématuré et ne chercha pas non plus à la retenir, comme il le faisait toujours d'ordinaire. Le marteau cogna de plus en plus fort dans la poitrine de l'enfant.

À présent, venait l'épreuve décisive. Edgar se leva, comme s'il ne se doutait de rien, et suivit sa mère sans rechigner jusqu'à la porte. Mais là-bas, il leva soudain les yeux. C'est alors qu'il capta un regard souriant, échangé avec le baron par-dessus sa tête, un regard de connivence, d'entente secrète. Ainsi donc, le baron l'avait trahi. C'était pour ça qu'ils avaient quitté la table de bonne heure : ce soir, il fallait le bercer d'illusions, pour qu'il ne les gêne pas le lendemain.

– Canaille… marmonna-t-il.

– Que veux-tu dire ? s'étonna sa mère.

– Rien, cracha-t-il entre ses dents.

Lui aussi avait son secret. Il s'appelait la haine, une haine infinie contre ces deux-là.

Silence

Edgar, désormais, n'était plus agité. Enfin, il jouissait d'un sentiment pur et clair : la haine et l'hostilité ouverte. À présent qu'il était sûr de les gêner, ses contacts avec eux devinrent un délice cruel et complexe. Il savourait l'idée de leur faire obstacle, de les combattre avec toute la force concentrée de son inimitié. Il montra d'abord les dents au baron. Quand celui-ci descendit le matin et le gratifia chaleureusement d'un « Salut, Edi ! », l'enfant grogna simplement un « Bonjour » impassible, sans lever les yeux ni quitter son fauteuil.

– Ta mère est-elle déjà en bas ?

Edgar regarda son journal.

– Je ne sais pas.

Le baron hésita. Que se passait-il donc ?

– Quoi, tu as mal dormi, Edi ?

Comme toujours, une plaisanterie devrait arranger les choses.

Mais Edgar lui jeta un « non » méprisant et se replongea dans le journal.

– Petit idiot… marmonna à part lui le baron, qui haussa les épaules et reprit son chemin.

L'hostilité était déclarée.

Envers sa mère aussi, Edgar se montra froid et poli. Il refusa calmement une tentative maladroite de l'envoyer sur le court de tennis. Son sourire, retroussant à peine ses lèvres et légèrement teinté d'exaspération, montrait qu'il ne se laissait plus tromper.

– Je préfère me promener avec vous, maman, dit-il avec une fausse amabilité, en la regardant dans les yeux.

Cette réponse, à l'évidence, la contraria.

– Attends-moi ici, décida-t-elle enfin, puis elle alla déjeuner.

Edgar attendit. Mais sa méfiance était éveillée. À présent, un instinct en alerte discernait sous chaque mot de ces deux-là un but hostile caché. De surcroît, par moments, les soupçons le rendaient étrangement clairvoyant dans ses décisions. Ainsi, au lieu d'attendre dans le hall comme il en avait reçu l'ordre, il préféra se poster dans la rue, d'où il pouvait surveiller non seulement l'entrée principale, mais aussi toutes les portes. Quelque chose en lui flairait une supercherie. Mais ils ne devraient plus lui échapper. Une fois dans la rue, il se tapit, comme il l'avait appris dans ses histoires d'Indiens, derrière un tas de bois. Là, il rit de satisfaction quand, une demi-heure plus tard, il vit sa mère sortir par la porte latérale, un superbe bouquet de roses à la main, et suivie du baron, le traître.

Tous les deux semblaient fous de joie. Étaient-ils déjà soulagés de lui avoir échappé, d'être seuls pour leur secret ? Ils riaient en parlant et s'apprêtaient à descendre le chemin de la forêt.

C'était le moment. Edgar se leva tranquillement derrière le tas de bois, comme si le hasard l'avait amené là. D'un pas calme, très calme, il marcha vers eux, en se donnant beaucoup de temps pour savourer amplement leur surprise. Tous les deux, ébahis, échangèrent un regard dérouté. Lentement, avec un naturel simulé, l'enfant s'approcha sans les quitter de son regard méprisant.

– Ah, te voilà, Edi, nous t'avons cherché dans l'hôtel… dit finalement la mère.

« Comme elle ment avec effronterie… » pensa l'enfant.

Mais sa bouche restait dure, conservant le secret de sa haine derrière ses dents.

Ils se tinrent tous les trois, indécis, s'épiant les uns les autres.

– Bon, eh bien, allons-y… dit d'un ton résigné la femme dépitée, en effeuillant une des jolies roses.

À nouveau ce léger tremblement des ailes du nez qui, chez elle, trahissait la colère…

Edgar s'arrêta comme si cela ne le regardait pas, contempla le ciel bleu, attendit qu'ils se soient mis en route, puis s'apprêta à les suivre. Le baron fit encore une tentative.

– Aujourd'hui, il y a un tournoi de tennis, as-tu déjà vu ça ?

Edgar se borna à lui lancer un regard dédaigneux. Il ne dit rien, mais tordit simplement les lèvres, comme s'il allait siffler. Telle fut sa réplique éloquente. Sa haine dévoila ses dents luisantes.

Sa présence importune pesait à présent comme une ombre sur les deux adultes. Les bagnards marchent ainsi derrière le gardien, en serrant furtivement les poings. L'enfant ne faisait rien, mais il leur était de plus en plus insupportable avec ses regards inquisiteurs, ses yeux humides de larmes contenues, et sa morosité tendue qui repoussait d'un grognement tous les travaux d'approche.

– Marche devant, lui dit soudain la mère furieuse, agacée par sa surveillance incessante. Ne sois pas toujours dans mes pattes, cela me rend nerveuse !

Edgar obéit, mais il se retournait toujours après quelques pas, s'arrêtait pour attendre quand ils étaient restés en arrière, les attirant – comme le caniche noir méphistophélique [1] – dans la toile brûlante de haine de son regard, où ils se sentaient pris au piège.

Son silence mauvais rongeait leur bonne humeur comme un acide, son regard faisait expirer leurs paroles sur leurs lèvres. Le baron n'osait plus rien dire pour l'amadouer, sentant à nouveau avec colère cette femme lui échapper et sa passion, attisée à grand-peine, refroidir par crainte de cet enfant pesant,

---

1. Allusion au *Faust* de Goethe, où Méphistophélès revêt par moments l'aspect d'un caniche noir. *(N.d.T.)*

écœurant. Chaque fois qu'ils tentaient de ranimer la discussion, celle-ci tournait court. À la fin, tous les trois cheminèrent en silence, n'entendant plus que le murmure des arbres et leurs pas moroses. Edgar avait tué la conversation.

À présent, l'hostilité couvait dans leurs trois cœurs. L'enfant trahi sentait avec délice leur rage impuissante se concentrer sur lui, qu'ils avaient laissé à l'écart. En clignant des yeux, il effleurait parfois d'un regard méprisant le visage aigri du baron. Il le voyait marmonner des injures et se forcer à se dominer pour ne pas les lui cracher à la figure, remarquait en même temps, avec une joie sardonique, l'irritation croissante de sa mère et qu'ils n'attendaient qu'une occasion de se jeter sur lui, de le neutraliser ou de l'écarter. Mais il ne leur offrait pas ce plaisir – sa haine, calculée depuis de longues heures, ne leur donnait jamais prise.

– Rentrons ! dit brusquement la mère.

Elle sentait qu'elle ne pourrait pas se contenir plus longtemps, qu'elle devait faire quelque chose, au moins crier dans son tourment.

– Quel dommage... dit tranquillement Edgar. Il fait si beau...

Tous les deux virent bien que l'enfant se moquait d'eux. Mais ils n'osèrent rien dire, car ce tyran, en l'espace de deux jours, avait admirablement appris à se maîtriser. Nulle expression de son visage ne trahissait son ironie mordante. Sans un mot, ils firent en sens inverse le long chemin jusqu'à l'hôtel. La mère tremblait encore de colère quand elle se retrouva seule à seule avec lui dans sa chambre. Elle jeta son ombrelle et ses gants dans un geste irrité. Edgar remarqua tout de suite que ses nerfs étaient à vif, brûlant de se décharger, mais il voulait une explosion et demeura exprès dans la pièce, pour la provoquer. Elle fit les cent pas devant lui, s'assit sur une chaise, tambourina des doigts sur la table, puis se leva d'un bond.

– Comme tu es sale et décoiffé ! C'est indécent devant les gens. N'as-tu pas honte à ton âge ?

L'enfant se leva sans répliquer, gagna le miroir et se peigna. Ce mutisme, ce silence froid et obstiné, et ses lèvres frémissant d'un dédain insultant la rendirent folle de rage. Elle aurait voulu le frapper.

– Va dans ta chambre ! hurla-t-elle, ne pouvant plus supporter sa présence.

Edgar sourit et s'exécuta.

Comme ils tremblaient maintenant tous les deux devant lui ! Comme ils avaient peur, elle et le baron, de chaque heure passée en sa compagnie, de la dureté implacable de ses yeux ! Plus ils étaient mal à l'aise, plus son regard brillait de bien-être et plus sa joie les provoquait. À présent, il torturait ces deux êtres désarmés avec la cruauté totale, presque animale, des enfants. Le baron pouvait encore refréner sa colère, car il gardait l'espoir de lui jouer un nouveau tour et il ne songeait qu'à son but. Mais la mère, elle, perdait toujours son sang-froid. Pour elle, c'était un soulagement de pouvoir le houspiller. « Ne joue pas avec ta fourchette », prétexta-t-elle à table. « Petit mal élevé, tu ne mérites pas d'être assis avec les adultes ! » Mais Edgar ne cessait de sourire, la tête légèrement penchée de côté. Il savait que ces cris disaient son désespoir et il tirait fierté de la voir se trahir ainsi. Son regard était devenu très calme, comme celui d'un médecin. Avant, il aurait peut-être pu se montrer méchant, pour les exaspérer, mais on apprend beaucoup, et vite, quand on hait.

À présent, il se contentait de se taire, de se taire et de se taire – jusqu'à ce qu'elle se mît à hurler sous le poids de ce silence.

Sa mère ne pouvait plus le supporter. Quand ils se levèrent de table et qu'Edgar, comme si cela allait sans dire, entreprit de les suivre, elle éclata. Elle s'oublia complètement et cracha la vérité. Harcelée par sa présence insidieuse, elle se cabra comme un cheval taraudé par des mouches.

– Qu'as-tu toujours à courir derrière moi comme un gosse de trois ans ? Je ne veux plus t'avoir pendu à mes jupes. Les enfants n'ont rien à faire avec les adultes. Retiens ça ! Occupe-toi un peu seul, pour une fois. Lis, ou fais ce qui plaît. Mais laisse-moi tranquille ! Tu me rends nerveuse à rôder partout, avec ta mauvaise humeur écœurante !

Enfin, il le lui avait arraché, cet aveu ! Edgar sourit, alors qu'elle et le baron semblaient maintenant gênés. Elle se détourna et voulut partir, furieuse contre elle-même d'avoir avoué son malaise devant son fils. Mais il dit simplement d'un ton froid :

– Papa ne veut pas que je me promène tout seul ici. Il m'a fait promettre de ne pas être imprudent et de rester avec toi.

Il insista sur le mot « Papa », car il avait déjà remarqué qu'il avait un certain effet paralysant sur les deux adultes. Son père aussi devait être mêlé, d'une façon ou d'une autre, à ce brûlant secret. Papa devait avoir sur ces deux-là un pouvoir obscur qu'il ne connaissait pas, car l'évocation même de son nom semblait les rendre mal à l'aise et anxieux. Une fois de plus, ils ne répliquèrent pas. Ils déposèrent les armes. La mère marcha en tête, le baron avec elle. Derrière eux venait Edgar, non pas humblement comme un domestique, mais dur, sévère et inflexible comme un gardien. Imperceptiblement, il faisait cliqueter la chaîne qu'ils tentaient de secouer, mais étaient incapables de briser. La haine avait trempé ses forces d'enfant – lui, l'ignorant, était plus fort qu'eux deux, à qui le secret liait les mains.

Les menteurs

Mais le temps pressait. Il ne restait plus beaucoup de jours au baron et il voulait en profiter. Résister à l'obstination de l'enfant irrité étant, ils le sentaient, inutile, ils recoururent à l'issue ultime et la plus honteuse : la fuite, pour échapper au moins une heure ou deux à sa tyrannie.

– Porte ces lettres recommandées à la poste, dit la mère à Edgar.

Ils se tenaient tous les deux dans le hall – le baron, au dehors, parlait à un cocher de fiacre.

Edgar prit les deux lettres avec méfiance. Il avait remarqué qu'un peu plus tôt, un valet avait transmis un message à sa mère.

Complotaient-ils, finalement, quelque chose contre lui ?

Il hésita.

– Où vas-tu m'attendre ?

– Ici.

– C'est bien sûr ?

– Oui.

– Mais tu ne pars pas ! Tu m'attends ici, dans le hall, jusqu'à ce que je revienne ? fit-il sur un ton déjà impérieux, fort de son sentiment de supériorité sur sa mère.

Bien des choses avaient changé depuis l'avant-veille.

Il s'en fut avec les deux lettres. À la porte, il se heurta au baron et lui adressa la parole pour la première fois depuis deux jours.

– J'envoie juste ces lettres. Maman va m'attendre jusqu'à mon retour. S'il vous plaît, ne partez pas avant.

Le baron s'écarta très vite pour le laisser sortir.

– Oui, oui, ne t'inquiète pas…

L'enfant se précipita au bureau de poste. Là-bas, il fut forcé d'attendre. Un monsieur, devant lui, posait un tas de questions ennuyeuses. Enfin, il put s'acquitter de sa mission, puis il revint avec les récépissés en courant... juste à temps pour voir le baron et sa mère se sauver dans le fiacre.

Edgar fut pétrifié de rage. Il faillit se baisser pour leur lancer une pierre. Ils avaient donc bien réussi à lui échapper, mais par un mensonge tellement bas et sournois ! Que sa mère mentait, il le savait depuis la veille. Mais qu'elle ait le front de violer une promesse balaya ses restes de confiance. Il ne comprenait plus rien à la vie en voyant que les mots qui, avait-il supposé, abritaient la vérité, n'étaient que des bulles irisées promptes à éclater, vides de sens. Ce devait être un secret bien terrible pour pousser des adultes à lui mentir – à lui, un enfant – et à se cacher comme des voleurs. Dans les livres qu'il avait lus, les gens tuaient et trompaient pour de l'argent, du pouvoir ou des royaumes. Mais ici, quelle était la raison ? Que voulaient ces deux-là, pourquoi se cachaient-ils de lui, que cherchaient-ils à couvrir par mille mensonges ? Il se creusa la tête. Il sentait obscurément que ce secret marquait le terme de l'enfance, et sa conquête l'accès à l'âge adulte, l'entrée, enfin, dans l'âge d'homme. Oh, comme il voulait le connaître ! Mais il n'arrivait plus à penser clairement. La colère qu'ils lui aient échappé brouillait, enténébrait sa lucidité.

Il partit en courant dans le bois – il eut juste le temps de se sauver dans l'ombre, où on ne le voyait pas, pour laisser éclater un flot de chaudes larmes. « Menteurs, chiens, escrocs, vauriens ! » dut-il crier à haute voix pour ne pas suffoquer. La rage, l'impuissance et l'humiliation de ces derniers jours, réprimés dans son combat d'enfant, son illusion d'être un adulte, jaillirent en pluie de sa poitrine. Ce furent les derniers pleurs de son enfance, ses ultimes sanglots débridés ; pour la dernière fois, il s'abandonna comme une fille à leur volupté. Là, il pleura sur tout avec une colère hébétée : la confiance, l'amour, le respect – sur toute son enfance.

Le garçon qui revint ensuite à l'hôtel n'était plus le même. Il était froid et délibéré. Tout d'abord, il monta dans sa chambre, se lava soigneusement les yeux et la figure pour ne pas donner au baron et à sa mère le triomphe de voir qu'il avait pleuré. Puis, il médita sa vengeance. Et il attendit patiemment.

Le hall était rempli de monde quand le fiacre abritant les deux fugitifs s'arrêta au dehors. Quelques messieurs jouaient aux échecs, d'autres lisaient leur journal, les dames bavardaient. L'enfant s'était assis parmi eux sans bouger, pâle, avec des regards tremblants. Lorsque sa mère et le baron franchirent la porte, un peu gênés de le voir si soudainement, et voulurent balbutier le prétexte qu'ils avaient préparé, il alla droit vers eux tranquillement et lança par provocation :

– Monsieur le baron, j'aimerais vous dire quelque chose !

Cela démonta le jeune homme, qui réagit comme s'il avait été pris sur le fait :

– Oui, oui, plus tard, tout à l'heure !

Mais Edgar éleva la voix et dit, sur un ton clair et net, pour que tout le monde à la ronde puisse l'entendre :

– Mais je veux vous parler maintenant. Vous vous êtes conduit de façon ignoble... Vous m'avez menti ! Vous saviez que maman m'attendait, et vous...

– Edgar ! cria sa mère qui, voyant tous les regards tournés vers elle, s'élança vers l'enfant.

Edgar, comprenant qu'elle voulait couvrir ses paroles, hurla d'une voix perçante :

– Je le dis encore une fois devant tous les gens ! Vous m'avez menti de façon infâme, et c'est vil, c'est abject !

Le baron était blême, les gens le regardèrent, certains en souriant.

La mère saisit l'enfant, qui tremblait d'émotion.

– Monte tout de suite dans ta chambre, ou je te corrige devant tout le monde… bredouilla-t-elle d'une voix rauque.

Edgar, toutefois, s'était ressaisi. Il regrettait d'avoir été aussi furieux. Il était mécontent de lui, car il aurait voulu défier le baron avec froideur, mais sa rage l'avait emporté sur sa volonté. Calmement, sans hâte, il se tourna vers l'escalier.

– Pardonnez-lui son insolence, monsieur le baron… Vous savez bien, c'est un enfant nerveux… balbutia de nouveau la mère, troublée par les regards un peu acerbes des gens qui la fixaient de tous côtés.

Rien au monde ne l'effrayait davantage que le scandale, et elle savait qu'à présent, elle devait garder bonne contenance. Au lieu de s'enfuir sur-le-champ, elle alla d'abord voir le portier, s'enquit de lettres et d'autres bagatelles, puis monta dans sa chambre en froufroutant, comme si rien ne s'était passé. Dans son sillage s'élevèrent des murmures et des rires étouffés.

Un peu avant l'étage, elle ralentit le pas. Elle était toujours désarmée dans les situations graves et cette scène, à vrai dire, l'effrayait. Qu'elle soit coupable, elle ne pouvait le nier et, en outre, elle craignait le regard de son fils, ce regard nouveau, inconnu, si étrange, qui la paralysait et la déroutait. Aussi décida-t-elle, par peur, d'essayer la douceur. Car elle savait que, si elle l'affrontait, l'enfant tendu serait le plus fort.

Elle ouvrit lentement la porte. Le garçon était assis là, calme et froid. Les yeux qu'il leva sur elle n'étaient nullement craintifs, n'exprimaient même pas de curiosité. Il avait l'air très sûr de lui.

– Edgar, commença-t-elle d'un ton aussi maternel que possible, qu'est-ce qui t'a pris ? J'ai eu honte pour toi. Comment as-tu pu avoir l'insolence de parler ainsi à un adulte ! Va présenter tout de suite tes excuses à monsieur le baron !

Edgar regarda dehors par la fenêtre. Son « non », il l'adressa en quelque sorte aux arbres.

Son assurance commença à étonner sa mère.

– Enfin, Edgar, que t'arrive-t-il ? Tu n'es pas du tout comme d'habitude. Je ne te reconnais plus. Avant, tu étais un enfant sage et intelligent, avec qui on pouvait parler. Et soudain, tu te comportes comme si tu étais possédé par le diable. Qu'as-tu donc contre le baron ? Lui que tu aimais beaucoup, pourtant… Il a toujours été si gentil avec toi…

– Oui, parce qu'il voulait faire ta connaissance.

Cela la mit mal à l'aise.

– C'est absurde ! Quelle mouche t'a piqué ? comment peux-tu penser une telle chose ?

Alors, l'enfant s'emporta :

– C'est un menteur, un fourbe ! Il agit par calcul et par bassesse. Il a voulu te connaître, c'est pour ça qu'il a été aimable avec moi et m'a promis un chien. Je ne sais pas ce qu'il t'a promis ni pourquoi il t'entoure d'attentions, mais il veut quelque chose de toi aussi, Maman, c'est certain. Autrement, il ne serait pas si gentil et poli. C'est un mauvais homme. Il ment. Regarde-le, il a toujours l'air faux ! Oh, je le déteste, ce vil menteur, ce misérable…

– Enfin, Edgar, comment peut-on dire des choses pareilles... balbutia la mère, confuse, ne sachant quoi répondre.

En elle naissait un sentiment qui donnait raison à l'enfant.

– Oui, c'est un misérable, on ne m'ôtera pas ça de la tête. Tu dois bien le voir toi-même. Pourquoi donc me craint-il ? Pourquoi se cache-t-il de moi ? Parce qu'il sait que je l'ai percé à jour, que je le connais, cette canaille !

– Comment peut-on dire des choses pareilles, comment peut-on dire des choses pareilles...

Elle avait le cerveau brouillé, ses lèvres exsangues répétaient toujours la même phrase. Soudain, elle fut prise d'une peur terrible, sans savoir si c'était du baron ou de l'enfant.

Edgar vit bien que ses exhortations l'avaient impressionnée. Et là, il fut tenté de l'entraîner dans son camp, d'avoir un partenaire dans sa haine, dans son hostilité contre le baron. Il s'approcha de sa mère tendrement, la prit dans ses bras et, sous le coup de l'émotion, dit d'une voix caressante :

– Maman, tu dois bien avoir remarqué qu'il ne veut rien de bon… Il t'a complètement transformée. C'est toi qui as changé, pas moi… Il t'a dressée contre moi, juste pour t'avoir à lui tout seul. Il veut te tromper, c'est sûr. J'ignore ce qu'il t'a promis, je sais juste qu'il ne tiendra pas sa parole. Tu devrais te méfier de lui. Quand on ment à quelqu'un, on ment aussi aux autres. C'est un méchant homme, il ne faut pas lui faire confiance.

Il sembla alors à la mère que cette voix, douce, presque vibrante de larmes, sortait de son propre cœur. En elle, depuis la veille, était né un malaise qui lui tenait le même discours, avec une insistance croissante. Mais elle aurait eu honte de donner raison à son fils. Aussi s'épargna-t-elle, comme bien des gens, la gêne d'un sentiment envahissant en s'exprimant avec rudesse :

– Les enfants n'entendent rien à ces choses-là. Tu n'as pas à t'en mêler. Conduis-toi comme il faut, c'est tout.

À nouveau, le visage d'Edgar se figea avec froideur.

– Comme tu veux, dit-il d'un ton dur, mais je t'ai prévenue.

– Tu ne veux donc pas t'excuser ?

– Non.

Ils se levèrent brusquement, face à face. Elle sentit qu'il en allait de son autorité.

– Alors, tu dîneras ici ce soir. Tout seul. Et tu ne reviendras à notre table que lorsque tu auras présenté tes excuses. Je vais t'apprendre les bonnes manières ! Tu ne bougeras pas de ta chambre avant que je l'aie permis. C'est compris ?

Edgar sourit. Ce sourire sournois parut déjà se souder sur ses lèvres, mais au fond, il était en colère contre lui. Comme il avait été bête d'épancher à nouveau son cœur et de vouloir la mettre en garde, elle, la menteuse…

La mère sortit avec fracas, sans plus le regarder. Elle redoutait son expression cinglante. Il la gênait depuis qu'elle sentait que ses yeux s'étaient ouverts et qu'il lui disait exactement ce qu'elle ne voulait pas savoir. Cela l'effrayait d'entendre une voix intérieure, sa conscience, détachée d'elle, se promener dans son esprit déguisée en enfant – en son propre fils – et l'avertir, se moquer d'elle. Jusqu'alors, cet enfant avait été un accessoire pour elle – un bijou, un jouet, une sorte d'être cher et familier, parfois peut-être un poids, mais toujours une chose qui allait au même rythme, dans la même direction, que sa vie. Pour la première fois, aujourd'hui, il se cabrait et lui tenait tête. À présent, un sentiment proche de la haine se mêlait toujours au souvenir de son fils.

Et pourtant : lorsqu'elle descendit l'escalier, un peu lasse, la voix enfantine s'éleva de sa propre poitrine : « Tu devrais te méfier de lui… » L'avertissement ne pouvait être ignoré. Elle vit, sur son passage, un miroir briller, le scruta en plongeant son regard au plus profond de son âme, jusqu'à ce que, dans la glace, ses lèvres s'entrouvrent en formant un sourire et s'arrondissent comme pour dire un mot dangereux. Et toujours, la voix résonnait en elle. Mais elle haussa les épaules, comme pour chasser ces scrupules invisibles, lança un vif coup d'œil au miroir et descendit en relevant sa robe, avec le geste décidé d'un joueur qui fait rouler et tinter sur le tapis sa dernière pièce d'or.

Traces au clair de lune

Le serveur, qui avait apporté le dîner à l'enfant consigné, referma la porte. La serrure grinça derrière lui. Edgar sursauta, furieux. C'était visiblement sur l'ordre de sa mère qu'on le parquait comme une bête malfaisante. Il commença à ruminer.

« Que se passe-t-il maintenant en bas, pendant que je suis enfermé ? De quoi peuvent-ils parler, tous les deux ? Partagent-ils enfin ce secret, va-t-il donc m'échapper ? Oh, ce secret que je sens toujours et partout quand je suis avec les adultes, qui les conduit, la nuit, à fermer la porte à clé, qu'ils cachent en parlant à voix basse dès qu'ils me voient entrer, ce grand secret que je sens tout près depuis des jours, juste à portée de main, et que je n'arrive toujours pas à percer. Que n'ai-je pas déjà fait pour le déchiffrer ! J'ai volé des livres sur le bureau de Papa, je les ai lus, et toutes ces choses étranges étaient bien dedans, mais je ne les ai pas comprises… Il doit sûrement y avoir une sorte de sceau qu'il faut briser d'abord pour y accéder, peut-être en moi, peut-être chez les autres. J'ai demandé à la femme de chambre, je l'ai priée de m'expliquer ces passages dans les livres, mais elle s'est moquée de moi. Oh, comme c'est affreux d'être un enfant, plein de curiosité sans pouvoir questionner personne pour autant, d'avoir toujours l'air ridicule aux yeux des adultes, comme si on était bête ou inutile. Mais là, je vais le connaître, ce secret, je le sens, je vais bientôt le découvrir. J'en ai déjà une partie dans les mains, et je ne la lâcherai pas tant que je ne l'aurai pas tout entier !

Il tendit l'oreille, craignant que l'on ne vienne. Dehors, un léger vent agitait les arbres, brisant entre leurs branches le miroir glacé de la lune en une centaine d'éclats changeants.

« Ça n'est sûrement rien de bon, ce qu'ils prévoient de faire, sinon ils n'auraient pas cherché des mensonges aussi lamentables pour m'éloigner. Là, sûrement, ils rient, les maudits, de s'être enfin débarrassés de moi, mais rira bien qui rira le dernier. Je suis bien stupide de me laisser enfermer ici, de leur donner une seconde de liberté, au lieu de coller à leurs pas et d'épier tous leurs gestes. Je le sais, les adultes sont toujours imprudents, et eux aussi vont se trahir. Ils croient que nous sommes encore tout petits et que le soir, nous dormons forcément – mais ils oublient qu'on peut faire semblant de dormir pour espionner, qu'on peut jouer les idiots et être très futé. Ces derniers temps, quand ma tante a eu un enfant, ils l'ont su longtemps à l'avance et ont juste fait les étonnés devant moi, comme s'ils étaient surpris. Mais je le savais moi aussi, parce que je les avais entendus parler le soir pendant des semaines, quand ils me croyaient endormi. Et cette fois, je vais encore les surprendre, les infâmes. Oh, si je pouvais les regarder par le trou de la serrure, les observer maintenant en cachette, alors qu'ils se croient en sécurité. Peut-être que je devrais sonner, ça ferait venir la femme de chambre, elle ouvrirait pour me demander ce que je veux. Ou je pourrais faire du bruit, casser de la vaisselle, et là aussi, on viendrait m'ouvrir. Et juste à cette seconde, je pourrais me glisser dehors pour aller les épier. Mais non, je ne veux pas. Personne ne doit voir qu'ils me traitent avec une telle bassesse. Je suis trop fier pour ça. Demain, je leur rendrai la monnaie de leur pièce. »

En bas fusa un rire de femme. Edgar tressaillit : ce pouvait être sa mère. Oui, elle avait toutes les raisons de rire, de se moquer de lui, du petit enfant sans défense qu'on enfermait quand il vous pesait, qu'on jetait dans un coin comme un tas de linge sale. Prudemment, il se pencha à la fenêtre. Non, ce n'était pas elle, mais des filles espiègles et inconnues, taquinant un garçon.

Soudain, à cet instant, il s'aperçut que sa fenêtre n'était pas très haute. À peine l'avait-il remarqué que l'idée lui vint : sauter dans le jardin, maintenant où ils se croyaient pleinement en sécurité, pour aller les épier. Sa décision l'emplit d'une joie fébrile. C'était comme s'il tenait dans ses mains le secret immense, éclatant de l'enfance. « Vas-y, vas-y… » lui soufflait une voix frémissante. Il n'y avait pas de danger. Personne ne passait devant sa fenêtre et il ne tarda pas à sauter. Il fit un léger bruit – un crissement de gravier –, que personne n'entendit.

Ces deux derniers jours, l'espionnage et la filature étaient devenus le plaisir de sa vie. Il éprouva une volupté, mêlée d'un léger frisson de crainte, lorsqu'il contourna l'hôtel sur la pointe des pieds, évitant avec soin le vif reflet des lumières. Il regarda d'abord, pressant avec prudence sa joue contre la vitre, dans la salle à manger. Leur place habituelle était vide. Il passa alors de fenêtre en fenêtre. Il n'osait pas entrer, de peur de tomber sur eux dans les couloirs. Il ne les trouva nulle part. Déjà, il allait désespérer quand il vit deux ombres franchir la porte et – il recula soudain, se baissant dans le noir – sa mère sortir avec cet homme qui ne la quittait plus. Ainsi, il était arrivé juste à temps. De quoi parlaient-ils ? Il ne put le comprendre. Ils causaient à voix basse, et le vent faisait trop de bruit dans les arbres. Mais là, il apporta un rire clair, la voix de sa mère. C'était un rire qu'il ne lui connaissait pas, un rire étrange, aigu, nerveux et excité, comme si on la chatouillait, qu'il ne put définir et qui l'effraya. Elle riait. Ce ne pouvait donc être rien de bien dangereux, pas une chose terrible ni très importante qu'on lui cachait. Il fut un peu déçu.

Pourquoi sortaient-ils de l'hôtel ? Où allaient-ils maintenant, seuls dans la nuit ? Là-haut dans les nuages, les vents devaient voler avec d'énormes ailes, car le ciel, juste avant clair et pur sous la lune, s'était assombri. Par moments, des draps noirs, jetés par des mains invisibles, enveloppaient son disque et la nuit devenait si impénétrable qu'on pouvait à peine voir le chemin, mais très vite, elle reprenait sa brillante clarté lorsque la lune se libérait. De froids rayons d'argent ruisselaient sur le paysage. Ce jeu entre l'ombre et la lumière était mystérieux et provocant comme celui d'une femme qui se voile et se dévoile. À nouveau, juste à ce moment-là, le paysage découvrit son corps luisant : et l'enfant vit, penchées au-dessus du sentier, les formes qui cheminaient, ou plutôt la seule silhouette, car ils marchaient en se serrant l'un contre l'autre, comme en proie à une peur intérieure. Où allaient-ils maintenant, tous les deux ? Les pins craquaient, une sinistre activité agitait la forêt comme si une chasse sauvage y régnait. « Je vais les suivre, se dit Egdar, ils ne peuvent pas entendre mes pas sous le fracas du vent dans le bois. » Et, tandis qu'ils marchaient en bas sur la route claire et large, il bondit d'arbre en arbre dans le bosquet au-dessus d'eux, passant en silence d'une ombre à l'autre. Il les suivit, tenace et implacable, en bénissant le vent d'étouffer ses pas, tout en le maudissant d'emporter toujours leurs paroles. S'il pouvait entendre juste une fois ce qu'ils se disaient, il était sûr d'attraper au vol le secret.

Tous les deux, en dessous, marchaient sans se douter de rien. Heureux d'être seuls en cette grande nuit troublante, ils se perdaient dans leur excitation croissante, ne soupçonnant nullement que là-haut, dans les ombres mouvantes, chacun de leurs pas était suivi et que deux yeux ne les lâchaient pas, avec toute la force de la curiosité et de la haine. Soudain, ils s'arrêtèrent. Edgar, aussitôt, les imita et se pressa étroitement contre un arbre. Une folle peur l'envahit. Et s'ils faisaient demi-tour et gagnaient l'hôtel avant lui ? S'il ne pouvait pas se sauver dans sa chambre et que sa mère découvrait son absence ? Alors, tout serait perdu, car ils sauraient qu'il les avait épiés, et il ne pourrait plus espérer leur arracher le secret. Les deux promeneurs hésitèrent, apparemment en désaccord. Par chance, la lune brillait, et il put tout voir. Le baron montrait un petit chemin, étroit et sombre, qui descendait dans la vallée, et où la lumière de la lune ne coulait pas à flots comme ici, dans la rue, mais filtrait juste à travers le fourré en gouttes et en rayons étranges. « Pourquoi veut-il aller là-bas ? » se demanda Edgar en tressaillant. Sa mère semblait dire non, mais lui, l'autre, tentait de la convaincre. Edgar put constater, à la manière dont il gesticulait, qu'il parlait d'un ton insistant. À nouveau, la peur saisit l'enfant. Que voulait cet homme à sa mère ? Pourquoi cherchait-il, cette canaille, à l'entraîner dans l'obscurité ? De ses livres qui, pour lui, étaient l'image du monde, jaillirent soudain de vifs souvenirs de meurtres et d'enlèvements, de crimes sinistres... Sûrement, il voulait la tuer et, pour ça, il l'avait éloignée, attirée ici dans un lieu isolé. Devait-il appeler à l'aide ? Assassin ! Le cri, déjà, s'apprêtait à jaillir de sa gorge, mais ses lèvres desséchées n'exhalèrent aucun son. Ses nerfs frémissaient d'excitation, il pouvait à peine se tenir debout – tremblant de peur, il chercha un appui... et une branche craqua dans ses mains.

Les deux autres se retournèrent, effrayés, et fouillèrent des yeux les ténèbres. L'enfant resta muet, appuyé contre l'arbre, les bras plaqués contre son petit corps caché au cœur des ombres. Il gardait un silence de mort. Ils semblaient pourtant alarmés. « Faisons demi-tour », dit sa mère, les mots s'élevant, inquiets, de ses lèvres. Le baron, lui-même visiblement soucieux, accepta. Lentement, blottis l'un contre l'autre, tous les deux rebroussèrent chemin. Edgar savoura leur confusion. À quatre pattes, il rampa dans le sous-bois, les mains écorchées, en sang, jusqu'au tournant de la forêt ; et de là, à une vitesse qui lui coupa le souffle, il courut jusqu'à l'hôtel, et puis, en quelques bonds, en haut de l'escalier. La clé qui l'avait enfermé se trouvant, par bonheur, sur la porte, il la tourna, fonça dans la chambre et bientôt, sur le lit. Là, il dut se reposer quelques minutes, car son cœur cognait violemment dans sa poitrine comme le battant d'une cloche sonnant à toute volée.

Après, il osa se lever, s'appuya à la fenêtre et attendit qu'ils viennent. Cela dura longtemps. Ils devaient avoir marché très, très lentement. Par prudence, il resta dans l'ombre, renfoncé dans l'encadrement. Enfin, ils arrivèrent en flânant, leurs vêtements luisant sous la lune. On aurait dit des spectres dans cette lumière verte et, à nouveau, il fut pris d'une douce terreur en se demandant s'il s'agissait vraiment d'un meurtrier, et quel affreux événement sa présence avait empêché. Il voyait clairement leurs visages d'une pâleur crayeuse. Dans celui de sa mère, il lut une expression d'extase qu'il ne lui connaissait pas – l'autre, au contraire, semblait dur et morose. Apparemment parce qu'il avait échoué dans son but.

Ils étaient déjà tout près. Juste devant l'hôtel, leurs corps se détachèrent. Allaient-ils regarder en haut ? Non, aucun d'eux ne leva les yeux. « Ils m'ont oublié, se dit le garçon en contenant sa rage avec un secret triomphe, mais moi, je ne vous ai pas oubliés. Vous croyez peut-être que je dors ou que je n'existe pas, mais vous allez voir. Je vais vous surveiller à chaque pas jusqu'à ce que je lui aie arraché le secret, à cette canaille, le terrible secret qui m'empêche de dormir. Bientôt, je briserai votre alliance. Oh non, je ne dors pas… »

Lentement, les deux arrivants franchirent la porte. Et, l'instant où ils entraient l'un derrière l'autre, leurs silhouettes courbées s'enlacèrent à nouveau et leur ombre se fondit en une seule raie noire sur le seuil éclairé. Puis la place redevint déserte devant la maison, comme un vaste pré enneigé.

L'offensive

Edgar recula de la fenêtre en haletant. Il frémissait d'horreur. Jamais de sa vie une chose aussi mystérieuse ne l'avait encore touché de si près. Le monde des émotions, de l'aventure palpitante, de la fraude et du meurtre décrit dans ses livres était toujours resté pour lui, comme le pays des contes, juste derrière les rêves, dans l'inaccessible et l'irréel. Mais soudain, à présent, il se sentait plongé dans ce monde effroyable, et tout son être était fébrilement secoué par une confrontation aussi déroutante. Qui était donc cet homme qui, brusquement, inexplicablement, était entré dans leur vie paisible ? Était-il vraiment un assassin parce qu'il recherchait toujours les lieux écartés et voulait entraîner sa mère là où il faisait sombre ? Apparemment, quelque chose de terrible allait se produire. Il ne savait que faire. Le lendemain, en tout cas, il allait écrire ou télégraphier à son père. Et si le crime avait lieu dès maintenant, le soir même ? Sa mère n'était pas encore remontée dans sa chambre, elle était toujours avec cet homme odieux.

Entre la porte de sa chambre et la fine porte dérobée donnant sur le couloir se trouvait un petit espace, pas plus grand que l'intérieur d'une armoire. Là, dans ce vide large comme la main, Edgar se pressa, guettant leur arrivée dans le couloir. Pas un instant, il l'avait décidé, il ne les laisserait seuls. À présent, à minuit, le passage était vide, juste éclairé par la faible lueur d'une lampe.

Enfin – les minutes lui parurent s'étirer terriblement –, il entendit monter des pas prudents. Il tendit l'oreille. Ce n'était pas une allure rapide et décidée, celle de quelqu'un qui veut aller droit dans sa chambre, mais une démarche traînante, hésitante et très ralentie, comme lorsqu'on monte un chemin rude et escarpé. Edgar tremblait d'émotion. Étaient-ce le baron et sa mère, restait-il toujours avec elle ? Les murmures étaient trop lointains, mais les pas, bien qu'encore hésitants, se rapprochaient. Là, soudain, il entendit la voix infâme du baron chuchoter d'un ton rauque des paroles indistinctes, puis très vite, celle de sa mère refuser précipitamment :

– Non, pas aujourd'hui ! Non !

Edgar frissonna – ils étaient bien plus près, il allait tout entendre. Chaque pas vers sa porte, aussi léger qu'il soit, lui faisait mal à la poitrine. Et la voix… comme elle lui parut laide, cette voix enjôleuse, avide, répugnante, de l'homme détesté :

– Ne soyez pas cruelle… Vous étiez si belle ce soir…

Et puis l'autre, à nouveau :

– Non, je ne dois pas, je ne peux pas, laissez-moi !

La voix de sa mère est si effrayée que l'enfant sursaute. Que veut-il donc lui faire ? Pourquoi a-t-elle peur ? Ils se sont encore rapprochés – déjà, ils doivent se trouver devant sa porte. Il est juste derrière eux, tremblant et invisible, se faisant tout petit, seulement protégé par la mince porte tapissée. Là, les voix sont à portée de souffle.

– Venez, Mathilde, venez !

À nouveau, il entend sa mère gémir, plus faiblement cette fois – sa résistance décline…

Mais que se passe-t-il ? Ils ont poursuivi leur chemin dans le noir. Sa mère n'est pas entrée dans sa chambre, elle l'a dépassée ! Où donc l'entraîne-t-il ? Pourquoi s'est-elle tue ? L'a-t-il bâillonnée, lui serre-t-il la gorge ? Ces pensées le rendent fou. D'une main tremblante, il pousse la porte et l'entrouvre. À présent, il les voit tous les deux dans les ombres du couloir. Le baron a pris sa mère par la taille – elle semble déjà céder – et l'entraîne sans bruit. Maintenant, il s'arrête devant sa propre chambre. « Là, il veut l'emporter, s'inquiète l'enfant, il s'apprête à commettre son crime ! »

Dans un élan violent, il claque la porte et fonce dehors, à leur poursuite. Sa mère pousse un cri quand soudain, surgissant des ténèbres, une forme se jette sur elle – elle semble s'évanouir, le baron la retient seulement à grand-peine. Mais au même instant, il sent un petit poing s'abattre sur sa lèvre et ses dents, quelque chose s'agripper à son corps comme un chat. Il lâche la femme terrifiée, qui s'enfuie aussitôt, et riposte avant même de savoir contre qui il se défend.

L'enfant sait qu'il est le plus faible, mais il ne cède pas. Enfin, enfin est arrivé l'instant qu'il attendait depuis longtemps, celui de décharger toute l'affection trahie, la haine accumulée… Avec ses petits poings, il martèle l'autre aveuglément, se mordant les lèvres avec fièvre dans une colère folle. Le baron l'a reconnu à présent, lui-même est plein de haine contre cet espion sournois qui lui a gâché ces derniers jours et ruiné son jeu ; il riposte brutalement, en cognant au hasard. Edgar gémit, mais ne recule pas, il n'appelle pas à l'aide. Tous les deux se battent une minute, en silence, avec acharnement dans le couloir à minuit. Peu à peu, le baron se rend compte que lutter contre un adolescent frise le ridicule et l'empoigne pour le repousser. Mais l'enfant, qui sent alors faiblir ses muscles et sait que dans un instant, il va être étrillé et vaincu, happe sauvagement, d'un coup de dents, cette main solide qui l'attrape par la nuque. Malgré lui, l'homme pousse un cri sourd et le lâche… une seconde – celle qu'il faut à l'enfant pour s'enfuir dans sa chambre et tirer le verrou.

Ce duel, en pleine nuit, n'a duré qu'une minute. Personne, ni à droite ni à gauche, ne l'a entendu. Tout est calme, tout a l'air plongé dans le sommeil. Le baron essuie de son mouchoir sa main qui saigne et scrute avec inquiétude l'obscurité. Personne n'a rien vu. Seule brille là-haut – comme pour se moquer de lui – une dernière lumière tremblotante.

Orage

« Était-ce un rêve, un mauvais rêve malsain ? » se demanda Edgar le lendemain matin, quand il se réveilla, les cheveux emmêlés, d'un fatras de cauchemars. Sa tête était vrillée par un bourdonnement sourd, ses articulations raides et engourdies, et, quand il se redressa, il s'aperçut avec frayeur qu'il était encore habillé. Il se leva d'un bond, gagna le miroir en chancelant et recula d'effroi devant son visage blême, décomposé, enflé sur le front par une marque rougeâtre. Il rassembla péniblement ses pensées et là, il se rappela tout avec anxiété : la lutte la nuit dans le couloir, son retour précipité dans sa chambre et le moment où, tremblant de fièvre, il s'était jeté sur son lit sans se dévêtir, prêt à fuir. Là, il avait dû s'endormir, sombrer dans les brumes de ce sommeil lourd et, dans ses rêves, tout lui était revenu, mais sous une autre forme, encore plus terrifiante, avec une odeur moite de sang frais, qui coulait.

En bas, des pas crissaient sur le gravier, des voix volaient vers lui comme des oiseaux invisibles, et le soleil mordait profondément dans la pièce. Il devait être tard dans la matinée, mais la montre qu'il consulta, effrayé, marquait minuit – hier, dans son émoi, il avait oublié de la remonter. Et cette incertitude d'être ainsi suspendu dans le temps l'inquiéta, renforcée par l'impression de ne pas savoir ce qui s'était exactement passé. Il se rajusta à la hâte et descendit avec nervosité et un léger sentiment de culpabilité.

Sa maman était seule, à la table habituelle, dans la salle du petit déjeuner. Edgar fut soulagé que son ennemi ne soit pas là, qu'il n'ait pas à voir son visage haï sur lequel la veille, dans sa colère, il avait abattu son poing. Et pourtant, quand il s'approcha de la table, il se sentit peu sûr de lui.

– Bonjour, dit-il.

Sa mère ne répondit pas. Elle ne tourna même pas les yeux vers lui, mais les garda étrangement fixés sur le paysage. Elle était très pâle, les yeux légèrement cernés, et il vit, autour des ailes du nez, ce tremblement nerveux qui trahissait tant son irritation. Il se mordit les lèvres. Ce silence le déconcertait. Il ignorait s'il avait gravement blessé le baron, et même, si elle était au courant de leur accrochage nocturne. Tout cela le tourmentait. Le visage de sa mère demeurait si figé qu'il n'essaya pas de le regarder, de peur que les yeux à présent baissés ne bondissent soudain des paupières mi-closes pour l'attraper. Il resta totalement immobile, n'osa même pas faire de bruit, leva sa tasse et la reposa avec une prudence extrême, en jetant des regards furtifs aux doigts de sa mère qui jouaient nerveusement avec sa cuillère et dont la crispation semblait révéler une colère secrète. Il passa un quart d'heure ainsi, avec l'impression accablante d'attendre une réaction qui ne venait pas. Aucun mot, pas une chose ne le délivra. Et quand sa mère se leva, toujours sans avoir remarqué sa présence, Edgar ne sut que faire : rester là, seul, à table, ou l'accompagner. À la fin, pourtant, il l'imita et l'escorta avec humilité bien qu'elle s'attachât à l'ignorer, tout en sentant à chaque instant combien il était ridicule de la suivre comme une ombre. Il raccourcit peu à peu ses pas pour rester à la traîne, et elle regagna sa chambre sans lui prêter la moindre attention. Quand, enfin, il la rejoignit, il se retrouva devant une porte fermée.

Qu'était-il arrivé ? Il ne savait plus à quoi s'en tenir. Il avait perdu la conscience assurée dont il jouissait la veille. Avait-il eu tort, en définitive, d'attaquer le baron ? Lui ménageaient-ils une punition, ou une nouvelle humiliation ? Il allait se passer quelque chose, il le sentait – oui, une chose terrible allait très bientôt se produire. Entre eux couvait l'atmosphère lourde qui précède un orage, la tension de deux pôles électriques qui va se décharger par la foudre. Et il traîna ce poids du pressentiment pendant quatre heures solitaires jusqu'à ce que sa maigre nuque d'enfant croule sous cette charge invisible et qu'à midi, rendant déjà les armes, il revienne à table.

– Bonjour, répéta-t-il.

Il devait briser ce silence, affreusement menaçant, suspendu au-dessus de lui comme un nuage noir.

Sa mère s'obstina à ne pas répondre et regarda l'enfant sans le voir. À nouveau, il fut pris de peur en se sentant l'objet d'une colère concentrée, calme et réfléchie, qu'il n'avait encore jamais connue de sa vie. Jusqu'alors, leurs conflits n'avaient toujours été que des accès de rage liés plus à l'énervement qu'à des sentiments – très vite balayés par un sourire apaisant. Mais cette fois, il le devinait, il avait réveillé une fureur au tréfonds du cœur maternel et cette force imprudemment conjurée l'effrayait. Il parvint à peine à manger. Dans sa gorge montait quelque chose de sec, qui risquait de l'étrangler. Sa mère ne semblait rien remarquer. Là seulement, en se levant, elle se retourna vers lui comme par hasard et dit :

– Monte maintenant, Edgar, j'ai à te parler.

Ça n'avait pas l'air d'une menace, mais sa voix était si glaciale qu'il frissonna, comme si on lui avait soudain mis une chaîne autour du cou. Sa révolte était écrasée. Sans un mot, comme un chien battu, il la suivit dans la chambre.

Là-bas, elle prolongea sa torture en se taisant pendant quelques minutes – minutes durant lesquelles il entendit le battement de l'horloge, un enfant rire dehors et son cœur cogner dans sa poitrine. Mais elle non plus ne devait pas être très sûre d'elle, car elle ne le regarda pas quand elle lui adressa la parole, et lui tourna le dos.

– Je ne veux plus parler de ton comportement d'hier. Il était proprement inouï et j'en ai honte quand j'y pense. Tu devras en supporter les conséquences. Là, je te dirai juste que tu ne seras plus autorisé à rester seul avec les adultes. J'ai même écrit à ton papa pour que tu aies un précepteur ou que tu ailles au pensionnat, pour apprendre les bonnes manières. Je ne me fâcherai plus contre toi.

Edgar restait debout, la tête baissée. Il sentait que c'était juste un début, une menace, et attendait avec inquiétude qu'elle en vînt au fait.

– Tu vas t'excuser tout de suite auprès du baron.

L'enfant sursauta, mais elle ne se laissa pas interrompre.

– Il est parti aujourd'hui, tu vas lui écrire une lettre que je te dicterai.

Edgar regimba à nouveau, mais sa mère tint bon.

– Ne discute pas ! Voici du papier et de l'encre, assieds-toi.

Il la considéra. Ses yeux étaient durcis par une décision inébranlable. Il ne l'avait jamais vue comme ça, si ferme et impassible. Il fut saisi de crainte. Il s'assit, prit la plume, mais pencha son visage très bas au-dessus de la table.

– La date en haut. C'est fait ? Laisse une ligne en blanc. Voilà ! Très cher monsieur le baron. Virgule. Saute encore une ligne. Je viens d'apprendre à mon grand regret – tu y es ? – à mon grand regret... que vous avez déjà quitté le Semmering – Semmering avec deux *m* – et je dois donc m'acquitter par écrit de ce que je comptais faire de vive voix, à savoir – un peu plus vite, tu n'as pas besoin de calligraphier ! – vous demander pardon pour mon comportement d'hier. Comme vous l'aura dit ma maman, je suis encore en convalescence d'une maladie grave, et donc très irritable. De sorte que souvent, je vois les choses en les exagérant, ce dont je me repens juste après...

Le dos penché sur la table tressaillit. Edgar se retourna. Sa révolte s'était réveillée.

– Ça, je ne l'écris pas, c'est faux !

– Edgar ! cria-t-elle, menaçante.

– Ce n'est pas vrai ! Je n'ai rien fait que j'aie à regretter ! Je n'ai rien fait de mal, qui doive être pardonné ! Je suis juste venu à ton secours quand tu as appelé !

Les lèvres de sa mère blêmirent, les ailes du nez se crispèrent.

– Moi, j'ai appelé au secours ? Tu es fou !

Edgar devint furieux. Il se leva d'un bond.

– Oui, tu as crié à l'aide, dehors dans le couloir, la nuit dernière, quand il t'a empoignée. Tu as dit : « Laissez-moi, laissez-moi ! » Si fort, que je l'ai entendu jusque dans la chambre…

– Tu mens, je n'ai jamais été avec lui dans le couloir. Il m'a seulement accompagnée jusqu'à l'escalier…

Le cœur d'Edgar cessa de battre à ce mensonge grossier. Il resta ébahi et la fixa avec des yeux vitreux.

– Tu n'étais pas… dans le couloir ? Et il… ne t'a pas retenue ? Il ne t'a pas prise de force par la taille ?

Elle rit. D'un rire sec et froid.

– Tu as rêvé !

C'en fut trop pour l'enfant. Il savait déjà que les adultes mentaient, qu'ils usaient de faux-fuyants insolents, de mensonges qui passaient inaperçus et de doubles sens ingénieux. Mais qu'elle ait l'aplomb de nier ouvertement, froidement, le mit hors de lui.

– Et cette marque sur mon front, je l'ai rêvée aussi ?

– Qui sait avec qui tu t'es battu ? Mais je n'ai pas à discuter avec toi – tu dois juste obéir, c'est tout. Rassieds-toi et écris !

Elle était très pâle, cherchant à se contenir avec ses dernières forces.

Mais dans le cœur d'Edgar, quelque chose explosa, peut-être une dernière braise de confiance. Qu'on puisse fouler aux pieds si aisément la vérité comme une allumette enflammée, il ne l'acceptait pas. Il se crispa et lâcha d'un ton glacial, mordant :

– Alors, je l'ai rêvé ? Cette chose dans le couloir et ces marques ? Et votre promenade, hier au clair de lune ? Et qu'il voulait t'emmener en bas du sentier, ça aussi, peut-être ? Crois-tu que je me laisse enfermer dans ma chambre comme un petit enfant ? Non, je ne suis pas aussi bête que vous le pensez. Je sais ce que je sais !

Il la regarda droit dans les yeux, effrontément, ce qui la fit sortir de ses gongs : voir le visage de son fils, juste devant elle, déformé par la haine… Sa colère éclata avec violence.

– Allez, écris tout de suite ! Sinon…

– Sinon quoi ?

Sa voix, impudemment, s'était faite provocante.

– Je te battrai comme un petit enfant.

Edgar fit un pas vers elle, méprisant, et se borna à rire.

Mais, déjà, elle lui avait assené une gifle. Edgar poussa un cri et, comme un noyé dont les mains battent autour de lui, qui est pris d'un éblouissement et n'entend plus qu'un sourd bourdonnement, il riposta en lançant des coups de poings à l'aveuglette. Il sentit qu'il frappait quelque chose de tendre, qu'il touchait un visage, il entendit un cri…

Ce cri lui fit reprendre ses esprits. Là, soudain, il se vit, et s'aperçut de cette énormité : il frappait sa mère… La peur l'envahit, la honte, l'horreur et le violent besoin de s'enfuir, de s'évanouir sous terre, de se sauver très loin, seulement pour échapper à ses regards. Il courut à la porte, dévala l'escalier, traversa l'hôtel et fonça dans la rue, loin, le plus loin possible, comme s'il était poursuivi par une meute en furie.

Premier aperçu

Plus bas, sur le chemin, il s'arrêta enfin, Il dut s'appuyer contre un arbre tant ses membres tremblaient de peur et d'émotion, tant son souffle s'exhalait, rauque et entrecoupé, de sa poitrine en feu. L'horreur de son acte l'avait poursuivi et le prit alors à la gorge, secouant tout son corps, comme sous l'effet d'une fièvre. Que faire, maintenant ? Où se sauver ? Car déjà, au cœur du bois, juste à un quart d'heure de l'hôtel où il logeait, il était submergé par un sentiment de solitude. Tout semblait différent, plus hostile, plus malveillant, depuis qu'il était seul et sans aide. Les arbres qui, pas plus tard que la veille, bruissaient fraternellement autour de lui, se serraient d'un air lugubre, comme pour le menacer. Tout ce qui l'attendait était-il encore plus inhospitalier ? Cette solitude contre le vaste monde donna le vertige à l'enfant. Non, il ne pouvait pas encore la supporter, pas la supporter seul. Mais chez qui pouvait-il aller ? Il redoutait son père, qui était inaccessible, s'irritait facilement et le renverrait sur-le-champ. Mais il ne voulait pas revenir – plutôt affronter les dangers de l'inconnu ; il lui semblait qu'il ne pourrait plus voir le visage de sa mère sans se rappeler qu'il l'avait frappé.

Alors, il songea à sa grand-mère – cette vieille dame bonne, aimable, qui le choyait depuis sa naissance, qui l'avait toujours protégé quand une punition ou une injustice le menaçait à la maison. Il allait se cacher chez elle, à Baden, jusqu'à ce que la première colère soit passée – là-bas, il écrirait une lettre à ses parents pour s'excuser. En un quart d'heure à peine, la simple idée de se trouver seul et sans expérience dans le monde l'avait déjà rendu si humble qu'il maudit sa fierté, cette fierté stupide qu'un inconnu avait attisée par sa perfidie. Désormais, il n'aspirait qu'à redevenir l'enfant d'avant, obéissant, patient, sans l'arrogance dont il sentait à présent l'outrance ridicule.

Mais comment aller à Baden ? Combien d'heures fallait-il pour s'y rendre ? Nerveusement, il fouilla dans son petit porte-monnaie de cuir, celui qu'il portait toujours sur lui. Dieu merci, elle y brillait encore, la pièce neuve de vingt couronnes en or qui lui avait été offerte pour son anniversaire. Il n'avait pas pu se résoudre à la dépenser. Presque chaque jour, il avait vérifié qu'elle était toujours là, se délectant à sa vue, se sentant riche de la posséder, et il l'avait fait reluire avec son mouchoir avec une tendresse reconnaissante, jusqu'à ce qu'elle étincelle comme un petit soleil. Mais – cette idée soudaine l'effraya – cette pièce suffirait-elle ? Il avait déjà voyagé très souvent en train, sans jamais penser qu'il fallait payer pour ça, ni combien le trajet pouvait coûter, une couronne ou cent. Pour la première fois, il s'aperçut qu'il y avait des réalités de la vie auxquelles il n'avait jamais songé, que toutes les choses qui l'entouraient, qu'il avait eues entre les doigts et avec lesquelles il avait joué, étaient en quelque sorte dotées d'une valeur propre, d'un poids particulier. Lui qui, encore une heure avant, se croyait omniscient, était, il le sentait, passé à côté d'un millier de secrets et de questions sans y prendre garde, et il avait honte que son maigre savoir trébuche déjà sur la première marche de la vie. Il était de plus en plus découragé, ses pas incertains ralentissaient à l'approche de la gare. Il avait si souvent rêvé de cette fuite, en pensant qu'il partirait ainsi à l'assaut de la vie, deviendrait empereur ou roi, soldat ou poète – et maintenant, il levait des yeux hésitants vers la petite maison claire en ne songeant qu'à une seule chose : si les vingt couronnes suffiraient pour le conduire chez sa grand-mère. Les rails brillaient dans le lointain, la gare semblait vide et déserte. Timidement, il se glissa jusqu'à la caisse et demanda en chuchotant, pour que personne ne l'entende, combien coûtait un billet pour Baden. Un visage étonné le regarda derrière le guichet sombre, deux yeux souriants se levèrent sous des lunettes vers l'enfant gêné :

– Une place entière ?

– Oui, balbutia Edgar, sa fierté en berne, craignant que ce soit trop cher.

– Six couronnes !

– Voilà.

Soulagé, il poussa vers le guichet la pièce luisante et tant aimée ; de l'argent sonna en retour et, soudain, il se sentit à nouveau très riche de tenir dans sa main le bout de carton brun qui lui promettait la liberté, et d'entendre, dans sa poche, tinter la musique étouffée de l'argent.

Le train devait arriver dans vingt minutes, lui apprit l'indicateur. Edgar se blottit dans un coin. Quelques personnes se tenaient sur le quai, désœuvrées et distraites. Mais il semblait au garçon inquiet qu'elles le regardaient toutes, comme si elles s'étonnaient que cet enfant voyage déjà seul, comme si sa fuite et son crime étaient marqués sur son front. Il respira quand, enfin, le train siffla pour la première fois au loin et puis s'approcha en grondant. Le train qui devait l'emporter dans le monde… Ce fut seulement en y montant qu'il s'aperçut qu'il avait un billet de troisième classe. Jusqu'alors, il avait toujours voyagé en première et, à nouveau, il sentit que quelque chose changeait, qu'il y avait des disparités qui lui avaient naguère échappé. Il n'avait pas les mêmes voisins, d'ordinaire. Quelques ouvriers italiens aux mains gercées et aux voix rauques étaient assis, pelle et bêche à la main, juste en face de lui, regardant le paysage avec des yeux mornes, désolés. Ils avaient apparemment travaillé dur sur la voie, car certains étaient fatigués et dormaient dans le train qui roulait avec fracas, adossés bouche ouverte à même le bois sale. Ils avaient travaillé pour gagner de l'argent, pensait Edgar, mais il n'arrivait pas à imaginer combien cela pouvait représenter ; néanmoins, il sentait que l'argent était une chose qu'on n'avait pas toujours, mais qu'on devait acquérir d'une façon ou d'une autre. Pour la première fois, il prit conscience qu'il avait l'habitude d'une atmosphère de bien-être et que, à droite et à gauche de sa vie, béaient de sombres abîmes que son regard n'avait jamais frôlés. Soudain, il se rendit compte qu'il y avait des métiers et des destins – que tout autour de lui, des secrets se massaient à portée de sa main qu'il n'avait, pourtant, jamais remarqués. Edgar apprit beaucoup en l'espace d'une heure – maintenant qu'il était seul, il commençait à voir bien des choses de ce compartiment étroit à la fenêtre ouverte sur le paysage. Et, peu à peu, dans sa vague anxiété, quelque chose se mit à éclore, qui n'était pas encore du bonheur, mais déjà un étonnement devant la diversité de la vie. Il s'était enfui par peur et par lâcheté, il le sentait à chaque instant – et pourtant, pour la première fois, il avait agi de façon autonome, vu une parcelle de la réalité à côté de laquelle il était jadis passé. Pour la première fois, il était peut-être devenu lui-même un secret pour sa mère et son père, comme le monde pour lui jusqu'alors. Il regardait par la fenêtre avec d'autres yeux. Il lui semblait voir pour la première fois la réalité dans son entier, comme si un voile était tombé des choses et qu'à présent, tout lui était montré : leur intention profonde, le nerf caché de leur action. Des maisons défilaient le long du train, comme emportées par le vent – et il ne put s'empêcher de penser aux gens qui y vivaient, se demandant s'ils étaient riches ou pauvres, heureux ou malheureux, s'ils avaient comme lui un désir ardent de tout savoir et si, peut-être, ils avaient des enfants qui, jusqu'ici, avaient juste joué avec les choses comme lui. Les gardes-barrières, qui se tenaient le long de la voie, leurs drapeaux déployés, ne lui parurent pas, comme avant, des pantins désarticulés et des jouets inertes – des choses semées par un hasard indifférent.

Il comprit que cet état incarnait leur destin, leur lutte pour la vie. Les roues roulaient toujours plus vite, les voies sinueuses portaient maintenant le train vers le fond de la vallée, les montagnes devenaient plus douces, plus lointaines et, bientôt, on avait atteint la plaine. Une dernière fois, il se retourna vers elles – déjà, elles étaient bleues et indistinctes, perdues, inaccessibles, et il lui sembla que, là où elles se fondaient lentement dans le ciel brumeux, reposait son enfance.

Troublante obscurité

Mais après, à Baden, quand le train s'arrêta et qu'Edgar se retrouva seul sur le quai où, déjà, les lumières étaient allumées et les signaux rouges et verts brillaient au loin, une crainte soudaine de l'approche de la nuit s'associa à cette vision colorée. Dans la journée, il s'était toujours senti plus en sécurité, car il y avait des gens autour de lui, il pouvait se reposer, s'asseoir sur un banc ou regarder les vitrines des magasins. Mais comment pourrait-il supporter les heurcs où les gens disparaîtraient dans les maisons – chacun avec un lit, quelqu'un à qui parler et la perspective d'une nuit tranquille – alors qu'il devrait errer avec le sentiment de sa faute dans une solitude anonyme. Oh, avoir juste un toit au-dessus de sa tête, ne plus rester une minute de plus à la belle étoile – c'était sa seule pensée distincte.

En hâte, il suivit le chemin qu'il connaissait bien, sans regarder à droite ni à gauche, jusqu'à ce qu'il atteignît enfin la villa de sa grand-mère. Elle se trouvait dans une rue large, mais ne s'offrait pas librement aux regards : la maison blanche, désuète, accueillante, superbe derrière un nuage de verdure, se cachait sous la vigne vierge et le lierre dans un jardin bien gardé. Edgar épia à travers la grille comme un étranger. Rien ne bougeait à l'intérieur, les fenêtres étaient fermées – apparemment ils étaient tous, avec les invités, derrière dans le jardin. Déjà, sa main touchait la poignée froide quand une chose étrange se passa : tout à coup, ce qui lui avait paru, depuis deux heures, facile et évident lui sembla impossible. Comment pourrait-il entrer, les saluer, supporter leurs questions et comment répondre ? Comment soutenir leur premier regard quand il devrait raconter qu'il avait secrètement fui sa mère ? Et comment expliquer la monstruosité de son acte, auquel déjà, lui-même ne comprenait plus rien ? À l'intérieur, une porte s'ouvrit.

Soudain, il fut saisi d'une peur folle que quelqu'un puisse venir et il dépassa la maison en courant, sans savoir où aller.

Il s'arrêta devant le parc de la station thermale, car il le vit plongé dans la pénombre et il le crut désert. Là-bas, il pourrait peut-être s'asseoir et enfin – enfin ! – réfléchir calmement, se reposer et commencer à mesurer son sort. Il entra timidement. Sur le devant brillaient des lampadaires, donnant aux feuilles encore jeunes l'éclat humide, spectral, d'un vert diaphane. Mais plus loin, là où il devait descendre la colline, tout se fondait en une masse noire, vague, palpitante, dans les ombres confuses d'une nuit de printemps. Edgar passa craintivement devant les rares personnes assises sous le halo des lampadaires, à lire ou à causer ; il voulait être seul. Mais même en haut, dans les allées non éclairées, rien n'était paisible. Là-bas, tout regorgeait de légers murmures, de ruissellements cachés, parfois mêlés au souffle du vent entre les feuilles mouvantes, au bruit des pas traînants et au chuchotement des voix étouffées, à une sorte de son voluptueux, soupirant, angoissé, qui devait émaner des hommes comme des bêtes et du sommeil agité de la nature. C'était une rumeur menaçante, sournoise, mystérieuse, inquiétante, qui s'exhalait dans le bois – une sorte d'agitation souterraine qui n'était peut-être liée qu'au printemps, mais qui effraya étrangement l'enfant désemparé.

Il se fit tout petit sur un banc dans cette obscurité insondable, tentant de réfléchir à ce qu'il allait devoir raconter chez sa grand-mère. Mais les pensées lui échappaient avant qu'il pût les saisir – malgré lui, il ne pouvait qu'écouter et écouter ces vagues soupirs, les voix mystiques de la nuit. Comme ces ombres étaient angoissantes, troublantes, et pourtant parées d'une secrète beauté ! Étaient-ce des bêtes ou bien des hommes, ou juste la main fantomatique du vent qui propageait en les mêlant tous ces murmures et ces froissements, ces ronronnements, ces sifflements ? Il dressa l'oreille. C'était le vent qui se coulait bruyamment entre les arbres, mais – là, il le vit clairement – aussi des gens, des couples enlacés qui montaient de la ville éclairée, peuplant les ténèbres de leur présence énigmatique. Que voulaient-ils ? Il ne pouvait pas le concevoir. Ils ne se parlaient pas, car il n'entendait pas de voix, juste leurs pas crissant sur le gravier et, çà et là, il voyait dans la clairière leurs formes passer fugacement, flottant comme des ombres – mais toujours étroitement enlacées, comme il avait vu sa mère avec le baron. Ce secret, ce grand secret fatal, brûlant – il était là aussi. Tout à coup, il entendit des pas venir vers lui, puis un rire étouffé. Une peur le saisit, le couple qui s'approchait pourrait le trouver ici et il se blottit plus profondément dans l'obscurité. Mais les gens, qui montaient le chemin à tâtons dans le noir, ne le virent pas. Ils passèrent en s'étreignant et bientôt l'enfant respira – mais soudain, leurs pas s'arrêtèrent, juste devant son banc. Ils pressèrent leurs visages l'un contre l'autre. Il ne put pas bien voir, entendit seulement un soupir s'échapper de la bouche de la femme ; l'homme insista, balbutia des paroles ardentes et insensées, et là, un lourd pressentiment traversa la peur de l'enfant, mêlé à un frisson voluptueux. Ils restèrent une minute ainsi, puis le gravier crissa à nouveau sous leurs pas, qui s'éloignèrent sur le chemin et s'évanouirent très vite dans les ténèbres.

Edgar avait la chair de poule. Le sang se remit à courir dans ses veines, plus chaud et plus ardent qu'avant. Tout à coup, il se sentit insupportablement seul dans cette nuit troublante, et le besoin irrésistible d'une voix amie, d'être embrassé, d'une pièce pleine de lumières et de gens qu'il aimait, s'empara de lui. C'était comme si toute l'obscurité déroutante de cette nuit troublante s'était engouffrée dans sa gorge et faisait exploser sa poitrine.

Il se leva d'un bond. Oh, être seulement chez soi, quelque part dans une maison accueillante, une pièce illuminée, et entouré de gens ! Que pouvait-il bien lui arriver ? Il ne craignait plus rien – les coups comme les insultes – depuis qu'il avait goûté à l'obscurité et à la peur de la solitude.

Cela le poussa en avant sans qu'il s'en rendît compte et, soudain, il se retrouva devant la villa, la main à nouveau posée sur la poignée froide. Il vit les fenêtres à présent éclairées luire doucement à travers la verdure, s'imagina derrière chaque vitre brillante la pièce familière où se trouvaient les siens. Déjà, cette proximité le remplit de bonheur, du premier soulagement d'être près de ceux dont il se savait aimé. S'il hésita encore, ce fut juste pour savourer plus profondément cette joie anticipée.

Soudain, s'éleva derrière lui une voix inquiète, stridente :

– Edgar, il est là !

La bonne de sa grand-mère l'avait vu, elle s'élança vers lui et le prit par la main. Les portes s'ouvrirent d'un coup, un chien sauta vers lui en aboyant, des gens sortirent de la maison avec des lumières ; il entendit des clameurs gaies et effrayées, un joyeux tumulte de cris et de pas s'approcher, puis vit des silhouettes qu'il reconnut alors. Tout d'abord sa grand-mère avec les bras tendus et, derrière elle – il crut rêver… –, sa mère. Les yeux gonflés de larmes, tremblant, intimidé, il se retrouva au milieu de ces effusions débordantes sans savoir que faire, que dire, ni s'il se sentait heureux ou effrayé.

Le dernier rêve

Voilà ce qui s'était passé : ici, on le cherchait et on l'attendait depuis longtemps. Sa mère, malgré sa colère, effrayée par son départ précipité, l'avait fait rechercher au Semmering. Déjà, l'émotion était à son comble et les sombres conjectures allaient bon train quand un monsieur avait rapporté avoir vu l'enfant à trois heures au guichet de la gare. Là-bas, la mère apprit très vite qu'il avait acheté un billet pour Baden et, aussitôt, elle le suivit sans hésiter. Des télégrammes à Baden et à son père à Vienne l'avaient précédée en donnant l'alerte et, depuis deux heures, tout était mis en œuvre pour retrouver le fugitif.

À présent, ils le tenaient, mais sans violence. Avec un triomphe contenu, il fut escorté dans le salon, mais – chose curieuse – il ne souffrit pas de leurs durs reproches, car il vit la joie et l'amour dans leurs yeux. Et même cette comédie, cette colère simulée, ne dura qu'un instant. Puis sa grand-mère, en larmes, l'embrassa à nouveau, personne ne parla plus de sa faute et il fut entouré d'une sollicitude merveilleuse. La bonne lui ôta son habit et lui en apporta un plus chaud, sa grand-mère lui demanda s'il avait faim ou besoin de quelque chose, ils l'interrogèrent et le harcelèrent avec une tendre inquiétude et, en voyant sa gêne, ils cessèrent de le questionner. Il éprouva alors avec délice le sentiment qu'il avait tant méprisé et qui lui avait pourtant manqué – celui d'être un tout petit enfant – et il fut pris de honte en songeant à la prétention qu'il avait eue, ces jours derniers, à vouloir se passer de tout cela pour l'échanger contre le plaisir trompeur de l'indépendance.

À côté, le téléphone sonna. Il entendit la voix de sa mère, discerna des mots isolés : « Edgar… de retour… venu… dernier train », et s'étonna qu'elle ne l'ait pas rabroué avec colère, mais enveloppé d'un regard étrangement réservé. Ses remords étaient de plus en plus cuisants – il aurait préféré s'arracher à toute la prévenance de sa grand-mère et de sa tante pour aller lui demander pardon et lui dire très humblement, en privé, qu'il voulait redevenir un enfant, obéir sagement. Mais quand il se leva sans bruit, sa grand-mère lui dit, un peu inquiète :

– Où veux-tu donc aller ?

Il s'arrêta, honteux. Elle avait déjà peur pour lui dès qu'il faisait un geste. Il les avait tous effrayés et là, ils craignaient qu'il ne veuille encore s'échapper. Mais comment pourraient-ils comprendre que personne, plus que lui, ne regrettait son évasion !

La table était dressée, et on lui apporta en hâte un dîner. Sa grand-mère resta assise près de lui sans le quitter des yeux. Elle, sa tante et la bonne l'enfermaient dans un cercle paisible et il se sentit bizarrement rassuré par cette chaleur. Seul le fait que sa mère n'entre pas dans la pièce le déroutait. Si elle avait pu deviner comme il était soumis, elle serait certainement venue !

Dehors, une voiture pétarada et s'arrêta devant la maison. Les autres sursautèrent à tel point qu'Edgar s'alarma. Sa grand-mère sortit, des voix fortes se répondirent dans le noir et, soudain, il comprit que son père était arrivé. Anxieux, il remarqua qu'il était à nouveau seul dans la pièce, et il ne fallut qu'un bref instant de solitude pour le démonter. Papa était sévère, c'était le seul qu'il craignait vraiment. Il prêta l'oreille, son père avait l'air irrité, il parlait d'une voix sonore et fâchée. Par moments s'élevaient celles, apaisantes, de sa grand-mère et de sa mère, apparemment pour tenter de le radoucir. Mais la voix restait dure, dure comme les pas qui, à présent, entraient, se rapprochaient de plus en plus, gagnaient déjà la pièce voisine, arrivaient juste devant la porte – qui s'ouvrit brusquement.

Son père était très grand. Edgar se sentit indiciblement petit devant lui quand il entra avec nervosité et, semblait-il, vraiment en colère.

– Enfin, qu'est-ce qui t'a pris, mon gars, de te sauver ainsi ? Comment peux-tu faire une telle peur à ta mère ?

Sa voix était furieuse et ses mains s'agitaient. Derrière lui, d'un pas léger, sa mère s'était glissée dans la pièce, le visage dans l'ombre.

Edgar ne répondit pas. Il lui semblait qu'il devait se justifier, et pourtant, comment raconter qu'on l'avait trompé et frappé ? Son père pourrait-il le comprendre ?

– Alors, tu ne peux pas parler ? Qu'est-ce qui s'est passé ? Tu peux le dire sans crainte. On n'a pas été juste avec toi ? Il faut bien avoir une raison pour se sauver ! Quelqu'un t'a fait du mal ?

Edgar hésita. Le souvenir réveilla sa colère, déjà, il allait accuser… Mais là, il vit – et à cette vue, son cœur s'arrêta – que sa mère, derrière le dos de son père, faisait un drôle de geste. Un geste qu'il ne comprit pas. Puis elle le regarda, lui adressant des yeux une demande implorante. Doucement, très doucement, elle porta un doigt à ses lèvres pour lui faire signe de se taire.

Là, soudain, il sentit quelque chose de chaud, un bonheur violent, inouï, inonder tout son corps. Il comprit qu'elle lui donnait le secret à garder et qu'un sort reposait sur ses petites lèvres d'enfant. Une fierté joyeuse, sauvage, l'envahit à la pensée qu'elle lui faisait confiance, puis l'élan du sacrifice le saisit, une envie d'exagérer sa faute, pour montrer combien il était déjà un homme. Il prit son courage à deux mains.

– Non, non, il n'y avait pas de raison… Maman a été très bonne avec moi, mais j'ai été méchant, je me suis mal conduit… et là… là, je me suis sauvé, parce que j'ai eu peur.

Son père le regarda, ébahi. Il s'était attendu à tout, sauf à cet aveu. Sa colère en fut désarmée.

– Eh bien, si tu le regrettes, c'est déjà une bonne chose. Bon, aujourd'hui, je ne veux plus en entendre parler. Mais je pense qu'après ça, tu y réfléchiras à deux fois pour que cela ne se reproduise plus !

Il s'arrêta et le considéra. Sa voix devint plus douce.

– Comme tu es pâle… Pourtant, il me semble que tu as encore grandi. J'espère que tu ne feras plus ces enfantillages… Tu n'es vraiment plus un gamin, tu pourrais être déjà raisonnable !

Pendant tout cet échange, Edgar n'avait regardé que sa mère. Il avait l'impression que quelque chose luisait dans ses yeux. Ou bien, n'était-ce que le reflet du feu ? Non, une flamme brillait clairement dans ses prunelles humides et un sourire dansait sur ses lèvres, qui lui disaient merci. On l'envoya alors au lit, mais là, il ne fut pas triste de se retrouver seul.

Il devait réfléchir à tant de choses, si riches et si diverses… Tout le chagrin de ces jours derniers s'était évanoui dans la sensation formidable de la première expérience de sa vie, il était transporté par l'intuition mystérieuse d'événements à venir. Dehors, les arbres bruissaient dans la nuit noire, mais il ne connaissait plus la crainte. Il avait perdu toute impatience devant la vie, depuis qu'il mesurait l'étendue de sa richesse. C'était comme si, aujourd'hui, il avait vu la vie nue pour la première fois – non plus voilée par les mille mensonges de l'enfance, mais dans toute sa beauté voluptueuse, dangereuse. Il n'avait jamais pensé qu'il pût y avoir des jours aussi changeants, si remplis de joies et de peines, et il se réjouit d'avoir encore tant de jours semblables devant lui, que toute une vie l'attendait pour lui dévoiler son secret. Déjà, il avait eu un premier aperçu de la diversité de l'existence – pour la première fois, il croyait avoir compris la nature des hommes : ils avaient besoin les uns des autres, même quand ils semblaient hostiles, et il était très doux d'être aimés d'eux. Il était incapable d'avoir une pensée haineuse pour quelque chose ou pour quelqu'un, il ne regrettait rien

– et même envers le baron, le séducteur, son plus cruel ennemi, il éprouva un nouveau sentiment, la gratitude, car il lui avait ouvert la porte de ce monde des premières émotions.

Ces pensées agréables le bercèrent dans le noir, l'esprit déjà mollement brouillé par des images de rêves, et bientôt, il sombra dans un demi-sommeil. Soudain, il lui sembla que la porte s'ouvrait et qu'une ombre entrait en silence. Il crut s'être trompé, mais il était déjà trop engourdi pour ouvrir les yeux. Là, il sentit un souffle au-dessus de lui, un visage chaud et doux frôler le sien, et il comprit que c'était sa mère qui l'embrassait et qui passait une main dans ses cheveux. Il sentit les baisers et il sentit les larmes, il rendit doucement les caresses – n'y voyant ce soir-là qu'une réconciliation, qu'un geste de reconnaissance pour son silence. Ce fut seulement plus tard, bien des années plus tard, qu'il reconnut dans ces larmes muettes une promesse de la femme vieillissante – une volonté de n'appartenir désormais qu'à lui, qu'à son enfant –, un renoncement à l'aventure, un adieu à tous ses désirs secrets. Il ignorait qu'elle lui était aussi reconnaissante de l'avoir sauvée d'une aventure stérile, et lui laissait par cette étreinte le poids doux-amer de l'amour en héritage pour sa vie à venir. Tout cela, l'enfant ne le comprit pas à cet instant, mais il sentit tout le ravissement d'être aimé ainsi et qu'il était, par cet amour, déjà mêlé au grand secret du monde.

Quand, sur ces entrefaites, sa mère ôta sa main, détacha ses lèvres des siennes et que sa taille légère s'éloigna dans un frou-frou, il resta encore une chaleur, un souffle sur sa bouche. Alors, l'ardent désir s'insinua en lui de sentir souvent des lèvres aussi douces et d'être enlacé avec la même tendresse, mais ce pressentiment du secret tant convoité était déjà troublé par les brumes du sommeil. Une dernière fois, toutes les images colorées des heures précédentes défilèrent – une dernière fois, tournèrent les pages du livre séduisant de sa jeunesse. Puis l'enfant s'endormit, et alors commença le rêve plus profond de sa vie.

La gouvernante

À Ellen Key

À présent, les deux filles sont couchées dans leur chambre, toutes lumières éteintes. L'obscurité s'étend entre elles, seule une vague lueur blanche auréole leurs lits. Elles respirent si doucement que l'on croirait qu'elles dorment.

– Hé ! dit une voix.

C'est la fille de douze ans qui, tout bas, presque craintivement, appelle dans le noir.

– Qu'est-ce qu'il y a ? demande de l'autre lit sa sœur, juste d'un an son aînée.

– Tu ne dors pas encore ? Bien. Je... j'aimerais te raconter quelque chose.

Aucune réponse ne vient de l'autre côté, seulement un léger bruit. L'aînée s'est redressée, en tournant vers sa sœur des yeux qu'on peut voir étinceler.

– Tu sais… je voulais te dire… Non – toi, d'abord, n'as-tu pas remarqué quelque chose chez Mademoiselle ces jours derniers ?

L'autre hésite et réfléchit.

– Oui, dit-elle enfin, mais je ne sais pas trop quoi. Elle est bien moins sévère. Je suis restée deux jours sans faire mes devoirs et elle ne m'a rien dit. Elle est… je ne sais pas… Je crois qu'elle ne s'occupe plus de nous. Elle s'assied à l'écart et nos jeux ne l'intéressent plus.

– Je pense qu'elle est très triste, mais qu'elle ne veut pas le montrer. Elle ne joue même plus du piano.

Le silence retombe.

– Tu voulais me raconter quelque chose, rappelle alors l'aînée.

– Oui, mais tu ne dois le dire à personne, à personne ! Ni à Maman ni à ton amie.

– Non, non ! lance l'autre, qui s'impatiente déjà. Alors, c'est quoi ?

– Eh bien… au moment où on s'est couchées, je me suis aperçue que je n'avais pas dit « Bonne nuit » à Mademoiselle. J'étais déjà pieds nus, mais je suis quand même allée dans sa chambre, à pas de loup, pour lui faire la surprise. J'ai ouvert la porte sans bruit. Au début, j'ai cru qu'elle n'était pas là. Il y avait de la lumière, mais je ne l'ai pas vue. Tout à coup – ça m'a fait une peur bleue –, j'ai entendu pleurer et je l'ai vue couchée tout habillée, la tête sur l'oreiller. Elle a poussé un sanglot qui m'a fait sursauter. Mais elle ne m'a pas remarquée. Alors, j'ai refermé tout doucement la porte. Je tremblais tellement que j'ai dû rester un moment plantée là. Puis, elle s'est remise à sangloter, et je me suis dépêchée de descendre.

Les deux fillettes se taisent. Enfin, l'une dit tout bas :

– Pauvre Mademoiselle !

Ces paroles vibrent dans la chambre comme une note grave, et le silence revient.

– J'aimerais savoir pourquoi elle a pleuré, dit plus tard la cadette. Elle ne s'est pourtant disputée avec personne ces jours derniers. Maman ne la tracasse plus à tout bout de champ, et nous ne lui avons sûrement rien fait. Pourquoi pleure-t-elle comme ça ?

– J'en ai bien une idée… répond l'aînée.

– Pourquoi, dis-moi ? Pourquoi ?

Sa sœur hésite.

– Je crois qu'elle est amoureuse… dit-elle enfin.

– Amoureuse ? (La cadette tressaille.) Mais de qui ?

– Tu n'as vraiment pas remarqué ?

– Pas d'Otto, quand même ?

– Non ? Et lui n'est pas amoureux d'elle ? Pourquoi, alors qu'il y a trois ans qu'il vit chez nous pour y faire ses études, ne nous a-t-il jamais accompagnées et s'est-il mis soudain à le faire tous les jours, depuis quelques mois ? A-t-il jamais été gentil avec nous avant l'arrivée de Mademoiselle ? À présent, il ne nous quitte pas de la journée. On ne cesse de le rencontrer « par hasard » au jardin public, au parc ou au Prater, partout où on va avec Mademoiselle. Tu ne t'en es pas aperçue ?

– Si… si, bien sûr, balbutie la cadette, effrayée. J'ai juste pensé que c'était…

Sa voix se brise.

– Je l'ai cru aussi, au début. Nous les filles, nous sommes toujours très bêtes… Mais j'ai bien remarqué qu'on lui sert de prétexte.

Le silence revient. La discussion a l'air d'avoir pris fin. Les deux sœurs sont plongées dans leurs pensées ou, déjà, dans leurs rêves.

Puis soudain, très désemparée, la cadette lance dans l'obscurité :

– Mais pourquoi pleure-t-elle ? Enfin, il l'aime bien… Et j'ai toujours imaginé que ça devait être bien beau d'être amoureux !

– Je ne sais pas… dit l'aînée, toute songeuse. Je croyais, moi aussi, que c'était merveilleux…

À nouveau, des lèvres déjà ensommeillées chuchotent d'une voix navrée :

– Pauvre Mademoiselle…

Puis, le silence retombe dans la chambre.

* *
*

Le lendemain matin, elles n'en reparlent pas, mais toutes les deux sentent qu'elles sont absorbées par les mêmes pensées. Elles feignent de s'ignorer, elles s'évitent et pourtant, leurs regards se croisent malgré elles quand elles les glissent vers la gouvernante. À table, elles surveillent Otto, le cousin qui vit dans la maison depuis des années comme un étranger. Elles ne lui disent rien mais, sous leurs paupières baissées, elles le guettent pour voir s'il n'échange pas des signes d'intelligence avec Mademoiselle. L'une et l'autre sont inquiètes. Ce jour-là, elles ne jouent pas mais, dans leur fièvre de découvrir le secret, elles font des choses vaines et sans intérêt. Le soir, l'une d'elles demande, froidement, comme si elle n'y attachait pas d'importance.

– As-tu encore remarqué quelque chose ?

– Non, dit l'autre, avant de se détourner.

Elles ont obscurément peur de se parler. Au cours des jours suivants, les deux sœurs continuent cette observation muette et cette surveillance, sentant inconsciemment, anxieusement, qu'elles touchent à un secret brûlant.

Enfin, au bout de quelques jours, la cadette remarque que Mademoiselle adresse un léger signe de tête à leur cousin à table. La petite tremble d'excitation. Elle cherche à tâtons la main de sa sœur sous la nappe. Quand l'aînée se tourne vers elle, elle lui lance un regard brillant. La grande comprend tout de suite et s'emballe à son tour.

À peine la gouvernante s'est-elle levée de table qu'elle dit aux deux filles :

– Allez dans votre chambre vous occuper un peu toutes seules. J'ai la migraine, je vais me reposer une demi-heure.

Les enfants baissent les yeux. Prudemment, chacune cherche la main de l'autre. Dès que

Mademoiselle est sortie, la cadette saute sur sa sœur :

– Attention ! Otto va aller dans sa chambre…

– Bien sûr ! C'est pour ça qu'elle nous a éloignées !

– Allons écouter à la porte !

– Mais si quelqu'un vient ?

– Qui donc ?

– Maman.

La petite prend peur.

– Dans ce cas…

– Tu sais quoi ? Moi, j'écoute à la porte. Toi, reste dans le couloir et fais-moi signe, si jamais quelqu'un vient. Comme ça, on sera tranquilles.

La petite se renfrogne.

– Mais après, tu ne me raconteras rien !

– Si, tout !

– Vrai de vrai ?

– Promis. Tousse, si tu entends quelqu'un.

Elles guettent dans le couloir, tremblant d'excitation. Leur pouls s'accélère. Que va-t-il se passer ? Elles se serrent l'une contre l'autre.

Un pas. Elles courent se cacher dans le noir. C'est bien Otto. Il tourne la poignée, entre et ferme la porte. L'aînée jaillit derrière lui comme une flèche, se presse contre la porte, écoute en retenant son souffle. La cadette l'observe avec envie. Brûlant de curiosité, elle quitte la place qui lui a été assignée. Elle se glisse près de sa sœur, mais celle-ci la repousse avec colère. À nouveau, la petite attend dans le couloir des minutes qui lui paraissent une éternité. Elle se trémousse, comme si elle était sur des charbons ardents. Les larmes lui montent aux yeux, tant elle est furieuse que sa sœur entende tout et elle rien. Plus loin, soudain, une porte se ferme. Elle lâche une petite toux. Toutes deux battent en retraite et se sauvent dans leur chambre. Elles y restent un instant, hors d'haleine et le cœur battant.

Puis, la cadette demande avidement :

– Alors… raconte-moi.

L'aînée a l'air pensive et, finalement, elle dit, comme pour elle-même :

– Je n'y comprends rien…

– Quoi ?

– C'est très étrange…

– Quoi… quoi ?… halète la cadette.

L'aînée essaie de se rappeler. La petite s'est pressée contre elle, se collant à son corps pour ne rien perdre de ses paroles.

– C'était vraiment bizarre… très différent de ce que j'avais imaginé… En entrant dans sa chambre, il a voulu la prendre dans ses bras, mais elle a chuchoté : « Arrête, j'ai quelque chose de sérieux à te dire. » Là, je n'ai pas pu voir, la clé était dans la serrure, mais j'ai tout entendu. « Qu'est-ce qui se passe ? » a demandé Otto, sur un ton très curieux. Tu sais que, d'habitude, il aime parler fort, et avec insolence. Mais là, sa voix était si hésitante que j'ai senti tout de suite qu'il devait avoir peur. Elle aussi a sans doute remarqué qu'il mentait, car elle a dit tout bas : « Tu le sais bien, déjà… » – « Non, pas du tout. » – « Vraiment ? » a-t-elle demandé d'une voix affreusement triste. « Et pourquoi me fuis-tu, tout à coup ? Depuis huit jours, tu ne me dis pas un mot. Tu m'évites, tu ne vas plus avec les petites, tu ne viens plus nous voir dans le parc. Te suis-je soudain si étrangère ? Oh… Tu sais déjà pourquoi tu te dérobes… » Il n'a rien dit, puis il a répondu : « Mon examen approche, j'ai beaucoup de travail. Je n'ai plus de temps pour rien d'autre, c'est tout. » Elle s'est mise à pleurer et lui a dit entre ses larmes, mais sur un ton très doux : « Otto, pourquoi donc me mens-tu ? Dis-moi la vérité, je n'ai pas mérité ça. Je n'ai jamais rien exigé, mais là, c'est une chose dont nous devons parler. Tu le sais bien, ce que j'ai à te dire, je le vois dans tes yeux. » – « Quoi donc ? » a-t-il balbutié, d'une toute petite voix. Et là, elle lui a dit…

Soudain, la fillette se met à trembler. L'émotion l'empêche de poursuivre. La cadette se presse encore plus contre l'aînée.

– Quoi ?… Mais quoi ?

– Elle a dit : « J'ai un enfant de toi ! »

La petite sursaute.

– Un enfant ! Mais non, c'est impossible !

– Elle l'a bien dit, pourtant…

– Tu dois avoir mal entendu.

– Non, non ! Et lui l'a répété. Otto a sursauté, comme toi, et puis, il a crié : « Un enfant ! » Là, elle s'est tue un long moment, avant de demander : « Et maintenant, que va-t-il se passer ? » Et alors…

– Alors, quoi ?

– Eh bien, tu as toussé, et j'ai dû me sauver !…

La cadette a les yeux perdus dans le vague, toute troublée.

– Un enfant ! Mais ça n'a pas de sens… Quand a-t-elle pu l'avoir ?

– Je ne sais pas. C'est ça que je ne comprends pas.

– Peut-être chez elle quand… avant de venir ici. Maman ne lui a sans doute pas permis de l'amener à cause de nous. C'est même pour ça qu'elle est si triste…

– Mais c'est absurde : avant, elle ne connaissait pas encore Otto !

Elles se taisent à nouveau, perplexes et songeuses. Cette idée les tourmente. Puis la cadette répète :

– Un enfant ! Voyons, c'est impossible ! Comment pourrait-elle en avoir ? Elle n'a pas de mari. Seuls les gens mariés ont des enfants !

– Peut-être qu'elle l'a été.

– Ne sois pas si bête. Mais pas avec Otto…

– Alors, comment ?

Elles se regardent, désemparées.

– Pauvre Mademoiselle… dit l'une, apitoyée.

Ces mots reviennent sans cesse, puis meurent dans un soupir. Et toujours, à chaque fois, leur curiosité se ranime.

– Mais c'est une fille ou un garçon ?

– Qui pourrait le savoir ?

– Crois-tu que… si je le lui demandais, avec beaucoup de tact…

– Tu es folle !

– Pourquoi ?… Avec nous, pourtant, elle est si gentille !

– Enfin, qu'est-ce qui te prend ? On ne nous dit pas ces choses-là. À nous, on nous cache tout. Quand nous entrons dans le salon, les adultes s'interrompent toujours pour dire des bêtises, comme si nous étions des gamines, alors que moi, j'ai déjà treize ans. À qui veux-tu demander ça ? On nous ment tout le temps.

– Mais j'aurais bien aimé le savoir…

– Tu crois que moi, je ne le voudrais pas ?

– Tu sais, ce que je comprends, au moins, c'est qu'Otto n'en savait sans doute rien. On le sait bien qu'on a un enfant, tout comme on sait qu'on a des parents.

– Il l'a seulement prétendu, le misérable ! Il dissimule toujours !

– Mais pas pour une chose pareille. Juste… Juste… Quand il veut nous raconter des histoires…

Mademoiselle entre alors dans leur chambre. Elles se taisent aussitôt et feignent de travailler. Mais elles la regardent à la dérobée. Ses yeux ont l'air rougis, sa voix plus grave et vibrante que d'habitude. Les fillettes ne bougent pas et la regardent soudain avec une crainte respectueuse. « Elle a un enfant », ne peuvent-elles s'empêcher de penser. « C'est pour ça qu'elle est aussi triste. » Et peu à peu, cette tristesse les gagne.

* *
*

Le lendemain, à table, tombe soudain la nouvelle : Otto quitte la maison. Ses examens approchent, explique-t-il à son oncle. Il doit redoubler de travail, et la maison n'est pas assez calme. Il va prendre une chambre quelque part, pendant un à deux mois, jusqu'à ce que tout soit fini.

Les deux enfants s'enflamment. Elles devinent quelque lien mystérieux avec l'entretien de la veille. Leur instinct aiguisé leur fait sentir une lâcheté, une fuite. Quand Otto veut leur dire au revoir, elles se montrent grossières et lui tournent le dos. Mais elles l'épient quand il s'adresse à Mademoiselle. Les lèvres d'Otto tremblent, mais la gouvernante lui tend tranquillement la main, sans un mot.

Pendant ces quelques jours, les fillettes ont changé du tout au tout. Elles ont perdu leur rire et délaissé leurs jeux. La lueur insouciante a déserté leurs yeux. L'incertitude et l'anxiété les hantent, jointes à une folle méfiance envers leur entourage. Elles ne croient plus ce qu'on leur dit, flairent des mensonges derrière chaque phrase. Elles observent et guettent toute la journée, scrutent le moindre geste, captent chaque tressaillement, chaque mot accentué. Elles rôdent derrière les adultes comme des ombres, écoutent aux portes dans l'espoir de surprendre quelque chose. Elles s'efforcent ardemment de se dépêtrer de ce sombre filet de secrets – du moins d'apercevoir, entre ses mailles, un peu le monde de la réalité. La confiance enfantine, cet aveuglement léger, les a quittées. Elles soupçonnent même dans le poids des événements une explosion nouvelle, qu'elles craignent de rater. À force de se sentir entourées de mensonges, elles-mêmes sont devenues des espionnes acharnées et sournoises. Elles se cachent, devant leurs parents, derrière une feinte puérilité, et leur esprit se ranime dès qu'elles se retrouvent seules.

Tout leur être est réduit à une appréhension fébrile et leurs yeux, jadis brillant d'un éclat frivole et paisible, ont l'air plus profonds et plus étincelants. Cet espionnage constant les désempare tellement que leur amour fraternel se renforce. Parfois, ne supportant plus de ne pas savoir, elles tombent fougueusement dans les bras l'une de l'autre, cédant avec transport au besoin de tendresse qui monte en elles, ou bien elles fondent en larmes. Tout à coup, apparemment sans raison, une crise a envahi leur vie.

Parmi les maintes blessures dont elles découvrent à présent l'existence, il en est une, en particulier. Calmement, sans un mot, elles se sont engagées à donner le plus de joies possible à leur gouvernante, qui est si triste. Elles s'appliquent à faire leurs devoirs, s'entraident, ne lui donnent pas matière à redire, devancent tous ses désirs. Mais Mademoiselle ne s'aperçoit de rien et cela les navre. Elle est devenue tout autre, ces temps-ci. Parfois, quand l'une d'elles lui adresse la parole, elle tressaille, comme réveillée en sursaut. Puis son regard perdu dans le vague se tourne avec étonnement vers son élève. Souvent, elle reste des heures à regarder rêveusement devant elle. Alors, les fillettes marchent sur la pointe des pieds pour ne pas la déranger, devinant sourdement qu'elle doit penser à son enfant qui est quelque part au loin. Du fond de leur féminité fraîchement éveillée, elles aiment de plus en plus Mademoiselle, qui est devenue si douce et indulgente. Sa démarche, d'habitude pleine d'entrain et exubérante, s'est faite plus lente, ses gestes plus prudents, et les deux filles devinent dans tout cela une tristesse cachée. Elles ne l'ont jamais vue pleurer, mais ses paupières sont souvent rougies. Elles remarquent qu'elle ne veut pas leur montrer son chagrin, et sont désespérées de ne pouvoir l'aider.

Mais un jour, comme elle se détourne vers la fenêtre et s'essuie les yeux avec son mouchoir, la plus jeune reprend soudain courage et, doucement, lui prend la main.

– Mademoiselle, vous êtes si triste en ce moment. Ça n'est pas de notre faute, n'est-ce pas ?

Voyant son émotion, la jeune femme caresse ses cheveux soyeux.

– Non, mon enfant, non. Vous n'y êtes pour rien.

Puis elle l'embrasse doucement sur le front.

* *
*

À force d'être sans cesse sur le qui-vive, l'une des filles a, pendant cette période, surpris quelque chose en entrant soudain dans le salon. C'était tout juste une phrase, et ses parents se sont tus aussitôt, mais chaque mot a fait naître en elle des centaines d'hypothèses.

– Je l'ai remarqué aussi, a dit alors leur mère.

L'enfant, se croyant d'abord visée, a couru demander conseil à sa sœur. Mais à midi, l'une et l'autre s'aperçoivent que les regards de leurs parents se posent, inquisiteurs, sur le visage de Mademoiselle avant de se croiser.

Le repas terminé, la mère dit à la gouvernante d'un air détaché :

– S'il vous plaît, venez dans ma chambre. J'ai à vous parler.

Mademoiselle hoche légèrement la tête. Les fillettes tremblent de tout leur corps, sentant que quelque chose va se passer.

Aussitôt, comme Mademoiselle entre dans la pièce, elles s'élancent derrière elle. Se coller aux portes, fureter dans les coins, épier, tendre l'oreille leur sont devenus tout naturel. Elles ne sentent plus la laideur ni l'audace de cette attitude, elles n'ont qu'une seule idée : s'emparer de tous les secrets avec lesquels on leur bouche les yeux. Elles écoutent du mieux possible, mais n'entendent qu'un faible murmure. Elles frémissent de curiosité, craignant que tout puisse leur échapper.

Soudain, à l'intérieur, une voix se fait plus forte. C'est celle de leur mère, méchante et querelleuse :

– Avez-vous cru que nous étions aveugles, qu'on ne remarquait pas ces choses-là ? J'imagine comment vous avez fait votre devoir avec une telle morale et de telles pensées ! Et c'est à ce genre de femme que j'ai confié l'éducation de mes enfants, de mes filles que vous avez, Dieu sait comment, négligées…

La gouvernante semble répliquer. Mais elle parle trop bas pour que les filles puissent comprendre ses paroles.

– Prétextes, prétextes ! Les gens écervelés ont toujours des prétextes… On se donne d'abord, sans réfléchir aux conséquences. Le bon Dieu vous viendra bien en aide… Et on se dit éducatrice, on veut former des jeunes filles… Quelle impudence ! Vous ne croyez quand même pas que je vais vous garder plus longtemps chez moi dans cet état ?

Dehors, les filles écoutent intensément, en frissonnant. Elles ne comprennent pas tout, mais elles sont dévastées d'entendre la voix si furieuse de leur mère et, pour toute réponse, les sanglots faibles et débridés de Mademoiselle. Pourtant, ses larmes ne semblent qu'augmenter l'irritation de leur maman.

– Vous ne savez faire que pleurer, à présent. Cela ne m'émeut pas. Je n'ai pas de pitié pour les gens comme vous. Désormais, votre sort m'est complètement égal. Vous trouverez bien qui pourra vous aider, je ne veux pas le savoir. Je sais juste que je ne tolérerai pas qu'une femme qui a manqué aussi bassement à son devoir demeure un jour de plus dans ma maison.

Seul un sanglot lui répond – une plainte désespérée, animale, qui secoue les fillettes comme une fièvre. Elles n'ont jamais entendu pleurer ainsi, et devinent sourdement qu'un être aussi meurtri ne peut pas avoir tort. Leur mère, elle, se tait et attend. Puis soudain, elle dit d'un ton sec :

– Bon, je voulais juste vous dire ça. Préparez vos affaires et demain, de bonne heure, venez prendre votre salaire. Adieu !

D'un bond, les enfants s'écartent de la porte, puis se sauvent dans leur chambre. Qu'est-il donc arrivé ? Ça les a frappées comme la foudre. Elles restent là, pâles et tremblantes. Pour la première fois, elles croient deviner la vérité et osent éprouver comme un sentiment de révolte envers leurs parents.

– Maman a été vache de lui parler comme ça, dit l'aînée, les lèvres crispées.

La cadette recule devant ce mot hardi.

– Mais… on ne sait pas encore ce qu'elle a fait… bégaye-t-elle plaintivement.

– Ça n'est sûrement pas grave. Mademoiselle ne peut pas avoir mal agi. Maman ne la connaît pas.

– Et comme elle a pleuré… Ça m'a fait vraiment peur.

– Oui, c'était effrayant. Et la façon dont Maman l'a grondée… C'était vache, je te dis, c'était vache…

Elle tape du pied, les yeux voilés de larmes. Mademoiselle entre dans la pièce, l'air brisé.

– Les enfants, dit-elle, j'ai à faire cet après-midi. Vous pouvez rester seules, n'est-ce pas ? Je peux compter sur vous ? Je jetterai un œil à votre travail ce soir.

Elle sort, sans remarquer leur émotion.

– Tu as vu comme ses yeux étaient gonflés de larmes ? Je ne comprends pas que Maman ait pu la traiter ainsi.

– Pauvre Mademoiselle !

À nouveau, ces mots résonnent, navrés et pleins de compassion. Les fillettes restent bouleversées. Puis leur mère vient leur offrir de les emmener en promenade. Toutes les deux se dérobent. Elles ont peur de leur mère, et elles sont révoltées qu'elle ne dise pas un mot du renvoi de Mademoiselle. Comme des hirondelles dans une cage, elles se cognent de tous côtés, écrasées par ce climat de dissimulation et de mensonge. Elles se demandent si elles ne vont pas aller trouver Mademoiselle pour la sonder et s'ouvrir à elle, lui dire qu'elle doit rester et que Maman a tort. Mais elles craignent de la blesser. Et puis, la honte les gagne : tout ce qu'elles savent, elles l'ont appris en écoutant aux portes. Elles doivent jouer les ignorantes, comme elles l'étaient encore trois semaines auparavant. Alors, elles restent seules pendant un après-midi interminable, à ruminer et à pleurer – avec sans cesse, vibrant à leurs oreilles, la voix effrayante et méchante de leur mère, et les sanglots désespérés de Mademoiselle.

Enfin, cette dernière vient les voir brièvement pour leur dire bonsoir. Les deux sœurs tremblent en la voyant quitter leur chambre, elles aimeraient lui parler encore un peu. Mais juste avant de franchir la porte, Mademoiselle se retourne, comme arrêtée par ce désir muet. Une lueur sombre brille dans ses yeux. Elle donne un baiser aux enfants, qui éclatent en sanglots malgré elles. Elle les embrasse encore et s'en va brusquement.

Les fillettes restent en larmes dans la pièce. Elles sentent que c'était un adieu.

– On ne la reverra jamais ! dit l'une plaintivement.

– Attention, demain, quand on reviendra de l'école, elle ne sera plus là...

– Peut-être qu'on pourra lui rendre visite plus tard. Là, elle nous montrera sûrement son enfant.

– Oui, elle est si gentille !

– Pauvre Mademoiselle... gémissent-elles, en pleurant à présent sur leur propre destin.

– Tu peux imaginer comment ça sera sans elle ?

– Je ne pourrai jamais supporter une autre gouvernante.

– Moi non plus.

– Aucune ne sera aussi gentille. Et puis…

Elle n'ose pas le dire. Mais l'idée inconsciente de la féminité leur impose le respect depuis qu'elles savent qu'elle a un enfant. Elles ont déjà perdu leur curiosité puérile et y pensent tout le temps, profondément émues.

– Hé ! lance l'une d'elles, écoute !

– Oui !

– Tu sais, je voudrais faire plaisir une dernière fois à Mademoiselle avant son départ. Pour qu'elle sache qu'on a de l'affection pour elle, qu'on n'est pas comme Maman. Tu veux bien ?

– Quelle question !

– Je me suis rappelé qu'elle aimait beaucoup les roses blanches. Demain, juste avant de partir à l'école, on pourrait lui en acheter un bouquet et le mettre dans sa chambre.

– Oui, mais quand ?

– À midi.

– Là, elle sera sûrement partie. Je préfère qu'on descende de bonne heure, pour aller le chercher en cachette. Après, on ira le porter dans sa chambre.

– Oui, on se lèvera tôt.

Elles prennent leurs tirelires, les secouent et réunissent leurs pièces, retrouvant un peu leur gaieté maintenant qu'elles savent qu'elles pourront montrer une dernière fois leur affection dévouée à Mademoiselle.

* *
*

Elles se lèvent de bonne heure. Et quand, le beau bouquet dans leurs mains tremblantes, elles frappent à la porte de leur gouvernante, celle-ci ne répond pas. La croyant endormie, elles se glissent dans sa chambre en catimini. Mais la pièce est vide, le lit intact et ses affaires en désordre. Sur la table sombre brillent quelques lettres.

Les deux enfants prennent peur.

– Qu'est-ce qui s'est passé ?

– Je vais voir Maman, dit résolument l'aînée.

D'un air de défi, les yeux graves, elle va se planter devant sa mère.

– Où est Mademoiselle ? demande-t-elle.

– Elle doit être dans sa chambre, répond la mère tout étonnée.

– Il n'y a personne, son lit n'est pas défait. Elle a déjà dû partir hier soir. Pourquoi ne nous en a-t-on rien dit ?

La mère ne remarque pas son ton méchant et provocant. Elle blêmit et va trouver leur père, qui disparaît dans la chambre de Mademoiselle.

Il y reste longtemps. L'enfant observe sa mère, qui semble très agitée et évite de croiser son regard insistant.

Le père sort de la chambre, très pâle, une lettre à la main. Il s'enferme avec leur mère et lui parle tout bas. Les fillettes restent dans le couloir en n'osant plus, soudain, écouter à la porte. Elles craignent la colère de leur père qu'elles n'ont jamais vu aussi ému.

Leur mère sort enfin de la chambre, hagarde, les yeux gonflés de larmes. Malgré elles, comme poussées par la peur, elles s'approchent pour l'interroger. Mais elle dit d'un ton dur :

– Vite, à l'école ! Il est tard !

Elles sont forcées de partir. En classe, elles restent quatre ou cinq heures parmi leurs camarades, comme dans un rêve, sans entendre un seul mot. Puis elles rentrent chez elles en courant.

Là-bas, tout est comme d'habitude, mais la maison a l'air hantée par une pensée terrible. Personne ne dit rien, mais tous, même les domestiques, ont des regards étranges. Leur mère vient à leur rencontre. Elle semble s'être préparée à leur dire quelque chose.

– Mes enfants, commence-t-elle, votre gouvernante ne reviendra plus. Elle est…

Elle s'interrompt. Les yeux des fillettes la percent d'un regard si brillant, si dangereux et menaçant qu'elle n'ose pas leur mentir. Alors, elle se détourne et se réfugie dans sa chambre.

L'après-midi, Otto réapparaît soudain. On l'a fait appeler, une lettre l'attendait. Lui aussi est livide. Il va et vient, troublé. Personne ne lui parle, tout le monde l'évite. Il aperçoit les filles qui ruminent dans un coin et va leur dire bonjour.

– Ne me touche pas ! s'écrie l'une, frissonnant de dégoût.

L'autre crache devant lui. Il erre quelques instants, gêné, puis disparaît.

Personne ne parle aux deux fillettes. Elles-mêmes n'échangent pas un mot. Pâles, émues, elles passent d'une pièce à l'autre comme des lions en cage, se croisent, les yeux gonflés de larmes, mais toujours sans rien dire. Elles savent pourtant tout. Elles savent qu'on leur a menti, que les êtres humains peuvent être laids et vils. Elles n'aiment plus leurs parents, n'ont plus confiance en eux. Elles sentent que, désormais, elles ne pourront plus se fier à personne, que tout le poids effrayant de la vie pèsera sur leurs maigres épaules. Arrachées au bien-être de l'enfance, elles sont comme projetées dans un abîme. Elles ne peuvent pas encore imaginer le drame qui s'est produit dans leur cercle intime, mais y penser leur serre la gorge et menace de les étrangler. Leurs joues ont un éclat fébrile, leur regard est mauvais et tendu. Elles arpentent la maison en frissonnant, comme si elles gelaient dans leur isolement. Personne, pas même leurs parents, n'ose leur parler tant elles ont l'air terrible. Leur va-et-vient incessant reflète l'émotion qui les tourmente. Elles ont beau ne pas se parler, elles sont unies par une complicité effrayante. Leur silence, ce silence impénétrable, et leur peine sans cri ni larmes les rendent froides et dangereuses. Personne ne s'approche d'elles, l'accès à leur âme est barré, peut-être pour des années. Elles sont devenues des ennemies pour leur entourage, des ennemies résolues qui ne pardonneront plus – car, depuis la veille, elles ne sont plus des enfants.

Cet après-midi-là, elles ont vieilli de plusieurs années. Et ce n'est que le soir, allongées dans le noir, qu'elles retrouvent leurs peurs enfantines : celles de l'image des morts et de la solitude, l'anxieux pressentiment des choses incertaines. Dans l'émoi général de la maisonnée, on a oublié de chauffer leur chambre. Alors, elles se glissent dans le même lit en tremblant et s'étreignent avec leurs frêles bras d'enfants, pressant leurs corps maigres l'un contre l'autre comme pour chercher une aide contre leur peur. Elles n'osent toujours pas se parler. Finalement, la cadette fond en larmes et l'aînée éclate en sanglots. Elles pleurent dans les bras l'une de l'autre, le visage baigné de larmes, d'abord timides, puis débridées. Chacune, poitrine contre poitrine, reçoit la secousse des sanglots de l'autre et la renvoie en frissonnant. Toutes deux ne sont qu'une même peine, un seul corps pleurant dans le noir. Leurs larmes n'ont plus pour cause la gouvernante, ni leurs parents qui sont maintenant perdus pour elles – mais une horreur soudaine, une peur de tout ce qui leur viendra désormais de ce monde inconnu sur lequel, aujourd'hui, elles ont jeté un premier regard effrayé. Elles craignent la vie qui s'étend devant elles – une vie sombre, menaçante, comme une forêt sinistre qu'il leur faut traverser. Mais au bout d'un moment, leur peur s'estompe comme si elles l'avaient rêvée, et leurs sanglots s'espacent. Leurs souffles se mêlent doucement, comme leurs larmes peu avant. C'est ainsi qu'elles s'endorment enfin.

La confusion des sentiments

Ils ont fait cela dans une bonne intention, mes élèves et collègues de la faculté : j'ai devant moi, déposé avec solennité et pourvu d'une précieuse reliure, le premier exemplaire de cette plaquette que m'ont consacrée les philologues à l'occasion de mon soixantième anniversaire et de mes trente années d'activité universitaire. L'ouvrage s'est mué en une authentique biographie ; il n'est pas un article, si petit fût-il, pas un discours officiel, pas une recension insignifiante parue dans de quelconques annales érudites, que le zèle bibliographique n'ait arraché à son tombeau de papier — toute ma carrière, déroulée clairement et proprement, reconstruite marche après marche comme un escalier soigneusement balayé, et ce jusqu'à la période la plus récente. Vraiment, je serais un ingrat si je ne me réjouissais pas de cette touchante méticulosité. Ce que j'ai moi-même vécu et perdu revient dans ce tableau, unifié et ordonné : non, je ne peux nier que moi, vieil homme, j'aie observé ces pages avec la même fierté que, jadis, l'élève découvrant le bulletin qui, signé par ses professeurs, attestait pour la première fois sa capacité à mener un travail scientifique et sa volonté d'y parvenir.

Et pourtant : lorsque j'eus parcouru ces deux cents pages rédigées avec application et me fus retrouvé face à ce reflet précis de mon intellect, je ne pus m'empêcher de sourire. Était-ce vraiment ma vie, décrivait-elle réellement, dans son ascension, ces serpentins allant si confortablement vers le but, depuis la première heure jusqu'au moment présent, comme le laissait croire l'empilement bien ordonné par le biographe ? J'avais précisément l'impression d'entendre, pour la première fois, ma propre voix dans le pavillon d'un phonogramme : dans un premier temps, je ne la reconnus pas ; car c'était certes ma voix, mais uniquement telle que les autres la perçoivent, et non celle que j'entends en quelque sorte à travers mon sang et à l'intérieur de ce boîtier qui abrite mon être. Et moi qui avais passé toute une vie à présenter des hommes à partir de leur œuvre et à donner corps à l'armature intellectuelle de leur univers, je prenais de nouveau conscience, face à ce que j'avais moi-même vécu, du fait que le cœur véritable d'un être, quelle que soit sa destinée, cette cellule sculpturale d'où toute croissance s'échappe en une poussée, demeure impénétrable. Les secondes que nous vivons se comptent par myriades, mais il n'y en a jamais qu'une, une seule, qui met tout notre monde intérieur en émoi, celle qu'a décrite Stendhal, où la fleur déjà imprégnée de tous les sucs se referme en un unique éclair pour atteindre sa cristallisation — une seconde magique, identique à celle de la procréation et, comme celle-ci, dissimulée dans le chaud cocon de sa propre vie, un mystère invisible, intangible, échappant à notre perception et qu'on ne vit qu'une seule fois. Aucune algèbre de l'esprit ne peut la calculer, aucune alchimie de l'intuition n'est en état de la deviner, et il est rare que notre sentiment personnel parvienne à la saisir.

Ce livre ne dit pas un mot sur cet instant le plus secret de tout mon épanouissement intellectuel : c'est pour cette raison que je n'ai pu m'empêcher de sourire. Tout y est vrai – seulement il y manque l'essentiel. Il ne fait que me décrire, mais ne me dit rien sur moi. Il se contente de parler de moi, sans me révéler. L'index, soigneusement composé, regroupe deux cents noms – il n'en manque qu'un, et c'est l'origine même de toute cette impulsion créative : le nom de l'homme qui a décidé de mon destin et qui, de nouveau, avec une violence redoublée, me rappelle à ma jeunesse. On a parlé de tous, mais pas de lui, qui m'a donné le langage et dont le souffle porte ma parole – et d'un seul coup, je ressens comme une faute ce silence empreint de lâcheté qui pèse ici sur son nom. Pendant toute une vie, j'ai brossé des portraits d'êtres humains, j'ai réveillé des personnages séculaires pour que les hommes d'aujourd'hui puissent les percevoir avec leurs propres sentiments, et le seul auquel je n'aie jamais pensé s'avère précisément être celui-là. À cette chère ombre, comme au temps d'Homère, je veux donc donner à boire de mon propre sang, afin qu'il me parle de nouveau et qu'il soit auprès de moi, l'homme vieillissant, le vieil homme que l'âge a emporté depuis longtemps déjà. Je veux ajouter aux pages révélées une page que l'on a passée sous silence, offrir à côté de ce livre érudit une confession venue des sentiments et me raconter à moi-même, en mémoire de lui, ce que fut la vérité de ma jeunesse.

Avant de commencer, je tourne une fois de plus les pages de ce livre censé présenter ma vie. Et cette fois encore, je ne puis m'empêcher de sourire. Comment voulaient-ils en effet approcher du véritable fond de ma personne en empruntant une mauvaise entrée ? Leur premier pas, déjà, est un pas mal choisi ! Voilà un camarade d'école bienveillant, aujourd'hui conseiller privé[1], comme moi, qui vient affabuler sur l'idée que, dès le lycée, un amour passionné pour les sciences humaines me distinguait de tous les autres élèves. Mauvais souvenir, cher *Geheimrat !*

1. En allemand : *Geheimrat*. Il s'agissait, à cette époque, d'un titre honorifique accordé, notamment, à des fonctionnaires méritoires. *(N.d.T.)*

i, tout ce qui relevait des humanités une contrainte difficilement supportée, à laquelle je me soumettais en grinçant des dents et en écumant du début à la fin. C'est précisément parce que, fils de directeur d'établissement scolaire dans cette petite ville du nord de l'Allemagne, la culture ne se présentait jamais à moi que comme un gagne-pain pratiqué à tout moment de la journée, que je haïssais la philologie depuis mon enfance ; conformément à sa mission mystique, qui est de préserver l'élément créatif, la nature inocule toujours à l'enfant piques et railleries contre les penchants du père. Elle ne veut pas d'héritage confortable et sans force, pas de simple prolongement, pas de continuation d'une génération à l'autre. Elle commence toujours par établir un contraste entre les individus de nature identique et impose à celui qui vient ensuite un détour laborieux et fécond avant de l'autoriser à revenir sur la voie de ses ancêtres. Il suffisait que mon père sanctifie la science pour que ma personnalité n'y voit que ratiocinations et jeux de concepts ; parce qu'il célébrait les classiques comme des modèles, ils me semblaient édifiants et je les haïssais. Entouré de livres, je méprisais les livres. Toujours poussé par mon père vers les choses de l'esprit, je m'indignais contre toute forme de culture qui passât par l'écriture ; il n'y a donc rien eu d'étonnant à ce que j'aie le plus grand mal à avancer jusqu'au baccalauréat, pour refuser ensuite avec la plus grande énergie de prolonger mes études. Je voulais devenir officier, marin ou ingénieur, même si je n'avais à vrai dire aucune passion pour ces métiers. Seule mon aversion pour la paperasse et la didactique qui entourent la science me fit préférer une activité concrète à une carrière universitaire. Et pourtant, mon père, fort de son respect fanatique pour tout ce qui avait trait à l'Académie, insista pour que j'y suive ma formation, et je ne pus le faire fléchir que sur un point : choisir, au lieu de la philologie classique, la philologie anglaise (solution bâtarde que j'acceptai finalement avec l'arrière-pensée que la connaissance de cette langue maritime me permettrait de percer plus facilement dans cette carrière de marin à laquelle j'aspirais ardemment).

Dans ce curriculum vitæ, il n'est donc rien de plus inexact que d'affirmer aimablement que j'aurais, lors du premier semestre[1] berlinois, sous l'égide de professeurs de haut vol, acquis les bases de la science philologique — mon impétueuse passion pour la liberté qui s'éveillait alors se moquait bien des séminaires et des chargés de cours ! Dès ma première et fugitive visite à l'auditorium, l'air vicié, l'exposé d'une monotonie tout à la fois pastorale et pompeuse me submergèrent d'une telle lassitude qu'il me fallut beaucoup d'efforts pour ne pas poser sur le banc ma tête somnolente — je me retrouvais, une fois encore, dans cette même école à laquelle je croyais avoir réussi à échapper, la salle de classe, sa chaire surélevée, sa mesquinerie pédante s'étaient accrochées à mes basques ; j'avais malgré moi l'impression que du sable coulait des lèvres à peine ouvertes du conseiller privé, tant les mots qui sortaient de son cahier silésien paraissaient avoir été pilés et nivelés avant de ruisseler dans cet air épais. Le soupçon qu'avait déjà eu l'écolier, celui d'être tombé dans une morgue de l'esprit où des mains indifférentes laissaient leurs

1. Les années universitaires allemandes étaient (et sont encore) découpées en semestres. *(N.d.T.)*

doigts se promener sur des défunts pour les disséquer, revint de manière épouvantable dans cet atelier où l'on pratiquait un alexandrinisme passé d'âge depuis fort longtemps — et avec quelle intensité s'exprimait cet instinct de défense, dès que j'étais sorti de ce cours péniblement supporté, pour aller dans les rues de la ville, de ce Berlin de jadis qui, tout surpris par sa propre croissance, débordant d'une virilité jaillie trop subitement, crachait de l'électricité par toutes ses pierres et toutes ses rues et imposait à chacun un rythme, une pulsation brûlante et irrésistible qui, avide et emplie de désir, ressemblait au plus haut point à ma virilité à moi, dont je venais tout juste de prendre conscience ! Tous deux, elle et moi, émergeant brutalement et d'un seul coup d'une petite bourgeoisie étriquée, affligée d'une manie protestante de l'or, nous fûmes livrés trop hâtivement à un nouveau vertige de puissance et de possibilités — tous deux, la ville et moi, jeune gaillard sortant dans le monde, nous vibrions comme une dynamo à force d'agitation et d'impatience. Jamais je n'ai autant compris, autant aimé Berlin qu'à l'époque, car, de la même manière que dans cet amas d'alvéoles humaines chaudes et débordantes, chaque cellule en moi pressait pour s'étendre tout d'un coup – l'impatience de cette jeunesse puissante, où aurait-elle pu se décharger autant que dans le giron tressaillant de cette femme brûlante et gigantesque, dans cette ville impatiente et explosant de forces ? D'un seul coup, elle me plaqua contre elle, je me jetai en elle, ma curiosité fit à la hâte tout le tour de son corps qui, pour être de pierre, n'en était pas moins brûlant – du matin à la nuit je me laissais porter par l'agitation des rues, j'allais jusqu'aux lacs, ma traque n'épargnait aucune de ses cachettes ; c'est une authentique possession qui me poussa alors à me jeter dans l'exploration du vivant et de l'aventure plutôt que de me concentrer sur mes études. Mais dans cette outrance même, je ne faisais que céder à une singularité de ma nature : incapable, depuis mon enfance, de faire face à deux choses simultanées, incapable d'avoir le moindre sentiment pour toute autre occupation que celle du moment ; partout et toujours j'étais porté par cet élan qui me poussait vers l'avant, et aujourd'hui encore, dans mon travail, lorsque je me plonge dans un problème, je le fais avec tant de fanatisme que je ne cède pas avant de sentir sous mes dents les profondeurs, et même les plus extrêmes profondeurs de sa moelle.

À l'époque, à Berlin, le sentiment de la liberté s'empara de moi avec une telle force que je ne supportais plus l'enfermement, fût-il passager, des cours, ni même l'enceinte de ma propre chambre : tout ce qui n'était pas aventure me semblait être du temps perdu. Et le jeune homme né de la dernière pluie, tout juste libéré de la longe, se força à paraître très viril : je fréquentai une association d'étudiants, cherchai à donner à ma nature (en vérité timide) quelque chose de déluré, de grossier, un air de mauvais garçon. À peine arrivé depuis huit jours, j'avais pris mes aises et me comportais déjà en grand citadin et en grand Allemand, j'appris à une vitesse stupéfiante, en véritable *miles glorosius*, à jouer les mufles et les fainéants dans les recoins des cafés. Dans ce chapitre de la virilité, on trouvait aussi, bien entendu, les femmes – ou plutôt les bonnes femmes, comme nous le disions dans notre stupide arrogance d'étudiants –, et, dans ce domaine, je profitai du fait que j'étais un garçon remarquablement joli. De haute stature, mince, la patine bronzée de la mer encore fraîche sur les joues, une agilité de gymnaste dans chacun de mes mouvements, j'avais la partie belle face aux gamines des boutiques que l'air de leurs échoppes desséchait comme des harengs et qui étaient nos proies tous les dimanches dans les salles de danse de Halensee et de Hundekehle (deux bourgs encore fort éloignés de la ville à l'époque). Parfois c'était une bonne du Mecklembourg, blonde comme de la paille, la peau blanche comme lait, que je traînais dans ma chambre, encore toute chaude de la danse, juste avant qu'elle ne rentre et mette fin à sa journée de congé ; parfois une petite juive nerveuse et agitée de Posen qui vendait des bas chez Tietz – c'était le plus souvent des prises à bon marché, faites rapidement et rapidement transmises aux condisciples. Mais cette légèreté insoupçonnée de la conquête dissimulait pour nous, qui étions encore la veille des lycéens anxieux, une surprise enivrante ; ces succès faciles augmentèrent ma témérité, et je finis par ne plus voir la rue que comme un terrain de chasse pour cette pratique aventureuse, totalement indistincte et qui, au bout du compte, ne fut plus que du sport. Ainsi, un jour où, suivant une jolie fille, je me retrouvai sur l'avenue Unter den Linden et – mais c'était vraiment un hasard – devant l'université, je ne pus m'empêcher de rire en me rappelant depuis combien de temps je n'avais pas franchi ce respectable seuil. La malice me poussa à y entrer en compagnie d'un ami porté par le même état d'esprit que moi ; nous ne fîmes qu'entrouvrir la porte, nous vîmes (et c'était d'un invraisemblable ridicule) cent cinquante dos penchés sur les pupitres pour scribouiller, entraînés par une prière commune dans la litanie psalmodiée par une barbe blanche. Je refermai aussitôt la porte, laissant le ruisseau de cette triste éloquence s'écouler sur les épaules des étudiants zélés, et repartis avec exubérance dans la Sonnenallee avec mon camarade. Il me semble parfois que jamais un jeune homme n'a perdu son temps plus bêtement qu'au cours de ces mois-là. Je ne lisais pas un livre, je suis certain de ne pas avoir prononcé un mot rationnel ni mené une véritable réflexion – j'évitais par instinct toute compagnie cultivée, dans le seul but de mieux laisser mon corps, désormais éveillé, sentir le bain de la nouveauté et de ce qui m'était jusqu'alors l'interdit. Certes, cette ivresse née de son propre jus, cette rage dévorante contre soi-même sont le propre d'une jeunesse forte et soudain livrée à elle-même — et pourtant, la manie singulière qui s'était emparée de moi rendait à elle seule dangereuse cette sorte de laisser-aller, et l'hypothèse la plus vraisemblable était que je m'apprêtais à sombrer dans une existence de désœuvré ou, du moins, que j'aurais été englué dans l'hébétude du sentiment si un hasard n'avait pas soudain mis un terme à cette déchéance.

Ce hasard — que je qualifie aujourd'hui d'heureux, et avec reconnaissance — tint au fait que mon père fut subitement convoqué au ministère, à Berlin, pour une conférence des recteurs qui devait durer une journée. Pédagogue professionnel, il profita de l'occasion pour tenter, sans annoncer sa venue, de faire une enquête sur le vif à propos de mon comportement et de me prendre par surprise, moi qui ne me doutais de rien. L'effet de surprise fut effectivement remarquable. Comme à mon habitude, dans ma chambre d'étudiant à bon marché et orientée plein nord — je devais, pour y entrer, emprunter la cuisine, divisée en deux par un rideau, de la maîtresse de maison —, j'avais la visite extrêmement confidentielle d'une jeune fille lorsque des coups bien audibles se firent entendre à la porte. Supposant qu'il s'agissait d'un condisciple, je répondis d'un grognement hargneux : « Je ne suis pas disponible. » Mais après une brève pause, les coups recommencèrent, une fois, deux fois, puis, avec une impatience manifeste, une troisième fois. Furieux, je mis mon pantalon pour dire son fait à ce trouble-fête impertinent, et c'est ainsi, la chemise à moitié ouverte, les bretelles pendantes, les pieds nus, que j'ouvris la porte d'un geste sec et reconnus aussitôt la silhouette de mon père dans l'obscurité du vestibule — l'image me frappa avec la violence d'un coup de poing sur la tempe. De son visage, je ne discernai guère plus, dans l'ombre, que les verres de ses lunettes que le reflet faisait briller. Mais cette ombre découpée suffit à coincer dans ma gorge, comme l'aurait fait une arête acérée, les paroles insolentes que j'avais déjà préparées, et à m'étouffer : je restai comme assommé pendant un moment. Puis je dus le prier humblement — effroyable seconde ! — d'attendre quelques minutes à la cuisine que j'aie pu ranger ma chambre. Je l'ai dit, je ne voyais pas son visage, mais je sentis qu'il comprenait. Je le devinai à son silence, à la manière dont, sans me tendre la main, il passa derrière le rideau, dans la cuisine, avec un geste qui exprimait sa répugnance. Et c'est là, devant un poêle d'où s'élevaient des émanations de café recuit et de carottes, que le vieil homme dut m'attendre debout pendant dix minutes, dix minutes d'humiliation pour lui comme pour moi, jusqu'à ce que j'aie tiré la fille de mon lit, l'aie fait se rhabiller en vitesse et l'aie poussée à l'extérieur de l'appartement en passant devant mon père, qui perçut toute la scène à son corps défendant. Il entendit forcément les pas de la fille et le bruit des plis du rideau que le courant d'air referma lorsqu'elle fila en toute hâte. Et moi, je ne pouvais toujours pas faire sortir le vieil homme de sa cachette dégradante : il fallait avant cela réparer le désordre bien trop éloquent du lit. Alors seulement, je me présentai devant lui, plus honteux que je ne le fus jamais avant et après cette date.

Mon père avait gardé contenance en ce moment délicat, et je l'en remercie encore aujourd'hui au fond de moi-même. Car à chaque fois que je veux me souvenir de cet homme que la mort a emporté depuis très longtemps, je me refuse à le voir dans la perspective de l'écolier qui aimait à le considérer, méprisant, comme une machine à corriger, un maître qui prenait tout au tragique et était obsédé par la précision – je me remémore toujours, au contraire, son image à cet instant qui fut pour lui le plus humain, où le vieil homme, profondément dégoûté et se maîtrisant pourtant, pénétra derrière moi dans l'air chaud et moite de la chambre. Il portait à la main son chapeau et ses gants : il voulut, mécaniquement, les poser, mais fut pris d'un geste d'écœurement, comme s'il ne souhaitait pas entrer en contact avec cette crasse, par quelque partie de son être que ce fût. Je lui proposai un siège ; il ne répondit pas, seul un mouvement de rejet écarta de lui toute communauté avec les objets présents dans ce lieu.

Après quelques instants glaciaux où il resta debout en regardant ailleurs, il se mit à tripoter ses lunettes et à les nettoyer soigneusement, ce qui, chez lui, je le savais, était un signe d'embarras. Il ne m'échappa pas non plus que le vieil homme, lorsqu'il s'assit enfin, s'essuya l'œil du revers de la main. Il avait honte de moi et j'avais honte de lui – ni lui ni moi ne trouvâmes un seul mot à prononcer. J'espérais secrètement qu'il se lancerait dans un sermon, une allocution bien troussée, sur ce ton guttural que je haïssais et dont je me moquais, depuis l'école, lorsqu'il y avait recours. Mais – et je lui en sais encore gré aujourd'hui – le vieil homme resta muet et évita de me regarder. Enfin, il se dirigea vers l'étagère branlante où se trouvaient mes livres d'études et les ouvrit – le premier regard suffit sans aucun doute à le persuader que je ne les avais pas touchés, la plupart n'étaient du reste pas même coupés. « Tes cahiers de notes ! » Cet ordre fut son premier mot. Je les lui tendis en tremblant, sachant que mon compte rendu sténographique ne concernait qu'une seule et unique heure de cours. Il survola les deux pages d'un geste rapide et posa les cahiers sur la table sans le moindre signe d'énervement. Puis il approcha une chaise, s'assit, me regarda d'un air grave, mais sans exprimer de reproche, et demanda :

– Bien, que penses-tu de tout cela ? Où allons-nous ?

Cette question tranquille m'enfonça dans le sol. La moindre particule en moi-même était déjà tendue comme un ressort. S'il m'avait fait des remontrances, je lui aurais répliqué d'un ton prétentieux ; s'il m'avait exhorté en tirant le registre sentimental, je me serais moqué de lui. Mais la sobriété de cette question coupa les jambes à toute tentative de rébellion : la gravité avec laquelle elle était formulée exigeait la gravité en retour, le calme qu'il s'était forcé à garder appelait le respect et l'esprit de dialogue. J'ose à peine me rappeler ce que je répondis, tout comme la totalité de l'entretien qui suivit refuse encore aujourd'hui de me revenir sous la plume ; il est des émotions subites, un certain type d'élan intérieur qui, si l'on tentait de le reproduire par le récit, auraient probablement une tonalité sentimentale, des mots qui ne sont vrais qu'une seule et unique fois, prononcés en tête à tête et jaillissant d'un tumulte insoupçonné du sentiment. Ce fut l'unique véritable discussion que j'eusse jamais eue avec mon père, et je n'eus aucun scrupule à m'humilier volontairement : je remis toute décision entre ses mains. Mais lui me donna seulement le conseil de quitter Berlin et d'aller faire mes études, pour le semestre suivant, dans une petite université – il était certain, fit-il presque sur le ton de la consolation, que désormais je rattraperais avec passion tout ce que j'avais laissé perdre. Sa confiance me bouleversa ; en cette unique seconde, je sentis toute l'injustice que j'avais commise au long de ma jeunesse envers ce vieil homme barricadé derrière la froideur de ses manières. Je dus me mordre violemment les lèvres pour empêcher des larmes brûlantes de me jaillir des yeux. Mais il éprouvait sans doute des sentiments analogues, car il me tendit soudainement la main, la serra un instant en tremblant, puis sortit à grands pas. Je n'osai pas le suivre, restai sur place, agité et confus, et pris un mouchoir pour essuyer le sang sur mes lèvres, tant j'y avais enfoncé mes dents pour rester maître de mes sentiments.

C'était la première fois, arrivé à dix-neuf ans, que j'éprouvais une véritable émotion — elle mit à terre, sans que l'ombre d'une parole autoritaire eût été prononcée, tout ce château de cartes ampoulé et fait de virilité factice, de morgue d'étudiant et de caprices. Je me sentais assez solide pour renoncer à tous ces bas plaisirs par la force de ma volonté ainsi mise au défi. L'impatience s'empara de moi à l'idée de confronter aux choses de l'esprit cette énergie que j'avais gaspillée, et avec elle un appétit de sérieux, de sobriété, de discipline et de rigueur. À cette époque, je me consacrai entièrement aux études, menant une vie monacale, ignorant cependant l'ivresse éminente qui m'attendait dans la science et ne devinant pas que, dans ces hauteurs du monde de l'esprit, l'aventure et les périls guettent toujours aussi.

La petite ville provinciale que je choisis en accord avec mon père pour le semestre suivant se trouvait dans le centre de l'Allemagne. Son ample réputation dans le monde académique contrastait singulièrement avec le petit agrégat formé par les maisons qui entouraient le bâtiment universitaire. Je n'eus guère de mal à me rendre de la gare, où je laissai d'abord mon bagage, jusqu'à la faculté, et même à l'intérieur de ce vaste bâtiment médiéval je sentis immédiatement combien le premier cercle se refermait plus rapidement ici que dans le pigeonnier berlinois. En deux heures mon inscription était réglée, j'avais rendu visite à la plupart de mes professeurs – seul le titulaire de la chaire, qui enseignait la philologie anglaise, ne fut pas disponible tout de suite pour moi, mais on m'informa qu'il serait possible de le trouver l'après-midi, vers quatre heures, au séminaire.

Poussé par mon impatience de ne pas perdre ne fût-ce qu'une heure, porté, dans ma course vers la science, par une aussi grande passion que celle qui avait été la mienne lorsqu'il s'était agi de l'éviter, je me trouvai à quatre heures précises à l'endroit indiqué, après une visite furtive de cette petite ville qui, par comparaison avec Berlin, semblait sous l'influence d'un narcotique. L'appariteur me désigna la porte du séminaire. Je frappai. Et comme il me semblait qu'une voix, à l'intérieur, m'avait répondu, j'entrai.

Mais j'avais mal entendu. Nul ne m'avait prié de pénétrer dans la salle, et le bruit indistinct que j'avais perçu était juste la voix haute, lancée dans un discours énergique, du professeur, qui tenait une allocution manifestement improvisée devant un cercle serré de deux douzaines d'étudiants qui s'étaient disposés près de lui. Désagréablement touché d'être entré sans autorisation, je voulus ressortir discrètement, mais je craignis ensuite d'attirer ainsi l'attention, car jusqu'ici aucun des auditeurs ne m'avait encore remarqué. Je restai donc à proximité de la porte et ne pus qu'écouter malgré moi.

Cet exposé semblait être né spontanément à partir d'un colloque ou d'une discussion – c'est du moins ce que laissait penser la manière informelle et tout à fait fortuite dont l'enseignant et ses élèves s'étaient placés : lui ne se trouvait pas sur le siège qui lui aurait donné la distance nécessaire. Il était au contraire assis sur l'une des tables, la jambe pendant légèrement, presque sans façons, et autour de lui les jeunes gens se rassemblaient dans des postures involontaires, dont une écoute attentive semblait avoir fixé la nonchalance originelle en une immobilité sculpturale. De toute évidence, ils étaient en train de discuter ensemble lorsque le professeur s'était soudain hissé sur la table et, depuis ce point surélevé, les avait attiré vers lui par ses paroles comme s'il s'était servi d'un lasso pour les capturer et les tétaniser. Quelques minutes suffirent pour que je sente moi-même, oubliant que ma présence n'avait pas été désirée, la force de son discours agir sur moi comme un aimant ; je me rapprochai malgré moi pour voir, au-delà de la parole, les gestes de ses mains, des gestes étrangement courbes, comme des étreintes, et qui, parfois, lorsqu'un mot émergeait avec une force impérieuse, s'étiraient comme des ailes, jaillissaient vers le haut et reprenaient ensuite une trajectoire musicale et descendante, avec la grâce apaisante d'un chef d'orchestre. Et son discours devenait de plus en plus brûlant, ses mots partaient à l'assaut tandis que l'homme animé se levait en rythme depuis le bois dur de la table comme depuis la croupe d'un cheval au galop, et continuaient leur course éperdue au milieu de ce vol de pensées tempétueuses, parcourues d'images qui étaient comme des éclairs. Jamais encore je n'avais entendu un homme s'exprimer avec autant d'enthousiasme, en emportant les autres avec autant d'authenticité – pour la première fois, je découvris ce que les Romains appellent un *raptus*, ce phénomène au cours duquel un être se laisse emporter au-dessus de lui-même : ce n'est ni pour lui ni pour les autres que ces lèvres parlaient ici, emportées dans leur course. Les mots leur échappaient comme des flammes dardant depuis l'intérieur d'un homme en feu.

Je n'avais jamais vu cela : le discours comme extase, la passion de la parole comme processus élémentaire, et cette scène inattendue me poussa d'un seul coup vers l'avant.

Sans avoir conscience du fait que je marchais, attiré comme dans l'hypnose par une puissance supérieure à la curiosité, progressant de ces pas sans muscles qu'ont les somnambules, je fus poussé comme par magie dans ce cercle étroit : sans même le savoir, je me retrouvai tout d'un coup à l'intérieur, à dix pouces de lui et au milieu des autres, eux aussi trop captivés pour me remarquer, ni moi ni, du reste, quoi que ce soit d'autre. Je m'engouffrai dans ce discours, me laissai emporter par ce courant dont j'ignorais l'origine : manifestement, l'un des étudiants avaient dû célébrer Shakespeare comme un phénomène météorique, piquant ainsi suffisamment au vif l'homme assis sur la table pour qu'il souhaitât démontrer qu'il n'avait été que la plus forte expression, l'énonciation de l'âme de toute une génération, l'expression tangible d'une époque emportée par la passion. D'un seul trait, il brossa le tableau de cette heure monstrueuse qu'avait connue l'Angleterre, de cette unique seconde d'extase, au nombre de celles qui surviennent à l'improviste dans la vie de tout peuple comme dans celle de tout être humain, rassemblant toutes ses forces pour une vive impulsion vers l'éternel. Soudain la terre est devenue plus large, on a découvert un nouveau continent au moment où l'antique puissance des terres anciennes, la papauté, menace de s'effondrer ; derrière les mers qui, désormais, leur appartiennent, depuis que l'Armada espagnole a été fracassée par le vent et les vagues, de nouvelles possibilités s'ouvrent dans un grondement, le monde est devenu vaste et, malgré soi, l'âme s'étend pour lui devenir semblable — elle aussi veut être vaste, elle aussi veut pénétrer jusqu'au point le plus extrême du bien et du mal ; elle veut découvrir, conquérir comme le font ces conquistadors, il lui faut un nouveau langage, une nouvelle force. Et, du jour au lendemain, ceux qui parlent cette langue-là, les poètes, cinquante, cent en une décennie, compagnons sauvages et indomptables qui, au contraire des petits poètes de cour qui sont venus avant eux, ne cultivent plus les jardinets de l'Arcadie et ne troussent plus de vers sur une mythologie délicate, ces poètes-là prennent le théâtre d'assaut, ils font leur champ de bataille de ces baraques où l'on accueillait jusqu'ici les combats d'animaux ou les jeux sanglants du cirque, et l'on retrouve encore dans leur œuvre la soif brûlante du sang, leur drame est lui-même l'un de ces *circus maximus* où les fauves du sentiment, poussés par une faim brûlante, s'abattent les uns sur les autres. Comme des lions, ces cœurs laissent s'échapper leur passion irréfrénée, chacun cherche à surpasser l'autre en sauvagerie et en exaltation, tout est autorisé, tout est permis dans la représentation : l'inceste, le meurtre, le forfait, le crime, le tumulte démesuré de tout ce qui est humain s'adonne à une ardente orgie ; comme, auparavant, les bêtes affamées sortaient de leur prison, les passions ivres surgissent alors, hurlantes et menaçantes, dans l'arène ceinte de bois. Une unique éruption explose comme un baril de poudre noire, elle dure cinquante ans, une hémorragie, une éjaculation, un phénomène d'une fureur sans pareil, qui serre le monde entier dans sa patte et le déchire : à peine perçoit-on la voix et la figure de l'individu dans cette débauche de force. L'un se chauffe au feu de l'autre, chacun apprend, chacun vole chez l'autre, chacun lutte pour surenchérir, pour aller plus loin que l'autre, et pourtant tous ne sont que des gladiateurs de l'esprit entraînés dans une vaste fête, des esclaves dont on a détaché les chaînes, poussés en avant par le fouet du génie du moment. Celui-ci va les chercher dans les sombres recoins obliques des faubourgs et dans les palais, Ben Jonson, le petit-fils de maçon, Marlowe, le fils du cordonnier, Massinger, le rejeton d'un valet de chambre, Philipp Sidney, l'homme d'État riche et érudit, mais le tourbillon brûlant les remet tous dans le même sac ; aujourd'hui on les porte aux nues, le lendemain ils crèvent, Kyd, Heywood, dans la plus profonde misère, la faim les fauche dans King Street, comme Spenser, autant d'existences qui n'ont rien de bourgeois : des bagarreurs, des maquereaux, des histrions, mais des poètes, des poètes, ce sont tous des poètes. Shakespeare n'est que leur centre : « *The very age and body of the time*[1] », mais dans ce charivari tumultueux où les œuvres se succèdent à foison, où la passion s'ajoute à la passion, on n'a pas le temps de le sortir du lot. Et soudain, dans un sursaut semblable à celui qui avait lancé son ascension, cette éruption d'humanité, la plus magnifique de toutes, s'effondre de nouveau, le drame est à son terme, l'Angleterre épuisée, et pour

1. « À chaque âge et à chaque incarnation du temps », *Hamlet*, acte III, scène 2. *(N.d.T.)*

des centaines d'années le gris humide et brumeux de la Tamise diffuse aussi sa vapeur sur l'esprit : dans un unique assaut, une génération entière a parcouru tous les sommets et tous les gouffres de la passion, elle a craché hors de sa poitrine, brûlante, l'âme folle qui débordait – voilà désormais le pays fatigué, exténué ; un puritanisme pointilleux ferme les théâtres et, avec eux, le discours passionné, la Bible reprend la parole, celle de Dieu, où le plus humain de l'humain avait prononcé la confession la plus enflammée de tous les temps et où une seule génération ardente avait vécu, en un unique instant, pour des milliers d'autres.

Alors, décrivant un virage subit, le feu dardant du discours se dirigea vers nous :

– Comprenez-vous à présent pourquoi dans mon cours je ne suis pas l'ordre chronologique et ne commence pas par les commencements, par le roi Arthur et Chaucer, mais, négligeant toutes les règles, par les élisabéthains ? Et comprenez-vous que j'exige avant tout que vous nouiez une relation familière avec ceux-là, que vous ayez une empathie pour cette vivacité extrême ? Car il n'est pas de compréhension philologique si l'on n'éprouve pas les choses, pas de mot purement grammatical sans connaissance des valeurs, et vous, jeunes gens, c'est d'abord, sous la forme la plus élevée de leur beauté, un pays, une langue que vous voulez conquérir et vous approprier, dans la forme forte de sa jeunesse, de sa passion la plus exacerbée. Vous devez d'abord écouter la langue chez les poètes, chez ceux qui la créent et la parachèvent, vous devez avoir ressenti une fois le souffle chaud de la poésie contre votre cœur avant de commencer à la disséquer. Je commence donc toujours par les dieux, car l'Angleterre, c'est Élisabeth, c'est Shakespeare et les shakespeariens, tout ce qui vient avant n'est que préparation, tout ce qui vient plus tard n'est qu'un prolongement mollasson de ce saut téméraire vers l'infini qui les caractérisait — mais c'est ici, sentez-le, sentez-le vous-mêmes, jeunes gens, que se trouve la plus vivante jeunesse de notre monde. On ne reconnaît jamais aucun phénomène, aucun être humain que sous sa forme enflammée, que dans la passion. Car tout esprit monte du sang, toute pensée de la passion, toute passion de l'enthousiasme — alors, Shakespeare et les siens d'abord, eux qui, seuls, vous rendent vraiment jeunes, vous, jeunes gens ! D'abord l'enthousiasme, ensuite seulement l'ardeur au travail, d'abord Lui, le plus haut, le plus extrême, le plus magnifique des répétiteurs du monde, avant d'étudier le mot !

– Mais en voilà assez pour aujourd'hui — adieu !

Sa main se courba et, d'un geste de conclusion brutale, sans que rien ne l'eût annoncé, il mit d'autorité un terme à son exposé et sauta de la table. Comme disloqué par un choc, le groupe dense formé par les étudiants se dispersa d'un seul coup, des sièges claquèrent bruyamment, des tables bougèrent, vingt gorges nouées se mirent subitement à parler, à toussoter, à respirer amplement — alors seulement, on vit quel effet magnétique avait produit ce charme, fermant toutes ces lèvres qui retrouvaient à présent le souffle. La mêlée dans cet espace étroit fut d'autant plus brûlante et irréfrénée ; quelques-uns se dirigèrent vers l'enseignant pour lui adresser des remerciements ou un autre message, les autres échangèrent leur impression, le visage en feu ; mais aucun ne se tenait tranquillement, aucun n'était à l'abri de cette tension électrique dont le contact avait été brutalement arraché et dont de la fumée et du feu semblaient pourtant encore s'échapper en crépitant dans l'air comprimé.

J'étais quant à moi incapable de bouger, comme touché en plein cœur. Moi-même passionné, et ne pouvant concevoir toute chose qu'à travers la passion, dans une poussée subite de tous mes sens vers l'avant, je m'étais senti pour la première fois saisi par un enseignant, un être humain, j'avais pour la première fois éprouvé la présence d'une force supérieure à laquelle se plier ne pouvait être qu'un devoir et un plaisir. Mes veines se réchauffèrent, je le sentis, mon souffle s'accéléra, ce rythme fulgurant martela jusqu'à l'intérieur de mon corps, tirant impatiemment sur chacune de mes articulations. Je cédai enfin, me frayai lentement un chemin vers les premiers rangs pour voir le visage de cet homme – car, fait singulier !, tandis qu'il parlait, je n'avais absolument pas perçu ses traits, tant ils étaient ailleurs, comme intégrés à son discours. Même à présent, je ne pus d'abord apercevoir qu'un profil flou, comme une ombre chinoise : à moitié tourné vers un étudiant sur l'épaule duquel il avait familièrement posé la main, il se tenait dans le clair-obscur de la fenêtre. Mais même ce mouvement fugace avait une ferveur et une grâce que je n'aurais jamais jugées possibles chez un homme de l'université.

Entre-temps, quelques étudiants avaient remarqué ma présence ; et afin de ne pas passer pour un intrus que nul n'avait convié, je fis encore quelques pas vers le professeur et attendis qu'il eût terminé sa conversation. Alors seulement je découvris son visage : des traits de Romain, un front bombé aux reflets de marbre, les tempes brillantes recouvertes par la vague d'une abondante chevelure blanche coiffée vers l'arrière ; une superstructure impressionnante et téméraire, exprimant la force intellectuelle – mais, en dessous des cernes profonds qui soulignaient les yeux, le visage devenait très vite tendre, presque féminin, avec cette rondeur lisse du menton, ces lèvres agitées de tremblements nerveux, tantôt sourire, tantôt déchirure inquiète. Ce qui, en haut, assurait la belle et virile cohésion du front, la sculpture plus lâche de la chair le dissolvait plus bas en des joues un peu pendantes et une bouche instable ; d'abord imposant et souverain, son visage semblait, vu de près, tenu par une laborieuse tension. Son attitude physique exprimait une dichotomie analogue. Sa main gauche reposait nonchalamment sur la table — ou du moins, semblait y reposer, car de petites trilles vibraient sans interruption sur les osselets de ses articulations, et les doigts minces, un peu trop tendres pour une main d'homme, peignaient impatiemment des personnages invisibles sur le bois vide, tandis que ses yeux, couverts par de lourdes paupières, se baissaient comme pour entrer dans la conversation. Était-il inquiet ou bien l'excitation tremblait-elle encore dans ses nerfs ? En tout cas, la nervosité de sa main, qu'il ne contrôlait pas, contredisait l'attention patiente qu'exprimait son visage, qui, épuisé et pourtant aux aguets, semblait plongé dans ce dialogue avec l'étudiant.

Mon tour vint enfin, je m'approchai, déclinai mon identité et expliquai mon intention — aussitôt, la pupille d'un bleu presque lumineux de son œil se dirigea vers moi. Pendant deux ou trois secondes emplies d'interrogation, ce regard éclatant parcourut mon visage, du menton jusqu'aux cheveux. J'avais sans doute rougi sous cet examen doucement inquisitorial, car il réagit d'un sourire fugitif à ma confusion.

– Vous voulez donc vous inscrire auprès de moi : dans ce cas-là, il faut que nous ayons une discussion plus poussée. Pardonnez-moi de ne pas le faire tout de suite. Il me reste encore quelques affaires à régler ; vous pouvez peut-être m'attendre devant le portail, vous m'accompagnerez ensuite à la maison.

Ce faisant, il me tendit la main, cette main tendre et mince qui se posa contre mes doigts plus légèrement qu'un gant ; déjà il était tourné vers l'élève suivant.

Je restai pendant dix minutes devant le portail, le cœur battant. Que dirais-je s'il m'interrogeait sur mes études, comment lui avouer que tout ce qui était littéraire n'avait jamais occupé ni mon travail ni mes heures de loisir ? Ne me mépriserait-il pas, ne m'exclurait-il pas d'emblée, lorsque j'aurais parlé, de ce cercle de feu qui, ce jour-là, m'avait entouré comme par magie ? Mais à peine fut-il arrivé, en se rapprochant rapidement un bon sourire aux lèvres, que sa seule présence m'ôta tout embarras ; mieux, sans qu'il m'y ait pressé, je lui avouai (incapable de me dissimuler devant lui) que j'étais quelque peu passé à côté de mon premier semestre. Et une fois encore, son regard empreint d'une chaude empathie sembla m'entourer.

– La pause aussi fait partie de la musique, dit-il avec un sourire encourageant.

Et manifestement pour ne pas me laisser plus longtemps dans la honte de mon ignorance, il s'enquit de choses purement personnelles, de la région dont j'étais originaire et du lieu où je songeais loger ici. Lorsque je l'informai qu'à ce jour je n'avais pas encore trouvé de chambre, il me proposa son aide et me conseilla de commencer par se renseigner dans la maison où il logeait : une vieille femme à demi sourde y louait une gentille petite chambre dont chacun de ses élèves qui y avait habité s'était dit satisfait. Et il comptait s'occuper lui-même de tout le reste : si je mettais réellement en œuvre mon intention d'aborder sérieusement mes études, lui-même considérerait comme son premier devoir de m'apporter son aide à tout point de vue. Une fois encore, arrivé devant chez lui, il me tendit la main et m'invita à lui rendre visite dans son logement le lendemain soir afin que nous élaborions ensemble un programme de travail. La bonté inespérée de cet homme m'inspira une telle gratitude que je ne pus que chercher respectueusement sa main sans la voir, tirai mon chapeau, confus, et oubliai de prononcer le moindre mot de remerciement.

Je louai bien entendu aussitôt la petite chambre qui se trouvait dans la même maison. M'eût-elle profondément déplu, je ne l'aurais pas moins prise, et ce uniquement en raison du sentiment naïf et teinté de reconnaissance que m'inspirait la proximité de cet enseignant enchanteur qui m'avait donné plus, en une heure, que tous les autres auparavant. Mais la chambrette était ravissante : c'était la mansarde située au-dessus de l'appartement de mon professeur, un peu obscurcie par un pignon de bois en surplomb, et elle offrait par sa fenêtre une large vue circulaire sur les toits voisins et le clocher de l'église ; on apercevait déjà au loin les étendues vertes et, au-dessus, les nuages, les nuages bien aimés de ma région. Une petite vieille sourde comme un pot maternait de manière touchante chacun de ses protégés ; en deux minutes nous nous fûmes mis d'accord, et une heure plus tard, déjà, ma valise faisait grincer les marches au fur et à mesure que je montais l'escalier de bois.

Ce soir-là, je ne sortis pas, j'oubliai même de manger et de fumer. Mon premier geste fut pour sortir de la valise le Shakespeare que j'y avais rangé par hasard. Pour la première fois depuis des années, j'étais impatient de le lire ; ma curiosité avait été passionnément enflammée par cette conférence, et je lus les mots du poète comme je ne les avais jamais lus. Peut-on expliquer de telles métamorphoses ? D'un seul coup, en tout cas, un monde s'ouvrit à moi dans ce qui était écrit, les mots jaillissaient dans ma direction comme s'ils me cherchaient depuis des siècles, le vers courait sur une vague de feu et plongeait en l'emportant jusque dans mes veines, me faisant sentir dans les tempes cette étrange décontraction que l'on éprouve lorsqu'on se rêve volant comme un oiseau. Je tressaillais, je tremblais, je sentais le sang rouler en moi et se réchauffer, cela me prit comme une fièvre — tout cela ne m'était encore jamais arrivé, et pourtant je n'avais fait qu'écouter un discours passionné. Mais ce discours-là avait dû me laisser une ivresse, j'entendis, en répétant un vers à voix haute, ma voix imiter sa voix sans l'avoir voulu, les phrases se précipiter sur le même rythme jaillissant, et mes mains eurent envie de décrire le même mouvement courbé que les siennes – comme par magie, j'avais, en l'espace d'une heure, percé le mur qui me séparait jusqu'alors du monde de l'esprit, et je me découvris, moi, le passionné, une nouvelle passion qui m'est restée fidèle jusqu'à ce jour : le bonheur de jouir, par le mot animé, de tout ce qui est terrestre. J'avais déniché par hasard *Coriolan*, et une sorte de vertige s'empara de moi lorsque je retrouvai en moi tous les traits de caractère de ce Romain, le plus étranger de tous : fierté, orgueil, colère, raillerie, moquerie, tout le sel, tout le plomb, tout l'or du sentiment. Quel plaisir inédit de deviner et de comprendre cela tout d'un coup, comme par magie ! Je lus et lus encore jusqu'à ce que les yeux me brûlent. Lorsque je regardai la pendule, elle indiquait trois heures et demie. Presque effrayé par la force nouvelle qui, six heures durant, avait à la fois excité et anesthésié tous mes sens, j'éteignis la lumière. Mais les images continuaient à s'enflammer et à jaillir en moi, je pouvais à peine dormir tant étaient puissants le désir et l'attente du lendemain, où ce monde qui venait de s'ouvrir de manière tellement enchanteresse s'ouvrirait et me permettrait de me l'approprier entièrement.

Mais le lendemain matin me valut une déception. Impatient, j'avais été parmi les premiers à me trouver dans l'amphithéâtre où mon enseignant (car je veux désormais l'appeler ainsi) devait donner son cours de phonétique anglaise. Dès son entrée, je sursautai ; était-ce le même homme que la veille, ou bien était-ce seulement mon humeur excitée et mon souvenir qui en avaient fait un Coriolan maniant, sur le forum, le mot comme la foudre, d'une témérité héroïque, écrasant, irrésistible ? Celui qui entra d'un pas léger et traînant était un vieil homme fatigué. Comme si l'on avait ôté de son visage un masque de lumière, je remarquai à présent, depuis la première rangée de bancs, ses traits d'une pâleur presque maladive, parcourus de rides appuyées et de crevasses profondes ; des ombres bleues creusaient des rigoles de part et d'autre de ses joues grises et molles. Des paupières trop lourdes lui assombrissaient les yeux, et sa bouche aux lèvres trop pâles, trop étroites, ne donnait plus à ses mots la force du métal. Même la voix me paraissait inconnue ; on aurait dit que ce sujet grammatical l'avait dégrisée, elle avançait, rigide, d'un pas qui nous lassait, dans le sable sec et crissant.

L'inquiétude s'empara de moi. Ce n'était pas du tout l'homme que j'avais attendu dès la première heure de cette journée : où était passé son visage, celui qui, la veille, avait porté sur moi une telle clarté astrale ? Celui que je voyais ici était un professeur usé qui débitait sobrement son exposé. J'étais constamment aux aguets, écoutant avec une angoisse renouvelée chacun de ses mots, dans l'espoir qu'y reviendrait la tonalité que j'avais perçue la veille, la chaude vibration qui, telle une main sonore, s'était emparée de mes sentiments comme des cordes et les avaient tendus jusqu'à la passion. Mon regard se portait sur lui, de plus en plus inquiet, explorant comme à tâtons ce visage que je ne reconnaissais plus : les traits, c'était indéniable, étaient les mêmes, mais comme vidés, excavés de toutes leurs forces de procréation, fatigués, âgés, comme s'il portait le demi-masque en parchemin d'un vieillard. Mais une chose pareille était-elle possible ? Pouvait-on être si jeune à une heure donnée et si éloigné de la jeunesse l'heure suivante ? Existait-il des bouillonnements de l'esprit si puissants qu'ils puissent aussi remodeler le visage et le rajeunir de plusieurs dizaines d'années ?

Cette question me mit à la torture. L'envie d'en savoir plus sur cet homme à deux faces me brûlait intérieurement, comme une soif. Et, suivant une soudaine intuition, à peine eut-il quitté la chair, à peine fut-il passé devant nous sans un regard, je me précipitai à la bibliothèque et demandai ses œuvres. Peut-être était-il seulement fatigué ce jour-là, et son élan ralenti par une incommodité physique : mais ici, dans cette forme durable de sa création, je trouverais sans aucun doute l'entrée et la clef de ce phénomène qui m'interpellait et m'intriguait. L'employé de service m'apporta les livres : je fus surpris de les voir si peu nombreux. En vingt années, cet homme vieillissant n'avait donc pas publié plus que cette mince collection de petits volumes sans lien les uns avec les autres, des introductions, des préfaces, un volume de débats sur l'authenticité du *Périclès* de Shakespeare, une comparaison entre Hölderlin et Shelley (à une date où, cependant, ni l'un ni l'autre ne passait pour un génie auprès de son peuple) et, pour le reste, quelques broutilles philosophiques ? Cependant, dans tous ses écrits, on annonçait en préparation un ouvrage en deux tomes : *Le Théâtre du Globe, son histoire, sa présentation, ses auteurs*. Et, bien que la première de ces annonces remontât déjà à vingt ans, le bibliothécaire, lorsque j'allai lui poser la question, me confirma que le livre n'avait jamais paru. Un peu intimidé, et déjà à moitié découragé, je feuilletai ces textes, espérant entendre de nouveau en eux cette voix enivrante, rêvant que se renouvelle pour moi cette montée éclatante du rythme. Mais ces écrits avançaient avec un sérieux sans faille, jamais on ne percevait le battement brûlant de ce rythme qui, comme l'onde surmonte l'onde, se dépassait lui-même et inspirait l'ivresse. Quel dommage ! fit une voix en moi. Je me serais moi-même frappé, tant je tremblais de colère et de méfiance envers le sentiment que je lui avais accordé bien trop vite et avec une bien trop grande crédulité.

Et cependant, l'après-midi, au séminaire, je le reconnus de nouveau. Cette fois, ce n'est pas lui, dans un premier temps, qui prit la parole. Comme le veut l'usage des universités anglaises, deux douzaines d'étudiants étaient cette fois séparés, pour la dispute, en orateurs et contradicteurs ; le sujet concernait de nouveau son Shakespeare bien aimé : les personnages de *Troïlus et Cressida* devaient-ils être considérés comme des figures parodiques, l'œuvre elle-même comme une pièce satirique, ou bien comme une tragédie dissimulée derrière la moquerie ?

Ce débat purement intellectuel ne tarda pas, sous sa main habile, à provoquer une tension électrique – un argument contra avec énergie une affirmation lancée nonchalamment, des objections tranchantes et incisives aiguillonnèrent la discussion jusqu'à la rendre brûlante, poussant presque ces jeunes gens à se montrer hostiles les uns envers les autres. C'est alors seulement, lorsque les étincelles commencèrent à jaillir, qu'il s'interposa, desserra l'emprise trop brutale et ramena habilement le débat sur son thème tout en amplifiant son élan intellectuel et en lui imprimant une poussée mystérieuse vers l'intemporel – il se retrouva ainsi subitement au milieu de ce jeu de flammes dialectique, lui-même joyeusement excité, attisant et retenant tout à la fois ce combat de coqs des opinions, maître de cette haute vague d'enthousiasme juvénile et pourtant submergé par elle. Appuyé à la table, les bras croisés sur la poitrine, il laissait son regard aller de l'un à l'autre, souriant à celui-ci, encourageant l'autre, d'un discret mouvement de la main, à contredire le précédent, et ses yeux brillaient de la même excitation que la veille. Je sentais qu'il devait se refréner lui-même pour ne pas leur ôter à tous le mot de la bouche. Mais il se faisait violence, je le voyais à ses mains qui se collaient de plus en plus fermement à la poitrine, comme s'il pouvait se coincer lui-même dans cette douve, je le devinais au tressaillement des commissures de ses lèvres, qui réprimaient avec peine le mot qui jaillissait déjà. Et soudain il n'y parvint plus, il se jeta dans la mêlée en écumant comme un nageur – d'un geste puissant de la main, il mit un terme à ce vacarme, comme l'aurait fait un chef d'orchestre d'un coup de baguette ; tous se turent aussitôt, et, en décrivant son mouvement circulaire habituel, il résuma tous les arguments. Au fur et à mesure qu'il parlait, je vis remonter le visage de la veille, les rides disparurent derrière le battement des nerfs, le cou et la taille se dressèrent dans une attitude de hardiesse et de domination, il quitta l'attitude courbée, aux aguets, qui avait été la sienne jusqu'ici et se jeta dans le débat comme un flot déferlant. L'improvisation s'empara de lui ; je commençai alors à pressentir que, dans la sobriété du dialogue avec lui-même, dans l'objectivité d'un cours ou dans la solitude de son bureau, il manquait de ce combustible qui, ici, dans le cercle serré, captivé, haletant que nous formions, fendait son mur intérieur ; il avait besoin – oh, combien je le sentais ! – de notre enthousiasme pour nourrir le sien, de notre ouverture d'esprit pour se donner sans réserve, de notre jeunesse pour être lui-même jeune dans l'exaltation. Comme un joueur de cymbales s'enivre du rythme toujours plus furieux de ses mains appliquées, son discours ne cessait de s'améliorer, de s'enflammer, de se colorer dans la chaleur du mot, et plus notre silence devenait profond (on ne pouvait pas ne pas sentir, dans cette salle, à quel point nous avions le souffle coupé), plus le tableau qu'il nous brossait était élevé, passionnant et hymnique. Et nous tous, nous n'écoutions que lui au cours de ces minutes-là, tout ouïe, tout enivrés par une telle exubérance.

Et, de nouveau, lorsqu'il s'arrêta soudain sur une référence au discours de Goethe sur Shakespeare[1], notre excitation se brisa d'un seul coup. Et, de nouveau, comme la veille, il resta épuisé, appuyé à la table, le visage blême et pourtant encore parcouru de petits tressaillements, de petites trilles nerveuses, et dans ses yeux brillait étrangement la volupté d'un épanchement qui n'était pas encore allé à son terme, comme chez une femme qui vient de se défaire d'une étreinte intense. Je craignais d'aller lui parler à présent, mais son regard se posa fortuitement sur moi. Il sentit manifestement la gratitude enthousiaste que j'éprouvais, car il me sourit amicalement et, légèrement penché vers moi, posant le bras autour de mon épaule, il me rappela que je devais venir chez lui ce soir-là, comme convenu.

À sept heures précises, je fus chez lui ; combien je tremblai en franchissant ce seuil pour la première fois, moi, gamin que j'étais ! Il n'est rien de plus passionné que la vénération ressentie par un jeune homme, rien

1. Prononcé en 1771, lors de la « Journée Shakespeare » en Allemagne. *(N.d.T.)*

de plus farouche ni de plus féminin que sa pudeur agitée. On me conduisit dans son bureau, une pièce plongée dans la pénombre dans laquelle, dans un premier temps, je ne vis d'abord que le dos coloré d'un grand nombre de livres protégés par des vitres de verre. Au-dessus du bureau était accroché *L'École d'Athènes*, de Raphaël, un tableau qu'il appréciait particulièrement – il me l'expliqua plus tard – parce que tous les modes de l'enseignement, toutes les formes de l'esprit s'y unissent symboliquement en une synthèse parfaite. Je le voyais pour la première fois : je crus, malgré moi, découvrir sur le visage singulier de Socrate une similitude avec son front à lui. De derrière brillait un objet en marbre blanc, une belle miniature du Ganymède de Paris[1], à côté le saint Sébastien d'un maître de la vieille Allemagne, et ce n'était sans doute pas un hasard si la beauté tragique avait été posée à côté de la beauté qui jouit. Le cœur battant, j'attendis, en retenant autant mon souffle que tous ces person-

1. Sans doute Ganymède versant le nectar à Jupiter changé en aigle, 1776, Paris, musée du Louvre. *(N.d.T.)*

nages artistiques qui m'entouraient, nobles et silencieux ; de tous ces objets émanait symboliquement un nouveau genre de beauté intellectuelle que je n'avais jamais soupçonnée et que je ne comprenais pas encore distinctement, même si je me sentais déjà prêt à la ressentir dans un esprit fraternel. Mais je n'eus pas beaucoup de temps pour observer, car l'homme que j'attendais entra à cet instant précis et se dirigea vers moi ; une fois encore, ce regard qui vous enveloppait de tendresse, qui couvait comme un feu caché, se posa sur moi et, à mon propre étonnement, dégela en moi ce que j'avais de plus secret. Je lui parlai aussitôt en toute liberté, comme à un ami, et lorsqu'il m'interrogea sur mon parcours universitaire à Berlin, je sentis soudain — et fus pris d'effroi à la seconde même — me venir aux lèvres le récit de la visite de mon père, confirmant à cet étranger le serment secret que j'avais fait alors, celui de m'adonner à mes études avec le sérieux le plus extrême. Il me regarda, ému.

– Pas seulement avec sérieux, mon garçon, dit-il alors, il faut surtout que ce soit avec passion. Quand on n'est pas passionné, on devient tout au plus un universitaire – il faut venir aux choses depuis l'intérieur de soi, en partant toujours, toujours, de la passion.

Sa voix se faisait de plus en plus chaleureuse, et la pièce de plus en plus sombre. Il me parla beaucoup de sa propre jeunesse, de la stupidité de ses débuts, et de la date tardive à laquelle il avait découvert ce vers quoi il penchait : je devais seulement avoir du courage, me dit-il, je pouvais lui exprimer sans inquiétude tous mes vœux et toutes mes questions. Jamais encore, de toute ma vie, personne ne m'avait parlé avec une telle implication, une telle compréhension ; je tremblais de gratitude et fus heureux que l'obscurité dissimulât mes yeux mouillés.

J'aurais pu rester ici pendant des heures, sans prendre garde au temps qui passait, lorsqu'on frappa doucement à la porte. Elle s'ouvrit, une silhouette mince entra telle une ombre.

– Mon épouse.

La fine silhouette obscure approcha, indistincte, posa une petite main dans la mienne et, se tournant dans sa direction, prévint :

– Le dîner est prêt.

– Oui, oui, je sais, répondit-il hâtivement et (ce fut en tout cas mon impression) avec un peu d'agacement.

Une certaine froideur sembla soudain se mêler à sa voix, et lorsque la lumière électrique se mit à darder, je retrouvai l'homme vieilli de la sobre salle de classe, qui me salua d'un geste relâché.

Je passai les deux semaines suivantes à lire et à apprendre, porté par une fureur passionnée. Je quittais à peine ma chambre, prenais mes repas debout pour ne pas perdre de temps, j'étudiais sans répit, sans pause, presque sans sommeil. Je me sentais semblable à ce prince de la fable orientale qui, détachant un sceau après l'autre sur les portes d'une enfilade de chambres, trouve dans chaque nouvelle pièce un amas encore plus important de joyaux et de pierres précieuses et, pris d'une avidité croissante, les explore toutes les unes après les autres, impatient d'arriver à la dernière. Tout comme lui, je me jetais d'un livre à l'autre, enivré par chacun, sans qu'aucun me rassasie : c'est mon esprit qui était désormais le jouet de mon énergie turbulente. J'avais été subjugué par l'idée subite de l'ampleur infinie du monde de l'esprit, elle était aussi séduisante pour moi que le caractère aventureux des villes, mais aussi que la peur juvénile de ne pouvoir en venir à bout ; je rognais ainsi sur mon sommeil, mes divertissements, mes discussions, toute forme de distraction, dans le seul but d'utiliser ce temps dont je comprenais pour la première fois à quel point il était précieux. Mais ce qui m'inspirait une telle ardeur, c'était surtout le désir vaniteux d'être à la hauteur de mon maître, de ne pas décevoir sa confiance, de lui arracher un sourire approbateur, d'attirer sa sensibilité comme il avait su capter la mienne. L'occasion la plus fugitive était pour moi comme une mise à l'épreuve ; j'éperonnais constamment mes sens malhabiles, mais désormais étrangement animés, afin de l'impressionner et de le surprendre : s'il citait pendant son cours un écrivain dont l'œuvre m'était étrangère, je me mettais l'après-midi même en quête de renseignements à son sujet pour pouvoir étaler mon savoir lors de la discussion du lendemain. Un souhait exprimé par hasard et que les autres avaient à peine remarqué se transformait, pour moi, en ordre : ainsi, une remarque lancée nonchalamment à propos de la consommation constante de tabac par les étudiants me fit aussitôt jeter la cigarette allumée que j'avais aux lèvres et réprimer d'un seul coup et pour toujours cette habitude qu'il avait blâmée. Comme la parole d'un évangéliste, la sienne m'était à la fois une grâce et une loi ; constamment aux aguets, mon attention tendue à l'extrême reprenait au vol la moindre des remarques qu'il semait négligemment. Je recueillais avec avidité chaque mot, chaque geste, ramenais mon butin chez moi avec passion pour l'étudier à tâtons et le préserver ; et de la même manière que je le reconnaissais comme unique guide, ma passion intolérante ne voyait plus en tous mes camarades que des ennemis, et ma volonté jalouse se promettait chaque jour de les dépasser et de les surpasser.

Sentit-il alors combien il représentait pour moi, ou bien s'était-il pris d'affection pour ce côté impétueux de mon caractère ? En tout cas, mon maître me distingua bientôt en s'intéressant visiblement à ma personne. Il me donnait des conseils de lecture, mettait le petit nouveau en avant lors des discussions communes — presque plus qu'il n'eût été convenable –, et je pouvais fréquemment lui rendre visite le soir pour des discussions en tête à tête. Alors, il sortait le plus souvent l'un des livres posés sur l'étagère et me lisait, de cette voix sonore qui, dans l'excitation, devenait toujours d'un degré plus aiguë et plus sonore, des extraits de poèmes et de tragédies, ou bien commentait des questions qui faisaient l'objet de débats ; au cours de ces deux premières semaines d'ivresse, j'en ai plus appris sur l'essence de l'art que je ne l'avais fait au cours des dix-neuf années précédentes. Nous étions toujours seuls au cours de cette heure trop courte à mon goût. Ensuite, vers huit heures, on frappait doucement à la porte : son épouse l'appelait pour dîner. Mais elle n'entrait jamais dans la pièce, obéissant manifestement à la consigne de ne pas interrompre notre discussion.

Deux semaines bien remplies s'étaient ainsi écoulées, quinze journées de début d'été plus chaudes qu'à l'ordinaire, lorsque, un matin, l'énergie qui me poussait à travailler s'épuisa tout d'un coup en moi, comme après la rupture d'un ressort trop tendu. Avant cela, déjà, mon maître m'avait mis en garde : je ne devais pas laisser mon ardeur consumer mes forces, il fallait que je respecte une journée de repos et que je prenne l'air de temps en temps — je vis alors, d'un seul coup, que ces avertissements étaient justifiés ; je m'éveillai, hébété, d'un sommeil sourd, et dès que je tentai de me mettre à la lecture toutes les lettres se mirent à danser sous mes yeux comme des têtes d'épingle chatoyantes. Suivant avec une fidélité servile le moindre mot de mon maître, je décidai aussitôt de lui obéir et d'intégrer une journée de liberté et de jeu à toutes celles que je consacrais à une avide consommation de savoir. Je partis dès le matin, visitai pour la première fois la ville, dont une partie datait du Moyen Âge, montai, juste pour me dérouiller un peu, les centaines de marches qui menaient au clocher, et découvris, depuis la plate-forme, un petit lac entouré de verdure. Homme du Nord, ayant grandi près de l'eau, j'avais une passion pour la natation, et c'est là, en haut du clocher en direction duquel scintillait la mosaïque de prairies, que me reprit, comme porté par le vent de ma terre natale, un indomptable besoin de me plonger dans cet élément que j'aimais tant.

À peine eussé-je trouvé, après avoir mangé, cette piscine à ciel ouvert, à peine m'y fus-je un peu ébattu, mon corps retrouva ses sensations de plaisir, les muscles de mes bras s'étendirent de nouveau et redevinrent souples et énergiques après des semaines d'immobilité ; en une demi-heure, le soleil et le vent sur ma peau nue me ramenèrent à mon état de gamin impétueux, celui qui se bagarrait avec ses camarades et risquait sa vie pour le seul plaisir de commettre un acte téméraire ; je m'ébrouais furieusement, je m'étirais et je ne savais plus rien de ce qu'étaient les livres et la science. Ainsi possédé comme j'étais capable de l'être, succombant de nouveau à une passion dont j'avais depuis longtemps été privé, j'avais passé deux heures à tourner et retourner dans cet élément retrouvé, j'avais peut-être sauté trente fois depuis le tremplin pour décharger en tombant mon excès d'énergie ; j'avais traversé deux fois la totalité du lac à la nage et je n'avais toujours pas épuisé cette force indomptable. M'ébrouant encore, les muscles tendus et tremblants, je cherchai autour de moi une nouvelle épreuve, impatient d'accomplir un acte fort, audacieux, exubérant.

C'est alors que de l'autre côté, dans la partie réservée aux dames, le plongeoir crépita, et je sentis, par une vibration qui se diffusa jusque dans la poutre qui soutenait la planche, l'élan d'une puissante envolée. Je vis alors, transformé par la courbe du saut en un arc d'acier semblable aux cimeterres turcs, le corps svelte d'une femme monter puis descendre tête la première. Pendant un instant, la plongée forma dans l'eau un tourbillon qui clapota et se cerna aussitôt d'écume blanche, puis la silhouette ferme réapparut et se dirigea vers l'île qui se trouvait dans l'étang, en faisant de grands battements de nage. « Je la suis ! Je la rattrape ! » Mon amour du sport banda mes muscles ; d'un seul coup, je me lançai à l'eau et avançai dans son sillage, les épaules vers l'avant, à un rythme acharné. Mais, remarquant sans doute que j'étais à ses trousses, et elle-même étant disposée à s'engager dans une compétition, la femme que je poursuivais utilisa vaillamment son avance, décrivit avec agilité une course oblique en passant devant l'île, pour mettre ensuite rapidement le cap vers son point de départ. Comprenant vite son intention, je me jetai moi aussi sur la droite et battis si puissamment des bras que ma main était déjà derrière elle – nous n'étions plus séparés que d'une longueur. Alors la nageuse utilisa sans hésiter la ruse et plongea pour ressortir d'un bond un petit peu plus tard, juste derrière la barrière qui délimitait la partie réservée aux dames, m'empêchant ainsi de prolonger ma chasse. Ruisselante, la femme victorieuse monta l'escalier : elle dut s'arrêter pendant un moment, la main posée sur la poitrine : manifestement, elle avait le souffle court ; mais ensuite elle se retourna et lorsqu'elle me vit bloqué à la frontière, elle rit de toutes ses dents, tournée dans ma direction, triomphante. Le soleil trop brutal et son bonnet de bain ne me permettaient pas de distinguer vraiment son visage, je ne voyais briller que ce rire moqueur et éclatant adressé au vaincu.

J'étais à la fois agacé et réjoui : pour la première fois depuis Berlin, j'avais de nouveau senti le regard d'une femme qui reconnaissait ma valeur – peut-être était-ce une aventure qui s'annonçait ainsi. En trois brassées, je repassai dans la partie du lac réservée aux hommes, enfilai rapidement mes vêtements à même la peau trempée pour pouvoir être là à temps et la guetter à la sortie. Il me fallut attendre dix minutes, puis – sa minceur de petit garçon ne permettait aucun doute sur son identité – mon adversaire pétulante sortit d'un pas léger qu'elle pressa encore au moment où elle me vit attendre, dans l'intention manifeste de m'empêcher d'engager une conversation. Elle marchait avec la même agilité musculaire qu'un peu plus tôt lorsqu'elle nageait : toutes ses articulations obéissaient aux moindres nerfs de ce corps d'éphèbe mince, peut-être un peu trop mince ; je ressentis, avec la force d'un halètement, la nécessité de rattraper, sans me faire remarquer, cette fuyarde aux pas ailés. Je finis par y parvenir ; à un tournant, sur le chemin, je m'avançai vers elle par le côté, tirai mon chapeau dans un grand geste, comme le font les étudiants et, avant même d'avoir vraiment pu la regarder dans les yeux, je lui demandai si je pouvais l'accompagner. Elle me lança, de biais, un regard moqueur et, sans ralentir le rythme brûlant de sa marche, répondit avec une ironie presque excitante :

– Si je ne marche pas trop vite pour vous, pourquoi pas ? Je suis très pressée.

Encouragé par le naturel de cette réponse, je me fis plus insistant, posai une dizaine de questions curieuses, le plus souvent idiotes, mais auxquelles elle répondit de bon cœur et avec une liberté ahurissante qui perturbèrent mes intentions plus qu'elles ne les encouragèrent. Car le code que j'utilisais à Berlin pour m'adresser aux femmes m'avait mieux préparé à affronter la résistance et la moquerie qu'un tel franc-parler pendant une marche au pas de course ; j'eus ainsi pour la deuxième fois le sentiment d'avoir abordé avec une grande maladresse une adversaire qui m'était supérieure.

Mais le pire était encore à venir. Car au moment où, multipliant mes questions importunes et indiscrètes, je lui demandai où elle habitait, deux yeux noisette se tournèrent vers moi en lançant un éclair, et elle ne dissimula même plus son rire :

– Je suis votre plus proche voisine.

Je la dévisageai, stupéfait. Elle me lança un nouveau regard sur le côté pour vérifier si la flèche du Parthe avait atteint sa cible. Et, de fait, elle m'était restée dans la gorge. C'en était fini, tout d'un coup, de l'insolence avec laquelle je l'abordais à la berlinoise ; c'est d'une voix très incertaine, presque piteuse, que je lui demandai en bredouillant si ma compagnie ne lui pesait pas.

– Mais comment donc, répondit-elle en souriant à nouveau, il ne nous reste plus que deux rues, nous pouvons tout de même les parcourir ensemble.

À cet instant, mon sang se mit à bouillonner, je fus presque incapable de continuer, mais passer mon chemin eût été encore plus vexant ; il me fallut donc l'accompagner jusqu'à la maison où j'habitais. Elle s'arrêta alors brusquement et dit d'une voix légère :

– Merci de m'avoir escortée ! Il est vrai que vous venez rendre visite à mon mari ce soir à six heures.

La honte avait dû me faire piquer un fard. Mais, avant même que j'aie pu lui présenter mes excuses, elle montait déjà d'un pas agile les marches de l'escalier, et je restai sur place en pensant avec effroi à la naïveté, mêlée d'insolence et de lourdeur, avec laquelle je lui avais parlé. Je l'avais invitée à une promenade dominicale comme s'il se fût agi d'une midinette, j'avais fait l'éloge de son corps dans des termes éculés et j'avais entonné la ritournelle sentimentale de l'étudiant esseulé – je crus que j'allais vomir de honte, tant l'écœurement me tordait le gosier. Et voilà qu'elle s'éloignait en riant, débordant de pétulance, pour aller rejoindre son mari et lui avouer mes stupidités, lui dont le jugement m'importait plus que celui de quiconque et devant lequel il me paraissait plus douloureux de paraître ridicule que d'être fouetté nu sur la place du marché.

Les heures qui me séparèrent du soir furent abominables : je me dépeignis mille fois l'accueil qu'il allait me réserver, avec son sourire fin et ironique – oh, je le savais bien, il maîtrisait l'art de la parole sardonique et savait affûter une plaisanterie comme un fer rouge jusqu'à ce qu'elle puisse s'enfoncer en vous jusqu'au sang. Un condamné montant sur l'échafaud n'a pas la gorge plus serrée que moi lorsque je montai l'escalier ce soir-là ; et à peine eussé-je pénétré dans son bureau après avoir ravalé la grosse boule que j'avais au larynx, ma confusion s'accentua encore, car il me sembla que j'avais entendu, dans la pièce voisine, le froufroutement d'une robe. Elle était certainement là à écouter aux portes, la pétulante, et à se repaître de mon embarras, à jouir du ridicule auquel était confronté ce jeune hâbleur. Mon maître entra enfin.

– Mais que vous arrive-t-il ? demanda-t-il, inquiet. Vous êtes tellement livide, aujourd'hui.

Je parai l'attaque, attendant au fond de moi la plaisanterie qui m'atteindrait. Mais l'exécution redoutée n'eut pas lieu, il parla, comme d'habitude, de questions scientifiques. Et j'eus beau écouter chacun de ses mots avec anxiété, aucun ne recelait ni allusion, ni ironie. Je compris alors, d'abord étonné, puis ravi, qu'elle n'avait pas parlé.

À huit heures, de nouveau, on frappa à la porte. Je me retirai ; une fois encore, j'avais le cœur palpitant. Lorsque je franchis le seuil, elle passa devant moi. Je la saluai et elle m'adressa, d'un regard, un léger sourire. Mon sang ne fit qu'un tour : je lus aussitôt dans ce pardon la promesse qu'elle ne dirait rien non plus à l'avenir.

Ma manière de m'intéresser aux choses commença à changer. Jusque-là, la vénération religieuse et juvénile que je lui avais vouée m'avait fait regarder mon maître adulé comme un génie vivant dans un autre monde, au point que j'avais totalement oublié de tenir compte de sa vie privée, de sa vie terrestre. Avec l'outrance propre à toute véritable exaltation, j'avais élevé son existence au-dessus de toutes les choses quotidiennes de notre monde méthodiquement ordonné. Et tout aussi peu qu'un homme tombant amoureux pour la première fois ose déshabiller par la pensée la jeune fille qu'il idolâtre, ni la considérer comme aussi naturelle que les mille autres créatures portant la jupe, je n'osais pas porter un regard furtif dans son existence. Je ne le voyais jamais que sublimé, détaché de tout ce qui était matériel et vulgaire : un messager du mot, une simple enveloppe entourant un esprit créatif. Mais puisque cette aventure tragicomique avait soudainement mis son épouse en travers de mon chemin, je ne pouvais plus m'empêcher désormais d'observer son existence familière, domestique – c'est en réalité une curiosité inquiète, aux aguets, qui m'ouvrait les yeux malgré moi. À peine ce regard de pisteur s'installa-t-il en moi qu'il devint déjà confus, car l'existence que cet homme menait dans son cadre privé avait un caractère énigmatique, singulier et presque angoissant. La première fois, déjà, peu après cette rencontre, alors que j'avais été invité au repas et que je ne le vis pas seul, mais en compagnie de son épouse, me vint le soupçon bizarre que leur vie commune était d'une grande complexité, et plus je pénétrais dans le cercle intérieur de la maison, plus ce sentiment me plongeait dans la confusion. Ce n'était pas qu'un mot ou un geste eût révélé une tension ou une dissension entre eux deux : au contraire, c'est le néant, l'absence de toute espèce de tension susceptible de les lier ou de les opposer, qui les enveloppait tous deux d'un étrange voile et les rendait opaques, c'est un calme plat du sentiment, lourd, parcouru de courants d'air chaud, qui rendait cette atmosphère plus oppressante que la tempête d'une querelle ou que les éclairs d'une colère dissimulée. Extérieurement, rien ne révélait une excitation ou une nervosité quelconques ; seule la distance qui les séparait intérieurement était de plus en plus sensible. Car, dans leurs rares conversations, les questions et les réponses ne les touchaient en quelque sorte qu'à la hâte, du bout des doigts, ils ne se confrontaient jamais du fond du cœur, la main dans la main, et même lorsqu'il s'adressait à moi, la parole de mon maître au cours des repas demeurait hachée et contrainte. Parfois, tant que nous ne retournions pas au travail, la discussion se gelait pour n'être plus qu'un unique et large bloc de silence auquel nul, au bout du compte, n'osait plus s'attaquer, et dont le poids glacial me restait ensuite sur l'âme pendant des heures.

Ce qui m'effrayait, avant tout, c'était la totale solitude dans laquelle il vivait. Cet homme ouvert, tout à fait expansif, n'avait aucune espèce d'ami. Ses élèves étaient ses seules fréquentations, ses seules consolations. Il n'avait à l'égard de ses collègues de l'université qu'une correction courtoise, il n'assistait jamais à aucune soirée, et il lui arrivait souvent de ne pas quitter la maison pendant des jours, si ce n'est pour accomplir les vingt pas qui le séparaient de l'université. Il enfouissait tout au fond de lui-même, sans rien dire, n'ayant confiance ni dans les hommes, ni dans l'écrit. Je compris alors aussi ce que son discours avait d'éruptif, le débordement fanatique qui pouvait affecter les propos qu'il tenait lorsqu'il était parmi les étudiants : ce qui s'épanchait alors, après s'être accumulé pendant des jours, c'était le besoin de communiquer ; toutes les réflexions qu'il portait silencieusement en lui-même jaillissaient alors, franchissaient la haie dressée par le silence, avec la fougue du cheval qui sent l'écurie, comme disent les cavaliers, et se libéraient en mugissant dans cette course aux paroles.

Chez lui, il était très rare qu'il parle, et à sa femme moins qu'à quiconque. Même moi, jeune gamin inexpérimenté, je discernais avec un étonnement anxieux, presque honteux, l'ombre qui planait ici entre deux êtres, une ombre mobile et toujours présente, faite d'un tissu que nul ne pouvait toucher mais qui les séparait pourtant l'un de l'autre de manière radicale ; et je devinai pour la première fois combien de mystère un couple dissimule au monde extérieur. Comme si un pentagramme avait été dessiné au seuil de son bureau, sa femme n'osait jamais y pénétrer sans y avoir été explicitement invitée : il marquait ainsi, visiblement, le fait qu'elle était totalement exclue de son univers intellectuel. Et mon maître ne tolérait jamais que l'on parlât en présence de son épouse de ses projets et de ses travaux. Il m'était même gênant de l'entendre interrompre d'un seul coup une phrase lancée avec passion à l'instant même où sa femme entrait. Il y avait là quelque chose de presque blessant et de visiblement méprisant, qui se passait même du voile de la courtoisie ; c'est avec brutalité et sans fard qu'il refusait sa participation – mais elle ne paraissait pas relever l'offense, ou bien elle s'y était déjà habituée. Avec son jeune visage exubérant, légère et agile, souple comme une liane et prenant plaisir à jouer de ses muscles, elle montait et descendait les escaliers comme si elle avait des ailes, elle débordait toujours d'occupations et avait pourtant toujours le temps, elle allait au théâtre, ne manquait jamais une séance de sport – mais cette femme qui devait avoir à peu près trente-cinq ans manquait totalement d'intérêt pour les livres, pour la tenue de son foyer, pour tout ce qui était clos, tranquille, réfléchi. Elle semblait ne se sentir bien que lorsqu'elle pouvait laisser ses membres s'animer dans la danse, la nage, la course, dans n'importe quelle activité, pourvu qu'elle fût débordante d'énergie, et dans ces cas-là elle chantonnait toujours, elle riait volontiers et elle était prête à entrer dans des discussions acérées. À moi, elle ne parlait jamais sérieusement, elle me taquinait toujours comme si j'étais un adolescent et me prenait, dans le meilleur des cas, comme partenaire de turbulentes épreuves de force. Et cette agilité, cette sensualité lumineuse qui la caractérisaient formaient un contraste tellement troublant avec le sombre mode de vie de mon maître, avec cette existence totalement repliée sur elle-même, ne s'animant qu'au contact des choses de l'esprit, que je me demandai, avec un étonnement toujours renouvelé, ce qui avait jamais pu lier ces deux natures foncièrement étrangères l'une à l'autre. Pour ma part, ce curieux contraste ne faisait que m'encourager : lorsque je sortais d'un travail qui m'avait mis les nerfs en miettes pour entrer en conversation avec elle, j'avais l'impression qu'on m'ôtait le casque qui me pesait sur le front ; quittant leur état de surchauffe extatique, tout revenait dans l'univers terrestre après avoir repris couleurs ordinaires et clarté, la gaieté des relations sociales que nous offre l'existence réclamait ses droits comme par jeu, et le rire, que j'avais presque désappris au contact de mon maître et de sa tension, me soulageait de la pression écrasante de l'intellect et me faisait du bien. Une sorte de camaraderie juvénile se noua entre elle et moi ; c'est précisément parce que nos relations n'étaient que bavardages nonchalants ou soirées communes au théâtre qu'elles étaient exemptes de toute note conflictuelle. Une seule chose provoquait cependant une interruption gênante de nos discussions et me plongeait à chaque fois dans la confusion : c'était le fait de citer devant elle le nom du professeur. Alors, immuablement, elle opposait à ma curiosité et à mes interrogations un silence énervé ou, lorsqu'en parlant je me laissais aller à l'enthousiasme, un sourire bizarrement masqué. Mais ses lèvres restaient fermées : d'une autre manière, mais tout aussi vivement, elle plaçait cet homme hors de sa vie comme lui la plaçait hors de la sienne. Et pourtant, tous deux vivaient depuis quinze ans déjà sous le même toit discret.

Plus ce mystère me semblait impénétrable, plus il aiguillonnait ma passion et mon impatience. Il y avait là une ombre, un voile, je le sentais vaciller à une singulière proximité, à chaque fois que passait le souffle d'un mot ; à plusieurs reprises, déjà, j'avais cru l'avoir débusqué, mais ce tissu perturbant avait aussitôt glissé pour s'écouler de nouveau sur moi — et ce n'était pourtant jamais un mot tangible, une forme préhensible. Or rien n'affole ni ne stimule plus l'esprit d'un jeune homme que ce jeu des vagues supputations qui met les nerfs à vif. Soudain se révèle à l'imagination, qui décrit pour le reste des méandres oisifs, un objectif après lequel elle peut se mettre en chasse, et déjà s'empare d'elle le plaisir redécouvert de la traque du grand gibier. Au cours de ces journées s'installèrent en moi, jeune homme jusqu'alors pataud, de tout nouveaux sens, une fine membrane auditive qui captait et révélait la moindre tonalité, un regard aux aguets, à l'affût, tout empli de méfiance et de tranchant, une curiosité qui retournait tout et fouillait dans l'obscurité — mes nerfs, élastiques, se tendaient jusqu'à en être douloureux, toujours excités par l'instant où une intuition s'emparait d'eux, mais sans jamais connaître ce point d'orgue qu'apporte la clarté d'un sentiment.

Et pourtant je ne puis déplorer cette curiosité toujours tendue vers l'avant, car elle était pure. Ce qui élevait ainsi tous mes sens ne devait pas son caractère excitant à je ne sais quel voyeurisme lubrique qui aime à débusquer avec hargne quelque chose de bas et d'humain chez un être supérieur — au contraire, ce besoin de savoir était teinté d'une angoisse secrète, d'une empathie que la perplexité faisait hésiter, et qui pressentait avec une peur indéterminée la présence d'une souffrance chez cet être qui ne disait rien. Car plus j'entrais dans la vie de mon maître, plus je ressentais le poids de cette ombre qui commençait déjà à transformer les traits de son visage aimé, cette mélancolie noble, parce que noblement surmontée, qui ne s'abaissait jamais à manifester une mauvaise humeur bourrue ou une colère imprudente ; s'il m'avait attiré, moi, l'étranger, dès la première heure, par la manière volcanique dont sa parole jaillissait et illuminait, c'est à présent son attitude taciturne, ce nuage de tristesse évoluant sur son front qui ébranlèrent plus fortement encore son étudiant devenu un familier. Rien ne saisit aussi puissamment les sens d'un jeune homme que l'éminente noirceur de l'homme : le *Penseur* de Michel-Ange, baissant les yeux vers son propre abîme, l'amer mouvement des lèvres de Beethoven vers l'intérieur de la bouche, ces masques tragiques de la souffrance du monde émeuvent plus fortement l'esprit non formé que la mélodie d'argent de Mozart et la lumière sonore qui entoure le personnage de Léonard de Vinci. Parce qu'elle est elle-même beauté, la jeunesse n'a pas besoin de transfiguration : dans le débordement de ses forces vitales, elle va vers le tragique et elle autorise volontiers la mélancolie à lui aspirer un sang suave et encore inexpérimenté : de là aussi le goût éternel de toute jeunesse pour le danger, et la main fraternelle qu'elle tend vers chaque être dont elle sent l'esprit en proie à la souffrance.

Et c'était la première fois que je voyais le visage d'une souffrance aussi authentique. Fils de gens ordinaires, ayant moi-même grandi sans péril dans le confort d'un foyer bourgeois, je ne connaissais l'inquiétude que sous les masques grotesques du quotidien, sous le déguisement des ennuis, sous l'habit jaune de la jalousie ou le son tintant des broutilles liées à l'argent – mais je sentis aussitôt que la perturbation qui affectait ce visage-là provenait d'un élément plus sacré. Cette obscurité-là venait des ténèbres, un crayon d'ardoise avait dessiné avant l'heure des rides et des crevasses sur ces joues prématurément rongées par le temps. Parfois, lorsque j'entrais dans sa pièce (toujours avec la peur que ressent un enfant lorsqu'il s'approche d'une maison hantée) et que, plongé dans ses réflexions, il ne m'entendait pas frapper à la porte, lorsque, honteux et bouleversé, je me retrouvais alors devant cet homme absent, j'avais l'impression d'avoir face à moi non pas Faust, mais Wagner[1], masque physique portant l'habit de son maître, tandis que l'esprit de celui-ci décrivait des circonvolutions dans des ravines énigmatiques, au cours d'épouvantables nuits de Walpurgis. En de tels instants, ses sens étaient parfaitement verrouillés, il n'entendait ni des pas qui approchaient, ni une timide salutation. Et si, ensuite, se reprenant d'un seul coup, il tentait de cacher son embarras en prononçant quelques mots à la hâte, il allait et venait et s'efforçait de poser des questions pour détourner de lui le regard qui l'observait. Mais, même après, l'obscurité restait encore longtemps suspendue sur son front, et seule la chaleur progressive de la conversation parvenait à dissiper ces nuages accumulés de l'intérieur.

Il sentait sûrement, de temps en temps, combien j'étais ému par le spectacle qu'il m'offrait alors : il le devinait peut-être à mes yeux, à mes mains agitées, il pouvait pressentir, par exemple, qu'était suspendue, invi-

1. Dans le *Faust* de Goethe, le jeune Wagner est l'assistant de Faust. *(N.d.T.)*

sible, à mes lèvres, une requête afin qu'il m'accorde sa confiance, ou reconnaître dans la prudence dont je faisais preuve l'envie fervente et secrète de prendre sa douleur sur mes épaules, mieux : de l'absorber. Oui, il le sentait certainement, car il interrompait d'un seul coup une discussion pourtant dense et me regardait, ému, il m'inondait de ce regard d'une étonnante chaleur, assombri par sa propre plénitude. Alors, souvent, il me prenait la main, la tenait pendant un long moment, l'air inquiet – et à chaque fois, je me disais : maintenant, maintenant il va me parler. Mais au lieu de cela, le plus souvent, il faisait un mouvement brusque, prononçait parfois même une parole froide, ironique ou dont le but était de me ramener sur terre. Lui qui vivait l'enthousiasme, qui l'avait éveillé et nourri en moi, le biffait ensuite d'un seul coup comme on barre une faute sur une dissertation mal écrite, et plus il voyait que mon âme était ouverte, exprimant un besoin impérieux de confiance, plus il m'opposait un refus courroucé, en des termes aussi glaciaux que « Vous ne comprenez pas cela » ou « Mettez donc un terme à ce genre d'exagérations », des mots qui m'écorchaient vif et me poussaient au désespoir. Combien j'ai pu souffrir de cet homme aux éclairs subits, passant du chaud au froid, me mettant sans le savoir dans la fournaise avant de m'asperger de gel, qui m'aiguillonnait avec son impétuosité avant de faire claquer le fouet d'une remarque ironique — pis, j'avais l'atroce sentiment que plus je tentais de m'approcher de lui, plus il me repoussait avec angoisse. Rien ne devait, rien ne pouvait franchir cette limite qui les protégeait, lui et son secret.

Car j'en avais une conscience toujours plus brûlante : sa profondeur magique et séduisante recelait un secret, étrange et inquiétant. Je pressentais que son regard bizarrement fuyant, qui avançait comme la lave ardente mais se retirait, craintif, quand on se donnait à lui avec reconnaissance, dissimulait quelque chose ; je le devinais aux lèvres de sa femme et à leurs plis amers, à la réserve étrange des gens de la ville qui vous regardaient presque avec indignation quand vous faisiez son éloge — à cent autres singularités et autres bouleversements soudains. Quelle torture était-ce, de se croire déjà dans le premier cercle d'une telle existence et d'y tourner à l'aveuglette, comme dans un labyrinthe, sans savoir quel chemin menait à sa source et à son cœur !

Ce que j'avais le plus de mal à expliquer, toutefois, et ce qui excitait le plus ma curiosité, c'étaient ses escapades. Un jour où je venais suivre son cours, je vis à la porte un morceau de papier annonçant que la leçon était interrompue pour deux jours. Les étudiants ne parurent pas étonnés ; mais moi, qui étais encore auprès de lui la veille, je rentrai chez moi en toute hâte, animé par la peur qu'il ait pu tomber malade. Sa femme se contenta d'afficher un sourire sec lorsque mon arrivée en trombe lui révéla mon émotion.

– C'est assez fréquent, dit-elle avec une singulière froideur ; mais vous ne le savez pas encore.

J'appris effectivement par mes condisciples qu'il disparaissait assez souvent du jour au lendemain, se contentant d'envoyer un télégramme en guise d'excuses : une fois, un étudiant l'avait rencontré à quatre heures du matin dans une rue de Berlin, un autre dans un restaurant d'une ville étrangère. Il s'en allait tout d'un coup, comme un bouchon saute de sa bouteille, puis il revenait, et nul ne savait où il était allé. Cette brusque évasion me rendit aussi fébrile qu'une maladie : pendant ces deux journées, je passai mon temps à marcher au hasard, inquiet et nerveux. Mes études me parurent soudain d'un vide absurde hors de sa présence habituelle, je me perdais en conjectures confuses et jalouses, mieux, son caractère taciturne fit monter en moi un peu de haine et de colère à l'idée que moi, qui venais vers lui avec ardeur, il me laissait aussi à l'écart de sa vie réelle qu'un mendiant dans le froid glacial. Je me répétais vainement que moi, le gamin, l'élève, je n'avais tout de même aucun droit de demander des comptes ou des renseignements, qu'il m'accordait par sa bonté cent fois plus de confiance qu'un enseignant universitaire n'y est tenu par sa fonction. Mais la raison n'avait aucun pouvoir sur ma passion brûlante : dix fois par jour, moi, gamin balourd, je venais demander s'il était revenu, jusqu'à ce que je finisse par sentir de l'amertume dans les réponses négatives et de plus en plus brusques de son épouse. Je restai éveillé la moitié de la nuit, aux aguets, épiant le bruit de pas qui annoncerait son retour, et le matin je me faufilai près de la porte, n'osant plus poser la question. Lorsqu'il entra finalement à l'improviste dans ma chambre, le troisième jour, j'en eus le souffle coupé : mon effroi parut sans doute démesuré — c'est en tout cas ce que me laissa penser l'expression de surprise et d'embarras qu'on lisait sur son visage et qui se prolongea par quelques questions lancées pêle-mêle et dans l'indifférence. Il évitait de me regarder. Pour la première fois, notre conversation tourna en rond, biaisée, les mots s'empêtraient les uns dans les autres, et comme nous évitâmes l'un comme l'autre toute allusion à son absence, ce qui n'était pas dit barra le passage à toute explication. Lorsqu'il me quitta, une curiosité ardente brûlait en moi comme une flamme : elle consuma peu à peu mon sommeil et mes périodes de veille.

Ce combat pour obtenir des explications et le comprendre plus profondément dura des semaines : je me dressais obstinément contre ce cœur de braise que je croyais percevoir, volcanique, sous le rocher du silence. Enfin, par une heure de chance, je parvins pour la première fois à faire irruption dans son monde intérieur. Un jour où j'étais de nouveau resté jusqu'au crépuscule dans son cabinet de travail, il alla chercher quelques sonnets de Shakespeare dans un tiroir fermé à clef, lut d'abord, dans sa propre traduction, ces courtes créations qui semblaient avoir été moulées dans le bronze, pour éclairer ensuite leur écriture cryptée, apparemment impénétrable, avec tant de magie que dans mon bonheur je fus pris d'un regret à l'idée que tout ce que cet homme débordant m'offrait ainsi allait s'envoler en même temps que ses paroles. Alors — mais où allai-je le chercher ? — me vint soudain le courage de lui demander pourquoi il n'était pas allé au bout de son grand ouvrage, *L'Histoire du Théâtre du Globe* — et à peine eus-je osé prononcer ces mots que je pris conscience avec effroi d'avoir retourné une plaie manifestement douloureuse. Il se leva, fit volte-face et resta longtemps silencieux. La chambre parut bientôt emplie par le crépuscule et le silence. Enfin il vint vers moi, me regarda d'un air grave, et ses lèvres tressaillirent plusieurs fois avant de s'entrouvrir ; l'aveu qu'il me fit alors était une souffrance :

– Je suis incapable de rien faire de grand. C'est terminé : seule la jeunesse est capable de concevoir des plans aussi audacieux. J'ai perdu toute endurance. Je suis devenu

— pourquoi le cacher — un homme des instants brefs, je ne peux plus tenir. Jadis j'avais plus de force. Désormais elle s'est envolée. Je ne peux que parler : parfois cela me porte, cela m'élève un peu au-dessus de moi-même. Mais rester assis à travailler en silence, toujours seul, toujours seul, ça, je n'y arrive plus.

Sa résignation me bouleversa. Et c'est mû par une très profonde conviction que je le pressai de bien vouloir enfin tenir d'un poing ferme ce qu'il semait chaque jour d'une main légère : ne plus seulement distribuer, mais préserver, en lui donnant forme, ce qui était sien.

– Je ne peux pas écrire, répéta-t-il, fatigué, je ne suis pas suffisamment concentré.

– Eh bien, dictez donc ! répliquai-je et, emporté par mon idée, je l'implorai presque : Dictez-moi. Essayez au moins. Peut-être juste le début — ensuite, vous-même ne pourrez plus revenir en arrière. Essayez de dicter, je vous en prie, faites-le pour l'amour de moi !

Il leva les yeux, d'abord ahuri, puis songeur. L'idée semblait le préoccuper.

– Pour l'amour de vous ? répéta-t-il. Pensez-vous vraiment que cela pourrait encore causer de la joie à quelqu'un si moi, vieil homme que je suis, j'entreprenais quelque chose ?

Je perçus l'amorce d'un mouvement qui le ferait céder, je le sentis à son regard, encore introverti et brumeux un instant plus tôt, et qui émergeait à présent, libéré par l'espoir chaleureux auquel il s'éclairait.

– Vous le pensez vraiment ? répéta-t-il, et déjà je sentis qu'une propension intérieure se mêlait à sa volonté, avant qu'il ne lance, d'un seul coup :

– Dans ce cas, essayons ! La jeunesse a toujours raison. Lui céder, c'est faire preuve d'intelligence.

La joie sauvage à laquelle je laissai libre cours, mon triomphe, semblèrent l'animer : il se mit à faire les cent pas en marchant très vite, porté par une excitation presque juvénile, et nous convînmes que nous nous retrouverions dans un premier temps pour une séance quotidienne, à neuf heures, immédiatement après le dîner. Et le lendemain matin, nous commençâmes à dicter.

Ces heures-là… Comment dois-je les décrire ? Je les attendais pendant toute la journée. Dès l'après-midi, une agitation fébrile m'épuisait les nerfs et produisait un tel effet électrique sur mes sens impatients qu'il m'était difficile de supporter les heures séparant la tombée du soir. Alors, dès que nous avions terminé notre repas, nous passions dans son bureau, je m'installais à sa table, où je lui tournais le dos lorsqu'il arpentait la pièce d'un pas nerveux jusqu'à ce que le rythme se fût en quelque sorte rassemblé en lui et que la parole éminente ait déclenché le début de la dictée. Car cet homme étrange façonnait toute chose en se fondant sur une musicalité du sentiment : il lui fallait toujours un élan initial pour mettre ses idées en mouvement. Le plus souvent c'était une image, une métaphore audacieuse, une situation plastique qu'il élargissait pour en faire une situation dramatique, s'excitant malgré lui au fur et à mesure de sa progression rapide. Quelque chose de l'aspect magnifiquement élémentaire de toute création brillait alors comme des éclairs dans la clarté renversante de ces improvisations : je me rappelle encore des lignes qui ressemblaient aux strophes d'un poème en iambe et d'autres qui se déversaient à la manière d'une cataracte dans des récits d'une grandiose densité, comme le *Catalogue des vaisseaux* d'Homère ou les hymnes bar-

bares de Walt Whitman. Pour la première fois, il m'était donné, à moi, jeune homme en plein devenir, de pénétrer dans le mystère de la production : je voyais la pensée, encore incolore, pur liquide en incandescence, jaillir du chaudron de l'excitation impulsive comme du bronze coulant dans un moule à cloche et, peu à peu, en refroidissant, trouver sa forme ; je voyais ensuite cette forme s'arrondir puissamment et se dévoiler, jusqu'à ce que le mot se mette à tinter clairement en elle et, de la même manière que le battant, seul, fait retentir le métal, donner à la sensation poétique le langage des hommes. Tout comme chaque paragraphe était fait de rythme, chaque représentation construite à partir d'une image mise en scène, toute l'œuvre se déployait dans l'ampleur de son projet à partir d'un hymne, un hymne à la mer considérée comme la forme visible et sensible, sur cette terre, de l'infinie, ondoyant d'un lointain à l'autre, levant les yeux vers les hauteurs et dissimulant des abysses, jouant entretemps d'une manière absurde et sensée avec le destin terrestre, la barge vacillante des hommes : de ce portrait de la mer ressortait, au terme d'une magnifique comparaison, un tableau du tragique comme la force élémentaire qui, mugissante et destructrice, domine notre sang. Alors, la vague créative se mettait à rouler en direction d'un unique pays : l'Angleterre sortait des eaux, l'île éternellement entourée par l'écume de cet élément agité qui cerne dangereusement toutes les marges du monde, toutes les latitudes et toutes les zones du globe. Là-bas, en Angleterre, la mer donne forme à l'État : jusque dans l'habitacle vitré de l'œil, le gris, le bleu, pénètre le regard froid et clair de l'élément. Chaque individu est à la fois homme de mer et île, comme son pays, et les passions tempétueuses de l'assaut et du péril sont comme une atmosphère naturelle pour cette lignée qui, au cours des centaines d'années de voyage des Vikings, a mis ses forces à l'épreuve. Désormais la paix se lève comme une vapeur au-dessus du pays cerné par le ressac, mais eux, accoutumés aux tempêtes, veulent encore la mer, la rude chute de l'événement avec son danger quotidien. Et c'est ainsi qu'ils se procurent encore une fois cette tension stimulante en se livrant au jeu sanglant. On commence par édifier l'échafaud de bois pour les mises à mort et les combats d'animaux sauvages. Les ours se vident de leur sang, les combats de coq avivent de manière bestiale la volupté née de l'horreur. Mais bientôt, l'esprit plus élevé veut chercher dans l'affrontement héroïque entre humains une tension pure, une tension qui le bouleverse. Alors naît, des pieuses scènes, des mystères religieux, cet autre grand jeu ondoyant de l'homme, au retour de toutes les aventures et de tous les voyages, mais désormais sur les mers intérieures du cœur ; une nouvelle infinité, un autre océan alimenté par les eaux torrentielles de la passion et l'élan de l'esprit, océan que l'on parcourt avec excitation, en se laissant catapulter, le souffle court, ce qui devient le nouveau plaisir dans cette lignée anglo-saxonne tardive et toujours forte : voilà que naît le drame de la nation anglaise, le drame des élisabéthains. C'est alors, au moment où il se lançait, fanatiquement, dans la description de ces débuts dignes de la barbarie des temps primitifs, que retentit dans toute sa force la parole créative. Sa voix, qui d'abord avait couru comme une sorte de chuchotement, tendit les muscles et les ligaments sonores, se transforma en un avion métallique et reluisant puis poursuivit sa progression, toujours plus haute, toujours plus libre ; la pièce devint trop étroite pour elle, les murs étaient si serrés qu'ils lui faisaient écho, tant elle avait besoin d'espace. Je sentis la tempête se déchaîner au-dessus de moi, les lèvres mugissantes de la mer portaient avec force leur parole menaçante : penché sur ma table de travail, il me semblait que j'étais toujours chez moi, sur ma terre natale, près de la dune, et que ce grand ronflement de mille vagues et de vent pétillant s'approchait de moi en respirant. Tout l'effroi qui entoure d'un halo douloureux la naissance d'un homme comme celle d'un mot éclata à l'époque pour la première fois dans mon esprit, saisi d'une terreur stupéfaite à laquelle se mêlait pourtant, déjà, du bonheur.

Quand mon maître arrivait au terme de ces dictées au cours desquelles une puissante inspiration arrachait majestueusement la parole à l'intention scientifique et où la pensée se muait en poésie, je ne tenais presque plus sur mcs jambes. Je me sentais traversé par une lassitude ardente, lourde et forte, une fatigue qui ne ressemblait pas du tout à la sienne, laquelle était un épuisement, une décharge, tandis que moi, englouti comme je l'avais été, je tremblais encore de l'afflux soudain d'une pareille manne. Mais nous avions toujours besoin, tous les deux, d'une conversation finale pour trouver le chemin vers le sommeil ou le repos ; en règle générale, je relisais à voix haute mes notes sténographiées ; et, bizarrement, à peine les signes s'étaient-ils transformés en mots que parlait, respirait et s'élevait de ma voix une autre voix, comme si une créature avait changé le langage dans ma bouche. Je le compris alors : lorsque je répétais son texte, je scandais son intonation et je lui donnais forme avec un tel dévouement et une telle similitude que tout donnait l'impression que ce n'était pas moi, mais quelque chose en moi, qui s'exprimait — tant j'étais déjà devenu l'écho de son personnage, le reflet sonore de sa parole. Tout cela remonte à quarante ans ; et pourtant, aujourd'hui encore, au milieu d'une conférence, lorsque mon discours se détache de moi et commence à vibrer, je sens soudain que ce n'est pas moi qui parle, mais quelque chose d'autre qui s'exprime en quelque sorte par ma bouche, et cette sensation me freine. Je reconnais alors la voix d'un mort qui m'était cher, un mort qui n'a plus de souffle qu'à mes lèvres : lorsque l'enthousiasme me soulève, je suis lui. Et je le sais aujourd'hui : ces heures se sont gravées en moi.

Notre livre se développait, il poussait autour de moi comme une forêt, plongeant peu à peu dans l'ombre toute perspective sur le monde extérieur ; je ne vivais qu'à l'intérieur, dans la pénombre de la maison, dans le branchage bruissant et toujours plus sonore, de cette œuvre qui se ramifiait, dans la présence de cet être, une présence qui m'enveloppait et me réchauffait.

Hormis les rares cours que je suivais à l'université, c'est à lui que je consacrais mes journées. Je mangeais à la table du couple, nuit et jour les messages montaient et descendaient les escaliers pour aller de leur appartement au mien et retour ; j'avais la clef de leur porte, et lui avait la mienne, si bien qu'il pouvait me trouver à n'importe quelle heure sans devoir rameuter par ses cris la vieille logeuse à moitié sourde. Mais plus je m'intégrais à cette nouvelle communauté, plus je me détournais du monde extérieur : outre la chaleur de cette sphère intellectuelle, je partageais simultanément ce que leur existence avait de glacé, d'isolé, de marginal. Mes collègues faisaient tous preuve d'une certaine froideur et d'un certain dédain à mon égard – était-ce un complot secret ou simplement une jalousie teintée d'irritation à l'égard du privilège dont je jouissais visiblement ? En tout cas, ils me mettaient à l'écart et, dans les discussions organisées pendant les séminaires, on évitait de m'adresser la parole ou de me saluer, et cette attitude était manifestement le fruit d'une convention. Même les enseignants ne dissimulaient pas leur aversion et leur hostilité ; un jour où je demandais à notre maître de philologie romane un renseignement sans importance, il me rabroua ironiquement : « Vous qui êtes l'intime du professeur... vous devriez savoir ça, tout de même. » Je cherchais en vain à m'expliquer un mépris aussi peu mérité. Mais chaque mot, chaque regard était destiné à éluder toute explication. Depuis que je vivais entièrement avec ces deux solitaires, j'étais moi-même plongé dans un isolement total.

Cette clôture qui me séparait du monde ne m'aurait pas préoccupé plus que cela, mon attention étant entièrement tournée vers l'esprit. Mais mes nerfs finirent par faiblir sous cette pression constante. On ne vit pas impunément, des semaines durant, dans un excès intellectuel incessant – et surtout, j'avais sans doute changé mon existence trop soudainement, j'étais allé trop furieusement d'un extrême à l'autre, pour ne pas mettre en péril cet équilibre naturel qui nous avait été secrètement accordé. Car alors qu'à Berlin les circonvolutions auxquelles je m'étais livré me détendaient délicieusement les muscles, alors que les aventures féminines que j'y avais vécues dissipaient comme par jeu toute l'inquiétude que j'avais amassée, une atmosphère aussi écrasante qu'une journée de foehn mettait désormais mes pauvres sens sous une pression tellement permanente qu'ils ne faisaient plus que tressaillir et me parcourir en lançant des pointes électriques ; je perdis l'habitude de dormir d'un sommeil sain et profond, en dépit, ou peut-être en raison, du fait que, pour mon plaisir personnel, brûlant d'une vaniteuse impatience à l'idée de remettre ces feuilles au plus tôt à mon maître bien aimé, je passais chaque nuit à recopier jusqu'au petit matin les notes qu'il m'avait dictées la veille. Par ailleurs, l'université, cette lecture hâtive, me força à me montrer plus réceptif, et j'étais tout aussi excité par la nature de mes entretiens avec mon maître, au cours desquels chacun de mes nerfs se tendait comme un Spartiate afin de ne jamais lui donner l'impression de ne pas être concerné par ce qu'il disait. Le corps injurié ne reporta pas longtemps l'heure de sa vengeance. Il m'arriva plusieurs fois d'être affecté de brèves syncopes, signaux d'alarme d'une nature en danger que je bousculais avec rage — mais ces états de fatigue hypnotique se multiplièrent, la moindre expression de mes sentiments devint véhémente, et mes nerfs à vifs plongeaient leurs pointes en moi, déchirant mon sommeil, avivant des pensées confuses que j'avais jusqu'alors contenues.

La première à comprendre que je courais un risque sérieux fut l'épouse de mon maître. J'avais déjà fréquemment senti son regard inquiet se porter sur moi comme à tâtons, elle glissait intentionnellement et de plus en plus souvent dans nos entretiens des remarques qui ressemblaient fortement à des mises en garde, par exemple que je ne pouvais pas vouloir réussir la conquête du monde en un semestre. Et pour finir, elle s'exprima clairement.

– Cela suffit, maintenant, me lança-t-elle un dimanche où je bûchais ma grammaire alors qu'un soleil radieux brûlait à l'extérieur, et elle m'arracha mon livre en poursuivant : Comment un jeune homme vivant peut-il laisser l'ambition le transformer à ce point en esclave ? Ne prenez pas toujours exemple sur mon mari : il est vieux et vous êtes jeune. Vous devez vivre autrement.

À chaque fois qu'elle parlait de lui, on décelait cette note de mépris contre laquelle moi, dévoué à cet homme comme je l'étais, je m'élevais toujours avec indignation. Intentionnellement, je le sentais – mieux, peut-être dans une sorte de jalousie mal placée –, elle cherchait à m'éloigner de lui et à couper court à mes exagérations en ayant recours à des parades ironiques. Si nous étions assis, le soir, pour une longue séance de dictée, elle frappait énergiquement à la porte et nous forçait à arrêter le travail, indifférente à la colère et au refus de mon maître.

– Il finira par réduire à néant votre système nerveux, par vous détruire intégralement, me dit-elle un jour avec amertume en me voyant effondré. Qu'a-t-il déjà fait de vous en ces quelques semaines ! Je ne peux plus rester sans rien faire, à vous voir vous déchaîner ainsi contre vous-même. Et puis…

Elle s'arrêta et n'acheva pas sa phrase. Mais sa lèvre livide tremblait à force de réprimer sa colère.

Et c'était vrai, mon maître ne me facilitait pas les choses : plus je mettais de passion à le servir, plus il semblait accueillir avec indifférence mon respect et ma volonté de l'aider. Il ne me remerciait que rarement ; si je lui rapportais au matin le travail que j'avais accompli jusque dans la nuit, il m'éconduisait sèchement : « Ça aurait pu attendre demain. » Si ma fièvre et mon ambition allaient jusqu'à me pousser à lui rendre un service non demandé, sa lèvre se serrait au beau milieu de l'entretien et il me repoussait d'un mot ironique. Certes, lorsqu'il me voyait ensuite reculer, humilié et confus, ce regard chaleureux coulait de nouveau vers moi et m'enveloppait pour consoler mon désespoir, mais comme c'était rare, comme c'était rare ! Et ce chaud et froid, cette attitude faite tantôt de proximité bouleversante, tantôt de rejet agacé, plongeait dans une confusion totale le sentiment irréfréné que j'avais en moi et qui désirait… mais non, jamais je ne pus désigner clairement ce que je désirais au juste, ce que je souhaitais, exigeais, ce que je me forçais d'atteindre, quel signe d'implication espérait, de sa part, mon dévouement enthousiaste. Car lorsqu'une passion dévastatrice – même pure – se porte sur une femme, elle recherche tout de même inconsciemment un accomplissement physique, la nature lui a façonné, comme une sculpture, une union de la plus haute espèce dans la possession physique – mais comment une passion de l'esprit, tendue d'un homme à un homme, voudrait-elle parvenir à ce plein assouvissement auquel rien ne mène jamais vraiment ? Elle erre sans répit autour de la créature vénérée, s'enflammant toujours et encore pour une nouvelle extase, sans jamais être apaisée par un don ultime. Elle ne cesse de s'écouler sans jamais pourtant se tarir tout à fait, éternellement insatiable comme l'est toujours l'esprit. Ainsi, la proximité de mon maître n'était ainsi jamais assez intense pour moi, sa présence ne se dévoilait et ne s'accomplissait jamais tout à fait au cours de nos longues conversations. Même lorsque, pris de confiance, il renonçait à toute distance, je savais tout de même que l'instant suivant pourrait couper d'un seul geste tranchant ce lien qui nous mettait à portée de souffle l'un de l'autre. Ce lunatique ne cessait de plonger de nouveau mes sens dans la confusion, et je n'exagère pas en disant que dans la surexcitation où je me trouvais il m'arriva souvent d'être à deux doigts de commettre un acte absurde, uniquement parce qu'il avait repoussé avec indifférence et d'un geste nonchalant un livre sur lequel j'avais attiré son attention ou que, soudain, le soir, lorsqu'une discussion profonde nous liait et que je m'imprégnais de l'atmosphère créée par ses pensées, d'un seul coup – alors que l'instant précédent il appuyait encore tendrement la main sur mes épaules – il se levait et disait brusquement : « Mais il faut que vous y alliez ! Il est tard. Bonne nuit. » Ces petits faits sans importance suffisaient à me perturber pour plusieurs heures, pour plusieurs jours. Mon sentiment exacerbé, et sans cesse ranimé par de nouvelles irritations, voyait peut-être aussi des vexations là où elles n'étaient nullement intentionnelles – mais à quoi bon tenter de s'apaiser en interprétant les choses après coup lorsque c'est le fond de l'âme qui est retourné ? Or cela se renouvelait chaque jour : je souffrais comme dans un brasier auprès de lui et frissonnais, glacé, lorsque j'étais loin de lui, j'étais toujours déçu par sa réserve ; aucun signe ne m'apaisait, le moindre aléa me plongeait dans la confusion.

Et curieusement, à chaque fois que ma sensibilité se sentait offensée par son attitude, je venais me réfugier auprès de son épouse. Peut-être une pression inconsciente me poussait-elle à chercher une personne souffrant elle aussi de cette attitude muette et distance, peut-être était-ce juste le besoin de parler à quelqu'un et de trouver sinon de l'aide, du moins de la compréhension – en tout cas, je me réfugiais auprès d'elle comme auprès d'un allié secret. En règle générale, elle me faisait oublier ma susceptibilité d'un trait moqueur, ou bien elle me répliquait en haussant froidement les épaules que j'aurais déjà dû avoir pris l'habitude de ce genre de douloureuses incongruités. Mais il lui arrivait aussi de me regarder avec une curieuse gravité, de m'adresser un regard proche de l'étonnement lorsqu'un accès soudain de désespoir m'arrachait d'un seul coup tout un faisceau de reproches, de balbutiements mêlés de larmes et de mots étranglés par la convulsion – pourtant elle ne prononçait pas un mot ; on devinait juste sur ses lèvres l'alternance des humeurs contenues, et je sentais qu'elle avait besoin de toutes ses forces pour ne rien dire qui fût poussé par la colère ou l'irréflexion. Elle aussi – cela ne faisait aucun doute – avait quelque chose à me dire, elle aussi dissimulait un secret, peut-être le même que le mien ; mais tandis que lui me repoussait brutalement dès que mes mots le touchaient de trop près, elle évitait toute autre explication, le plus souvent en plaisantant ou en improvisant une quelconque espièglerie.

Une fois, une seule, je fus à deux doigts d'arracher une parole à cette femme. Un matin, alors que j'apportais les pages dictées la veille, je ne pus m'empêcher de dire à mon maître, en termes enthousiastes, combien cette description (il s'agissait du portrait de Marlowe) m'avait bouleversé. Et, brûlant encore d'exaltation, j'ajoutais avec admiration que personne ne réussirait jamais un portrait aussi magistral que le sien ; alors il se mordit la lèvre, se détourna brutalement, jeta la feuille et marmonna avec mépris :

– Ne me venez pas me raconter de telles inepties ! Que savez-vous du magistral ?

Ces mots sans égards (sans doute un simple masque passé à la hâte pour cacher sa pudeur teintée d'impatience) suffirent pour m'abattre la journée entière. Et l'après-midi, alors que je passais une heure seul avec sa femme, une sorte de crise hystérique s'empara de moi ; je pris les mains de l'épouse et lui demandai brutalement :

– Dites-moi, pourquoi me hait-il autant ? Pourquoi me méprise-t-il à ce point ? Que lui ai-je fait, pourquoi chacun de mes mots l'énerve-t-il tellement ? Que dois-je faire, aidez-moi ! Pourquoi ne me supporte-t-il pas — dites-le-moi, je vous en prie.

Alors, surpris par cette furieuse explosion, elle me regarda fixement d'un œil clair :

– Pourquoi il ne vous supporte pas ?

Un rire sembla s'échapper entre ses dents, un rire qui s'éleva méchamment vers les hauteurs et devint si strident que je reculai malgré moi.

– Il ne vous supporte pas ?

Elle répéta ces mots en regardant avec colère mes yeux confus. Mais ensuite, elle se pencha vers moi — ses regards se firent peu à peu de plus en plus doux, jusqu'à frôler la compassion – et tout d'un coup (pour la première fois) elle me caressa les cheveux.

– Vous êtes vraiment un enfant, un enfant idiot qui ne remarque rien, ne voit rien, ne sait rien. Mais cela vaut mieux – sans cela vous seriez encore plus inquiet.

Et d'un geste brusque, elle se retourna.

Je cherchai vainement à retrouver le calme : comme enfermé dans le sac noir et noué d'un rêve tissé d'angoisse indéchirable, je tentais à toute force de trouver une interprétation, de m'arracher à la mystérieuse confusion où m'avaient plongé ces sentiments contradictoires.

Quatre mois s'étaient ainsi écoulés, autant de semaines où mon exaltation et ma métamorphose avaient atteint des proportions inouïes. Le semestre allait à grands pas vers sa fin, je voyais avec crainte arriver les vacances toutes proches, car j'aimais mon purgatoire, et je considérais comme un bannissement et une privation le retour dans l'ambiance domestique, sobre et étrangère à l'esprit, qui était celle de ma terre natale. J'ourdissais déjà en secret des plans visant à faire croire à mes parents qu'un travail important me retenait ici ; j'étais déjà en train de tisser habilement mensonges et échappatoires afin de prolonger la durée de cette présence qui me dévorait. Mais la date et l'heure fatidiques étaient fixées depuis longtemps, et dans un tout autre univers. Cette heure m'attendait, invisible, tout comme le son des cloches annonçant midi est accroché, invisible, dans le minerai dans lequel elles sont moulées et appelle ensuite au travail ou aux adieux, sans que rien ne l'ait annoncé, ceux qui vivent dans l'oisiveté.

Comme elle commença bien, cette soirée fatale : elle avait la beauté de la trahison ! J'avais mangé à la table du couple — les fenêtres étaient ouvertes, et le ciel crépusculaire entrait peu à peu, chargé de nuages blancs, dans leur cadre obscurci : leur reflet vibrant avec majesté inspirait un sentiment profond de douceur et de clarté qui vous touchait nécessairement au plus profond de vous-même. Nous avions bavardé, sa femme et moi, d'une manière plus nonchalante, plus pacifique et plus affairée que d'habitude. Mon maître se taisait et paraissait ne pas prendre garde à notre silence ; mais ce mutisme était comme un oiseau perché au-dessus de notre discussion et prêt à déployer ses ailes. Je le regardais de côté, à la dérobée : il y avait ce jour-là en lui quelque chose de bizarrement lumineux, une inquiétude, mais dépourvue de toute agitation, tout comme dans ces nuages d'été. Parfois il levait son verre de vin et le tenait à contrejour pour apprécier sa couleur ; et lorsqu'il remarqua que mon regard accompagnait joyeusement ce geste, il eut un léger sourire et tendit son verre dans ma direction pour me saluer. J'avais rarement vu son visage aussi clair, ses mouvements aussi arrondis et contenus : sa joie était presque solennelle, comme s'il écoutait de la musique venant de la rue, ou tendait l'oreille pour capter une conversation invisible. Ses lèvres, autour desquelles battaient presque constamment des ondes minuscules, étaient tranquilles et moelleuses comme un fruit épluché, et son front, à présent qu'il le tournait doucement vers la fenêtre, reflétait cette douce clarté et me parut plus beau que jamais. Il était admirable de le voir ainsi apaisé : était-ce un reflet de cette pure soirée d'été, la douceur de cet air plein de nuances qui pénétrait en lui, ou bien une idée consolatrice qui brillait du fond de lui-même ? Je l'ignorais. Mais accoutumé à lire sur son visage comme dans les pages d'un livre, mon seul sentiment était que ce jour-là un dieu clément avait aplani les crevasses et les plis de son cœur.

Je le vis se lever avec une étrange solennité et m'inviter, de son mouvement coutumier de la tête, à le suivre dans son studio : lui qui était d'ordinaire si pressé avançait cette fois avec une singulière gravité. Puis il se retourna encore une fois, alla chercher une bouteille de vin encore bouchée dans l'armoire métallique – cela non plus n'était pas dans ses habitudes – et la porta précautionneusement de l'autre côté. Tout comme moi, son épouse sembla remarquer quelque chose d'insolite dans son comportement, elle quitta des yeux son ouvrage de couture, l'air étonné, et, prise d'une curiosité muette, observa sa démarche exceptionnellement tempérée qu'il afficha au moment où nous allâmes travailler dans l'autre pièce.

La chambre, comme toujours plongée dans une lumière tamisée, nous attendait dans sa pénombre familière : seule la lampe dessinait un cercle rond sur l'amas des feuilles blanches qui semblaient l'attendre. Je m'assis à ma place habituelle et répétai les dernières phrases du manuscrit ; il avait toujours besoin de leur rythme pour s'accorder intérieurement, comme s'il se fût agi d'un diapason qui lui permettait de relancer le flux des mots. Mais alors que d'habitude il reprenait immédiatement à la fin de la phrase qui venait tout juste de sonner, la suite se fit attendre cette fois-ci. Le silence occupa toute la pièce et les murs le renvoyèrent bientôt sur nous sous forme d'une pression. Il ne semblait pas encore totalement concentré, car j'entendais son pas nerveux derrière mon dos. « Relisez encore une fois ! » – et sa voix, tout d'un coup, vibra d'une étrange inquiétude. Je répétai les derniers paragraphes : alors il reprit sa dictée dans le sillage immédiat de mes mots, dictant d'une manière plus saccadée, plus rapide et plus concentrée qu'à l'ordinaire. En cinq phrases, la scène était construite : il avait jusqu'alors développé les conditions culturelles du drame, une fresque sur l'époque, un abrégé d'histoire. Et d'un seul coup il se consacrait à présent au théâtre lui-même, qui quittait enfin son vagabondage et ses chariots pour devenir sédentaire et se construire son propre lieu attesté par lettre et doté de privilège, le *Rose Theater* d'abord et la *Fortuna*, baraques en planches accueillant des pièces tout aussi rigides ; mais ensuite, pour accueillir une création littéraire, qui grandit, prend du coffre et des manières viriles, les artisans construisent un nouvel habit de lattes : au bord de la Tamise, monté sur des pieux plantés dans un sol vaseux qui ne vaut rien, naît un grossier bâtiment de bois à la tour hexagonale montée à la diable, le Théâtre du Globe, sur la scène duquel apparaît Shakespeare, le maître. Comme rejeté par la mer, un étrange navire, le fanion rouge au sommet du grand mât à la manière des pirates, est désormais solidement ancré dans le fond limoneux. Au parterre, le petit peuple se presse dans le vacarme, comme dans un port, depuis les galeries le beau monde laisse ses rires et ses bavardages descendre jusque sur les comédiens. Impatients, ils exigent que cela commence. Ils trépignent, ils font du tapage, ils frappent bruyamment les planches avec le pommeau de leur épée jusqu'à ce qu'enfin, pour la première fois, quelques bougies vacillantes que l'on apporte à l'avant éclairent la scène basse. Des personnages aux costumes négligés se présentent pour donner une comédie apparemment improvisée. Alors — je me rappelle encore ses mots — « éclate d'un seul coup une tempête de mots, cette mer, la mer infinie de la passion qui, depuis cette frontière tracée par les planches, fait rouler sa vague de sang vers toutes les époques et toutes les zones du cœur humain, inépuisable, insondable, gaie et tragique, emplie de toute la variété possible, brossant le tableau le plus fidèle du genre humain – le théâtre de l'Angleterre, le drame de Shakespeare ».

Sur ces mots éminents, il cessa subitement de parler. Suivit un long moment de silence sourd. Je me retournai, pris d'inquiétude : mon maître tenait convulsivement la table d'une main, dans cette attitude exténuée que je lui avais déjà vue. Mais cette fois, son immobilité avait quelque chose d'effrayant. Je bondis, redoutant qu'il n'ait eu un malaise, et lui demandai avec angoisse si je devais cesser. Il se contenta de me dévisager, comme paralysé, le souffle court, le visage figé. Mais ensuite son œil bleu se remit à briller comme une étoile et il avança vers moi, les lèvres décontractées.

– Alors, vous n'avez rien remarqué ? demanda-t-il en me lançant un regard pénétrant.

– Quoi donc ? bredouillai-je, en me demandant ce qu'il voulait dire.

Il respira profondément et esquissa un sourire : depuis des mois, je sentais de nouveau ce regard doux, tendre, riche et profond.

– Nous sommes arrivés au bout de la première partie.

La surprise me traversa comme une brûlure et j'eus du mal à réprimer un cri de joie. Comment cela avait-il pu m'échapper ? Mais oui, tout l'édifice était là et se dressait magnifiquement, un palier après l'autre, depuis les tréfonds du passé jusqu'au seuil de la création : un seuil que Marlowe, Ben Jonson, Shakespeare pouvaient désormais venir franchir victorieusement. L'œuvre de mon maître fêtait son premier anniversaire : je revins à ma table en toute hâte et comptai les feuillets. Cette première partie regroupait cent soixante-dix pages couvertes d'une écriture serrée, et c'était la plus difficile ; car alors que le tableau qu'il avait brossé jusqu'ici était étroitement lié à un témoignage historique, ce qui venait à présent pouvait librement sortir de son esprit créatif. Il ne fait aucun doute qu'il l'achèverait, son œuvre, notre œuvre !

Ai-je fait grand bruit, me suis-je mis à danser de joie, de fierté et de bonheur ? Je l'ignore. Mais mon enthousiasme a sûrement dû prendre des formes proches de l'exaltation et que je n'avais pas prévues, car son regard me suivit tranquillement, en souriant, tandis que moi, tantôt je relisais ses derniers mots, tantôt je comptais les pages à la hâte, les prenais, les soupesais et les tâtais avec amour, calculant déjà, dans ma précipitation, la date à laquelle nous pourrions avoir achevé l'ensemble de l'opus. La fierté qu'il avait accumulée et dissimulée tout au fond de lui-même se reflétait dans ma joie : il me regardait en souriant, avec émotion. Puis il avança lentement près, tout près de moi ; les deux mains tendues en avant, il prit les miennes et me regarda, immobile. Peu à peu, ses pupilles qui, d'ordinaire, n'avaient d'autre couleur qu'une sorte de feu intermittent, se remplirent de ce bleu clair et animé que, de tous les éléments, seuls peuvent former la profondeur de l'eau et celle du sentiment humain. Et ce bleu éclatant parut abandonner ses pupilles, avancer et pénétrer en moi ; je sentis cette onde chaude les quitter et entrer moelleusement au plus profond de moi-même, s'y répandre comme un flot et propager en moi un étrange plaisir : toute ma poitrine fut d'un seul coup distendue, recourbée par cette force jaillissante, et je sentis s'épanouir en moi un grand soleil venu du sud antique.

– Je sais, fit-il, et sa voix sembla s'élever au-dessus de toute cette clarté, je sais que je n'aurais jamais commencé ce travail sans vous, et je n'oublierai jamais ce que vous avez fait. Vous avez imprimé à mon épuisement l'élan salutaire et vous avez sauvé ce qui reste de ma vie perdue et dissolue, vous, vous seul ! Personne n'a jamais fait plus pour moi, nul ne m'a jamais si fidèlement aidé. Et c'est la raison pour laquelle je ne dis pas : je dois *vous* remercier, mais… je dois *te* remercier. Viens ! Passons à présent une heure de pleine fraternité !

Il me tira doucement vers la table et prit la bouteille qu'on y avait disposée. Deux verres s'y trouvaient aussi : il m'avait préparé cette cérémonie symbolique de partage de la boisson en signe concret de reconnaissance. Je tremblais de joie, tant il est vrai que rien ne plonge plus violemment notre sens profond dans la confusion que l'assouvissement soudain d'un ardent désir. Le signe qu'il avait trouvé pour me remercier était la plus manifeste des marques de confiance, celle à laquelle j'aspirais le plus : le tutoiement fraternel, proposé au-dessus du fossé que creusent les années, rendu sept fois plus précieux par la distance si difficilement franchie. La bouteille tintait déjà, cette baptiste qui allait, par la foi, apaiser pour toujours mon sentiment d'anxiété, et tout mon être résonnait déjà avec la même clarté que cette note tremblante – c'est alors qu'un petit obstacle repoussa encore l'instant de la fête : la bouteille était fermée, et nous n'avions pas de tire-bouchon dans la pièce. Il voulut se lever pour aller en chercher un, mais je devinai son intention et me précipitai impatiemment dans la salle à manger – je brûlai à l'idée de cette seconde immédiate qui apaiserait enfin mon cœur et apporterait le témoignage le plus éclatant de son affection.

Au moment où je franchis le seuil de la porte et me ruai dans le couloir obscur, je heurtai, dans la pénombre, quelque chose de moelleux qui céda hâtivement : c'était l'épouse de mon maître qui, de toute évidence, écoutait à la porte. Mais singulièrement, bien que je l'aie bousculée, elle n'émit pas le moindre son, elle se contenta de reculer – et moi aussi, l'effroi me laissa coi et incapable de faire le moindre geste supplémentaire. Cela dura un moment : nous restâmes longtemps comme muets, nous avions tous deux honte face à l'autre, elle prise en train d'espionner, moi figé par cette découverte imprévue. Mais ensuite, un pas discret avança dans l'obscurité, la lumière revint et je la vis, blême, adossée à l'armoire, avec un air de défi ; elle me toisait d'un air grave et il y avait dans son immobilité, dans la façon dont elle se tenait, quelque chose de sombre, une mise en garde, une menace. Mais elle ne prononça pas un mot.

Mes mains tremblaient lorsque, après avoir avancé à tâtons un certain temps, nerveux, en n'y voyant pratiquement rien, je trouvai enfin le tire-bouchon ; il me fallut passer devant elle à deux reprises et, à chaque fois que je levais les yeux, je me heurtais à ce regard fixe qui brillait, dur et sombre, comme du bois poli. Rien en elle ne révélait la honte d'avoir été surprise l'oreille collée à la porte ; bien au contrairc, ses yeux vifs et décidés exprimaient à présent une menace que je ne parvenais pas à comprendre ; son attitude rétive montrait qu'elle n'avait pas l'intention de quitter cet endroit où elle n'aurait pas dû se trouver et comptait au contraire rester l'oreille aux aguets. Et cette volonté souveraine me plongea dans la confusion : sans le vouloir, je courbais sous ce regard qui, pour me mettre en garde, s'était solidement accroché à moi. Lorsque je me faufilai de nouveau, d'un pas incertain, dans la pièce où mon maître s'impatientait déjà, la bouteille à la main, la joie démesurée que j'avais ressentie quelques instants plus tôt avait été saisie par les glaces et s'était transformée en une singulière anxiété.

Mais lui, comme il m'attendait avec insouciance, avec quel gaieté son regard vint au-devant de moi : j'avais toujours rêvé qu'il me soit donné un jour de le découvrir ainsi, de pouvoir observer son front mélancolique débarrassé de ces nuages ! Mais de le voir ainsi pour la première fois resplendir de paix, tourné vers moi avec ferveur, bloqua chacun de mes mots ; toute cette joie secrète s'écoulait comme par des pores mystérieux. Confus, pire, honteux, je l'entendis me remercier encore une fois – désormais en employant le « tu » familier – et j'entendis nos verres produire un son argenté lorsqu'ils s'entrechoquèrent. Passant un bras amical sur mes épaules, il me conduisit jusqu'aux fauteuils, nous nous assîmes face à face, sa main était négligemment posée dans les miennes : pour la première fois, je le sentis tout à fait franc et libre de ses sentiments. Mais je n'arrivais pas à parler : malgré moi, je continuais à regarder la porte, profondément anxieux à l'idée qu'elle s'y trouvait encore et nous épiait. Elle épie, me disais-je constamment, elle épie le moindre mot qu'il m'adresse, le moindre mot que je prononce : pourquoi justement ce jour-là, pourquoi justement ce jour-là ? Et lorsque, en m'enveloppant de ce regard chaud, il dit soudain : « J'aimerais aujourd'hui te parler de moi, de ma propre jeunesse », je me jetai vers lui, les mains jointes en imploration, tellement effrayé qu'il leva les yeux vers moi, étonné.

– Pas aujourd'hui, bafouillai-je, pas aujourd'hui… pardonnez-moi.

L'idée qu'il pourrait se dévoiler à l'oreille d'un espion dont j'étais forcé de lui dissimuler la présence m'était trop insupportable.

Mon maître me dévisagea, l'air incertain.

– Que t'arrive-t-il donc ? demanda-t-il avec une once de mauvaise humeur.

– Je suis fatigué… pardonnez-moi… cela a été plus fort que moi, d'une certaine façon… je crois… (Et sur ces mots, je me levai en tremblant.) Je crois qu'il vaut mieux que je m'en aille.

Malgré moi, mon regard se détourna vers la porte où j'étais contraint de penser que cette curiosité hostile, aux aguets et jalouse, se tapissait toujours dans la charpente.

Lui aussi se leva alors lourdement de son fauteuil. Une ombre passa sur son visage où la fatigue avait brusquement laissé sa marque.

– Tu veux vraiment déjà partir… aujourd'hui… justement aujourd'hui ?

Il tenait ma main, et une force imperceptible la rendait lourde ; mais soudain, il la laissa tomber d'un coup, comme une pierre :

– Dommage, laissa-t-il échapper. Je me faisais une telle joie de te parler franchement, pour une fois ! Dommage !

Pendant un instant, ce profond soupir vola dans la pièce comme un sombre papillon. J'étais empli de honte et d'une peur dont le caractère inexplicable me plongeait dans le désarroi ; je sortis, incertain, et fermai la porte sans bruit après avoir quitté les lieux.

Je remontai laborieusement, à l'aveuglette, jusqu'à ma chambre, et me jetai sur mon lit. Mais je fus incapable de dormir. Je n'avais jamais senti avec une telle force que l'univers dans lequel je vivais était comme suspendu au-dessus du leur, protégé seulement par de fines parois, et séparé d'eux par la charpente sombre et impénétrable. À présent, tous mes sens à vif, je les voyais tous deux veiller en dessous, je voyais sans voir, j'entendais sans entendre qu'il faisait à présent les cent pas dans sa chambre, inquiet, tandis qu'elle était assise ailleurs, quelque part, sans rien dire, ou errait, l'oreille tendue. Mais je sentais ses deux yeux ouverts, et son éveil s'insinuait en moi comme un atroce cauchemar ; tout d'un coup, toute cette lourde maison silencieuse fit peser sur moi le poids de ses ombres et de sa noirceur.

Je me débarrassai de ma couverture. Mes mains étaient en feu. Dans quoi étais-je tombé ? J'avais senti le secret à proximité immédiate, et son souffle brûlant tout près de mon visage ; il était de nouveau loin de moi maintenant, mais son ombre, son ombre silencieuse et impénétrable se promenait encore en susurrant, je la sentais, dangereuse, dans la maison, se faufilant sans bruit sur ses pattes de chat, toujours là, sautant vers le haut et vers le bas, m'effleurant sans cesse de sa fourrure électrique, semant la confusion, chaude et pourtant lugubre. Et je sentais toujours, venu de l'obscurité, son regard qui m'enveloppait, aussi tendre que la main qu'il tendait, et l'autre regard, aiguisé, menaçant et effrayé – celui de sa femme. Que venais-je faire dans leur secret, pourquoi ces deux êtres me plaçaient-ils les yeux bandés au cœur de leur passion, pourquoi me poussaient-ils dans leur incompréhensible querelle, pourquoi l'un et l'autre déposaient-ils dans mon esprit leur faisceau brûlant de colère et de haine ?

J'avais toujours le front en feu. Je me jetai hors du lit et ouvris la fenêtre d'un coup. À l'extérieur, la ville s'étendait paisiblement sous les nuages de l'été ; des fenêtres brillaient encore au reflet des lampes, mais ceux qu'elles protégeaient étaient unis dans une discussion pacifique ou bien se réchauffaient en lisant un livre ou en jouant de la musique. Là où l'obscurité s'était déjà faite derrière le cadre blanc des vitres, on dormait certainement d'un souffle tranquille. Au-dessus de tous ces toits au repos étaient suspendus, comme la lune, dans une brume argentée, la douceur et le calme, un silence relâché, tendrement descendu sur la ville, et les onze coups de l'horloge du clocher arrivaient sans violence jusqu'à l'oreille attentive ou rêveuse qui, par hasard, les percevait alors. Moi seul, ici, dans la maison, je sentais encore l'éveil, le siège malveillant que m'imposaient des pensées étrangères. Au fond de moi, fébrile, l'un de mes sens s'efforçait de comprendre ce murmure confus.

La peur me fit soudain bondir en arrière. Avais-je bien entendu un pas dans l'escalier ? Je me redressai, aux aguets. Je n'avais pas rêvé : quelque chose avançait comme à l'aveuglette, montait les marches d'un pas prudent, hésitant, incertain : je connaissais ce gémissement du bois qui grince sous le pied. Ce pas ne pouvait se diriger que vers chez moi, moi et moi seul, personne ne vivait ici, sous les toits, sinon la vieille femme sourde qui dormait depuis très longtemps et ne recevait jamais personne. Était-ce mon maître ? Non, ce n'était pas sa démarche pressée et irrégulière. L'hésitation dc cc pas-là était celle d'un poltron qui avançait de nouveau à pas de loup : pour s'approcher ainsi, il fallait chercher à s'insinuer quelque part, comme un criminel, pas comme un ami. Je restais aux aguets, pris d'une telle tension que mes oreilles en bourdonnaient. Et tout d'un coup une sorte de frisson glacé remonta mes jambes nues.

J'entendis alors un léger claquement dans la serrure : cet invité inquiétant devait déjà être à la porte. Un mince courant d'air atteignit mes orteils nus, m'indiquant que la porte donnant sur l'escalier était ouverte – or lui, mon maître, était seul à en avoir la clef. Mais si c'était lui, pourquoi ce pas si timide, ce pas d'inconnu ? Était-il inquiet, venait-il prendre de mes nouvelles ? Et pourquoi cet hôte étrange restait-il à présent, hésitant, dans le vestibule – car d'un seul coup, ce pas feutré de voleur s'était arrêté ? L'effroi m'avait moi aussi pétrifié. Je crus que je n'allais pas pouvoir m'empêcher de crier, mais ma gorge visqueuse était nouée. Je voulus ouvrir la porte ; mes pieds restèrent cloués au sol. Seule une mince paroi nous séparait désormais, ce mystérieux visiteur et moi-même ; mais aucun de nous ne fit un pas vers l'autre.

C'est alors que sonna l'horloge du clocher : juste un coup, indiquant onze heures et quart. Mais il suffit à m'arracher à ma torpeur. J'ouvris la porte d'un seul geste.

Et c'était bien lui : mon maître se tenait devant moi, la bougie à la main. Le courant d'air déclenché par la porte brusquement ouverte fit jaillir une lueur bleue de la flamme et derrière lui, gigantesque et détachée de sa silhouette immobile, l'ombre tressaillante s'étirait en travers du mur comme un ivrogne. Mais lui aussi fit un mouvement lorsqu'il me vit : il se recroquevilla comme un homme qu'un coup de vent brutal vient d'arracher au sommeil et qui, par réflexe, tire en frissonnant la couverture à lui. Alors seulement il recula, et la bougie vacilla dans sa main en gouttant.

Je tremblais, en proie à un effroi mortel, et ne pus que bredouiller :

– Que vous arrive-t-il ?

Il me dévisagea sans parler : ses mots à lui aussi s'étranglaient dans sa gorge. Enfin, il posa la bougie sur la commode, et le jeu d'ombres qui rappelait le battement d'aile d'une chauve-souris cessa autour de nous. Il finit par ânonner :

– Je voulais… Je voulais…

Une fois de plus, sa voix lui resta coincée dans la gorge. Il se tenait devant moi, les yeux fixés vers le sol, comme un voleur pris la main dans le sac. Ce face-à-face anxieux, moi en chemise, tremblant de froid, lui comme replié en lui-même, plongé dans la confusion de sa honte, était insoutenable.

Soudain, la faible silhouette se redressa. Il fit un pas vers moi : un sourire méchant, un sourire de faune, un sourire dont l'éclat dangereux brillait uniquement dans ses yeux tandis que ses lèvres se serraient l'une contre l'autre, ce sourire se dirigea vers moi comme un rictus, un masque inconnu, d'abord immobile pour un instant – avant que la voix ne sorte, pointue comme la langue fendue d'un serpent :

– Je voulais juste vous dire… mieux vaut abandonner le tutoiement… Ce… ça… ça n'est pas convenable, entre un élève et son enseignant… Vous comprenez ? Il faut garder de la distance… de la distance… de la distance…

Et en prononçant ces mots il me regarda avec une telle haine, une telle méchanceté, une telle volonté de vexer, de gifler, que sa main se creusa malgré lui comme une patte griffue. Je reculai en titubant. Était-il fou ? Était-il ivre ? Le poing serré, il semblait à deux doigts de se jeter sur moi ou de me frapper en plein visage.

Mais cette scène atroce ne dura qu'une seconde : ensuite ce regard impulsif rentra en lui-même. Il se retourna, marmonna quelque chose qui ressemblait à des excuses et prit la bougie. Diable noir et serviable, l'ombre tapie au sol se releva et le précéda vers la porte en tournoyant. Puis lui-même s'en alla, avant que j'aie rassemblé les forces nécessaires pour imaginer le moindre mot. La porte se referma avec dureté ; et l'escalier grinça lourdement, tourmenté par ses pas dont le bruit était comme celui d'une chute.

Je n'oublierai pas cette nuit : une colère froide alternait furieusement avec un désespoir brûlant et contre lequel je ne pouvais rien. Mes pensées filaient et se mélangeaient en moi comme des fusées aveuglantes. Pourquoi me martyrise-t-il, demanda cent fois ce tourment qui me déchirait, pourquoi me hait-il au point dc se faufiler la nuit dans l'escalier dans le seul but de me jeter au visage pareille offense, pareille hostilité ? Que lui avais-je fait, comment devais-je agir ? Comment le ramener à des sentiments conciliants si j'ignorais comment je l'avais vexé ? Je me jetai au lit, brûlant, me relevai, m'enfonçai de nouveau sous la couverture, mais j'avais toujours devant moi cette image lugubre : mon maître se faufilant, l'esprit troublé par ma présence, et derrière lui cette ombre monstrueuse qui vacillait sur le mur et qui lui était étrangère au point d'en devenir une énigme.

Lorsque je me réveillai, le lendemain matin, après m'être, un bref instant, abandonné à un sommeil léger, je commençai par me persuader que j'avais rêvé. Mais sur la commode, les gouttes de stéarine de la bougie étaient encore collées, rondes et jaunes. Et au milieu de la chambre, où régnait à présent une clarté rayonnante, l'horrible souvenir que j'avais gardé de cet invité nocturne qui avait monté l'escalier avec la discrétion furtive d'un voleur ne cessait de me revenir.

Je ne sortis pas de toute la matinée. L'idée que je pourrais le rencontrer me privait de toute force. Je tentai d'écrire, de lire ; je ne parvins à rien. Mes nerfs étaient à bout, ils pouvaient à tout moment basculer dans la convulsion, le sanglot, le hurlement — je voyais mes propres mains trembler comme l'étrange feuillage d'un arbre, j'étais incapable de leur imposer le calme, et mes genoux vacillaient comme si on leur avait coupé les tendons. Que faire ? Que faire ? Je me posai cette question jusqu'à l'épuisement ; le sang me battait déjà dans les tempes et cernait mon regard de bleu. Mais il ne fallait surtout pas partir, surtout pas descendre, surtout pas me retrouver face à lui sans être sûr de moi, sans que mon système nerveux ait retrouvé des forces. Je me jetai à nouveau sur le lit, affamé, confus, bouleversé, sans m'être lavé, et une fois je tentai d'imaginer que mes sens se frayaient un chemin à travers les minces parois : où se trouvait-il à présent, que faisait-il, était-il éveillé comme moi, désespéré comme je l'étais moi-même ?

Midi sonna, et j'étais encore dans le lit enflammé de ma confusion lorsque j'entendis enfin un pas dans l'escalier. Tous mes nerfs se mirent en alerte : mais ce pas-là était léger et insouciant, il franchissait d'un bond deux marches à la fois — et déjà une main battait contre la porte. Je me remis d'un bond sur mes pieds, mais n'ouvris pas et demandai :

– Qui est là ?

– Pourquoi ne venez-vous pas manger ? répondit avec un brin d'agacement la voix de sa femme. Vous êtes malade ?

– Non, non, bafouillai-je, hagard. J'arrive, j'arrive.

Il ne me restait plus rien à faire que de sauter en vitesse dans mes vêtements et de descendre. Mais il me fallut me tenir à la rambarde de l'escalier, tant mes membres vacillaient.

J'entrai dans la salle à manger. Devant l'un des deux couverts attendait l'épouse de mon maître, qui agrémenta son salut d'un léger reproche pour m'être fait rappeler à l'ordre. La place du professeur était vide. Je sentis le sang me monter à la tête. Que signifiait cette absence imprévue ? Craignait-il la rencontre plus encore que moi-même ? Avait-il honte, ou bien ne voulait-il plus désormais partager sa table avec moi ? Je me décidai finalement à demander si le professeur ne nous rejoindrait pas.

Elle leva les yeux avec étonnement :

– Vous ne savez donc pas qu'il est parti ce matin ?

– Parti, bredouillai-je, mais pour où ?

Son visage se tendit aussitôt :

– Mon mari n'a pas eu l'obligeance de me le dire. Probablement l'une des promenades dont il est coutumier, une fois de plus.

Puis elle se tourna vers moi, d'un air à la fois tranchant et interrogateur :

– Mais que *vous* ne le sachiez pas ! Il est pourtant monté vous voir spécialement hier soir – je pensais que c'était pour prendre congé… Étrange, vraiment étrange… qu'à vous non plus il n'ait rien dit.

– À moi !

Je ne pus rien faire d'autre que pousser ce cri. Et à ma grande honte, à mon infamie, ce cri fit surgir tout ce qui s'était si dangereusement accumulé au cours des dernières heures. Tout sortit de moi d'un seul coup, dans une crise de larmes, une convulsion qui s'exprima par des mugissements de rage – je vomis dans un gargouillement un flot de mots et de cris qui se recouvraient les uns les autres, un magma de désespoir et d'égarement, je pleurai, non, j'évacuai, je rejetai dans un sanglot hystérique, par ma bouche tremblante, toute la douleur que j'avais accumulée. Mes poings tambourinaient sur la table comme ceux d'un fou, d'un enfant irritable pris d'une crise de colère, et je laissai échapper, le visage baigné de larmes, tout ce qui était suspendu au-dessus de moi comme un nuage d'orage. Et bien que cette rage m'eût soulagé, je ressentais une honte infinie à me révéler ainsi à elle.

– Mais qu'avez-vous donc ? Pour l'amour de Dieu !

Elle s'était levée d'un bond, d'abord stupéfaite. Mais ensuite elle vint vers moi à grands pas, m'éloigna de la table et m'installa sur le canapé.

– Allongez-vous ! Calmez-vous.

Elle caressa mes mains, passa la sienne sur mes cheveux, tandis que des secousses continuaient à agiter mon corps tremblant comme des ondes de choc.

– Ne vous torturez pas, Roland. Ne vous laissez pas torturer. Je connais tout cela, je l'ai vu venir.

Elle continua à me caresser les cheveux. Mais d'un seul coup, sa voix devint dure.

– Je sais bien moi-même dans quelle confusion il est capable de plonger les autres, nul ne le sait mieux que moi. Mais, croyez-moi, je n'ai cessé de tenter de vous mettre en garde lorsque j'ai vu à quel point vous vous appuyiez sur lui, qui ne s'appuie sur rien. Vous ne le connaissez pas. Vous êtes aveugle. Vous êtes un enfant. Vous ne vous doutez de rien, même aujourd'hui, aujourd'hui encore, de rien du tout. Ou bien peut-être avez-vous aujourd'hui, pour la première fois, commencé à comprendre quelque chose — dans ce cas, tant mieux pour lui, tant mieux pour vous.

Elle restait penchée au-dessus de moi, chaleureuse, ses mots me semblaient monter d'une profondeur vitreuse, je sentais la caresse de ces mains apaisantes qui engourdissaient ma douleur. Cela faisait du bien d'éprouver enfin, enfin de nouveau, un souffle de compassion, mais aussi de sentir enfin de nouveau la tendresse d'une main féminine, presque maternelle, tout près de moi. Peut-être m'étais-je aussi privé trop longtemps de cela, et maintenant que je recevais, à travers le voile de la tristesse, le soutien d'une femme qui s'occupait tendrement de moi, un sentiment de délice s'insinuait en moi dans ma peine. Et pourtant comme j'avais honte, comme j'avais honte de m'être laissé aller à cette crise qui m'avait forcé à me trahir, de ce désespoir à travers lequel je m'étais livré à elle ! Et c'est malgré moi qu'après m'être difficilement redressé, lâchant cette fois un flot de paroles rapide et saccadé, je criai une fois encore, comme un acte d'accusation, la liste tout ce qu'il m'avait fait : la manière dont il m'avait repoussé, puis persécuté, puis de nouveau attiré, la manière dont il s'était rudement opposé à moi, sans motif et sans cause – un tortionnaire auquel j'étais pourtant attaché par un lien fait d'amour, que je haïssais en l'aimant et que j'aimais en le haïssant. Une fois encore, je me mis dans un tel état d'excitation qu'il lui fallut m'apaiser de nouveau. Une fois encore, les tendres mains de la femme me forcèrent doucement à m'allonger sur l'ottomane que la fièvre m'avait fait quitter d'un bond. Enfin je retrouvai mon calme. Elle se taisait, étrangement songeuse : je sentis qu'elle comprenait tout, et peut-être plus encore que moi-même…

Ce silence nous lia pendant quelques minutes. Puis la femme se leva.

– Bon, vous avez suffisamment fait l'enfant, maintenant redevenez un homme. Venez à table et mangez. Il ne s'est rien passé de tragique, c'est un quiproquo qui se dissipera.

Et comme je tentais de la contredire, elle ajouta d'un ton énergique :

– Il se dissipera, car je ne tolérerai pas qu'on vous appâte ainsi plus longtemps pour vous plonger ensuite dans la confusion. Il faut que cela s'arrête, après tout il doit apprendre un peu à se maîtriser. Vous êtes trop bon pour ses jeux dangereux. Je vais lui parler, faites-moi confiance. Mais pour l'heure, passez à table.

J'étais honteux, je n'avais plus de volonté et je la laissai me ramener à ma place. Elle parla, avec une certaine hâte et un certain empressement, de choses auxquelles nous ne nous intéressions pas, et je lui fus reconnaissant, sans rien en dire, d'avoir en quelque sorte passé l'éponge sur mon éruption incontrôlable, de l'avoir déjà oubliée. Le lendemain, me dit-elle avec insistance, on serait dimanche, elle ferait avec le maître de conférences W. et sa future épouse un pique-nique sur les berges d'un lac, non loin de là, il fallait que je vienne, que je me change les idées, que je me libère de mes livres. Tout le malaise qui s'était emparé de moi ne révélait, affirma-t-elle, que mon surmenage et une irritabilité excessive de mon système nerveux ; une fois dans l'eau ou en promenade, mon corps retrouverait immédiatement l'équilibre.

Je lui promis de venir. Tout valait mieux que la solitude, que ma chambre, que ces pensées qui tournoyaient dans le noir.

– Et ne restez pas non plus à la maison cet après-midi ! Allez vous amuser, défoulez-vous en courant, amusez-vous ! répéta-t-elle.

« Qu'il est étrange, me dis-je, qu'elle, qui ne connaît rien de moi, devine ainsi mes sentiments les plus personnels, sache ce dont j'ai besoin et ce qui me fait mal, alors que lui, l'homme de savoir, me méconnaît et me met en miettes. » Mais je lui fis aussi cette promesse-là. Et, en levant vers elle un regard reconnaissant, je découvris un nouveau visage : ce côté moqueur et pétulant qui lui donnait le plus souvent un air de jeune garçon insolent et relâché s'était dissipé pour laisser place à un regard tendre et empathique : je ne l'avais encore jamais vu aussi grave. « Pourquoi ne me regarde-t-il jamais avec une telle bienveillance ? » s'interrogeait en moi un sentiment confus et nostalgique. « Pourquoi ne sent-il jamais quand il me fait mal ? Pourquoi n'a-t-il pas posé sur mes cheveux et sur mes mains des mains aussi tendres et secourables ? » J'embrassai celles de la femme avec gratitude, et elle me les retira avec inquiétude, presque brutalement.

– Ne vous tourmentez pas, répéta-t-elle, d'une voix qui semblait se courber dans ma direction.

Mais la dureté revint ensuite sur ses lèvres ; elle se redressa d'un seul coup et laissa échapper, à voix basse :

– Croyez-moi, il ne le mérite pas.

Et ces mots chuchotés, à peine audibles, ravivèrent la douleur dans mon cœur qui avait presque retrouvé le calme.

Ce que je commençai par faire, cet après-midi et ce soir-là, paraît tellement grotesque et puéril que pendant des années le simple fait d'y penser a suffi à me faire honte — mieux : une censure agissant au fond de moi-même en masquait jusqu'au moindre souvenir. Mais aujourd'hui je n'ai plus honte de ces idioties maladroites — au contraire, comme je le comprends à présent, ce jeune garçon turbulent, pris d'une passion confuse, qui voulait se hisser par la force au-dessus de l'incertitude de ses propres sentiments.

Je m'observe aujourd'hui comme si, placé au bout d'un immense couloir, je me regardais moi-même dans un télescope : le garçon distrait, désespéré, qui monte dans sa chambre et ne sait pas quel acte il va commettre contre sa propre personne. Et qui, subitement, passe sa veste, se force à changer de démarche, s'arrache à lui-même des gestes furieusement décidés avant de sortir dans la rue d'un pas énergique et forcé. Oui, c'est moi, je me reconnais, je sais quelles pensées agitaient le pauvre garçon stupide et tourmenté que j'étais à l'époque, je le sais : soudain, je me suis redressé, je l'ai même fait devant mon miroir et je me suis dit : « Je me fiche pas mal de lui ! Qu'il aille au diable ! À quoi bon me ronger les sangs pour ce vieux bouffon ! Elle a raison : il faut être joyeux, il faut s'amuser, pour une fois. En avant ! »

Et c'est bel et bien dans cet état d'esprit que je suis sorti ce jour-là dans la rue. Ce fut d'abord une secousse libératrice, puis une course, ce ne fut plus qu'une dérobade destinée à oublier que cette joyeuse fermeté n'était pas si joyeuse que cela et que le bloc de glace figé continuait à me peser du même poids sur le cœur. Je me revois encore marcher, ma lourde canne fermement tenue à la main, pointant d'un regard vif chaque étudiant que je croisais ; j'avais une dangereuse envie de chercher querelle à quelqu'un, d'épancher la colère qui tournait en moi sans trouver d'issue en frappant le premier venu. Mais, fort heureusement, personne ne m'accorda la moindre attention. Je me dirigeai donc vers le café où mes camarades du séminaire se retrouvaient le plus souvent, prêt à m'asseoir à leur table sans y avoir été invité et à prendre la moindre taquinerie comme prétexte d'une provocation. Mais, là non plus, mon envie d'en découdre ne trouva pas à s'assouvir – cette belle journée avait incité la plupart d'entre eux à aller se promener et les deux ou trois qui étaient assis là me saluèrent courtoisement et n'offrirent pas le moindre motif de défoulement à mon irritation fébrile. Agacé, je ne tardai pas à quitter mon siège et me rendis dans un bar de la banlieue, qui n'était même plus douteux et où la lie des habitants de la petite ville en quête d'amusements se pressait comme des tubercules au son ronflant d'un orchestre de femmes, entre bière et fumée. J'avalai deux ou trois verres à la hâte, invitai à ma table une femme de mauvaise vie et son amie, une autre demimondaine maigre et maquillée, et je pris un plaisir morbide à me comporter de manière fort voyante. Tout le monde me connaissait dans cette petite ville, chacun savait que j'étais le disciple du professeur ; et ces femmes, par leur tenue impudique et leur comportement, ne laissaient aucun doute sur leur nature — je jouis ainsi du plaisir mensonger qu'il y avait à me compromettre, et à le compromettre aussi, pensais-je stupidement ; qu'ils voient bien, me disais-je, que je me moque pas mal de lui et que je ne m'en soucie plus — au vu et au su de tous, je courtisai donc ces femelles aux gros seins de la manière la plus grossière et la plus éhontée qui soit. Ce fut une ivresse portée par une méchanceté rageuse, bientôt suivie d'une ivresse bien réelle, car nous bûmes de tout à la file et dans une grande sauvagerie, vin, gnôle ou bière, en donnant de telles bourrades autour de nous que des sièges tombèrent par terre et que nos voisins s'éloignèrent par précaution. Mais je n'avais pas honte, au contraire. Il va comprendre, me disais-je, bouffon furibond que j'étais, il va voir à quel point il m'est indifférent, je ne suis ni triste, ni vexé — au contraire. « Du vin, apportez du vin ! » criai-je en donnant si fort du poing sur la table que les verres en tintèrent. Je finis par partir avec les deux femmes, l'une au bras droit, l'autre à ma gauche, et nous traversâmes la rue principale, où le cortège vespéral habituel rassemblait à neuf heures étudiants et jeunes filles, bourgeois et militaires pour une flânerie tranquille : et nous, comme les trois feuilles d'un trèfle, nous fîmes un tel tapage sur la chaussée qu'un gardien de la paix finit par nous aborder avec agacement et nous ordonner fermement de nous calmer. Je ne suis plus capable de décrire précisément ce qui survint ensuite – la brume bleue de l'alcool frelaté m'obscurcit la mémoire, je sais seulement que, écœuré par ces deux bonnes femmes ivres et n'ayant plus moi-même la maîtrise de mes sens, je les payai pour qu'elles déguerpissent, puis bus je ne sais où du café et du cognac avant d'aller tenir un discours injurieux contre les professeurs devant le bâtiment de l'université, à la grande joie des étudiants que le bruit avait attirés. Ensuite, poussé par un sourd instinct, je voulus aller encore plus loin dans la souillure et – idée démente, née d'une colère confuse et passionnée ! – je décidai d'aller lui faire honte dans une maison de plaisir, mais ne trouvai pas le chemin et finis par rentrer chez moi, renfrogné, en titubant. Ouvrir le portail d'une main hasardeuse me fut difficile, et c'est avec le plus grand mal que je me hissai pas à pas sur les premières marches.

Mais ensuite, en arrivant devant sa porte, toute mon ivresse hébétée se dissipa d'un seul coup, comme si l'on m'avait plongé sans prévenir la tête dans l'eau glacée. Subitement dégrisé, je vis dans mon visage grimaçant ma propre folie et ma rage impuissante. La honte me courba en deux. Et tout doucement, rampant comme un chien battu afin que nul ne m'entende, je me faufilai dans l'escalier jusqu'à ce que j'aie rejoint la mort.

J'avais dormi comme un cadavre ; à mon réveil, le soleil se répandait déjà sur le parquet et s'élevait lentement jusqu'au bord du lit — je regroupai mon énergie et m'arrachai au lit. Le souvenir de la soirée précédente remontait peu à peu dans ma tête douloureuse. Mais je refoulai ma honte — je n'en voulais plus. C'était sa faute, après tout, me répétais-je à dessein, sa faute à lui seul si je m'étais ainsi encanaillé. Je me rassurai en me disant que les événements de la veille n'avaient été qu'une plaisanterie d'étudiant, sans doute autorisée à un garçon qui, depuis des semaines et des semaines, n'avait connu que le travail et encore le travail ; mais cette autojustification ne me soulagea pas, et c'est avec une certaine angoisse, d'un pas timoré, que je descendis voir l'épouse de mon maître, en me rappelant que je lui avais promis, la veille, de faire une promenade en sa compagnie.

Curieusement, j'avais à peine touché la poignée de sa porte qu'il était de nouveau présent dans mon esprit — mais aussi, avec lui, cette douleur brûlante qui me retournait de manière irrationnelle, ce désespoir rageur. Je frappai doucement, sa femme vint vers moi et m'adressa un regard d'une étrange douceur :

– Quelles sont ces absurdités, Roland ? demanda-t-elle, d'une voix plus empreinte de compassion que de reproches. Pourquoi vous tourmentez-vous ainsi ?

J'en fus atterré : elle aussi avait donc déjà entendu parler de mes stupidités. Mais elle dissipa aussitôt ma gêne :

– Mais aujourd'hui nous allons être sages. Nous attendons pour dix heures le maître de conférences W. et sa promise, puis nous sortirons, et nous effacerons toutes ces bêtises en faisant de la barque et en nageant.

J'osai encore, très anxieusement, poser une question inutile : le professeur était-il revenu ? Elle me dévisagea sans répondre, puisque je savais moi-même que ma question était vaine.

À dix heures précises arriva le maître de conférences, un jeune physicien que sa judaïté isolait passablement dans le monde universitaire mais qui, en réalité, était le seul à nous fréquenter, nous qui étions en marge ; j'accompagnai sa fiancée – sans doute plutôt sa maîtresse –, une jeune fille qui n'arrêtait pas de rire, naïve et un peu simplette, mais la compagnie idéale pour ce genre d'escapades improvisées. Mangeant, papotant et riant ensemble sans arrêt, nous commençâmes par rejoindre en train un minuscule lac pas très éloigné de la maison ; ces semaines de sérieux forcené m'avaient tellement fait perdre l'habitude de toute gaieté et de tout bavardage que cette heure, à elle seule, m'enivra comme un vin léger qui me picotait le palais. Leurs jeux pétulants et exubérants parvinrent à détourner totalement mes pensées de cette ruche aux sombres dégorgements autour de laquelle elles se livraient d'ordinaire à un ballet constant et bourdonnant. À peine au grand air, après une course dans laquelle je m'étais lancé par hasard avec la jeune fille, je sentis de nouveau mes muscles et redevint le gaillard énergique et insouciant que j'avais été.

Sur le lac, nous embarquâmes dans deux canots, l'épouse de mon professeur s'installait à la barre du mien tandis que dans l'autre le maître de conférences prenait les rames en compagnie de son amie. À peine avions-nous quitté le rivage que, déjà, le besoin sportif de mesurer nos forces s'empara de nous – j'étais cependant handicapé, puisque mes concurrents étaient deux à ramer alors que je devais les affronter tout seul ; mais j'ôtai ma veste et, en athlète bien entraîné à ce sport, je me mis à souquer si puissamment que je ne cessais de prendre de l'avance sur le canot voisin. Des deux embarcations pleuvaient les moqueries qui nous aiguillonnaient, l'un excitait l'autre et, sans prendre garde à la chaleur du mois de juillet, indifférents à la sueur qui nous inondait d'ignominieuse manière, notre goût du sport et de l'affrontement nous poussa, galériens indomptables, jusqu'à l'épuisement. Enfin nous nous approchâmes du but, une petite langue de terre boisée au bord du lac : nous souquâmes avec encore plus de rage et notre quille fut la première à crisser sur la plage, au grand triomphe de ma passagère, qui s'était elle-même laissé emporter par la ferveur de cette compétition. Je descendis du canot, brûlant, ruisselant, enivré par ce soleil dont je n'avais plus l'habitude, par l'excitation du sang qui battait bruyamment dans mon corps, par la joie du succès : mon cœur battait à tout rompre, mes vêtements collaient à mon corps en nage. Le maître de conférences n'était pas en meilleur état, et au lieu de nous féliciter, nous, les combattants acharnés, les deux femmes turbulentes se moquèrent de notre halètement et du spectacle assez pitoyable que nous leur offrions. Elles nous accordèrent enfin un instant pour nous rafraîchir. Dans un concert de plaisanteries, on improvisa deux sections, un bain pour hommes, un autre pour femmes, à gauche et à droite du bosquet. Nous passâmes rapidement nos maillots de bain, derrière les arbres, lingerie blanche et bras nu lancèrent quelques éclairs, et déjà, tandis que nous nous préparions, les deux femmes pataugeaient dans l'eau avec délice. Le maître de conférences, moins exténué que moi, qui l'avais emporté seul contre mes deux adversaires, bondit immédiatement pour les rejoindre – mais moi, qui avait ramé un peu trop fort et sentais encore mon cœur battre avec virulence contre mes côtes, je commençai par m'allonger tranquillement à l'ombre et laissai avec volupté les nuages passer au-dessus de moi, jouissant lascivement de la fatigue et de la sensation du sang qui courait dans mes veines.

Mais au bout de quelques minutes, des appels enflammés me parvinrent depuis l'eau :

– Roland, on y va ! Concours de natation ! Une course avec prix ! Une plongée avec prix !

Je ne bougeai pas : il me sembla que je pourrais rester allongé mille ans ainsi, la peau brûlant doucement au soleil qui s'infiltrait en moi, et pourtant rafraîchi par un tendre courant d'air. Mais, une fois encore, j'entendis un rire, puis la voix du maître de conférences :

– Il est en grève ! Nous l'avons lessivé ! Allez chercher ce fainéant !

Ce qui fut fait : j'entendis bientôt le clapotement de quelqu'un qui s'approchait de moi, puis, tout près à présent, la voix de la femme :

– Roland ! Venez donc ! Nous faisons une course de natation ! Nous allons leur montrer, à ces deux-là !

Je ne répondis pas : j'étais content qu'elle me cherche.

– Où êtes-vous donc ?

Le gravier crissait déjà, j'entendis des plantes de pieds nus qui arpentaient le rivage, et tout d'un coup elle fut devant moi, avec son maillot de bain trempé et collé à son mince corps de petit garçon.

– Vous êtes là ! Mais quelle inertie ! Allez, maintenant, en avant, espèce de flemmard ! Les autres sont presque de l'autre côté, sur l'île.

J'étais lascivement allongé sur le dos et m'étendis avec paresse :

– C'est beaucoup plus beau ici. Je vous rejoins plus tard.

– Il ne veut pas ! annonça-t-elle en riant, les deux mains réunies en pavillon et dirigées vers l'eau.

– À l'eau, le vantard ! résonna en retour, de loin, la voix du maître de conférences.

– Allez, venez, me pressa-t-elle avec impatience. Ne me ridiculisez pas.

Mais je me contentai de bâiller nonchalamment. Alors, pour s'amuser autant que par agacement, elle brisa une branche sur un arbuste.

– En avant ! répéta-t-elle énergiquement, en me donnant sur le bras d'un coup destiné à m'encourager.

Je bondis sur mes jambes : elle avait frappé trop fort, un mince trait ressemblant à du sang se dessinait en rouge sur mon bras.

– Encore moins maintenant ! dis-je, dans un mélange de plaisanterie et de légère amertume.

Alors, prise d'une colère authentique, elle ordonna :

– Venez ! Immédiatement !

Et comme, par défi, je ne bougeais pas, elle frappa une deuxième fois, plus violente cette fois, un coup qui me causa une vive brûlure. Furieux, je bondis vers elle pour lui arracher sa baguette, elle recula, mais je lui attrapai le bras. Malgré nous, dans notre lutte, nos corps à demi nus s'approchèrent l'un de l'autre. Et lorsque je lui attrapai le bras et le tordis pour faire tomber sa baguette, lorsqu'en voulant échapper à ma prise elle se pencha loin en arrière, un claquement se fit soudain entendre — la bretelle de son maillot de bain s'était déchirée, la partie gauche tomba et dénuda son sein, dont le téton rouge était dressé dans ma direction. Je le regardai malgré moi, cela ne dura qu'une seconde, mais cela me plongea dans la confusion : tremblant, honteux, je lâchai la main que je serrais. Elle se détourna en rougissant et prit une épingle à cheveux pour raccrocher sa bretelle avec les moyens du bord. Je me tenais là, sans savoir quoi dire. Elle aussi se taisait. Et à partir de cet instant s'installa entre nous une inquiétude qui nous étranglait, nous étouffait.

– Hoho… Hoho… Où êtes-vous passés ?

Les voix que nous entendions provenaient déjà de la petite île.

– Oui, oui, j'arrive, répondis-je d'une voix pressée, et d'un bond, heureux d'échapper à une nouvelle source de confusion, je plongeai droit dans l'eau.

Quelques poussées dans les ondes, le bonheur teinté d'enthousiasme qu'il y a à se propulser vers l'avant, la clarté et la froideur de cet élément impalpable, et déjà ce dangereux ruissellement et sifflement du sang fut emporté par un plaisir plus puissant et plus lumineux. Je les rattrapai bientôt tous les deux, proposai au maître de conférences, qui n'était pas un foudre de guerre, une série de compétitions que je remportai toutes, nous revînmes à la nage jusqu'à l'île, où la jeune femme, restée sur place, nous attendait déjà habillée afin d'organiser un joyeux pique-nique en plein air avec les vivres contenus dans les corbeilles que nous avions apportées. Mais aussi joyeuse qu'ait pu être la discussion que nous menâmes tous les quatre, aussi ponctuée de plaisanteries qu'elle ait été, nous évitâmes, elle et moi, de nous adresser la parole : nous parlions et riions en quelque sorte en passant mutuellement au-dessus de l'autre. Lorsque nos regards se croisaient, ils esquivaient rapidement ce contact, et nous partagions le même sentiment : la gêne qu'avait provoquée cet incident ne s'était pas encore dissipée, et chacun de nous devinait le souvenir de l'autre avec une inquiétude honteuse.

L'après-midi passa ensuite rapidement avec une nouvelle promenade en barque, mais notre passion enflammée pour le sport laissa peu à peu place à une lassitude voluptueuse : le vin, la chaleur, le soleil que nous avions aspirés en nous pénétraient petit à petit plus profondément dans notre sang, qu'ils rougissaient un peu plus. Le maître de conférences et son amie se permettaient déjà de petites familiarités que nous dûmes supporter tous deux avec un certain embarras, eux se rapprochaient de plus en plus tandis que nous respections quant à nous une distance anxieuse ; mais nous prîmes plus clairement conscience du fait que nous formions peu à peu un couple parce que nos deux exubérants aimaient à rester en arrière sur le chemin qui traversait la forêt, manifestement pour s'embrasser plus librement, et, ainsi livrés à nous-mêmes, la gêne continuait à inhiber notre discussion. Au bout du compte, nous fûmes tous les quatre satisfaits de reprendre place dans le train, eux dans l'attente d'une soirée en amoureux, nous deux à l'idée d'échapper enfin à ces situations embarrassantes.

Le maître de conférences et son amie nous accompagnèrent jusqu'à la porte de notre maison. Nous montâmes seuls les escaliers ; à peine entrés dans la maison, je sentis de nouveau une mise en garde confuse, douloureuse et nostalgique : il était là. « Si seulement il était revenu ! » me dis-je avec impatience. Et comme si elle avait lu sur mes lèvres le sens complet de ce soupir, elle dit : « Nous allons quand même voir s'il est revenu. »

Nous entrâmes. L'appartement était silencieux. Dans la chambre du maître, tout était à l'abandon ; inconsciemment, ma sensibilité mise à vif dessina sa silhouette tassée et tragique dans le fauteuil vide. Mais les feuilles étaient vierges, elles attendaient comme j'attendais moi-même. Alors revint l'amertume : pourquoi avait-il pris la fuite, pourquoi me laissait-il seul ? La colère née de la jalousie me prit à la gorge, de plus en plus vive, je sentis de nouveau rouler sourdement en moi l'envie stupide et confuse de lui faire quelque chose de malveillant, quelque chose de haineux.

La femme m'avait suivi.

– Vous dînez ici, tout de même ? Vous ne devriez pas rester seul aujourd'hui.

Comment savait-elle que je redoutais de me retrouver dans la chambre vide, d'entendre les marches grincer, que j'avais peur de ce souvenir que je ne cessais de remâcher ?

Elle devinait tout en moi, la moindre pensée inexprimée, la moindre méchante envie.

Une sorte de peur s'empara de moi, la peur de moi-même et de la haine trouble qui tournoyait dans mon esprit, je voulus refuser. Mais je fus lâche et n'osai pas le faire.

J'ai toujours abhorré l'adultère, non pas cependant au nom d'une morale ergoteuse, ni par pruderie ou par sagesse, pas tant non plus parce qu'il représente une sorte de vol dans la pénombre, la prise de possession d'un corps inconnu, mais parce que chaque femme, ou presque, révèle en de tels instants ce que son époux a de plus secret – chacune d'entre elles est alors une Dalila qui dérobe à celui qu'elle a trompé le plus humain de ses mystères et le jette en pâture à un étranger : le secret de sa force ou de sa faiblesse. La trahison ne me paraît pas être que les femmes se donnent, mais qu'ensuite, presque toujours, elles soulèvent le voile qui protège la pudeur de leur mari et exposent celui-ci, qui ne se doute de rien, comme dans son sommeil, à une curiosité étrangère, à un rire empreint de jouissance moqueuse.

Ce n'est donc pas qu'à l'époque, plongé dans un désespoir furieux, j'aie cherché refuge dans l'enlacement de son épouse, d'abord seulement compatissant, puis empreint de tendresse – car un sentiment se mua en un autre à une regrettable vitesse –, ce n'est donc pas cela que je ressens encore aujourd'hui comme la plus misérable bassesse de mon existence (car cela se fit sans ma volonté, nous chutâmes tous deux ignorants et inconscients dans cet abîme brûlant); non, cette honte me vient de ce que, sur l'oreiller encore brûlant, j'acceptai qu'elle me livre des confidences sur son mari, et tolérai que cette femme courroucée me révèle ce que son couple avait de plus secret. Pourquoi supportai-je, sans la repousser, qu'elle me raconte que depuis des années il évitait tout contact physique avec elle, et qu'elle se perde ensuite en obscures allusions ? Pourquoi ne lui ordonnai-je pas de se taire sur ce que la vie sexuelle de son mari avait de plus secret ? Mais je brûlais tant de connaître son mystère, j'étais tellement avide de le savoir coupable envers moi, envers elle, envers tous, que j'acceptai dans un vertige cette confession furieuse d'une femme délaissée – elle était si proche de mon propre sentiment d'avoir été repoussé ! Et c'est ainsi que, portés par une haine confuse et partagée, nous fîmes quelque chose qui ressemblait à l'amour : mais tandis que nos corps se cherchaient et s'entremêlaient, nous pensions et parlions tous deux constamment et uniquement de lui. Parfois les mots de la femme me faisaient mal, et j'avais honte de rester ainsi empêtré dans ce que j'abhorrais. Mais le corps qui se trouvait sous moi n'obéissait plus à la volonté, il se vautrait sauvagement dans son propre plaisir. Et j'embrassais en frissonnant les lèvres qui trahissaient l'être que j'aimais le plus.

Le lendemain matin, la langue amère d'écœurement et de honte, je remontai furtivement dans ma chambre. À la minute même où la chaleur du corps de la femme arrêta de perturber mes sens, je ressentis la réalité criante de mon immonde trahison. Je sus aussitôt que je ne pourrais plus jamais me présenter à lui et lui prendre la main : ce n'était pas à lui, mais à moi que j'avais volé ce que j'avais de meilleur.

Il n'y avait plus désormais qu'un seul salut : la fuite. J'emballai fébrilement toutes mes affaires, j'empilai mes livres, je payai ma logeuse : il ne fallait plus qu'il me trouve, je devais moi aussi avoir disparu, sans raison, mystérieusement, tout comme lui l'avait fait à mon égard.

Mais alors que je m'activais ainsi, ma main se tétanisa d'un seul coup. J'avais entendu le grincement de l'escalier de bois, un pas montait hâtivement les marches – son pas.

Je devins certainement livide. Car à peine fut-il entré qu'il eut un sursaut d'effroi :

– Que t'arrive-t-il, mon garçon ? Tu es malade ?

Je reculai. Je l'évitai en le contournant lorsqu'il voulut s'approcher et me prendre le bras, dans un geste secourable.

– Mais qu'est-ce que tu as ? demanda-t-il, épouvanté. Il t'est arrivé quelque chose ? À moins que… à moins que… tu m'en veux encore ?

Un mouvement convulsif me mena à la fenêtre. Je ne pouvais plus le regarder. Sa voix chaude et pleine d'empathie ouvrait en moi une sorte de blessure : proche de la perte de connaissance, je sentis monter en moi, chaud, brûlant et consumant, une coulée ardente de honte.

Mais lui aussi était étonné et confus. Et soudain – sa voix se fit toute petite, toute timide – il posa en chuchotant cette question singulière :

– Est-ce que… quelqu'un… t'a dit quelque chose à mon propos ?

Je ne me retournai pas vers lui, et c'est d'un mouvement de la main que je lui répondis par la négative. Mais je ne sais quelle réflexion anxieuse semblait s'être emparé de lui, et il répéta obstinément :

– Dis-le-moi… Avoue-le-moi… Quelqu'un t'a-t-il dit quelque chose à mon propos… qui que ce soit ? Je ne te demande pas de qui il s'agit.

Je répondis de nouveau par la négative. Il ne savait plus que dire. Mais il parut avoir remarqué, d'un seul coup, que ma valise était faite, que mes livres étaient rassemblés et que son arrivée avait interrompu mes ultimes préparatifs de voyage. Il approcha, ému :

– Tu veux partir, Roland, je le vois bien… Dis-moi la vérité.

Je finis par me décider :

– Je dois partir… Pardonnez-moi… mais je suis incapable d'en parler… je vais vous écrire.

Je ne parvins pas à arracher d'autres mots à ma gorge nouée, et chacun de ceux qui en étaient sortis avait été comme un battement de cœur.

Il ne bougea pas. Puis, d'un seul coup, cette espèce de lassitude s'abattit de nouveau sur lui.

– Cela vaut peut-être mieux comme cela, Roland… oui, certainement, cela vaut mieux comme cela… pour toi comme pour tous. Mais avant que tu ne partes, j'aimerais te parler encore une fois. Viens à sept heures, à l'heure habituelle… alors nous nous ferons nos adieux, d'homme à homme… Il ne faut surtout pas tenter de prendre la fuite devant soi-même, surtout pas de lettres… ce serait puéril et indigne de nous… Et puis, ce que j'aimerais te dire ne passe dans aucune plume… Alors tu viendras, n'est-ce pas ?

Je me contentai d'un hochement de tête. Mon regard n'osait toujours pas se détacher de la fenêtre. Mais je ne voyais plus rien de la clarté du matin, un voile épais et sombre s'était tiré entre moi et le monde.

À sept heures, j'entrai pour la dernière fois dans cette pièce aimée : une pénombre précoce s'infiltrait par les portes vitrées, la pierre fluide des personnages en marbre brillait à peine encore depuis la profondeur, et les livres dormaient tous, noirs derrière leurs verres aux reflets nacrés. Lieu mystérieux de mes souvenirs, où le mot m'était devenu magique et où j'avais éprouvé comme jamais l'ivresse et le ravissement des choses de l'esprit – je te revois sans cesse depuis cette heure des adieux, je revois cette figure vénérée se lever lentement, lentement, des accoudoirs du fauteuil, et se diriger vers moi à la manière d'une ombre : seul son front brille, rond comme une lampe d'albâtre dans la pénombre, et au-dessus ondoie un nuage de fumée, la chevelure blanche du vieil homme. Alors, péniblement levée, une main s'élève depuis le bas, elle cherche la mienne, je reconnais les yeux pointés dans ma direction et chargés de gravité, et déjà je le sens qui me serre doucement le bras et me tire pour que je m'assoie sur sa chaise.

– Assieds-toi, Roland, et parlons clair. Nous sommes des hommes, nous devons être sincères. Je ne te force pas – mais ne vaudrait-il pas mieux que cette dernière heure fasse aussi toute la clarté entre nous ? Alors, dis-moi pourquoi tu veux partir. M'en veux-tu à cause de cette offense absurde ?

Je répondis, d'un geste, par la négative. Que lui, l'homme trompé, l'homme trahi, voulût en plus assumer la faute, c'était pour moi une idée épouvantable.

– T'ai-je vexé d'une autre manière, consciemment ou inconsciemment ? Je suis parfois singulier, je le sais bien. Et je t'ai énervé, torturé, sans le vouloir moi-même. Je ne t'ai jamais suffisamment remercié pour la manière dont tu t'es constamment impliqué – je le sais, je le sais, je l'ai toujours su, même aux moments où je t'ai fait mal. Est-ce la raison ? Dis-le-moi, Roland, car j'aimerais que nous prenions congé l'un de l'autre dans la sincérité.

Je le démentis d'un nouveau mouvement de tête : je ne pouvais pas parler. Sa voix avait été ferme jusqu'ici, mais une once de confusion s'y mêlait à présent.

– Ou bien... je te repose la question... quelqu'un t'a-t-il raconté quelque chose à mon propos... quelque chose que tu juges bas... repoussant... quelque chose qui te... qui t'inspirerait du mépris à mon égard ?

– Non ! non !… Non !

Cette protestation jaillit de moi comme un sanglot : moi, le mépriser ! Le mépriser, lui !

Sa voix se teinta alors d'impatience.

– Alors de quoi s'agit-il ?… De quoi peut-il s'agir ? Es-tu las de ce travail ? Ou bien quelque chose t'attire-t-il ailleurs ?… Une femme… est-ce une femme ?

Je me tus. Et ce silence était sans doute tellement différent qu'il y vit une réponse positive. Il se pencha plus près de moi et chuchota, tout doucement, mais sans excitation, sans excitation et sans colère :

– Est-ce une femme ? *ma* femme ?

Je continuai à me taire. Et il comprit. Un tremblement me parcourut le corps : maintenant, maintenant, maintenant, il allait perdre le contrôle, s'en prendre à moi, me frapper, me rosser… et… j'avais presque envie qu'il me fouette, moi, le voleur, le traître, qu'il me chasse à coup de fouet, comme un chien galeux, hors de sa maison souillée. Mais étrangement… il resta parfaitement calme… et cela sonna presque comme un soulagement lorsqu'il murmura, comme s'il se parlait à lui-même :

– J'aurais pu y penser.

Il parcourut deux fois la pièce. Puis il s'arrêta devant moi et me dit, presque avec mépris, me sembla-t-il :

– Et c'est ça... c'est ça que tu prends tellement au tragique ? Elle ne t'a donc pas dit qu'elle est libre de faire et de prendre ce qu'elle a envie, que je n'ai aucun droit sur elle ?... Aucun droit de lui interdire quoi que ce soit, ni d'ailleurs la moindre envie de le faire... Et pourquoi aurait-elle dû se dominer, pour l'amour de qui, et surtout à ton égard ?... Tu es jeune, tu es beau et lumineux... tu étais proche de nous... comment aurait-elle dû ne pas t'aimer... Je...

Soudain, sa voix se mit à trembler. Et il se pencha près de moi, si près que je sentis son souffle. Une fois de plus, je perçus le mouvement chaud et enveloppant de ses regards, une fois encore cette lumière étrange, tout comme... tout comme pendant ces secondes rares et singulières qui s'étaient déroulées entre lui et moi. Il s'approcha de plus en plus.

Puis il chuchota, d'une voix très basse qui forçait à peine les lèvres à bouger :

– C'est que je... moi aussi, je t'aime.

M'étais-je redressé d'un bond ? Ces mots m'avaient-ils fait, malgré moi, reculer d'effroi ? En tout cas, mon corps avait dû émettre un quelconque signal de surprise ou de fuite, car il recula en titubant comme un homme que l'on a poussé en arrière. Une ombre se diffusa sur son visage.

– Me méprises-tu maintenant ? demanda-t-il d'une voix très basse. Est-ce que je te répugne ?

Pourquoi ne trouvai-je aucun mot à dire à cet instant-là ? Pourquoi restai-je juste muet, froid, embarrassé, engourdi, au lieu d'aller vers cet homme en proie à l'amour et de dissiper son inquiétude infondée ? Mais tous les souvenirs remontèrent furieusement en moi ; comme si un code avait révélé d'un seul coup le langage de tous ces messages opaques, je compris alors avec une effroyable clarté tout ce qui s'était passé, la tendresse avec laquelle il était venu et sa brusque défense, je compris, bouleversé, cette visite nocturne et sa fuite acharnée face à la montée enthousiaste de ma passion. L'amour, je l'avais toujours senti chez lui, tendre et farouche, tantôt débordant, tantôt puissamment refréné, j'avais aimé cet amour et en avais joui à travers chacun des rayons qui m'atteignaient fugitivement – et pourtant la manière dont l'amour, le mot, venait à présent de cette bouche entourée de barbe, d'un ton sensuel et tendre, un effroi suave et terrifiant me fit bourdonner les tempes. Et autant je brûlais d'humilité et de pitié à son égard, autant moi, le gamin confus, tremblant, pris par surprise, je ne trouvai pas un mot pour répondre à cette passion qu'il m'avait dévoilée subitement.

Il était assis, atterré, et ses yeux semblaient fixés sur mon silence.

– C'est donc tellement épouvantable pour toi, tellement épouvantable, murmura-t-il, toi non plus… toi non plus, donc, tu ne me pardonnes pas, toi non plus, toi face auquel j'ai serré les lèvres jusqu'à en étouffer… toi devant qui je me suis dissimulé comme je ne me suis jamais dissimulé devant personne… Mais mieux vaut quc tu le saches, à présent, que cela ne m'écrase plus… Car c'en était déjà trop pour moi… oh, comme c'était trop… mieux vaut, oui, mieux vaut une fin que ce mutisme et cette manière de taire les choses…

Quelle tristesse dans ces mots, quelle tendresse, quelle honte ; la vibration de sa voix pénétra au plus profond de moi-même. J'avais honte de rester aussi froid, aussi insensible, glacé et silencieux face à cet homme dont j'avais reçu plus que de quiconque et qui s'humiliait devant moi d'une manière tellement insensée. L'âme me brûlait de lui adresser une phrase de consolation, mais c'étaient mes lèvres qui tremblaient et n'obéissaient pas. Et c'est dans cet embarras lamentable où je restais là, assis, tordu sur mon siège, qu'il m'encouragea, presque malgré lui :

– Alors, Roland, ne reste pas assis comme ça, dans ce mutisme atroce... Reprends-toi, voyons... Cela t'effraie vraiment tant que cela ? Tu as honte de moi à ce point-là ?... Tout est terminé, maintenant, je t'ai tout dit. Faisons-nous au moins des adieux décents, comme il convient pour deux hommes, pour deux amis.

Mais je n'étais toujours pas redevenu maître de moi. Il me toucha alors le bras :

– Viens, Roland, assieds-toi près de moi !... Je suis soulagé depuis que tu sais, depuis que la clarté s'est faite, enfin, entre nous... J'ai d'abord craint en permanence que tu puisses deviner combien j'avais d'affection pour toi… Puis je n'ai cessé d'espérer que tu le sentirais toi-même, juste pour que je n'aie pas à en faire l'aveu… mais maintenant c'est fait, maintenant je suis libre… maintenant je peux te parler comme je ne l'ai jamais fait avec quiconque. Car tu étais plus proche de moi que nul ne l'a jamais été pendant toutes ces années… Je t'ai aimé comme personne… Tu as plus que quiconque, mon enfant, éveillé le point ultime de ma nature… Et puisque nous nous faisons nos adieux, il faut aussi que tu en saches plus que quiconque à mon propos, pendant toutes ces heures j'ai senti si clairement ton questionnement muet… Toi, toi seul, tu dois connaître toute ma vie. Veux-tu que je te la raconte ?

À mes regards, à mes regards confus et bouleversés, il vit que je lui répondais positivement.

– Alors rapproche-toi… près de moi… Je ne peux pas dire ces choses-là à voix haute.

Je me penchai – dans un geste de piété, je ne trouve pas d'autre terme. Mais à peine fus-je face à lui, attendant, guettant ses mots, il se leva de nouveau.

– Non, ça ne va pas… Il ne faut pas que tu me regardes… sans cela… sans cela je ne peux pas parler. Et d'un geste il éteignit la lumière.

L'obscurité nous enveloppa. Je sentis qu'il était près de moi, je le sentais à son souffle qui, lourd, comme un râle, se trouvait quelque part dans un élément invisible. Et soudain une voix se leva entre nous, qui me raconta toute sa vie.

Depuis ce soir où cet homme auquel je vouais un plus grand respect qu'à quiconque me révéla son destin comme on ouvre un coquillage résistant, depuis ce soir, il y a quarante ans, les récits que nos écrivains et nos poètes présentent dans leurs livres comme extraordinaires, les pièces que l'on donne sur les scènes sous le masque du tragique, me font toujours l'effet de jeux dérisoires. Est-ce par commodité ou lâcheté, est-ce le manque de perspective qui les pousse tous à ne jamais dessiner que la marge supérieure et éclairée de la vie, où les sens remplissent leurs fonctions avec franchise et en respectant une loi, alors que c'est en dessous, dans les caves, dans les grottes et les cloaques du cœur, que rôdent les véritables et dangereuses bêtes de la passion, qu'elles s'accouplent et se déchirent en secret, scintillant de lueurs phosphorescentes, dans toutes les formes fantastiques de la compromission ? Sont-ils terrifiés par ce souffle, le souffle brûlant et dévorant des pulsions démoniaques, l'exhalaison du sang en feu ? Craignent-ils de salir leurs mains trop tendres en touchant les abcès de l'humanité, ou bien est-ce parce qu'il est accoutumé à de moins vives clartés que leur regard ne descend pas ces marches glissantes, dangereuses, qui dégoulinent de pourriture ? Et malgré tout, pour celui qui sait, aucune joie ne vaut celle que l'on éprouve face à ce qui se dissimule, aucun frisson n'a la force primitive que celui qui se propage autour du danger, aucune souffrance n'est plus sacrée que celle que la pudeur empêche de s'exprimer.

Mais ici, un homme se débattait devant moi dans une totale nudité, se déchirait le plus profond de la poitrine, prêt à dévoiler son cœur martelé, empoisonné, brûlé, purulent. Un délice sauvage se libérait par la flagellation, dans cet aveu retenu pendant des années et des années. Seul celui qui a eu honte, qui a vécu courbé et caché pendant des années, seul celui-là pouvait, dans un tel élan d'ivresse irrésistible, descendre jusqu'à ce qu'une telle confession avait d'implacable. Pièce par pièce, un homme s'arrachait ici la vie de la poitrine, et à cet instant-là, moi, le gamin, j'observais pour la première fois, le regard fixe, les impensables abîmes du sentiment terrestre.

Sa voix commença par ondoyer dans la pièce, incorporelle, fumée indistincte née de l'émotion, allusion incertaine à un événement tenu secret, et pourtant on sentait précisément, dans cette laborieuse maîtrise de la passion, la violence qu'elle allait produire, de la même manière que notre système nerveux ressent par avance le *furioso* dans certaines mesures ralenties par la contrainte et précédant un rythme très rapide. Mais ensuite les images s'élevèrent en tressaillant comme des flammes sous l'effet de la tempête intérieure que déclenchait la passion, et n'atteignirent que peu à peu la clarté. Je vis d'abord un petit garçon, un petit garçon timide, recroquevillé sur lui-même, qui n'ose pas dire un mot à ses camarades mais qu'un désir physique confus et impérieux pousse avec passion vers les plus beaux de l'école. Et pourtant, alors qu'il s'approchait de lui avec trop de tendresse, l'un d'eux l'a déjà repoussé d'un geste exprimant un impitoyable refus, un deuxième s'est moqué de lui en termes horriblement crus, et pis encore : tous deux l'ont livré aux quolibets des autres en révélant ses désirs déviants. Et soudain, une Sainte-Vehme de moqueries et d'indignation exclut l'égaré de sa joyeuse communauté, comme on chasserait un lépreux. Le chemin de l'école devient un calvaire quotidien, et cet enfant prématurément stigmatisé voit ses nuits troublées par le dégoût qu'il s'inspire à lui-même : l'enfant exclu ressent comme une folie et un vice infamant ce désir non conforme et qu'il n'a pourtant exprimé jusqu'ici que dans ses rêves.

La voix de l'homme qui raconte cette histoire vacille, prise d'incertitude : pendant un moment, il semble qu'elle veuille s'éteindre, disparaître dans l'obscurité. Mais un soupir l'en fait remonter et, depuis la sombre fumée, dardent à présent de nouvelles images, alignées comme des ombres lugubres. Voilà le petit garçon devenu étudiant à Berlin, pour la première fois, il trouve dans la vie clandestine de la ville les moyens d'assouvir ce penchant longtemps réprimé, mais qu'elles sont souillées par l'écœurement, empoisonnées par la peur, ces rencontres nouées d'un clin d'œil aux coins de rues sombres, à l'ombre des gares et des ponts, comme il est pauvre, le plaisir qui y tressaille, comme le danger les rend cruelles, ces amours qui se terminent le plus souvent dans de lamentables chantages, laissant dans leur sillage, pendant des semaines encore, comme la bave d'une limace, la trace d'une crainte glacée ! Ce sont des chemins infernaux, entre ombre et lumière : alors que dans la clarté de la journée de travail l'élément cristallin de l'esprit redonne sa pureté au chercheur, le soir, la passion le fait constamment redescendre parmi les rebuts de la banlieue, dans la communauté de ces individus douteux qui prennent la fuite dès qu'ils aperçoivent le casque à pointe que porte chaque agent de l'ordre, dans des caves à bières à l'air épais dont la porte méfiante ne s'ouvre qu'en réponse à un certain sourire. Et la volonté doit se tendre comme du fer pour dissimuler soigneusement cette double vie quotidienne, protéger des regards étrangers ce mystère de Méduse, conserver, le jour, l'attitude grave et digne d'un maître de conférences, pour errer la nuit dans le monde souterrain de ces aventures honteuses nouées à l'ombre de réverbères vacillants. L'homme tourmenté ne cesse de tenter, en s'infligeant le fouet de la maîtrise de soi, de franchir l'obstacle de cette passion qui l'écarte du chemin commun, mais sans cesse la pulsion le ramène vers la noirceur et le danger.

Dix, vingt, trente années de lutte à vous briser le système nerveux contre la force magnétique invisible d'un penchant incurable se tendent comme une unique convulsion. Jouissance sans plaisir, honte qui prend à la gorge et, peu à peu, le regard assombri, farouchement replié sur lui-même, de la crainte qu'on éprouve face à sa propre passion.

Enfin, à une date déjà tardive, une fois atteints les trente ans, une tentative violente pour remettre l'attelage sur le droit chemin. Chez un membre de sa famille, il fait la connaissance de sa future épouse, une jeune fille qui, vaguement attirée par le côté mystérieux de sa personnalité, va vers lui avec une sincère inclination. Et, pour la première fois, ce corps de jeune garçon aux gestes juvéniles et exubérant parvient, pour peu de temps, à tromper sa passion. Un rapport fugitif a raison de sa résistance au féminin, elle est pour la première fois surmontée, et dans l'espoir que la rectitude de cette relation lui permette de se rendre maître de son penchant fautif, impatient de s'enchaîner au rocher qui, pour la première fois, lui a permis de s'affirmer face à cette force intérieure qui l'entraîne vers le danger, il se marie rapidement avec la jeune fille – après lui avoir librement fait ses aveux. Il croit désormais que le chemin du retour vers la zone terrible lui est barré. Quelques petites semaines lui rendent l'insouciance ; mais bientôt ce nouvel attrait s'avère inefficace, et son désir originel, obstiné, reprend le dessus. Désormais, la femme déçue et décevante n'est plus qu'un leurre destiné à masquer à la société les récidives de ses penchants. Et, une nouvelle fois, son chemin le conduit sur une voie où il court de grands périls, qui le mène, à l'écart de la loi et de la société, vers l'obscurité où guettent tous les dangers.

Une torture singulière s'ajoute à sa confusion mentale : on lui destine un poste où ce genre de penchants est une malédiction. Pour le maître de conférences, et peu après pour le professeur titulaire, la fréquentation constante des jeunes gens est une obligation liée à la fonction ; la tentation ne cesse de conduire à portée de son souffle de nouvelles fleurs de jeunesse, éphèbes qui semblent avoir quitté un lycée antique grec pour entrer dans le monde de la Prusse, jalonné d'articles de loi. Et tous – nouvelle malédiction ! nouveau péril ! – l'aiment passionnément sans distinguer le visage de l'éros derrière le masque de l'enseignant, ils sont heureux lorsque sa main, joviale (mais tremblant en secret) les effleure, ils gaspillent leur enthousiasme auprès d'un homme qui doit constamment se maîtriser face à eux. Supplice de Tantale : être dur contre son propre penchant qu'il faut refouler, inflexible dans la lutte sans fin avec sa propre faiblesse ! Et à chaque fois qu'il se sentait presque succomber à un sentiment, il prenait subitement la fuite. C'étaient cela, ces escapades qui m'avaient plongé dans une telle confusion, à l'époque, en le voyant ainsi aller et revenir. Ces jours-là, il se rendait toujours dans une grande ville où il trouvait, dans des lieux en marge, des êtres qui lui étaient familiers, des gens de basse extraction dont la rencontre le souillait, une jeunesse de prostitués qui faisait office de substitut à cette autre jeunesse qui lui accordait un dévouement sacré, mais cet écœurement, ce marécage, cette contrariété, cette corrosion vénéneuse de la déception lui était nécessaire pour être de nouveau certain, dans le cercle des étudiants rassemblés en confiance autour de lui, qu'il serait capable de maîtriser ses sens. Oh, quelles rencontres, quels personnages spectraux, et pourtant terrestres à en puer, sa confession évoqua-t-elle dans mon esprit ! Car cet homme de haut niveau intellectuel pour lequel la beauté des formes était un besoin aussi premier que l'air qu'il respirait, cet homme probe qui maîtrisait tous les sentiments avait un impérieux besoin de subir les pires humiliations de la terre dans ces bouges enfumés et sulfureux où seuls les initiés ont leurs entrées : il connaissait les exigences insolentes de ces garçons d'agrément maquillés, la suave familiarité des assistants coiffeurs parfumés, les gloussements excités des travestis s'extrayant de leurs robes de femme, la cupidité féroce des comédiens en manque de scène, la tendresse balourde de matelots qui chiquent — toutes ces formes déviantes, anxieuses, erronées et fantastiques sous lesquelles le sexe engagé sur le mauvais chemin se cherche et se reconnaît à la marge la plus basse des villes. Sur ces voies glissantes, il avait connu toutes les vexations, toute la honte, toute la violence. À plusieurs reprises on lui avait volé tout ce qu'il portait (trop faible et trop noble pour se battre avec un palefrenier), sans montre, sans manteau, et il était rentré sous les lazzis du camarade ivre mort croisé dans un hôtel borgne de la banlieue. Des maîtres chanteurs s'étaient collés à ses talons, l'un d'eux l'avait poursuivi un mois durant jusqu'à l'université, s'était assis en toute insolence au premier rang parmi ses auditeurs puis avait regardé avec un sourire de canaille ce professeur connu de toute la ville qui, tremblant face à ces clins d'œil familiers, eut beaucoup de peine à donner son cours jusqu'à son terme, d'une voix étranglée. Une fois – mon cœur s'arrêta au moment où il me confessa aussi ce détail – il avait été ramassé par la police, à Berlin, dans un bar mal famé, avec toute une bande ; affichant ce sourire narquois et boursouflé du subalterne qui, pour une fois, peut se faire valoir aux dépens d'un intellectuel, un brigadier aux joues grasses et rouges nota les nom et profession du malheureux qui en tremblait, avant de finir par lui annoncer, magnanime, que pour cette fois on le libérait en l'exemptant de sanction, mais que son identité figurerait désormais sur une certaine liste. Et de la même manière que les vêtements d'un homme resté trop longtemps dans des bars où coule la gnôle frelatée finissent par en prendre l'odeur, les rumeurs devaient avoir déjà filtré peu à peu, ici, dans sa propre ville, sourdant d'une quelconque source insondable, car, tout comme jadis dans son école, les discussions et les salutations devenaient ostensiblement toujours plus glaciales dans le cercle de ses collègues, jusqu'à ce que s'installe ici aussi cet espace de verre opaque qui séparait l'éternel solitaire de tous les autres. Et même à l'abri de sa maison, dont chaque verrou était tourné sept fois, il se sentait toujours espionné et démasqué.

Mais jamais ce cœur anxieux et tourmenté n'avait connu la grâce de l'ami pur, du noble esprit, la digne réponse d'une tendresse masculine et supérieure : il avait toujours dû diviser son sentiment en un haut et un bas, les relations empreintes d'une tendre nostalgie avec ses jeunes compagnons de l'esprit, à l'université, et celles qu'il avait avec des compagnons conquis dans la pénombre et qu'il ne se rappelait jamais sans frissonner, le lendemain matin. Cet homme déjà vieillissant ne s'était jamais offert l'expérience d'une inclination pure, de l'affection spirituelle d'un jeune homme et, épuisé par la déception, les nerfs mis en charpie par cette course à travers des fourrés hérissés d'épines, il s'était résigné et se croyait déjà enseveli. C'est alors qu'une fois encore un jeune homme était entré dans sa vie, était allé avec passion vers lui, qui avait tant vieilli, s'était lui-même présenté avec abnégation, fort de sa parole et de son caractère, lui offrant son ardeur, à lui qui, envahi sans même s'en douter, se trouvait effrayé face à ce miracle qu'il n'espérait plus, ne se sentant plus digne d'un cadeau si pur et offert avec tant d'inconscience. Une fois encore, un messager de la jeunesse était arrivé avec sa belle silhouette, les sens animés par la passion, brûlant pour lui du feu de l'esprit, et tendrement lié à lui par un lien de sympathie, assoiffé de son affection et sans la moindre idée du risque qu'elle lui faisait courir. La torche de l'éros dans l'âme ignorante, aussi hardie et ingénue que Perceval, le fou, il s'était penché au plus près de la plaie infectée, ignorant l'enchantement, ne sachant pas que sa venue, déjà, portait la guérison — celui qu'on avait attendu longtemps, une vie durant, il arrivait trop tard dans la maison, à la dernière heure du soir qui tombait.

Et en même temps que le personnage qu'il décrivait ainsi, la voix émergea elle aussi de la pénombre. Une clarté sembla la traverser et la purifier : une tendresse profonde, comme en harmonie, lui donna sa musique lorsque cette bouche d'orateur se mit à parler de ce jeune homme, de cet amour tardif. Je tremblai d'émotion et de bonheur compatissant, mais j'eus soudain l'impression qu'un marteau me frappait le cœur. Car ce jeune homme ardent dont parlait mon maître, c'était... c'était... — la honte me monta aux joues — c'était moi : je me vis surgir comme d'un miroir en flammes, enveloppé dans un tel éclat d'amour insoupçonné que son reflet suffisait à me brûler encore. Oui, c'était moi — je me vis, de plus en plus proche, je reconnus ma manière pressante et enthousiaste, cette volonté fanatique d'être proche de lui, l'extase teintée de désir qui ne se contente pas des choses de l'esprit, moi, le jeune garçon fou et furieux qui, ne connaissant pas son pouvoir, éveille une fois encore en l'être renfermé la sève jaillissante de la création, qui allume encore une fois dans son âme la torche de l'éros, que la fatigue lui avait déjà fait baisser. Je compris alors avec stupeur ce que j'avais représenté pour lui, moi, le timide, dont il aimait l'exubérance, je sus que j'avais été la surprise la plus sacrée qu'il ait eue dans son grand âge — et je devinai en même temps, avec un frisson, la force qu'avait dû déployer sa volonté pour aller au-devant de moi : car de moi, celui qu'il aimait en toute pureté, il ne voulait justement pas subir la moquerie et le rejet, le frisson de la corporalité offensée, c'est précisément cette ultime grâce d'un destin récalcitrant qu'il ne voulait pas livrer aux jeux voluptueux des sens. C'est pour cela qu'il opposa une telle résistance acharnée à mon empressement, c'est pour cela qu'il opposa au flot de mes sentiments un jet brutal d'ironie glacée, c'est pour cela qu'il poussa la parole amicale, s'écoulant avec tendresse, vers une dureté conventionnelle et contint sa main, celle qui enveloppait avec une telle tendresse — c'est pour moi, pour moi seul, qu'il s'était arraché toutes ces duretés censées me ramener à la lucidité et le préserver, et qui me perturbèrent l'âme pendant des semaines. Je compris avec une cruelle clarté le trouble ressenti pendant cette nuit terrible où, somnambule à la merci de ses sens, il avait monté l'escalier grinçant pour se sauver ensuite, lui-même et notre amitié, en prononçant une phrase offensante. Et, frissonnant, saisi, excité comme si j'avais de la fièvre, me perdant en compassion, je compris combien il avait souffert à cause de moi, combien il s'était maîtrisé pour moi.

Cette voix dans la pénombre, je la sentais pénétrer jusqu'au plus profond de ma cage thoracique ! Il y avait en elle une note que je n'avais jamais perçue jusque-là, ni avant ni après – une note venue des profondeurs, de celles que les destins médiocres n'arrivent jamais à toucher. Un être parlait ici à un autre être comme il ne le ferait qu'une seule fois dans sa vie avant de se taire à jamais, tout comme il est dit, dans la légende du cygne, qu'il ne peut élever sa voix rauque pour chanter qu'une seule fois, lorsqu'il agonise. Et j'absorbai cette voix qui avançait, brûlante, qui pénétrait, ardente, en moi, je frissonnais, dans la douleur, comme une femme accueille un homme en elle…

Et d'un seul coup cette voix se tut, il n'y avait plus que l'obscurité entre nous. Fatiguée, vieille, tourmentée, une silhouette s'arracha à son fauteuil ; un homme âgé, épuisé, marcha lentement vers moi.

– Adieu, Roland… désormais, plus aucun mot entre nous ! C'était une bonne chose que tu viennes… et c'est pour nous deux une bonne chose que tu t'en ailles… Adieu… Et laisse… laisse-toi embrasser pour notre séparation !

Comme emporté par une force magique, j'allai vers lui en titubant. Cette lumière qui couvait en lui et semblait d'ordinaire retenue par une fumée confuse brillait à présent ouvertement dans ses yeux : c'est une flamme ardente qui en jaillissait. Il me tira près de lui, ses lèvres assoiffées se pressèrent contre les miennes, et il serra mon corps contre le sien, dans un tressaillement, une convulsion.

C'était un baiser comme je n'en ai jamais reçu d'une femme, un baiser sauvage et désespéré comme un cri de mort. Le tremblement convulsif qui agitait son corps se communiqua au mien. Je frémis, saisi par une sensation étrangère et ambiguë – entièrement dévoué par mon âme, et pourtant très profondément épouvanté par la défense récalcitrante du corps masculin qu'un autre homme touchait ainsi –, une inquiétante confusion du sentiment qui étendit ces secondes comprimées et leur donna une durée étourdissante.

Alors, il me lâcha – ce fut une poussée, comme un corps qui se déchire brutalement –, il se retourna péniblement et se jeta dans le fauteuil en me tournant le dos : il passa quelques minutes à regarder dans le vide, parfaitement immobile. Mais peu à peu la tête lui devint trop lourde, il se pencha, d'abord fatigué et terne, mais ensuite, comme un trop grand poids qui a vacillé longtemps dévale tout d'un coup vers les profondeurs, son front penché tomba sur son bureau, lourdement, avec un bruit sourd et sec.

La compassion me traversa telle une vague infinie. Je m'approchai sans le vouloir. Alors, soudain, son dos effondré se dressa une fois encore, et en se retournant, d'une voix rauque et étouffée qui sortait de ses deux mains crispées et formant une grotte, il lança, d'une voix où se mêlaient le gémissement et la menace :

– Va-t-en !... Va-t-en !... Non !... Ne pas approcher !... pour l'amour de Dieu... pour l'amour de nous... va-t-en maintenant... va-t-en !

Je compris. Et je reculai en frémissant, quittant comme si je prenais la fuite cette pièce que j'avais aimée.

Je ne l'ai plus jamais revu. Je n'ai jamais reçu une lettre, un message. Son ouvrage n'a jamais paru et l'on a oublié son nom. Nul n'en sait plus que moi, moi seul, à son sujet. Mais aujourd'hui encore, comme le gamin ignorant d'autrefois, je le sens : mon père et ma mère avant lui, mon épouse et mes enfants après lui, je n'éprouve envers quiconque plus grande reconnaissance. Et je n'ai jamais porté à personne un plus grand amour.

Amok

En mars de l'année 1912, lors du déchargement d'un grand paquebot transatlantique dans le port de Naples, il se produisit un curieux accident que les journaux relatèrent en détail, mais en l'enjolivant de manière très fantaisiste. Quoique passager de l'*Oceania*, il me fut aussi peu possible qu'aux autres d'être témoin de ce singulier événement, car il eut lieu de nuit, alors qu'on chargeait le charbon et débarquait la cargaison et que, pour échapper au bruit, nous étions tous descendus à terre passer le temps au café ou au théâtre. Quoi qu'il en soit, je pense pour ma part que certaines hypothèses que je m'abstins de formuler à l'époque contiennent la véritable explication de cette scène troublante, et la distance des années m'autorise, je crois, à me servir des confidences reçues lors d'une conversation qui précéda de peu cet étrange épisode.

Lorsque je voulus réserver une place sur l'*Oceania* pour rentrer en Europe, l'employé de l'agence maritime de Calcutta haussa les épaules d'un air d'excuse. Il n'était pas certain de pouvoir me garantir une cabine ; avec l'arrivée de la saison des pluies, toutes les places avaient été vendues depuis l'Australie et il lui fallait attendre le télégramme de Singapour. Le lendemain, il m'informa heureusement qu'il pouvait me réserver une place, mais que ce n'était qu'une cabine peu confortable située sous le pont, au milieu du bateau. J'étais impatient de rentrer, aussi n'hésitai-je pas longtemps : j'acceptai la place.

L'employé avait dit juste. Le paquebot était bondé et la cabine médiocre, un petit recoin rectangulaire exigu près de la machine à vapeur et juste éclairé par l'œil trouble du hublot circulaire. L'air stagnant, épaissi, sentait l'huile et le moisi ; impossible d'échapper, fût-ce un instant, au ventilateur électrique qui tournoyait au-dessus de votre front en bourdonnant comme une chauve-souris d'acier prise de folie. D'en bas montait la pétarade gémissante de la machine – on aurait dit un porteur de charbon essoufflé gravissant inlassablement le même escalier ; d'en haut venaient sans relâche les bruits de pas traînants des allées et venues sur le pont-promenade. Aussi, dès que j'eus rangé ma valise dans ce caveau de traverses grises qui sentait le renfermé, allai-je chercher refuge sur le pont où, émergeant des profondeurs, j'inspirai, telle de l'ambre, la brise de terre douceâtre qui soufflait sur les flots.

Mais le pont-promenade était tout aussi étroit et agité : il vibrait et bourdonnait de gens que l'inactivité forcée rendait d'une nervosité papillonnante et qui ne cessaient d'aller et venir en papotant. Le badinage gazouillant des femmes, la déambulation circulaire sur l'espace réduit du pont où, devant les chaises, l'essaim oscillait dans son agitation bavarde en rencontres incessantes, tout cela m'était presque douloureux. J'avais vu un monde nouveau, absorbé une avalanche d'images à une vitesse vertigineuse. À présent, je voulais réfléchir, analyser, classer, donner forme par la remémoration à ce qui avait impétueusement bousculé mon regard mais, dans la bousculade de ce boulevard, il n'y avait pas un instant de repos ni de paix. Les lignes du livre que l'on lisait s'évanouissaient au passage des ombres fugaces des causeurs. Il était impossible d'être seul avec soi-même dans cette allée mouvante privée d'ombre.

Trois jours durant je m'obstinai, posant un regard résigné sur les gens, sur la mer, mais la mer restait semblable à elle-même, bleue et vide, seul le soleil couchant l'arrosait brusquement de couleurs. Quant aux gens, après trois fois vingt-quatre heures, je les connaissais par cœur. Chaque visage m'était familier jusqu'à l'écœurement, le rire mordant des femmes avait perdu son pouvoir irritant, tout comme les disputes tapageuses de mes voisins, deux officiers hollandais. Il ne restait que la fuite : mais la cabine était chaude et embrumée et, au salon, de jeunes Anglaises exhibaient sans relâche leur peu de talent pour le piano en massacrant des valses. Je finis par inverser résolument le programme de la journée et disparus dès l'après-midi dans ma cabine après m'être étourdi de quelques bières afin de dormir pendant le dîner et la soirée dansante.

Lorsque je m'éveillai, il faisait sombre et lourd dans le petit cercueil de la cabine. J'avais arrêté le ventilateur, si bien que l'air moite et gras couvait contre mes tempes. Mes sens étaient comme émoussés : il me fallut quelques instants pour retrouver où j'étais. Il devait être minuit passé, car je n'entendais ni la musique ni l'éternel bruit de pas traînants : seule la machine, cœur palpitant du Léviathan, propulsait en haletant le corps crépitant du navire dans l'invisible.

Je rejoignis le pont à tâtons. Il était désert. Et comme je levais le regard vers la tour fumante de la cheminée et les mâts qui brillaient d'une lueur fantomatique, mes yeux s'emplirent soudain d'une clarté magique. Le ciel rayonnait. Il était sombre face aux étoiles qui l'entraînaient dans un tourbillon de blancheur et pourtant il rayonnait ; on eût dit qu'un rideau de velours recouvrait une formidable lumière, que les étoiles pétillantes n'étaient que des lucarnes et des fentes laissant apparaître cette clarté indescriptible. Jamais je n'avais vu un ciel pareil, aussi rayonnant, d'un bleu acier aussi dur mais scintillant, ruisselant, frémissant, débordant d'une lumière voilée qui s'épanchait de la lune et des étoiles et paraissait tirer son ardeur d'un mystérieux foyer. Comme une laque blanche, les lignes du navire éblouissaient au clair de lune sur le velours sombre de la mer ; les cordages, les vergues, tous les objets effilés, tous les contours s'étaient dissous dans ce flot éclatant : les lumières sur les mâts et, plus haut, l'œil rond de la vigie semblaient suspendus dans le vide, jaunes étoiles terrestres dans le rayonnement des astres célestes.

Juste au-dessus de nous se trouvait la constellation magique, la Croix du Sud. Fixée dans l'invisible par des clous de diamant scintillants, elle paraissait flotter alors que le navire était seul à créer un mouvement, se propulsant dans un léger tremblement au rythme de sa respiration, de bas en haut, de bas en haut, monumental nageur à travers les flots sombres. J'étais debout, le regard levé : je me sentais comme dans un bain où, d'en haut, tombe une eau chaude, mais là, c'était de la lumière blanche et tiède aussi qui submergeait mes mains, qui doucement baignait mes épaules, ma tête, et semblait me pénétrer car toute hébétude en moi s'était brusquement éclaircie. Ma respiration était libre, aisée et, pris d'une soudaine félicité, sur mes lèvres je sentis l'air comme une boisson limpide, l'air doux et fermenté qui enivre un peu, où l'on perçoit un souffle de fruits, un parfum d'îles lointaines. Alors, pour la première fois depuis que j'étais monté sur le pont, je fus envahi par le plaisir sacré du rêve et par cet autre, plus sensuel, de m'abandonner physiquement, telle une femme, à cette douceur qui m'entourait. Je voulais m'étendre, les yeux levés vers les blancs hiéroglyphes. Mais les chaises, les *deckchairs*, avaient été rangées, nulle part sur le pont désert il n'y avait d'endroit où se reposer et rêver.

Je continuai donc à avancer, progressant à tâtons vers l'avant du bateau, ébloui par la lumière venue des objets qui semblait s'imposer à moi avec une intensité croissante. Elle était presque douloureuse, cette lumière stellaire d'un blanc crayeux, brûlant d'une lueur crue, et j'avais envie de m'ensevelir quelque part dans l'ombre, étendu sur une natte, de sentir cet éclat non pas contre moi, mais au-dessus de moi, reflété sur les objets, comme un paysage que l'on voit depuis une pièce assombrie. Trébuchant sur des cordages et longeant les étais de fer, j'arrivai enfin jusqu'à la proue et, baissant les yeux, regardai l'étrave cogner dans le noir et la lumière fondue de la lune jaillir, écumante, des deux côtés de la lame. Sans cesse la charrue s'élevait, sans cesse elle s'abaissait dans le flot noir de la glèbe et je sentais toute la souffrance de l'élément vaincu, tout le plaisir de la force terrestre à l'œuvre dans ce jeu étincelant. Et, à la regarder, je perdis la notion du temps. Cela faisait-il une heure que j'étais là ou juste quelques instants ? Dans son oscillation, le gigantesque berceau du navire m'emportait au-delà du temps. Je sentais juste venir une fatigue qui était comme une volupté. Je voulais dormir, rêver, mais sans quitter cette magie ni redescendre dans mon cercueil. Involontairement, mon pied tâtonnant trouva un amas de cordages. Je m'assis, les yeux fermés mais non emplis d'ombre, car sur eux, sur moi s'écoulait la clarté argentée. En bas, je sentais le doux murmure des eaux ; au-dessus de moi, le son imperceptible des flots blancs de ce monde. Et peu à peu ce murmure enfla et pénétra mon sang : je n'avais plus aucun sentiment de moi-même, je ne savais plus si cette respiration était la mienne ou celle du cœur du navire, battant au loin, je coulais, m'écoulais dans l'incessant murmure du monde de la mi-nuit. Une légère toux sèche, juste à côté de moi, me fit tressaillir. Je sortis en sursaut de ma rêverie qui confinait déjà à l'ivresse. Mes yeux, éblouis par la lumière blanche qui avait frappé mes paupières jusque-là fermées, s'ouvrirent précautionneusement : en face de moi, à l'ombre de la coque, brillait quelque chose qui ressemblait au reflet d'une paire de lunettes, puis une étincelle épaisse et ronde s'embrasa, la braise d'une pipe. Lorsque je m'étais assis, absorbé par le spectacle de l'étrave écumante et de la Croix du Sud, je n'avais manifestement pas remarqué ce voisin qui devait être là, immobile, depuis le début. Les sens encore tout engourdis, je dis machinalement en allemand : « Excusez-moi ! » « Oh, je vous en prie… » répondit la voix en allemand du fond de l'obscurité.

Je ne saurais dire à quel point il était étrange et effrayant d'être assis en silence, dans le noir, à côté de quelqu'un que l'on ne voyait pas. J'eus malgré moi l'impression que cette personne me regardait fixement tout comme je la regardais : cependant, si forte était la lumière, au-dessus de nous, qui s'écoulait dans une blancheur scintillante que nous ne distinguions l'un de l'autre guère plus qu'une silhouette dans l'ombre. Je croyais juste entendre sa respiration et le chuintement de la succion sur la pipe.

Le silence était insupportable. J'aurais voulu m'en aller, mais cela aurait paru trop brusque, trop soudain. Gêné, je pris une cigarette. L'allumette grésilla, pendant une seconde une lumière tressauta dans l'espace exigu. Derrière des verres de lunettes j'aperçus un visage inconnu, que je n'avais jamais vu à bord, ni aux repas, ni aux promenades. Et était-ce la soudaineté de la flamme qui faisait mal aux yeux ou une hallucination, toujours est-il que son visage avait l'air horriblement déformé, lugubre et semblable à celui d'un *kobold*[1]. Mais avant que des détails eussent pu m'apparaître, l'obscurité engloutit de nouveau les traits fugitivement éclairés, je ne voyais plus que les contours d'une silhouette sombre sur fond sombre et, par moments, le rouge anneau de feu de la pipe dans le vide. Nous ne parlions

1. Personnage de la mythologie germanique, proche du gobelin ou du gnome. *(N.d.É.)*

ni l'un ni l'autre et ce silence était aussi lourd et oppressant que l'air tropical.

Au bout d'un moment, je n'y tins plus. Je me levai et dis poliment : « Bonne nuit. »

« Bonne nuit », répondit-on dans le noir, une voix dure, enrouée, rouillée.

Je me frayai en trébuchant un chemin au milieu du gréement, passant devant les montants. C'est alors que retentit un bruit de pas derrière moi, hâtif et incertain. C'était l'homme que je venais de quitter. Machinalement, je m'arrêtai. Il restait à quelque distance ; dans le noir, je sentais une sorte de peur et d'accablement dans sa manière de marcher.

« Excusez-moi, dit-il alors précipitamment, j'aurais une demande à vous faire. Je… je… – il bredouillait et la gêne l'empêchait de poursuivre – j'ai des raisons… des raisons très personnelles de m'isoler… un deuil… j'évite la compagnie à bord… Ce n'est pas de vous que je parle… non, non… Je voudrais juste demander… Vous m'obligeriez beaucoup en ne disant à personne que vous m'avez vu ici… Ce sont… en quelque sorte des raisons personnelles qui m'empêchent en ce moment de me mêler aux gens… oui… enfin… il me serait désagréable que vous évoquiez le fait que quelqu'un, la nuit… que je… » De nouveau, il dut s'interrompre. Je m'empressai de dissiper sa confusion en lui assurant que je respecterais son souhait. Nous nous serrâmes la main. Puis je regagnai ma cabine et sombrai dans un sommeil lourd, étrangement agité et troublé de visions.

Je tins ma promesse et ne parlai à personne de cette rencontre singulière, quoique la tentation ne fût pas mince. Au cours d'une traversée, en effet, la moindre chose se transforme en événement : une voile à l'horizon, un dauphin qui bondit, un nouveau flirt, une plaisanterie en passant. Et puis, j'étais torturé par la curiosité d'en savoir plus sur ce personnage peu commun : j'étudiai la liste des passagers, à la recherche d'un nom qui aurait pu être le sien, je scrutai les gens pour voir s'ils pouvaient avoir un lien avec lui. Toute la journée, je fus la proie d'une impatience fébrile. En réalité, je ne faisais qu'attendre le soir en me demandant si je le reverrais. Les énigmes psychologiques ont sur moi une puissance proprement inquiétante, je suis surexcité lorsque je flaire des corrélations, et la simple présence de gens qui sortent de l'ordinaire peut éveiller en moi une passion de savoir qui ne le cède presque en rien à la passion de posséder une femme. La journée me parut longue et vide, elle s'effritait entre mes doigts. Je me couchai tôt : je savais que j'ouvrirais l'œil à minuit, que cela me tirerait de mon sommeil.

Et de fait, je m'éveillai à la même heure que la veille. Sur le cadran au radium de la montre, les deux aiguilles se recouvraient en formant un trait lumineux. Je me hâtai de quitter la cabine suffocante pour sortir dans une nuit encore plus suffocante.

Comme la veille, les étoiles rayonnaient et répandaient une clarté diffuse sur le bateau tremblant, en haut flambait la Croix du Sud. Tout était inchangé – sous les tropiques, les jours, les nuits sont plus gémellaires que dans nos contrées –, à ceci près qu'il n'y avait plus en moi ce bercement doux, fluide, rêveur. Quelque chose m'attirait, me troublait, et je savais où j'étais attiré : vers les étais noirs du bordage – était-il encore assis là sans bouger, le mystérieux inconnu ? D'en haut la cloche du bateau résonna, m'arrachant à mon immobilité. Pas à pas, réticent mais attiré, je cédai.

Je n'avais pas encore atteint la proue que, soudain, quelque chose tressauta, tel un œil rouge : la pipe. Il était donc là.

J'eus un geste de recul involontaire et m'arrêtai. Un instant de plus et j'aurais fait demi-tour. Il y eut un mouvement dans l'obscurité, quelque chose se leva, fit deux pas et soudain j'entendis, juste devant moi, sa voix polie et oppressée.

« Excusez-moi, vous souhaitez manifestement retrouver votre place et j'ai le sentiment que vous vouliez vous éclipser en me voyant. Je vous en prie, asseyez-vous, je vais m'en aller. »

Je le pressai de rester, expliquant que j'avais reculé uniquement pour ne pas le déranger. « Vous ne me dérangez pas, répondit-il avec une certaine amertume, au contraire, je suis content de ne plus être seul pour une fois. Cela fait dix jours que je n'ai plus dit un mot… en réalité, cela fait des années… et c'est si dur, peut-être parce qu'on étouffe à tout ravaler en soi… Je ne peux plus rester dans ma cabine, dans ce… ce cercueil… je ne peux plus… et les gens, je ne les supporte pas non plus, ils rient toute la journée… En ce moment, je ne le supporte pas… je les entends jusque dans ma cabine et je me bouche les oreilles… bien sûr, ils ne peuvent pas savoir… ils ne savent pas et, d'ailleurs, en quoi cela regarde-t-il les étrangers ? »

De nouveau, il s'arrêta. Reprit avec une hâte soudaine : « Mais je ne veux pas vous importuner… Excusez mon bavardage. »

Il s'inclina et voulut se retirer. Je lui opposai un démenti pressant. « Vous ne m'importunez pas du tout. Moi aussi, je suis content d'échanger ici tranquillement quelques mots… Voulez-vous une cigarette ? »

Il en prit une. Je lui donnai du feu. Une fois de plus, le visage papillota sur le noir de la coque mais, cette fois, entièrement tourné vers moi : derrière les lunettes, les yeux scrutaient mon visage, avides, habités d'une violence égarée. L'horreur me saisit. Je sentais que cet homme voulait parler, qu'il avait besoin de parler. Et je savais que je devais me taire pour l'aider.

Nous nous rassîmes. Il avait un second siège, qu'il m'offrit. Nos cigarettes scintillaient et, à la façon dont le point lumineux de la sienne frémissait anxieusement dans l'obscurité, je compris que sa main tremblait. Cependant je me taisais et il se taisait. Puis sa voix demanda soudain tout bas : « Êtes-vous très fatigué ?

– Non, pas du tout. »

De nouveau une hésitation. « J'aimerais vous demander quelque chose… ou plutôt j'aimerais vous raconter quelque chose. Je sais, je sais combien il est absurde de ma part de m'adresser à la première personne qui vient à moi, mais… je suis… je suis dans un état psychique épouvantable… j'en suis au point où il faut absolument que je parle à quelqu'un… autrement, c'en est fait de moi… Vous comprendrez pourquoi quand… oui, quand je vous raconterai… Je sais que vous ne pourrez pas m'aider… mais je suis pour ainsi dire malade de ce silence… et un malade a toujours l'air ridicule aux yeux des autres… »

Je l'interrompis et l'exhortai à ne plus se torturer. Qu'il commence à raconter… je ne pouvais évidemment rien lui promettre, mais on avait tout de même un devoir d'obligeance. Quand on voyait quelqu'un dans l'embarras, on se devait évidemment de l'aider…

« Le devoir… d'obligeance… le devoir d'essayer… Alors vous pensez aussi, vous aussi, qu'on a le devoir… le devoir de faire preuve d'obligeance. »

Trois fois il répéta cette phrase. Je frissonnais d'horreur devant cette réitération morne et têtue. L'homme était-il fou ? Ivre ?

Comme si j'avais exprimé tout haut cette supposition, il dit soudain d'une voix toute changée : « Vous penserez peut-être que je suis fou ou ivre. Non, je ne le suis pas – pas encore. C'est juste ce terme que vous venez d'employer, il m'a touché d'une si étrange manière... oui, parce que c'est cela, justement, qui me tourmente en ce moment, a-t-on le devoir... le devoir... »

Il recommença à bredouiller, s'interrompit brièvement, puis reprit avec un nouvel élan.

« C'est que je suis médecin. Et on rencontre souvent des cas, des cas fatals... disons critiques, à propos desquels on ne sait si on a le devoir... car il n'y a pas qu'un seul devoir, le devoir envers l'autre, il en existe un à l'égard de soi-même, de l'État, de la science... On doit aider, évidemment, c'est bien pour cette raison qu'on est là... mais ce ne sont que des maximes théoriques... Jusqu'où doit-on aider ? Vous qui m'êtes étranger et à qui je suis étranger, je vous demande de taire que vous m'avez vu... bon, vous vous taisez, vous obéissez à ce devoir... Je vous demande de me parler parce que je crève de mon silence... Vous êtes disposé à m'écouter... bon... Mais cela, c'est facile... En revanche, si je vous priais de m'empoigner et de me jeter par-dessus bord... fini l'obligeance, fini le désir d'aider. Cela s'arrête bien quelque part... là où il s'agit de notre vie et de notre responsabilité... cela s'arrête forcément... ce devoir cesse forcément quelque part... Ou peut-être ne cesse-t-il jamais pour le médecin ? Doit-il être un sauveur, aider le monde entier uniquement parce qu'il a un diplôme avec des mots en latin, doit-il vraiment envoyer balader sa vie, se retourner les sangs dès qu'une... dès que quelqu'un exige qu'il soit noble, secourable et bon ? Oui, le devoir s'arrête bien quelque part... là où on n'y arrive plus, à cet endroit-là... »

Il s'interrompit de nouveau et se secoua.

« Excusez-moi... je parle avec une telle nervosité... mais je ne suis pas ivre... pas encore... cela m'arrive souvent maintenant, je l'avoue volontiers, dans cette solitude infernale... Pensez donc, pendant sept ans j'ai vécu presque exclusivement parmi les indigènes et les animaux... on perd l'habitude de parler normalement. Alors quand on ouvre la bouche, immédiatement cela déborde… Mais attendez… oui… je voulais vous demander, vous soumettre un cas, a-t-on le devoir d'aider… d'aider avec une pureté angélique si on… Mais je crains que ce ne soit long. Vous êtes sûr de ne pas être fatigué ?

– Non, pas du tout.

– Je… merci… Vous n'en voulez pas ? »

Il avait tâtonné derrière lui, dans le noir. Il y eut un cliquetis, deux, trois, plusieurs bouteilles en tout cas, posées près de lui. Il m'offrit un verre de whisky, j'y trempai les lèvres tandis qu'il avalait le sien cul sec. Un silence se fit entre nous. Puis la cloche sonna : minuit et demi.

« Donc… j'aimerais vous exposer un cas. Imaginez un médecin dans une… une petite ville… ou à la campagne… un médecin qui… un médecin… » Il resta court une fois de plus. Puis il rapprocha soudain son siège du mien.

« Cela ne va pas. Il faut que je vous raconte les choses sans détour, depuis le début, sinon vous ne comprendrez pas… Cela ne peut pas s'exposer comme un exemple, une théorie… Il faut que je vous raconte ce qui m'est arrivé.

Sans honte, sans dissimulation… d'ailleurs, les gens se mettent nus devant moi, ils me montrent leurs dartres, leur urine, leurs excréments… quand on cherche de l'aide, on ne tergiverse pas, on ne dissimule rien… Je ne vous parlerai donc pas d'un médecin imaginaire… je me mets à nu et dis "je". J'ai désappris la honte dans cette saleté de solitude, dans ce pays maudit qui vous dévore l'âme et vous suce la moelle jusqu'au tréfonds des os. »

J'avais dû faire un geste, car il s'interrompit.

« Ah, vous protestez… je comprends, vous êtes enthousiasmé par l'Inde, par les temples et les palmiers, par tout le romantisme d'un voyage de deux mois. Oui, ils sont magiques, les tropiques, quand on les parcourt en train, en voiture, en rickshaw : c'était aussi mon sentiment la première fois que j'y suis allé, il y a sept ans. J'avais tellement de rêves, je voulais apprendre la langue et lire les livres sacrés dans le texte, étudier les maladies, faire de la recherche scientifique, sonder le psychisme des indigènes – c'est comme cela qu'on dit dans le jargon européen –, devenir un missionnaire de l'humanité, de la civilisation. Tous ceux qui arrivent rêvent le même rêve. Mais dans cette serre invisible, là-bas, on se vide de sa force ; la fièvre, on l'attrape même en se bourrant de quinine, elle plante ses griffes en vous, on s'avachit, on devient mou, paresseux, une vraie méduse. En tant qu'Européen, on est pour ainsi dire coupé de sa véritable nature quand on quitte les grandes villes pour une de ces maudites stations de marécages : tôt ou tard, on perd la boule, les uns boivent, les autres fument de l'opium, il y a ceux qui cognent et deviennent des brutes – tout le monde reçoit une dose de folie. On a la nostalgie de l'Europe, on rêve de pouvoir un jour marcher de nouveau dans une rue, d'être assis dans une pièce claire, avec des murs en pierre, parmi des Blancs, on en rêve pendant des années, et quand arrive le moment de prendre un congé, on est déjà trop indolent pour partir. On sait qu'on est oublié là-bas, qu'on est inconnu, coquillage piétiné par tous dans cette mer. Alors on reste, on dépérit, on se délabre dans ces forêts brûlantes et ruisselantes. Maudit soit le jour où je me suis vendu pour aller vivre dans cet horrible trou…

D'ailleurs, cela n'a pas été tout à fait de mon plein gré. J'avais étudié en Allemagne et j'étais devenu docteur en médecine, un bon médecin même, avec un poste à la clinique de Leipzig ; quelque part dans un numéro disparu du *Journal médical*, on a beaucoup parlé d'une nouvelle injection que j'avais été le premier à pratiquer. Et puis il y eut une histoire de femme, une personne dont j'avais fait la connaissance à la clinique : elle avait rendu son amant si enragé qu'il lui avait tiré dessus et, bientôt, je fus aussi enragé que lui. Elle avait une façon d'être hautaine et froide qui me mettait dans une colère noire – j'avais toujours été le jouet des femmes dominatrices et insolentes, mais celle-là me fit plier à me rompre les os. Je faisais tout ce qu'elle voulait, je… bon, pourquoi ne pas le dire, c'était il y a huit ans… j'ai pioché pour elle dans la caisse de l'hôpital et quand la chose s'est sue, l'enfer s'est déchaîné. Un de mes oncles a pu couvrir le trou, mais c'en était fait de ma carrière. J'appris alors que le gouvernement hollandais recrutait des médecins pour les colonies et offrait une prime d'engagement. Bon, ai-je aussitôt pensé, si on donne une prime, ça ne doit pas être très joli. Je n'ignorais pas que dans ces plantations où sévissait la fièvre, les croix fleurissaient trois fois plus vite que chez nous, mais quand on est jeune, on pense que la fièvre et la mort ne touchent que les autres. Je n'avais pas vraiment le choix : j'allai à Rotterdam, m'engageai pour dix ans, reçus une sympathique liasse de billets ; j'en envoyai une moitié à mon oncle, l'autre finit dans la poche d'une créature du port, qui ne réussit à me dépouiller que parce qu'elle était le portrait craché de cette garce. C'est donc sans argent, sans montre et sans illusions que j'ai quitté l'Europe, et je n'éprouvais pas vraiment de tristesse quand nous sommes sortis du port. Et puis, assis sur le pont comme vous, comme tous les autres, je vis la Croix du Sud, les palmiers, et j'avais le cœur en fête – ah, des forêts, de la solitude, du silence, voilà à quoi je rêvais ! Eh bien, pour ce qui est de la solitude, j'ai été servi. On ne m'a pas affecté à Batavia ou à Surabaya, dans une ville avec des gens, des clubs, un golf, des livres, des journaux, mais dans une des stations de district – le nom ne change rien à l'affaire –, à deux jours de la ville la plus proche. Quelques fonctionnaires racornis, ennuyeux, quelques *Halfcast*, voilà toute la compagnie que j'avais. Cela mis à part, rien que de la forêt, des plantations, des taillis et des marécages.

Au début, cela fut encore supportable. Je me livrais à toutes sortes d'études ; et, un jour que le vice-résident s'était cassé la jambe dans un accident de voiture au cours d'une tournée d'inspection, je l'opérai sans l'aide de personne, ce qui fit sensation ; je collectais les poisons et les armes des indigènes, je m'occupais de mille petites choses pour me maintenir en éveil. Mais tout cela fonctionna aussi longtemps que j'eus en moi la force de l'Europe ; ensuite, je me desséchai. Les quelques Européens m'ennuyaient, je cessai de les voir, m'enfermai dans la boisson et la rêverie. Je n'avais plus que deux ans à faire, après quoi je serais libre et j'aurais une pension, je pourrais retourner en Europe et commencer une nouvelle vie. En fait, je ne faisais plus qu'attendre, me tenir tranquille et attendre. Et j'en serais toujours là si elle… si cela n'était pas arrivé. »

La voix dans l'obscurité se tut. La pipe avait également cessé de luire. Le silence était tel que, soudain, j'entendis de nouveau l'eau écumante se briser contre la quille ainsi que le battement sourd et lointain du cœur de la machine. J'aurais volontiers allumé une cigarette, mais je redoutais le vif embrasement de l'allumette et son reflet sur le visage de mon interlocuteur. Il continuait à garder le silence. Je ne savais pas s'il avait terminé, s'il somnolait, s'il dormait, son silence était de mort.

C'est alors que la cloche du bateau sonna un coup vigoureux : une heure. Il sursauta ; de nouveau j'entendis tinter le verre. Manifestement, sa main cherchait le whisky. Il y eut un léger bruit de déglutition – puis la voix reprit brusquement, mais plus tendue, plus ardente.

« Oui… attendez… oui, voilà. Je suis là, pris dans les rets de ce maudit endroit, comme une araignée immobile dans sa toile depuis des mois. La saison humide venait juste de s'achever ; pendant des semaines, la pluie avait crépité sur le toit ; personne n'était venu, pas un Européen ; chaque jour, chaque jour j'étais resté là avec mes femmes jaunes et mon bon whisky. À l'époque, j'étais vraiment *down*, malade de l'Europe ; quand je lisais un roman avec des rues claires et des femmes blanches, mes doigts se mettaient à trembler. Je ne saurais tout à fait vous décrire cet état, c'est une sorte de maladie tropicale, une nostalgie furieuse, fiévreuse et pourtant sans force, qui parfois vous prend. J'étais donc là, à regarder un atlas, je crois, et à rêver de voyages. Et voilà qu'on frappe vivement à la porte, c'est le boy et une des femmes, tous deux ont les yeux écarquillés d'étonnement. Ils font de grands gestes : une dame est là, une lady, une femme blanche.

Je sursaute. Je n'ai pas entendu arriver de voiture, d'automobile. Une femme blanche, ici, dans ce coin perdu ?

Je veux descendre l'escalier, mais je me reprends juste à temps. Un coup d'œil dans le miroir, en toute hâte je rectifie un peu ma mise. Je suis nerveux, inquiet, tourmenté par un pressentiment désagréable, car je ne connais personne au monde qui viendrait me rendre visite par amitié. Enfin, je descends.

La dame attend dans le vestibule, elle vient vers moi en toute hâte. Un épais voile d'automobiliste lui couvre le visage. Je m'apprête à la saluer, elle me devance promptement. "Bonjour, docteur, dit-elle dans un anglais fluide (une fluidité un peu trop prononcée et comme apprise à l'avance). Pardonnez cette intrusion. Mais nous étions à la station, notre voiture est garée là-bas..." Pourquoi n'est-elle pas venue jusqu'ici ? La question fuse dans mon esprit. “Et alors je me suis souvenue que vous habitiez là. J’ai tellement entendu parler de vous, vous avez fait des miracles avec le vice-résident, sa jambe est tout à fait *allright* maintenant, il joue au golf comme avant. Ah oui, chez nous, en bas, tout le monde en parle encore, et nous aurions volontiers donné notre grincheux *surgeon* et les deux autres en prime pour vous avoir. D’ailleurs, pourquoi ne vous voit-on jamais ? Vous menez une existence de yogi…”

Et elle continue à jacasser, de plus en plus vite, sans me laisser placer un mot. Il y a quelque chose de nerveux et de fébrile dans ce bavardage, je suis moi-même gagné par cette inquiétude. Pourquoi parle-t-elle autant ? Pourquoi ne se présente-t-elle pas, pourquoi ne retire-t-elle pas son voile ? A-t-elle de la fièvre ? Est-elle malade ? Folle ? Ma nervosité s’accroît devant le ridicule de la situation : je suis là devant elle, muet, submergé par sa crépitante volubilité. Enfin, elle marque une brève pause, j’en profite pour l’inviter à monter. Elle fait signe au boy de rester en bas et me précède dans l’escalier.

“Vous êtes bien installé, dit-elle en examinant mon bureau. Ah, les beaux livres !

J'aimerais les lire tous !" Elle s'approche de la bibliothèque et passe les titres en revue. Pour la première fois depuis que je l'ai accueillie, elle se tait un instant.

"Puis-je vous offrir du thé ?" proposé-je.

Elle ne se retourne pas, regarde les titres des livres. "Non, merci, docteur… nous repartons tout de suite… j'ai très peu de temps… ce n'était qu'une petite sortie… Ah, vous avez aussi Flaubert, je l'aime tellement… admirable, vraiment admirable, *L'Éducation sentimentale*… je vois que vous lisez le français… Vous savez tant de choses !… oui, les Allemands apprennent tout à l'école… C'est formidable de pouvoir connaître autant de langues !… Le vice-résident ne jure que par vous, il dit toujours qu'il ne se confierait au bistouri de personne d'autre… notre brave *surgeon* n'est bon qu'à jouer au bridge… D'ailleurs, vous savez (elle ne se retournait toujours pas), tout à l'heure, je me suis dit que moi aussi, je devrais vous consulter un de ces jours… et comme nous passions par là, j'ai pensé… mais vous avez sans doute à faire… je reviendrai une autre fois."

Ah, tu montres enfin ton jeu, pensai-je aussitôt. Cependant je n'en laissai rien paraître, au contraire je lui assurai que ce serait pour moi un honneur d'être à son service dès qu'elle le souhaiterait.

"Ce n'est rien de grave, dit-elle en se tournant à demi tout en feuilletant un livre qu'elle avait pris sur l'étagère, rien de grave… des bricoles… des choses de femme… vertiges, évanouissements. Ce matin, alors que nous prenions un virage, je suis soudain tombée comme une masse, *raide morte*… le boy a dû me redresser et aller chercher de l'eau… le chauffeur roulait peut-être trop vite… vous ne croyez pas, docteur ?

– Il m'est difficile d'en juger. Êtes-vous sujette à ce genre de syncopes ?

– Non… c'est-à-dire si… ces derniers temps… ces tout derniers temps… oui… des syncopes, des nausées." De nouveau, la voilà devant la bibliothèque, elle y remet le livre, en prend un autre et commence à le feuilleter. Étrange, pourquoi feuillette-t-elle les livres avec… avec une telle nervosité, pourquoi ne lève-t-elle pas les yeux sous son voile ? Exprès je ne dis rien. Cela m'excite de la faire attendre. Elle finit par reprendre son babillage désinvolte.

“N’est-ce pas, docteur, qu’il n’y a pas à s’inquiéter ? Rien de tropical… rien de dangereux…

– Il faudrait que je vérifie si vous avez de la fièvre. Puis-je vous prendre le pouls ?…”

Je m’approche d’elle, elle fait un petit pas de côté.

“Non, non, je n’ai pas de fièvre… j’en suis sûre… j’ai pris ma température tous les jours depuis… depuis l’apparition de ces évanouissements. Jamais de fièvre, toujours 36,4°, rien à dire. Mon estomac aussi va bien.”

J’ai un instant d’hésitation. Depuis le début, un soupçon me chatouille : je sens que cette femme veut quelque chose de moi, on ne va pas dans un trou perdu pour parler de Flaubert. Je la laisse en suspens pendant une, deux minutes. “Excusez-moi, dis-je ensuite sans détour, puis-je vous poser librement quelques questions ?

– Bien sûr, docteur, vous êtes médecin, répond-elle, mais déjà elle m’a tourné le dos et s’est remise à jouer avec les livres.

– Avez-vous des enfants ?

– Oui, un fils.

– Et avez-vous… avez-vous déjà… je veux dire à l’époque… connu pareil état ?

– Oui.”

Sa voix est très différente à présent. Très claire, très assurée, plus du tout jacassière, plus du tout nerveuse.

“Et se pourrait-il… excusez ma question… que vous soyez aujourd’hui dans une situation analogue ?

– Oui.”

Le mot tombe comme une lame aiguisée et tranchante. Sur son visage détourné, pas le moindre tressaillement.

“Le mieux serait peut-être, chère Madame, que je procède à un examen général… pourrais-je vous prier… de bien vouloir passer dans l’autre pièce ?”

Alors elle se retourne brusquement. Au travers du voile, je sens un regard froid, déterminé, qui me fait face.

“Non… ce n’est pas nécessaire… je suis absolument certaine de mon état.” »

La voix marqua un temps d’hésitation. De nouveau, le verre plein scintille dans l’obscurité.

« Alors… mais d’abord, essayez un instant de vous représenter la scène. Un homme qui dépérit de solitude, arrive une femme, une femme blanche, pour la première fois depuis des années… et soudain, je le sens, il y a quelque chose de maléfique dans la pièce, un danger. J'en frissonnais : j'étais horrifié par la détermination implacable de cette femme qui était entrée en jacassant et, tout d'un coup, dégainait ses exigences comme un couteau. Car ce qu'elle voulait de moi, je le savais, je le sus immédiatement – ce n'était pas la première fois que des femmes me demandaient ce genre de service, mais elles venaient autrement, elles venaient honteuses ou implorantes, elles pleuraient et suppliaient. Là, il y avait… oui, une détermination implacable, virile… d'emblée je sus que cette femme était plus forte que moi… qu'elle pouvait à son gré me plier à sa volonté… Mais… mais… il y avait en moi aussi quelque chose de mauvais… l'homme qui s'insurgeait, une forme de rancœur car… je l'ai dit… d'emblée, oui, avant même de l'avoir vue, j'avais senti en cette femme une ennemie.

Dans un premier temps, je gardai le silence. Un silence obstiné, exaspéré. Je devinais que, sous son voile, elle me regardait – d'une manière directe et revendicatrice, qu'elle voulait me forcer à parler, mais... biaisant... oui, inconsciemment, j'imitai la désinvolture de son bavardage. Je fis l'innocent car – je ne sais si vous comprendrez – je voulais la contraindre à être claire, je ne voulais pas proposer, je voulais... être sollicité... par elle justement, à cause de cette attitude impérieuse... et parce que je savais que rien, chez une femme, ne pouvait davantage me soumettre que cette froideur arrogante.

Je m'employai donc à noyer le poisson : tout cela était sans gravité, ces syncopes s'inscrivaient dans le cours naturel des choses, au contraire même, il y avait là comme la garantie d'une évolution positive. Je citai des exemples tirés de revues médicales... je parlais, parlais, avec insouciance et légèreté, traitant l'affaire comme une chose banale... attendant qu'elle m'interrompe. Car je savais qu'elle ne le supporterait pas.

De fait, elle me coupa brutalement la parole, balayant pour ainsi dire tout ce discours lénifiant d'un revers de main.

“Ce n'est pas ce qui me préoccupe, docteur. Autrefois, quand j'ai eu mon garçon, j'étais en meilleure forme... mais maintenant, je ne suis plus *allright*... j'ai des troubles cardiaques...

– Des troubles cardiaques, répétai-je, feignant l'inquiétude. Il faut que je voie cela tout de suite." Et je fis mine de me lever pour aller chercher mon stéthoscope.

Mais elle m'interrompait déjà. À présent, sa voix était tranchante et résolue – comme celle d'un officier donnant des ordres.

"J'*ai* des troubles cardiaques, docteur, et je vous prierai de bien vouloir me croire. Je n'ai pas de temps à perdre en examens – vous pourriez, me semble-t-il, me témoigner un peu plus de confiance. Moi, au moins, j'ai suffisamment prouvé la confiance que j'avais en vous."

Les hostilités étaient déclarées, le défi était clair. Je le relevai.

"La confiance exige la franchise, une franchise totale. Parlez clairement, je suis médecin. Et surtout, retirez ce voile, asseyez-vous, laissez de côté les livres et les faux-fuyants. On ne vient pas chez le médecin avec un voile."

Elle me regarda, droite et fière. Elle eut un temps d'hésitation. Puis elle s'assit et releva son voile. Je vis un visage qui était exactement tel que je l'avais craint, un visage impénétrable, dur, maîtrisé, d'une beauté sans âge, un visage avec des yeux gris d'Anglaise qui semblaient respirer le calme mais derrière lesquels on pouvait rêver toute la passion du monde. Cette bouche mince aux lèvres serrées ne livrait aucun secret contre son gré. Nous nous regardâmes un moment – elle d'un air à la fois impérieux et interrogateur, avec une cruauté si froide, si inflexible que je ne pus le supporter et détournai involontairement les yeux.

Elle tambourinait légèrement sur la table de son doigt replié. Elle était donc nerveuse, elle aussi. Puis elle dit très vite : “Docteur, avez-vous compris ce que je vous demande ou pas ?

– Je crois l'avoir compris. Mais soyons clairs. Vous voulez mettre fin à votre état… Vous voulez que je vous débarrasse de vos évanouissements, de vos nausées… en en supprimant la cause. Est-ce bien cela ?

– Oui.”

Le mot tomba comme un couperet.

“Vous savez aussi que cette procédure est dangereuse pour… les deux parties ?

– Oui.

– Que cela m'est interdit par la loi ?

– Il y a des cas où ce n'est pas interdit, où c'est même requis.

– Mais il faut un motif médical.

– Alors trouvez-en un. Vous êtes médecin.”

Ses yeux m’observaient, clairs, fixes, sans ciller. C’était un ordre et moi, mauviette, je tremblais d’admiration devant l’autorité démoniaque de sa volonté. Cependant je me débattais encore, je ne voulais pas montrer que j’étais déjà écrasé. “Pas si vite ! Tergiverser ! La forcer à supplier” – disait en moi une sorte de désir chatoyant.

“Cela ne dépend pas toujours de la volonté du médecin. Mais je suis prêt à solliciter un collègue de l’hôpital…

– Je ne veux pas de votre collègue… c’est vous que je suis venue voir.

– Puis-je vous demander pourquoi moi précisément ?”

Elle me regarda avec froideur.

“Je n’ai aucun scrupule à vous le dire. Parce que vous vivez isolé, que vous ne me connaissez pas – que vous êtes un bon médecin et que… – pour la première fois, elle hésita – vous ne resterez sans doute plus très longtemps ici, surtout si… si vous pouvez rentrer chez vous avec une somme assez conséquente.”

Je me sentis glacé. Ce calcul mercantile d’une clarté implacable m’étourdissait. Jusque-là, elle n'avait pas encore ouvert la bouche pour formuler sa demande – mais elle avait déjà tout organisé depuis longtemps, elle m'avait épié avant de me débusquer. Je sentais pénétrer en moi le caractère démoniaque de sa volonté ; cependant, je résistai de toute ma rancœur. Une fois encore, je m'obligeai à être objectif – ironique presque.

"Et cette grosse somme, c'est vous qui… la mettriez à ma disposition ?

– Pour prix de votre aide et de votre départ immédiat.

– Vous savez que cela me coûterait ma pension ?

– Je vous dédommagerai.

– Vous êtes très claire… Mais soyons encore plus clairs. Quelle somme envisagez-vous à titre d'honoraires ?

– Douze mille gulden, payables par chèque à Amsterdam."

Je… tremblais… je tremblais de colère et… oui, d'admiration. Elle avait tout prévu, le montant de la somme et les modalités de paiement qui m'obligeaient à partir, elle m'avait évalué et acheté sans me connaître, avait disposé de moi en se laissant guider par l'intuition de sa volonté. Si je m'étais écouté, je l'aurais frappée au visage… Mais alors que je m'étais levé, tremblant – elle m'avait imité – et que je la regardais fixement, les yeux dans les yeux, la vue de cette bouche close qui refusait d'implorer, de son front arrogant qui refusait de se courber, éveilla brusquement en moi une… une sorte de violente convoitise. Elle dut sentir quelque chose, car elle haussa les sourcils comme lorsqu'on veut éconduire un importun : la haine entre nous soudain fut à nu. Je savais qu'elle me haïssait parce qu'elle avait besoin de moi, et je la haïssais parce que… parce qu'elle refusait d'implorer. Pendant cet instant, cet instant de silence, nous nous parlâmes pour la première fois avec sincérité. Soudain, à l'instar d'un reptile, une pensée planta ses crocs en moi et je lui dis… je lui dis…

Mais pas si vite, vous risqueriez de vous méprendre sur mon acte… sur mes paroles… il faut d'abord que je vous explique comment… comment me vint cette pensée folle… »

De nouveau le léger tintement du verre dans l'obscurité. Et la voix se fit plus fébrile.

« Ce n'est pas que je veuille m'excuser, me justifier, me blanchir... Mais vous ne comprendriez pas... Je ne sais pas si j'ai jamais été ce qu'on appelle quelqu'un de bien, mais... je crois avoir été secourable... Dans cette misérable existence, là-bas, le seul plaisir qu'on avait, c'était de pouvoir préserver un peu de souffle de vie grâce aux quelques connaissances qu'on s'était enfoncées dans le crâne... le plaisir de jouer à Dieu en quelque sorte... Vraiment, cela comptait parmi les meilleurs moments lorsqu'un de ces Jaunes arrivait, livide de peur, le pied enflé par une piqûre de serpent, implorant en larmes qu'on ne lui coupe pas la jambe, et que j'arrivais à le guérir. Je faisais des heures de route quand une femme avait de la fièvre – et j'ai aussi fourni le genre d'aide que me demandait celle-là quand j'étais à la clinique, en Europe. Mais là, au moins, on sentait que la personne avait *besoin* de vous, on savait que l'on sauvait quelqu'un de la mort ou du désespoir – et ce sentiment que l'autre avait besoin de vous, on en avait soi-même besoin pour pouvoir aider.

Or cette femme – je ne sais si je serai capable de vous l'expliquer –, cette femme m'irritait ; dès qu'elle était entrée comme si elle était une simple promeneuse, elle m'avait incité à résister par son arrogance, elle avait – comment dire – incité à la rébellion tout ce qu'il y avait en moi de réprimé, de caché, de mauvais. Ses manières de lady, la froideur distante de ses calculs dans une question de vie ou de mort, tout cela me faisait enrager... Et puis... tout de même... on ne tombe pas enceinte en jouant au golf... je savais... c'est-à-dire... je ne pus soudain m'empêcher – et la voilà, la pensée – de me rappeler avec une effroyable clarté que cette femme froide, arrogante, distante, qui haussait les sourcils au-dessus de son regard d'acier face à mon attitude défensive, proche du rejet, que cette femme, deux ou trois mois plus tôt, s'était vautrée fiévreusement au lit avec un homme, nue comme une bête et gémissant peut-être de plaisir, leurs corps étroitement imbriqués comme des lèvres... Voilà quelle fut la pensée brûlante qui m'assaillit alors qu'elle me regardait avec cette hauteur, cette froideur distante d'officier anglais... et alors, alors, tout se tendit en moi... je fus obsédé par l'idée de la rabaisser... dès cet instant, à travers la robe, je vis son corps nu... dès cet instant, je ne vécus plus que dans l'idée de la posséder, d'arracher un gémissement à ses lèvres dures, de sentir moi aussi cette femme froide et arrogante en proie à la volupté, comme l'autre, cet autre que je ne connaissais pas. Voilà ce que je voulais vous expliquer… Jamais, malgré ma déchéance, je n'avais cherché à abuser de ma position de médecin… Mais cette fois, ce n'était pas la lubricité, la convoitise, il n'y avait rien, absolument rien de sexuel… sinon je vous le dirais… juste un désir féroce de me rendre maître de l'arrogance… maître en tant qu'homme… Je vous ai dit, je crois, que les femmes arrogantes, qui jouaient la froideur, avaient toujours eu de l'emprise sur moi… mais à présent, il s'y ajoutait le fait que j'avais vécu là pendant sept ans sans avoir de femme blanche, que je n'avais connu aucune résistance… Car les filles, là-bas, ces petits animaux graciles et gazouillants, tremblent de crainte respectueuse quand un Blanc, un "monsieur", les prend… elles s'effacent dans l'humilité, toujours elles sont offertes, prêtes à vous servir avec leur petit rire glous-sant… or c'est justement cette soumission, cette servilité d'esclave qui vous bousille le plaisir… Comprenez-vous maintenant, comprenez-vous l'effet dévastateur que produisit sur moi l'arrivée soudaine d'une femme pleine d'orgueil et de haine, fermée jusqu'au bout des ongles, à la fois étincelante de mystère et lourde d'une passion antérieure… quand une telle femme entre insolemment dans la cage d'un tel homme, de cette bête humaine isolée, affamée, recluse… Voilà… voilà ce que je voulais vous dire pour que vous compreniez la suite… ce qui vient maintenant. Alors… envahi d'une vilaine convoitise, empoisonné par l'image que j'avais d'elle, nue, sensuelle, abandonnée, je me fermai comme un poing et feignis l'indifférence. Je dis avec froideur : "Douze mille gulden ?… Non, cela ne me suffit pas."

Elle me regarda, un peu pâle. Elle devait sentir que cette résistance n'était pas due à la cupidité. Mais elle répondit :

"Alors que demandez-vous ?"

J'abandonnai le ton de la froideur. "Jouons cartes sur table. Je ne suis pas un commerçant… je ne suis pas le pauvre apothicaire de *Roméo et Juliette* qui vend son poison contre de l'or corrompu, *corrupted gold*… Peut-être suis-je tout le contraire d'un commerçant… ce n'est pas ainsi que vous arriverez à vos fins.

– Alors vous ne le ferez pas ?

– Pas pour de l'argent."

Un bref silence se fit entre nous. Un silence tel que, pour la première fois, je l'entendis respirer.

"Que pourriez-vous souhaiter d'autre ?"

Je n'y tins plus.

"Pour commencer, je souhaiterais... que vous ne me parliez pas comme à un épicier, mais comme à un être humain. Que si vous avez besoin d'aide... vous ne sortiez pas tout de suite votre sale argent... que vous me demandiez... à moi, qui suis un être humain, de vous aider, vous, qui êtes un être humain... Je ne suis pas seulement médecin, je n'ai pas que des heures de consultation... j'en ai d'autres... et peut-être est-ce lors d'une de ces heures que vous êtes arrivée..."

Elle observe un instant de silence. Puis sa bouche se tord imperceptiblement, elle tremble et dit très vite :

"Alors si je vous le demandais... vous le feriez ?

– Voilà que vous recommencez à parler affaires – vous ne voulez demander que si je promets. Demandez d'abord – je vous répondrai ensuite."

Elle rejette la tête en arrière comme un cheval rétif et me lance un regard furieux.

“Non – je ne vous demanderai rien. Plutôt mourir !”

La colère m’envahit, la colère aveugle, stupide.

“Si vous ne voulez pas demander, alors moi, j’exigerai. Je ne crois pas nécessaire d’être plus clair – vous savez ce que je désire de vous. Ensuite – ensuite, je vous aiderai.”

Elle me regarda fixement pendant un instant. Puis – oh, je ne saurais dire à quel point ce fut épouvantable – ses traits se tendirent et alors… alors elle eut un *rire* brusque… elle me rit au nez avec un mépris indicible… un mépris qui me réduisit en poussière… et m’enivra en même temps. Ce fut comme une explosion, ce rire de mépris, si soudain, un tel jaillissement, une déflagration causée par une telle force que… oui, j’aurais pu tomber au sol et lui baiser les pieds. Il ne dura qu’une seconde… ce fut comme un éclair, tout mon corps était en feu… déjà elle s’était détournée et se dirigeait rapidement vers la porte. J’eus un geste involontaire pour la suivre… m’excuser… l’implorer… ma force était complètement brisée… mais elle se retourna une dernière fois et dit… non, elle *ordonna* : “N’essayez pas de me suivre ni de découvrir où j’habite… Vous le regretteriez.”

Et la porte claqua derrière elle. »

Nouvelle hésitation. Nouveau silence… Et toujours ce grondement, comme si la lumière de la lune s’écoulait. Enfin la voix reprit :

« La porte claqua… mais je restai sur place, incapable de bouger… j’étais comme hypnotisé par son ordre… je l’entendis descendre l’escalier, fermer la porte… j’entendais et ma volonté tout entière voulait la suivre… pour… je ne sais pas… la rappeler, la frapper, l’étrangler… La suivre… la suivre… Mais je ne le pouvais pas. Mes membres étaient paralysés comme après une décharge électrique… j’étais atteint, atteint au plus profond de moi-même par l’éclair impérieux de ce regard… Je sais, on ne peut ni l’expliquer ni le raconter… cela semblera peut-être ridicule, mais je restai là, immobile… il me fallut plusieurs minutes, cinq, dix peut-être, avant de pouvoir soulever un pied du sol…

Mais dès que j’eus bougé un pied, je me précipitai, tout bouillant… je dévalai l’escalier… elle ne pouvait être que sur la route qui descendait vers la civilisation… je me rue sur la remise pour prendre mon vélo, m'aperçois que j'ai oublié la clé, arrache la porte, le bambou se fendille et craque… déjà je me jette sur mon vélo et fonce à sa poursuite… il faut… il faut que je la rattrape avant qu'elle n'ait rejoint son automobile… il faut que je lui parle… La poussière de la route vole sur mon passage… c'est seulement alors que je prends conscience du temps que j'ai dû rester sans bouger… là… au tournant de la forêt, juste avant la station, je la vois qui marche d'un pas rapide, raide et droite, accompagnée du boy… Elle aussi a dû me voir, car elle lui dit quelques mots ; il s'arrête tandis qu'elle poursuit seule son chemin… Que veut-elle faire ? Pourquoi veut-elle être seule ?… Veut-elle me parler sans qu'il l'entende ?… Fou de rage, j'enfonce la pédale… C'est alors que quelque chose bondit devant moi du bord de la route… le boy… j'ai juste le temps de braquer avant de m'effondrer…

Je me relève en jurant… instinctivement, je brandis le poing pour cogner sur le malotru, mais il fait un saut de côté… D'une secousse je redresse mon vélo pour remonter en selle… La canaille bondit derechef, saisit le vélo et me dit dans son anglais pitoyable : "*You remain here.*"

Vous n'avez pas vécu sous les tropiques... Vous ignorez l'insolence que représente, pour une canaille de Jaune, le fait de poser la main sur le vélo d'un "monsieur" blanc et d'ordonner à ce "monsieur" de s'arrêter. Pour toute réponse, je lui flanque mon poing dans la figure... il titube, mais sans lâcher le vélo... ses yeux, ses yeux étroits de lâche sont écarquillés sous l'effet d'une peur servile... mais il a la main sur le guidon, il le tient ferme... "*You remain here*", répète-t-il en bredouillant. Par chance, je n'étais pas armé. Sinon je l'aurais abattu. "Va-t-en, canaille !" me contenté-je de lui dire. Il me regarde fixement, l'échine courbée, mais sans lâcher le guidon. Je lui donne un autre coup sur le crâne, il ne le lâche toujours pas. La fureur me prend... je vois qu'elle est déjà partie, qu'elle s'est peut-être déjà échappée... alors j'assène au boy un vrai coup de poing de boxeur sous le menton qui l'envoie valser. J'ai enfin récupéré mon vélo, je l'enfourche, mais il se bloque... À force de tirer, un rayon de la roue s'est tordu... les mains fébriles, j'essaie de le redresser... Impossible... alors je flanque le vélo en travers de la route, à côté du coquin qui se relève, tout saignant, et fait un geste d'esquive... Et ensuite – non, vous ne pouvez pas sentir à quel point, là-bas, il est ridicule pour un Européen... devant tout le monde... je ne savais plus ce que je faisais... je n'avais plus qu'une pensée : la suivre, la rattraper... alors je *courus*, courus comme un fou furieux sur la grand-route, passant devant les masures où tout une racaille jaune se pressait, stupéfaite, pour regarder *courir* un homme blanc, le médecin.

J'arrivai en nage à la station... Ma première question : où est la voiture ?... Tout juste partie... On me regarde, ébahi : ils doivent me prendre pour un fou furieux en me voyant arriver ainsi, trempé, poisseux, criant de loin ma question avant même de m'arrêter... En bas, sur la route, j'aperçois le tourbillon de fumée blanche de la voiture... elle a réussi... comme doivent lui réussir tous ses calculs implacables... cruels et implacables.

Mais il ne sert à rien de fuir... Sous les tropiques, il n'y a pas de secret parmi les Européens... Tout le monde se connaît, tout devient événement... Son chauffeur n'a pas perdu l'heure qu'il a passé dans le bungalow du gouverneur… en quelques minutes, je sais tout… Je sais qui elle est… qu'elle vit en bas – dans la capitale, à huit heures de train d'ici… qu'elle est, disons, la femme d'un grand commerçant, follement riche, distinguée, une Anglaise… je sais que son mari a passé cinq mois en Amérique et qu'il doit rentrer d'un jour à l'autre pour l'emmener en Europe…

Mais elle – et cette pensée s'insinue dans mes veines comme un poison –, elle ne peut guère être enceinte de plus de deux ou trois mois… »

« Jusqu'ici, j'ai pu vous rendre les choses compréhensibles… pour la seule raison peut-être que moi-même, je me comprenais encore… en tant que médecin, j'avais l'habitude de faire mes propres diagnostics. Mais à dater de ce moment-là, je fus comme en proie à la fièvre… je perdis le contrôle de moi-même… c'est-à-dire… j'avais parfaitement conscience de l'absurdité de mes actes, mais je n'avais plus aucun pouvoir sur moi… je ne me comprenais plus… je fonçais droit devant, obsédé par mon objectif… Mais attendez… peut-être pourrai-je tout de même vous faire comprendre… Savez-vous ce qu'est l'"amok" ?

– L'"amok" ?… Je crois me souvenir… une sorte d'ivresse chez les Malais…

– C'est plus que de l'ivresse… c'est une folie, une version humaine de la rage canine… un accès de monomanie meurtrière, absurde, qui n'est comparable à aucune autre forme d'intoxication par l'alcool… Pendant mon séjour, j'en ai moi-même étudié quelques cas – quand il s'agit des autres, on est toujours très malin, très objectif –, mais sans pouvoir élucider le terrible secret de son origine… Il semble y avoir un rapport avec le climat, avec cette atmosphère lourde, dense, qui pèse sur les nerfs comme l'orage jusqu'à ce qu'ils cèdent… L'amok, donc… oui, voilà ce qu'est l'amok : un Malais, un brave homme tout ce qu'il y a d'ordinaire, sirote sa boisson… il est assis là, morne, flegmatique, éteint… comme moi dans ma chambre… quand, soudain, il bondit, attrape un poignard et sort en courant… il court sur la route, tout droit, toujours tout droit… sans savoir où il va… Tout ce qui croise son chemin, homme ou bête, il l'abat de son kriss et l'ivresse du sang ne fait que l'échauffer… L'écume vient aux lèvres du coureur, il hurle comme un fou furieux… mais il court, il court, il court, il ne regarde plus ni à droite ni à gauche, il ne fait que courir avec son cri strident, son kriss sanglant, en une effroyable ligne droite… Les gens des villages savent qu'aucune puissance n'est capable d'arrêter un homme sous l'emprise de l'amok… alors quand il arrive, ils hurlent en manière d'avertissement : "Amok ! Amok !", et c'est la fuite générale… mais lui court sans entendre, court sans voir, tue tout ce qu'il rencontre… jusqu'à ce qu'on l'abatte comme un chien enragé ou qu'il s'effondre, tout écumant…

J'ai vu cela, un jour, de la fenêtre de mon bungalow… c'était effroyable… mais le fait d'avoir assisté à ce spectacle me permet de comprendre ce qui m'arrivait alors… car c'est ainsi, exactement ainsi, avec ce regard terrible, fixé droit devant moi, insoucieux de ce qu'il y avait à droite ou à gauche, avec cette obsession, que je me suis précipité à la poursuite de cette femme… Je ne sais plus comment je m'y suis pris, tout défilait à une allure si vertigineuse, à une vitesse si insensée… Dix minutes, non, cinq, non, deux… après avoir tout appris sur cette femme, son nom, son adresse, sa vie, je fonçais déjà chez moi sur un vélo récupéré à la hâte. Je jetai un costume dans la valise, pris de l'argent et rejoignis la gare en voiture… je partis sans prévenir l'employé du district… sans nommer de remplaçant… je laissai la maison ouverte, dans l'état où elle était… Autour de moi des domestiques, les femmes s'étonnaient et posaient des questions, je ne répondais pas, je ne me retournai pas… j'allai jusqu'à la gare et descendis en ville par le premier train… Il ne m'avait fallu qu'une heure, après la visite de cette femme, pour jeter ma vie aux orties et me ruer frénétiquement dans le vide…

Je fonçais droit devant moi, la tête dans le mur… arrivé à dix-huit heures… j'étais à dix-huit heures dix chez elle, où je me fis annoncer. C'était… vous le comprendrez… la chose la plus absurde, la plus stupide que je pusse faire… mais celui qui est victime de l'amok court les yeux vides, il ne voit pas où il court… Au bout de quelques instants, le domestique revint… poli et froid… Madame était indisposée et ne pouvait me recevoir.

Je ressortis en titubant… Je restai encore une heure à rôder autour de la maison, obsédé par l'espoir insensé qu'elle chercherait peut-être à me voir… alors seulement je pris une chambre à l'Hôtel de la Plage et fis monter deux bouteilles de whisky… celles-ci, accompagnées d'une double dose de véronal, m'aidèrent… je m'endormis enfin… et ce sommeil hébété, boueux, fut l'unique moment de repos que je connus durant cette course entre la vie et la mort. »

La cloche du bateau retentit. Deux coups secs, sonores, dont la vibration tremblante se prolongea dans l'étang cotonneux de l'air presque inerte avant de décroître au sein du doux et incessant grondement qui courait obstinément sous la quille en se mêlant à l'ardent récit. L'homme qui était en face de moi dans le noir avait dû sursauter, il s'interrompit. De nouveau j'entendis la main tâtonner vers la bouteille, de nouveau un bruit discret de déglutition. Après quoi, apparemment tranquillisé, il reprit d'une voix plus ferme :

« J'aurais peine à vous raconter les heures qui suivirent. Je crois aujourd'hui que j'avais la fièvre, en tout cas j'étais en proie à une sorte de surexcitation qui confinait à la démence

– l'amok, je vous l'ai dit. Mais ne l'oubliez pas, j'étais arrivé dans la nuit de mardi, et c'était le samedi – comme je l'avais appris entre-temps – que son époux devait venir de Yokohama avec le paquebot P&O[1]. Il ne restait donc plus que trois jours, trois petits jours pour prendre une décision et l'aider. Comprenez-moi bien : je savais que je devais l'aider sans délai, mais je n'étais pas en mesure de lui dire un mot. Et c'était précisément ce besoin de m'excuser pour mon comportement ridicule de fou furieux qui m'aiguillonnait. Je connaissais le prix de chaque instant, je savais que, pour elle, c'était une question de vie ou de mort, cependant je n'avais aucune possibilité de l'approcher ne serait-ce que par un murmure, un signe, car c'était justement l'impétuosité, la grossièreté de ma poursuite qui l'avait effrayée. C'était comme si… oui, c'est ça… comme de courir après quelqu'un pour le mettre en garde contre un assassin, or c'est vous qu'il prend pour l'assassin de sorte

---

1. Sigle de la Peninsular and Oriental Steam Navigation Company, qui était, depuis le milieu du XIXe siècle, l'une des plus importantes compagnies maritimes de paquebots. *(N.d.É.)*

qu'il continue à courir à sa perte... elle ne voyait en moi que le forcené qui la poursuivait pour l'humilier, mais moi... c'est cela qui était d'une effroyable absurdité... je n'y pensais plus du tout... j'étais déjà anéanti, tout ce que je voulais, c'était l'aider, la servir... j'aurais commis un meurtre, un crime pour l'aider... Mais elle, elle ne comprenait pas. Lorsque je m'éveillai au matin et que je courus de nouveau chez elle, le boy était devant la porte, celui que j'avais frappé au visage, et quand de loin il me vit arriver – sans doute m'attendait-il – il se faufila à l'intérieur. Peut-être voulait-il juste m'annoncer en secret... peut-être... ah, cette incertitude, comme elle me tourmente à présent... peut-être tout était-il déjà prêt pour me recevoir... mais quand je le vis, que mon humiliation me revint en mémoire, je n'osai réitérer ma visite... J'avais les genoux tremblants. Juste devant le seuil, je tournai les talons et repartis... repartis tandis qu'elle, de son côté, m'attendait peut-être en proie au même supplice.

Je ne savais plus quoi faire dans cette ville étrangère qui me brûlait les talons... Soudain, j'eus une idée, déjà je hélai une voiture et je me rendis chez le vice-résident, celui-là même que j'avais soigné naguère, où je me fis annoncer... Mon apparence déjà devait avoir quelque chose de déconcertant, car il me lança un regard presque effrayé et sa politesse trahit une certaine inquiétude... peut-être discernait-il déjà en moi l'homme en proie à l'amok... Sans hésiter, je lui expliquai que je demandais mon transfert en ville, que je ne pouvais plus assurer mon poste... il fallait que je déménage immédiatement... Il me regarda... je ne saurais vous décrire ce regard... celui d'un médecin observant un patient... "Dépression nerveuse, cher docteur, dit-il alors, je ne le comprends que trop bien. Cela peut se faire ; mais vous devrez patienter... disons quatre semaines... il faut d'abord que je vous trouve un remplaçant."

"Je ne peux attendre, pas même un jour", répondis-je. De nouveau, cet étrange regard. "Il le faudra bien pourtant, fit-il gravement, il n'est pas question de laisser la station sans médecin. Mais je vous promets de m'en occuper dès aujourd'hui." Je restais là, les dents serrées : pour la première fois, je sentis que j'étais un vendu, un esclave. Déjà, tout en moi se concentrait en esprit de bravade quand sa souplesse me devança : “Vous avez perdu l’habitude des gens, docteur, cela finit par devenir une maladie. Nous nous sommes tous étonnés de ne jamais vous voir descendre ici, prendre de vacances. Il vous fallait davantage de compagnie, davantage de stimulation. Venez au moins ce soir, il y a une réception à la résidence du gouvernement. Toute la colonie sera là, certains souhaitent depuis longtemps vous connaître, on s’est enquis de vous, on espérait vous voir ici.”

Ces dernières paroles m’arrachèrent à mon état. Enquis de moi ? Pouvait-il s’agir d’elle ? Soudain, je fus un autre : je le remerciai aussitôt de son invitation avec la plus grande courtoisie et lui assurai que je serais là à l’heure dite. De fait, je fus ponctuel, beaucoup trop ponctuel. Est-il besoin de préciser que, mû par mon impatience, j’arrivai le premier dans la vaste salle de la résidence et que je me retrouvai silencieusement entouré de domestiques, des Jaunes, qui allaient et venaient pieds nus d’un pas preste et dansant, et qui – à ce qu’il me semblait dans ma confusion – souriaient de moi derrière mon dos. Pendant un quart d’heure, je fus le seul Européen au milieu de tous ces préparatifs muets, si seul avec moi-même que j'entendais le tic-tac de ma montre dans la poche de mon gilet. Enfin quelques employés du gouvernement arrivèrent avec leurs familles, puis ce fut le tour du gouverneur, qui engagea avec moi une assez longue conversation durant laquelle je me montrai empressé et, je crois, habile, jusqu'au moment où… où soudain, pris d'une mystérieuse nervosité, je perdis toute aisance et me mis à bafouiller. J'étais adossé à la porte de la salle, mais je sentis tout d'un coup qu'elle devait être entrée, qu'elle devait être là : je ne saurais dire pourquoi cette certitude soudaine vint me troubler, mais alors que je parlais encore avec le gouverneur, que j'avais dans l'oreille le son de ses paroles, je sentis derrière moi, quelque part, sa présence. Par chance, le gouverneur mit bientôt fin à la conversation – autrement, je crois que je me serais brusquement retourné tant ce mystérieux tiraillement des nerfs était puissant et mon désir, exacerbé. Et en vérité, à peine m'étais-je tourné que je la vis exactement à l'endroit où je l'avais inconsciemment située. Vêtue d'une robe de bal jaune qui faisait briller comme de l'ivoire mat ses épaules minces et pures, elle bavardait au milieu d'un groupe de personnes. Elle souriait, mais je crus lui voir une expression légèrement tendue. Je m'approchai – elle ne pouvait ou ne voulait pas me voir – et regardai ce sourire obligeant et poli qui tremblait sur ses lèvres fines. Et ce sourire m'enivra derechef parce qu'il… parce que j'y décelais le mensonge, art ou technique, maîtrise du déguisement. Aujourd'hui, nous sommes mercredi, telle fut l'idée qui me traversa l'esprit, samedi arrive le bateau ramenant l'époux… comment peut-elle sourire avec… tant d'assurance, tant d'insouciance, et jouer nonchalamment de l'éventail au lieu de le broyer d'anxiété ? Moi… l'étranger… depuis deux jours je tremblais à l'idée de ce moment… moi, l'étranger, je partageais sa peur, son effroi avec tous les excès du sentiment… tandis qu'elle, elle allait au bal et souriait, souriait, souriait…

Derrière nous, l'orchestre se mit à jouer. On commença à danser. Un officier d'un certain âge l'avait invitée, elle s'excusa auprès du groupe et passa devant moi pour se rendre dans l'autre salle au bras de l'officier. Lorsqu'elle m'aperçut, son visage se crispa soudain violemment, mais juste une seconde, puis elle m'adressa un signe de tête poli (avant que j'eusse décidé si je la saluerais ou non) comme à une connaissance occasionnelle : “Bonsoir, docteur”, et déjà elle n’était plus là. Personne n’aurait pu soupçonner ce que cachait ce regard gris-vert ; moi-même, je l’ignorais. Pourquoi me saluait-elle… pourquoi me reconnaissait-elle tout d’un coup ?… Était-ce une attitude de défense, était-ce une approche ou juste l’embarras de la surprise ? Je ne saurais vous décrire mon excitation, tout en moi était bouleversé, contracté jusqu’à en devenir explosif et en la voyant valser nonchalamment dans les bras de l’officier avec, au front, l’éclat froid de l’insouciance alors que je savais… qu’elle aussi n’avait que cette pensée-*là* en tête… que nous étions seuls en ces lieux à partager un terrible secret… et elle valsait… à ce moment-là, ma peur, mon désir et mon admiration se firent plus passionnés encore. Je ne sais si l’on m’observait, mais je me trahissais assurément bien plus qu’elle, de son côté, ne se dissimulait – j’étais incapable de détourner les yeux, j’étais contraint… oui, contraint de la regarder, de loin j’aspirais, je tirais sur ce visage fermé dans l’espoir de lui ôter fugitivement son masque. Ce regard insistant dut lui être désagréable. Alors qu’elle repartait au bras de son danseur, elle me jeta en un éclair un regard impérieux qui semblait me repousser : de nouveau la petite ride de colère arrogante que je lui avais déjà vue se creusa sur son front.

Mais… je vous l'ai dit… j'étais en proie à l'amok, je ne regardais ni à droite ni à gauche. Je compris aussitôt – ce regard signifiait : n'attire pas l'attention ! Maîtrise-toi ! Je savais qu'elle… comment vous l'expliquer ?… qu'elle voulait que je fisse preuve de discrétion dans cet endroit public… je compris que si je m'en allais dès à présent, je pouvais être sûr que, le lendemain, elle me recevrait… elle voulait juste éviter d'être exposée à ma familiarité voyante, elle craignait – ô combien avec raison – une scène due à ma maladresse… Vous voyez… je savais tout, je comprenais ce regard gris impérieux, mais… mais c'était plus fort que moi, il fallait que je lui parle. Je me dirigeai donc d'un pas titubant vers le cercle dans lequel elle se trouvait, m'approchai tout près de ces gens qui discouraient avec naturel et dont la plupart m'étaient inconnus, mû par le seul désir de l'entendre parler, tout en me recroquevillant craintivement, tel un chien battu, lorsque son regard m'effleurait avec froideur comme si j'étais une des tentures contre lesquelles je m'appuyais ou l'air qui les agitait légèrement. Mais je restais là, à l'affût d'un mot de sa part, d'un signe d'intelligence, je restais là, le regard fixe, au milieu des conversations, tel un bloc. Mon attitude avait dû attirer l'attention, sans aucun doute, car personne ne m'adressa la parole et elle fut obligée de supporter ma présence ridicule.

Combien de temps serais-je resté là, je l'ignore… une éternité, peut-être… je ne *pouvais* me soustraire à ce sortilège qui pesait sur ma volonté. J'étais paralysé par l'obstination de ma colère… Mais ce fut elle qui n'y tint plus… se tournant brusquement vers les hommes avec la magnifique légèreté de son être, elle dit : "Je suis un peu fatiguée… je veux rentrer plus tôt pour une fois… Bonne nuit !"… et déjà elle passait devant moi avec un signe de tête mondain… j'aperçus encore la ride sur son front, puis je ne vis plus que son dos, ce dos blanc, froid, nu. Il me fallut un petit moment pour comprendre qu'elle partait… que je ne pourrais plus la voir, que je ne pourrais plus lui parler ce soir-là, soir de l'ultime salut… je restai là, figé, jusqu'à ce que je comprenne… et alors… alors…

Mais attendez… autrement vous ne saisirez pas l'absurdité, la stupidité de mon acte… il faut d'abord que je vous décrive le décor… C'était la grande salle de la résidence, tout illuminée et presque vide, cette salle gigantesque… les couples étaient allés danser, les messieurs, jouer… seuls quelques groupes bavardaient dans les coins… la pièce était donc vide, le moindre geste se remarquait, se voyait sous l'éclairage cru… et cette grande et vaste salle, elle la traversait, légère et lente, avec ses hautes épaules, retournant de temps à autre un salut avec son style indescriptible… avec ce calme magnifique, glacé, souverain, qui me ravissait tant chez elle… Moi… j'étais resté derrière, je vous l'ai dit, comme paralysé, avant de comprendre qu'elle s'en allait… et lorsque j'eus compris, elle avait déjà atteint la porte à l'autre bout de la salle… Alors… oh, j'ai encore honte en y pensant… je m'arrachai soudain à mon immobilité et je *courus* – vous entendez, je courus… je ne marchai pas, je lui *courus* après à grand fracas, le bruit de mes pas résonnait dans toute la salle… je l'entendais, ce bruit, je voyais les regards surpris tournés vers moi… j'aurais pu mourir de honte… au moment même où je courais, j'étais déjà conscient de cette folie… mais je ne pouvais… je ne pouvais plus reculer… Je la rattrapai à la porte… Elle se retourna… son regard s'enfonça en moi comme de l'acier gris, les ailes de son nez frémissaient de colère… j'allais bredouiller quelque chose… quand… quand elle éclata soudain de *rire*… un rire chaud, clair, insouciant, et dit à voix haute… si haute que tous entendirent… "Ah, docteur, vous pensez enfin à l'ordonnance de mon garçon… Ces hommes de science…" Quelques personnes qui se trouvaient à proximité eurent un rire débonnaire… je compris, vacillai sous le choc de la maîtrise avec laquelle elle avait sauvé la situation… fouillai dans mon portefeuille et arrachai du bloc une page vierge qu'elle prit avec nonchalance avant de s'en aller… souriant de nouveau avec froideur en guise de remerciement… Sur le moment, je me sentis soulagé… Je voyais que mon acte de démence avait été réparé par sa maîtrise, que la situation était sauvée… mais je sus également que désormais tout était perdu pour moi, que cette femme me haïssait pour mon emportement et ma bêtise… qu'elle me haïssait plus que la mort… que je pourrais me présenter des centaines de fois devant sa porte, elle me ferait chasser comme un chien.

Je traversai la salle en titubant… remarquai que les gens me regardaient… je devais avoir un air étrange… Je me rendis au buffet, bus deux, trois, quatre cognac d'affilée… cela m'empêcha de m'effondrer… mes nerfs n'en pouvaient plus, ils étaient comme rompus… Puis je me glissai à l'extérieur par une petite porte, en cachette, comme un criminel… On m'aurait offert un royaume que je n'aurais pas retraversé cette salle où son rire sonore collait encore à tous les murs… je m'en allai… où, je ne saurais plus le dire précisément… dans quelques bars où je bus comme un trou… en homme qui veut noyer toute lucidité dans l'alcool… mais… mes sens n'étaient pas émoussés… le rire était fiché en moi, strident, méchant… le rire, ce maudit rire, je n'arrivais pas à le faire taire… Ensuite, j'errai encore un moment dans le port… j'avais laissé mon revolver chez moi, autrement je me serais tiré une balle dans la tête. Je ne pensais à rien d'autre et c'est avec cette pensée que je rentrai… avec cette unique pensée que je me dirigeai vers le tiroir de gauche, dans l'armoire, où reposait mon revolver… avec cette unique pensée.

Si alors je ne me suis pas tué… ce ne fut pas lâcheté, je vous le jure… c'eût été une délivrance de presser la gâchette froide sur laquelle j'avais déjà le doigt… mais comment vous dire… il me restait encore un sentiment de devoir… oui, le devoir d'assistance, ce maudit devoir… je devenais fou à l'idée qu'elle pouvait encore avoir besoin de moi, qu'elle avait besoin de moi… quand j'étais rentré, nous étions déjà jeudi matin, or… je vous l'ai dit… le bateau arrivait samedi et je savais que *cette* femme, cette femme fière, hautaine, ne survivrait pas à la honte face à son mari et à la société… Ah, comme elle me tourmentait, la pensée de tout ce précieux temps absurdement gaspillé, de la folle précipitation qui m'avait empêché de l'aider au moment opportun… pendant des heures, oui, des heures, je vous l'assure, j'ai fait les cent pas dans la chambre, aller-retour, en me torturant la cervelle pour savoir comment l'approcher, réparer, l'aider… car elle ne me recevrait plus, j'en étais sûr… mes nerfs se ressentaient encore de son rire et de la colère qui avait fait frémir les ailes de son nez… des heures durant, oui, vraiment, j'ai parcouru les trois mètres de cette chambre exiguë... déjà le jour était là, déjà le matin...

Soudain, je me ruai sur la table... j'arrachai brutalement une liasse de feuilles de papier à lettres et me mis à lui écrire... à tout écrire... une lettre d'une obséquiosité larmoyante, où je la priais de me pardonner, où je me traitais de fou, de criminel... où je l'adjurais de me faire confiance... Je jurais de disparaître aussitôt après, de quitter la ville, la colonie, si elle le souhaitait : le monde... il fallait juste qu'elle me pardonne et qu'elle me fasse confiance, qu'elle me laisse l'aider en ce dernier, tout dernier moment... Je noircis fiévreusement vingt pages... cela devait être une lettre folle, indescriptible, comme née du délire, car lorsque je me levai, j'étais baigné de sueur... la pièce tanguait, je dus boire un verre d'eau... Après, seulement, j'essayai de me relire, mais dès les premiers mots, je frémis... je pliai la lettre en tremblant et tendais déjà la main vers une enveloppe... quand une idée me traversa soudain l'esprit. Tout d'un coup, je sus quel serait le mot décisif. De nouveau j'attrapai la plume et écrivis sur la dernière page : "J'attendrai ici, à l'Hôtel de la Plage, un mot de pardon. Si à sept heures je n'ai pas de réponse, je me tuerai."

Puis je pris la lettre, sonnai un boy et lui ordonnai d'aller la porter sur-le-champ. Enfin tout était dit – tout ! »

Quelque chose tinta et dégringola à côté de nous. Un mouvement brusque de sa part avait renversé la bouteille de whisky ; j'entendis sa main tâtonner sur le sol à sa recherche, puis la saisir prestement : d'un geste ample, il lança la bouteille vide par-dessus bord. Après un moment d'interruption, la voix reprit avec plus de fièvre et de hâte encore.

« J'ai perdu la foi… pour moi, le ciel et l'enfer n'existent pas… et si l'enfer existe, je ne le crains pas car il ne peut être pire que ce que j'ai vécu ce jour-là, entre le matin et le soir… Imaginez-vous une petite pièce, brûlante sous le soleil, de plus en plus torride sous le brasier de midi… une petite pièce, juste une table, une chaise, un lit… Et sur cette table, rien d'autre qu'une montre et un revolver, et devant la table un homme… un homme qui garde les yeux fixés sur la table, sur la trotteuse de la montre… un homme qui ne mange ni ne boit, qui ne fume pas, qui ne bouge pas… qui… écoutez bien… pendant trois heures se borne à fixer le cercle blanc du cadran de la montre et l'aiguille qui effectue son tour en tictaquant… Voilà… voilà comment j'ai passé la journée, j'ai attendu, attendu, attendu… mais attendu comme un homme sous l'emprise de l'amok, d'une manière absurde, animale, avec cette obstination furieuse de la ligne droite.

Je ne vous décrirai pas ces heures… cela ne se décrit pas… je ne comprends plus moi-même comment on peut traverser cela sans… sans devenir fou… Donc… à quinze heures vingt-deux… je le sais, j'avais les yeux fixés sur la montre… on frappa soudain à la porte… D'un seul élan, je bondis jusqu'à la porte comme un tigre sur sa proie, je l'ouvre brutalement… sur le seuil se tient un gamin chinois tout craintif, un papier plié à la main, et tandis que je m'en saisis avidement, il s'éclipse et disparaît.

Je déplie le papier en toute hâte, je veux le lire… mais ne peux pas… Tout est rouge, tout vacille devant mes yeux… vous imaginez le supplice, enfin, enfin, je le reçois, ce mot d'elle… et voilà que tout tremble et danse devant mes pupilles… Je me mets la tête sous l'eau… cela m'éclaircit les idées… Je reprends le papier et lis : "Trop tard ! Mais restez chez vous. Je vous ferai peut-être appeler."

Pas de signature sur le papier froissé, arraché à quelque vieux prospectus… des traits de crayon hâtifs, confus, pour une écriture ordinairement assurée… je ne sais pourquoi cette note m'ébranla à ce point… Il s'y attachait quelque chose d'horrible, de mystérieux, elle semblait avoir été écrite en pleine fuite, dans l'embrasure d'une fenêtre ou en voiture… Un mélange indescriptible de peur, de hâte, d'effroi émanant de ce mot clandestin heurta brutalement mon âme… et pourtant… pourtant… j'étais heureux : elle m'avait écrit, l'heure de ma mort n'était pas encore venue, j'avais le droit de l'aider… peut-être… j'avais le droit… je me perdais dans les conjectures et les espoirs les plus insensés… Cent fois, mille fois, j'ai relu et embrassé ce petit papier… je l'ai scruté en quête d'un mot oublié, inaperçu… ma rêverie se faisait toujours plus profonde, toujours plus confuse, un état irréel de sommeil les yeux ouverts… une sorte de torpeur, quelque chose d'une hébétude et d'une agitation entre sommeil et veille, qui dura peut-être quelques quarts d'heure, peut-être quelques heures…

Soudain, je tressaillis… N'avait-on pas frappé ?… Je retins mon souffle… une minute, deux minutes d'immobilité silencieuse… Et puis de nouveau, très doucement, comme un grignotement de souris, un coup discret mais énergique… Je bondis, encore tout vacillant, ouvris la porte – c'était le boy, son boy, celui auquel j'avais envoyé un coup de poing sur la bouche… son visage brun était couleur de cendre, ses yeux égarés disaient le malheur… Aussitôt l'effroi me saisit… “Que… que s'est-il passé ?” parvins-je encore à bredouiller. “*Come quickly*”, fit-il… rien d'autre… aussitôt je dévalai l'escalier, le boy sur mes talons… Un sado, une sorte de petite voiture, nous attendait, nous y montâmes… “Que s'est-il passé ?” lui demandai-je… Il me regarda en tremblant sans répondre, les lèvres serrées… Je répétai ma question – il continua de se taire… Je lui aurais volontiers envoyé un autre coup de poing en pleine figure… mais la fidélité servile qu'il témoignait à sa maîtresse me toucha… je cessai de l'interroger… La voiturette roulait avec tant de hâte dans cette confusion que les gens se dispersaient en jurant, elle quitta le quartier européen en bord de mer pour gagner la ville basse et, plus loin, plus loin encore, le désordre criard de la ville chinoise… Enfin nous arrivâmes dans une étroite ruelle, située tout à fait à l'écart… la voiture s'arrêta devant une maison basse… Elle était sale et comme recroquevillée, en façade une petite boutique avec une chandelle… une de ces baraques dans lesquelles se cachent les fumeries d'opium ou les bordels, un repaire de voleurs ou un antre de receleurs… Le boy frappa précipitamment à la porte… Dans l'entrebâillement, une voix chuchota, posant des questions à n'en plus finir… N'y tenant plus, je bondis de mon siège, poussai la porte… une vieille Chinoise s'enfuit avec un petit cri… le boy était sur mes talons, il me guida dans le couloir… ouvrit une autre porte… une porte donnant sur une pièce sombre d'où émanaient des relents d'eau-de-vie et de sang caillé… Quelque chose était là, qui gémissait… j'entrai à tâtons… »

De nouveau, la voix s'interrompit. Et ce qui jaillit ensuite tenait plus du sanglot que du discours.

« Je… j'avançai à tâtons… et là… sur une paillasse infecte… gisait, tordue de douleur… une chose humaine gémissante… c'est là qu'elle était…

L'obscurité m'empêchait de distinguer son visage… Mes yeux n'étaient pas encore habitués… je ne pouvais donc que palper… sa main… chaude… brûlante… Fièvre, forte fièvre… j'eus un frisson… en un instant je compris tout… elle était venue là pour me fuir… s'était laissé mutiler par quelque Chinoise crasseuse uniquement parce qu'elle espérait trouver là plus de discrétion… avait préféré se faire assassiner par une diabolique sorcière plutôt que de m'accorder sa confiance… uniquement parce que l'insensé que j'étais… avait heurté sa fierté, refusé de l'aider sur-le-champ… parce qu'elle me craignait plus que la mort…

Je réclamai de la lumière à grands cris. Le boy bondit : les mains tremblantes, l'abominable Chinoise apporta une lampe à pétrole qui fumait… je dus me faire violence pour ne pas sauter à la gorge de cette crapule… ils posèrent la lampe sur la table... la lumière tomba, jaune et claire, sur le corps martyrisé... Et soudain... soudain, tout me quitta, toute la torpeur, toute la colère, tout l'immonde purin des passions accumulées... je ne fus plus que médecin, un homme qui aidait, sentait, savait... je m'étais oublié... je luttais, les sens en éveil, lucides, contre l'abomination... Le corps nu que j'avais désiré dans mes rêves n'était plus pour moi... comment dire... que matière, organisme... ce n'était plus elle que je percevais, mais la vie en révolte contre la mort, l'être humain tordu sous l'effet d'une douleur atroce... Son sang, son sang brûlant, sacré, inondait mes mains, mais je n'en retirais ni plaisir ni horreur... je n'étais plus que médecin... je ne voyais plus que la douleur... et je vis...

Je vis aussitôt que tout était perdu à moins d'un miracle... elle était blessée et s'était à moitié vidée de son sang sous l'action de cette main d'une maladresse criminelle... et dans cet antre puant, je n'avais rien pour stopper le sang, pas même de l'eau... tout ce que je touchais disparaissait sous la crasse...

"Il faut aller tout de suite à l'hôpital", dis-je. Mais à peine avais-je prononcé ces mots que le corps martyrisé se cabra dans un spasme. “Non… non… plutôt mourir… personne ne doit savoir… personne… à la maison… à la maison…”

Je compris… elle ne luttait plus que pour le secret, pour son honneur… pas pour sa vie… Et – je me soumis… Le boy fit apporter un brancard… nous l’y installâmes… et c’est ainsi… comme si elle était déjà un cadavre, épuisée, fiévreuse… que nous la transportâmes dans la nuit… jusque chez elle… écartant la domesticité effrayée qui posait des questions… comme des voleurs, nous la portâmes dans sa chambre et nous fermâmes les portes… Et alors… alors commença le combat, le long combat contre la mort… »

Tout d’un coup, une main se crispa sur mon bras, je faillis crier de peur et de douleur. Dans l’obscurité, le visage fut soudain proche de moi, grotesque, je vis les dents blanches sous les lèvres brusquement retroussées, les verres de lunettes qui luisaient sous le pâle reflet de la lune comme deux énormes yeux de chat. À présent, il ne parlait plus – il criait, secoué par des hurlements de colère.

« Est-ce que vous savez, vous, l'étranger, qui êtes assis nonchalamment sur cette chaise, vous, le promeneur qui visitez le monde, est-ce que vous savez ce que c'est, un être humain qui meurt ? Avez-vous déjà assisté à ce spectacle, avez-vous vu le corps se tordre, les ongles bleus qui agrippent le vide, la gorge qui râle, chaque membre qui s'insurge, chaque doigt qui se révolte contre l'effroyable et l'œil qui s'écarquille sous l'effet d'une horreur sans nom ? Avez-vous déjà vécu cela, vous, l'homme oisif, vous, le voyageur, vous qui parlez de l'assistance comme d'un devoir ? J'ai souvent vu cela dans mon métier, je l'ai vu comme… un cas clinique, un fait… un objet d'étude si l'on veut – quant à le *vivre*, cela ne m'est arrivé qu'une fois, une fois seulement j'ai partagé l'expérience, j'ai participé à la mort, et c'est cette nuit-là… cette nuit épouvantable où je me torturais la cervelle pour savoir, trouver, inventer quelque chose contre ce sang qui coulait, coulait, coulait, contre la fièvre qui la consumait sous mes yeux… contre la mort qui se rapprochait et que je ne parvenais pas à chasser du lit. Comprenez-vous ce que cela signifie, être médecin, tout savoir des maladies – être tenu par le devoir d'assistance, comme vous l'avez dit si doctement – et se retrouver, impuissant, au chevet d'une mourante, savoir en étant impuissant… ne savoir qu'une chose, cette chose épouvantable, qu'on est incapable d'aider alors qu'on voudrait s'arracher chaque veine du corps… voir un corps aimé se vider misérablement de son sang, torturé par la douleur, sentir un pouls qui s'affole et s'éteint tout à la fois… qui se dérobe sous vos doigts… être médecin et ne rien savoir, rien, rien, rien… être là, c'est tout, et bredouiller une prière comme une petite vieille à l'église, puis, de nouveau, serrer les poings contre un dieu lamentable qui n'existe pas, on le sait… Comprenez-vous cela ? Comprenez-vous ?… Je… la seule chose que je ne comprends pas, c'est comment on peut ne pas mourir dans des moments pareils… comment on peut se réveiller le lendemain, se brosser les dents et nouer sa cravate… continuer à vivre quand on a senti ce souffle, ce premier être pour lequel j'ai lutté, combattu, que je voulais soutenir de toutes les forces de mon âme… quand on l'a senti vous glisser entre les doigts… glisser je ne sais où, de plus en plus vite à chaque minute, pendant que dans ma cervelle fiévreuse je ne trouvais rien pour le retenir, cet être, ce seul être...

Et pour redoubler diaboliquement ma souffrance, il y avait… Pendant que j'étais à son chevet – je lui avais donné de la morphine pour apaiser la douleur et je la voyais étendue là, les joues brûlantes, brûlantes et blêmes –, oui… pendant que j'étais assis là, je sentais en permanence dans mon dos deux yeux braqués sur moi avec une terrible expression d'attente… Le boy était accroupi sur le sol et murmurait des prières… Quand mes yeux croisaient les siens… non, je ne saurais décrire cela… son regard servile avait quelque chose de si implorant, de si… reconnaissant et, en même temps, il levait les mains vers moi comme pour m'adjurer de la sauver… vous comprenez ? Vers moi, il levait les mains vers moi comme vers un dieu… moi… le pleutre impuissant, qui savait que tout était perdu… que j'étais aussi inutile qu'une fourmi qui rampe au sol… Ah, ce regard, quelle torture, cet espoir fanatique et animal placé en mon art… j'aurais pu rabrouer le boy, le frapper à coups de pied tant il me faisait mal… mais je sentais combien nous étions liés tous deux par notre amour pour elle… par le secret… Telle une bête à l'affût, un petit tas d'hébétude, il était assis, tout recroquevillé, juste derrière moi... dès que je demandais quelque chose, il bondissait sur ses pieds nus et silencieux et me le tendait en tremblant... d'un air d'espoir, comme si c'était le remède... le salut... Je sais qu'il se serait ouvert les veines pour l'aider... voilà comment était cette femme, le pouvoir qu'elle avait sur les êtres... et moi... je n'avais pas le pouvoir de sauver un petit peu de sang... Oh, cette nuit, cette nuit atroce, cette nuit interminable entre la vie et la mort !

Vers le matin, elle se réveilla une dernière fois... elle ouvrit les yeux... ils n'avaient plus leur arrogance et leur froideur... une fièvre y brillait d'un éclat humide tandis qu'ils exploraient la chambre sans avoir l'air de la reconnaître... Puis elle me regarda : elle sembla réfléchir, vouloir se rappeler mon visage... et soudain... je le vis... le souvenir lui revint... car une frayeur, une répugnance... quelque chose... quelque chose d'hostile, de terrifié crispa ses traits... elle agita les bras comme pour fuir... loin, loin, loin de moi... je vis que c'était à *cela* qu'elle pensait... à ce moment passé... Puis elle se souvint... elle me regarda d'un air plus calme, respira péniblement... je sentis qu'elle voulait parler, dire quelque chose… De nouveau, ses mains se crispèrent… elle voulut se redresser, mais elle était trop faible… Je la calmai, me penchai vers elle… alors elle m'adressa un long regard de souffrance… ses lèvres remuèrent légèrement… ce fut un ultime son qui s'éteignait lorsqu'elle dit… "Vous n'en parlerez… à personne ?"

"À personne, répondis-je avec toute la force de la conviction. Je vous le promets."

Mais son regard restait inquiet… De ses lèvres fiévreuses, la voix à peine audible, elle souffla :

"Jurez-moi… que personne… jurez."

Je levai le doigt comme pour prêter serment. Elle me regarda… d'une manière… indescriptible… douce, chaleureuse, reconnaissante… oui, vraiment, reconnaissante… Elle voulut ajouter quelque chose, mais cela lui était trop difficile. Elle resta longtemps étendue, épuisée par ces efforts, les yeux clos. Puis ce fut le début de l'horreur… l'horreur… pendant toute une heure encore elle lutta : la fin ne survint qu'au matin… »

Il se tut un bon moment. Je ne m'en aperçus que lorsque la cloche du pont intermédiaire sonna dans le silence, un, deux, trois coups secs – trois heures. La lumière de la lune avait pâli, mais une autre clarté jaune frémissait déjà dans l'air, incertaine, et un léger souffle de vent se faisait parfois sentir comme une brise. Une demi-heure encore, une heure, et ce fut le jour, l'horreur s'évanouit avec la clarté de la lumière. À présent, je voyais mieux ses traits car l'ombre n'était plus aussi noire et dense dans notre recoin – il avait ôté sa casquette et, sous son crâne nu, son visage tourmenté avait l'air encore plus effrayant. Mais déjà les lunettes brillantes se tournaient de nouveau vers moi, il se raidit et sa voix prit un accent sarcastique, acerbe.

« Pour elle, c'était fini – mais pas pour moi. J'étais seul avec le corps – mais seul dans une maison étrangère, seul dans une ville qui ne tolérait pas le secret et moi... j'avais ce secret à préserver... Oui, essayez seulement d'imaginer la situation : une femme appartenant à la meilleure société de la colonie, en parfaite santé, qui, la veille encore, dansait au bal du gouverneur, se retrouve soudain morte dans son lit... auprès d'elle un médecin inconnu, apparemment appelé par son domestique… dans la maison, personne n'a vu quand ni d'où il est venu… elle a été amenée de nuit sur un brancard et puis on a fermé les portes… et, au matin, la voilà morte… alors seulement on a appelé les domestiques et, soudain, la maison se remplit de cris… en un rien de temps, les voisins sont au courant, toute la ville… et il n'y a qu'une seule personne pour tout expliquer… moi, l'inconnu, le médecin venu d'une localité perdue… Réjouissante situation, n'est-ce pas ?

Je savais ce qui m'attendait. Heureusement, j'avais le boy à mon côté, ce brave garçon, qui lisait le moindre signe dans mes yeux – même cet animal obtus de Jaune comprenait qu'il restait un combat à mener. Je lui avais juste dit : "La femme ne veut pas qu'on sache ce qui s'est passé." Il m'avait fixé de son regard humide de chien soumis mais déterminé. "*Yes, Sir*", il n'en avait pas dit plus. Mais il avait nettoyé les traces de sang sur le sol et tout remis en place – et c'est sa détermination qui m'avait rendu la mienne.

Jamais encore, je le sais, je n'avais eu une énergie aussi concentrée, jamais plus je n'en aurai de semblable. Quand on a tout perdu, on se bat désespérément pour l'ultime chose qui vous reste – et cette chose, c'était son legs, le secret. Je reçus les gens calmement, leur racontai à tous la même histoire : le boy, à qui elle avait ordonné d'aller chercher le médecin, m'avait rencontré tout à fait par hasard. Mais tandis que je parlais avec un calme apparent, j'attendais… j'attendais le moment décisif… l'apparition du médecin légiste, sans lequel nous ne pouvions pas l'enfermer dans son cercueil, et son secret avec elle… Nous étions, ne l'oubliez pas, jeudi, et son mari arrivait le samedi…

À neuf heures, j'entendis enfin annoncer le médecin de l'administration. Je l'avais fait appeler – il était à la fois mon supérieur hiérarchique et mon rival, c'était le médecin dont elle avait naguère parlé avec tant de dédain et qui était visiblement déjà au courant de mon souhait d'être muté. Au premier regard qu'il me lança, je sus qu'il était mon ennemi. Mais ce fut justement ce qui m'affermit.

Dans l'antichambre, déjà, il demanda : "À quelle heure Madame… – il cita son nom – est-elle morte ?

– À six heures du matin.

– Quand vous a-t-elle fait appeler ?

– À onze heures du soir.

– Vous saviez que j'étais son médecin ?

– Oui, mais il fallait faire vite… et puis… la défunte avait expressément réclamé ma présence. Elle avait interdit qu'on fasse appel à un autre médecin."

Il me regarda fixement : une rougeur gagna son visage blafard, légèrement empâté, je sentis qu'il était furieux. Mais c'était précisément ce dont j'avais besoin – toute mon énergie se mobilisa pour m'amener à une décision rapide, car je sentais que mes nerfs ne tiendraient plus très longtemps. Il voulait manifester son animosité et dit finalement avec nonchalance : "Si vous croyez pouvoir vous passer de moi… il est de mon devoir de constater officiellement le décès et… et la façon dont il est survenu."

Sans répondre, je le fis entrer. Puis je reculai, fermai la porte et posai la clé sur la table. Surpris, il haussa les sourcils : "Qu'est-ce que cela signifie ?"

Je vins tranquillement me placer devant lui :

"Il ne s'agit pas ici d'établir la cause de la mort, mais – d'en trouver une autre. Cette femme m'a appelé pour que je la soigne des suites... d'une malheureuse intervention... je n'ai pas pu la sauver, mais je lui ai promis de sauver son honneur et je le ferai. Je vous demande de m'y aider !"

Ses yeux s'étaient élargis d'étonnement. "Vous n'allez tout de même pas me dire, bredouilla-t-il, que moi, médecin fonctionnaire, je suis censé couvrir un crime ?

– Si, c'est bien ce que je vous dis, ce que je dois vous dire.

– Pour votre crime, je devrais...

– Je vous ai expliqué que je n'avais pas touché cette femme, autrement... autrement je ne serais pas là devant vous, j'aurais depuis longtemps mis un terme à ma vie. Elle a expié son écart – si tel est le nom que vous voulez lui donner –, le monde n'a pas à le savoir. Et je ne tolérerai pas que l'honneur de cette femme soit inutilement sali."

Ma détermination ne fit que l'irriter davantage. "Vous ne tolérerez pas... vraiment ?... vous voilà mon supérieur maintenant... ou vous croyez l'être déjà... Essayez donc un peu de me donner des ordres... j'ai tout de suite pensé qu'il y avait quelque chose de louche pour qu'on vous ait sorti de votre trou... belle pratique que vous inaugurez là, beau début… Mais maintenant, c'est à *moi* d'effectuer les contrôles, à moi, et soyez-en sûr, un rapport signé de mon nom sera conforme à la vérité. Je ne cautionnerai pas un mensonge."

J'étais parfaitement calme.

"Si – il le faudra bien. Parce que vous ne quitterez pas la pièce avant de vous être exécuté."

Sur ces mots, je plongeai la main dans ma poche – je n'avais pas mon revolver sur moi, mais il tressaillit. Je fis un pas vers lui et le regardai.

"Écoutez-moi, je vais vous dire une chose… cela nous évitera d'en venir à la dernière extrémité. Ma vie ne m'intéresse pas… pas plus que celle de quiconque – voilà où j'en suis… la seule chose qui me tienne à cœur, c'est d'accomplir ma promesse de garder le secret sur les raisons de cette mort… Écoutez-moi : je vous donne ma parole d'honneur que si vous attestez que cette femme est… qu'elle est morte accidentellement, je quitterai la ville et le pays avant la fin de la semaine… que si vous l'exigez, je prendrai mon revolver et me tuerai dès que le cercueil sera sous terre et que j'aurai la certitude que personne… vous entendez :

personne – n'ira chercher plus loin. Cela vous suffira sans doute – cela *devra* suffire."

Ma voix devait avoir quelque chose de menaçant, de dangereux, et comme je m'approchais involontairement de lui, il recula, les yeux écarquillés d'effroi, comme ceux qui fuient devant la course du forcené armé de son kriss… Tout d'un coup, il eut l'air différent… comme tassé et paralysé… sa raideur céda. Il murmura en une molle et ultime résistance : "Ce serait bien la première fois de ma vie que je signerais un faux certificat… bon, on trouvera une manière de tourner la chose… on sait ce que c'est… Mais je ne devrais pas…

– Bien sûr que vous ne devriez pas, lui dis-je pour l'affermir (allez, vite, vite ! ce mot me martelait les tempes), mais vous savez maintenant que vous ne feriez qu'offenser un vivant et nuire à une morte, cela devrait mettre un terme à vos hésitations."

Il acquiesça. Nous nous approchâmes de la table. Le certificat fut prêt en quelques minutes (il parut plus tard dans la presse et faisait état, de manière crédible, d'une défaillance cardiaque). Puis le médecin se leva, me regarda :

“Vous partirez d’ici la fin de la semaine, n’est-ce pas ?

– Je vous en donne ma parole.”

De nouveau, il me regarda. Je vis qu’il voulait avoir l’air rigoureux, objectif. “Je m’occupe immédiatement du cercueil”, dit-il pour cacher son embarras. Mais qu’était-ce donc en moi qui me rendait si terrible… si tourmenté – soudain il me serra la main avec une vivacité cordiale. “Remettez-vous”, me dit-il – je ne compris pas ce qu’il entendait par là. Étais-je malade ? Étais-je… fou ? Je le raccompagnai, ouvris la porte – mais ce furent mes dernières forces qui la refermèrent. Puis de nouveau ce martèlement dans les tempes, tout chavira et se mit à tourner : et c’est au pied du lit que je m’effondrai… à l’instar du coureur forcené qui s’écroule au terme de sa course, les nerfs rompus. »

Il s’interrompit une fois de plus. J’eus un frisson : était-ce le premier frémissement du vent matinal qui passait sur le bateau avec un léger murmure ? Cependant le visage tourmenté – déjà à demi éclairé par le reflet de l’aube – se tendit de nouveau :

« J'ignore combien de temps je restai étendu sur la natte. Puis quelqu'un me toucha. Je tressaillis. C'était le boy, qui se tenait devant moi dans sa soumission hésitante et me regardait d'un œil inquiet.

“Il y a quelqu'un qui veut entrer… la voir…

– Personne n'entrera ici.

– Oui… mais…”

Il avait l'air effrayé. Il voulait dire quelque chose, mais il n'osait pas. Cet animal fidèle paraissait au supplice.

“Qui est-ce ?”

Il me regarda en tremblant, comme s'il craignait de recevoir un coup. Puis il dit – il prononça un nom… comment une aussi vile créature peut-elle soudain posséder un tel savoir, comment se fait-il que ces êtres obtus soient parfois habités d'une incroyable délicatesse ?… Il dit… très craintivement…

“C'est *lui*.”

J'eus un sursaut, compris aussitôt et fus aussitôt plein d'avidité, plein d'impatience à l'idée de rencontrer cet inconnu. Car voyez comme c'est étrange… dans ces tourments, cette fièvre de désir, de peur et de précipitation, je l'avais complètement oublié, *lui*… j'avais oublié qu'il y avait encore un homme en jeu… l'homme que cette femme avait aimé, auquel elle avait passionnément donné ce qu'elle m'avait refusé… Douze heures, vingt-quatre heures plus tôt, j'aurais haï cet homme, j'aurais pu le mettre en pièces… À présent… je ne saurais vous dire à quel point j'avais hâte de le voir… de l'aimer, parce qu'elle l'avait aimé.

En un bond, je fus à la porte. Il y avait là un jeune, très jeune officier blond, très gauche, très mince, très pâle. Il avait l'air d'un enfant, il était d'une jeunesse si touchante… et j'éprouvai une émotion indicible en voyant qu'il s'efforçait de se montrer viril, de faire bonne figure, de cacher sa nervosité… Je remarquai tout de suite que sa main tremblait quand il la porta à son couvre-chef pour saluer… J'aurais voulu le serrer dans mes bras… il était tellement conforme à ce que je souhaitais que fût l'homme qui avait possédé cette femme… ni un séducteur ni un arrogant… non, un enfant ou presque, un être pur et tendre, auquel elle s'était donnée.

Le jeune homme était tout intimidé. Mes regards ardents, ma précipitation passionnée augmentaient sa confusion. La petite moustache au-dessus des lèvres était agitée d'un frémissement révélateur… ce jeune officier, cet enfant devait se faire violence pour ne pas éclater en sanglots.

“Excusez-moi, dit-il enfin, j’aurais souhaité… une dernière fois… voir Madame…”

Inconsciemment, sans le vouloir, je posai mon bras sur les épaules de cet étranger et l’accompagnai, comme on le ferait d’un malade. Il me regarda, surpris, avec dans les yeux une chaleur, une gratitude infinies… à cet instant il y avait déjà entre nous une compréhension de ce que nous partagions… Nous nous approchâmes de la morte… Elle gisait là, blanche, dans ses linges blancs – je sentis que ma présence pesait au jeune homme… je reculai pour le laisser seul avec elle. Il s’approcha lentement… d’un pas si vacillant, si réticent… je voyais à ses épaules son tourment et son déchirement… il avançait comme quelqu’un qui affronte une effroyable tempête… Et soudain, il tomba à genoux devant le lit… exactement comme j’étais moi-même tombé.

Je m’élançai aussitôt, le relevai et le conduisis jusqu’à un siège. Il n’avait plus de honte, sa douleur s’exprimait à travers ses sanglots. Je ne savais que dire – je caressais juste, sans m'en rendre compte, ses cheveux blonds, aussi soyeux que ceux d'un enfant. Il me prit la main… avec douceur et crainte à la fois… et tout d'un coup, je sentis son regard sur moi… “Dites-moi la vérité, docteur, bredouilla-t-il, a-t-elle porté la main sur elle ?

– Non, répondis-je.

– Et quelqu'un… quelqu'un est-il… cause de sa mort ?

– Non”, répétai-je, alors que ma gorge douloureuse voulait crier : moi, moi, moi !… Et toi !… Nous deux ! Et son obstination, sa malheureuse obstination ! Mais je me contins. Je répétai encore : “Non… personne n'est responsable… c'est la fatalité.

– Je ne peux pas le croire, gémit-il, je ne peux pas. Avant-hier encore, elle était au bal, elle souriait, elle me faisait signe. Comment est-ce possible, comment cela a-t-il pu arriver ?”

Je racontai un long mensonge. Je lui cachai le secret comme aux autres. Tout au long de ces journées, nous parlâmes en frères, comme illuminés par le sentiment qui nous unissait… sans nous le dire… mais nous sentions l'un par l'autre que toute notre vie était liée à cette femme... Parfois, cela me remontait aux lèvres comme une nausée, alors je serrais les dents – jamais il n'a su qu'elle attendait un enfant de lui... que j'aurais dû tuer l'enfant, son enfant, et qu'elle l'avait emporté avec elle dans l'abîme. Pourtant, nous ne fîmes que parler d'elle durant ces journées où je me cachai chez lui... car – j'ai oublié de vous le dire – on me recherchait... Son époux était rentré alors que le cercueil était déjà scellé... il n'accordait aucune foi à l'expertise... les gens répandaient toutes sortes de rumeurs... et il me recherchait... Mais je ne supportais pas l'idée de le voir, lui qui l'avait fait souffrir, je le savais... je me cachais... pendant quatre jours je restai enfermé, nous restâmes tous deux enfermés... son amant m'avait pris une place sur un bateau sous un faux nom pour que je pusse fuir... comme un voleur, je me suis glissé de nuit sur le pont afin que nul ne me reconnaisse... J'ai laissé tout ce que je possédais... ma maison avec tout le travail de ces sept années, mes biens et possessions, tout est là, offert à qui veut s'en saisir... quant à ces messieurs du gouvernement, ils m'ont sans doute déjà radié pour avoir quitté mon poste sans être en congé... Mais je ne pouvais plus continuer à vivre dans cette maison, dans cette ville... dans ce monde où tout me la rappelle... comme un voleur, j'ai fui dans la nuit... juste pour lui échapper... juste pour oublier... Mais alors que je montais à bord, de nuit... à minuit... mon ami m'accompagnait... ils étaient justement en train de hisser quelque chose avec la grue... un objet rectangulaire, noir... son cercueil... vous entendez : son cercueil... elle m'a poursuivi jusqu'ici, comme je l'ai poursuivie... et j'ai dû rester là, ne rien laisser paraître, car lui, son époux était présent... il accompagne le cercueil en Angleterre... peut-être veut-il y faire pratiquer une autopsie... il s'est emparé d'elle... elle est de nouveau à lui... plus à nous... nous deux... Mais je suis encore là... je serai là jusqu'au bout... il ne saura, il ne devra jamais savoir... je défendrai ce secret contre toute tentative... contre ce rustre qui l'a poussée à la mort... Rien, il n'apprendra rien... ce secret n'appartient qu'à moi, moi seul...

Comprenez-vous maintenant... comprenez-vous pourquoi je ne peux pas voir les gens... entendre leurs rires... quand ils flirtent et s'accouplent... c'est que là, en bas... en bas, dans la cale, parmi les ballots de thé et les noix, il y a son cercueil… Je ne peux pas y accéder, la salle est fermée… mais je le sais de toutes les fibres de mon être, je le sais à chaque seconde… même quand, ici, on joue des valses et des tangos… c'est stupide, la mer roule dans ses flots des millions de morts, sur chaque pouce de terre que l'on foule pourrit un cadavre… mais je ne peux pas supporter leurs bals masqués et leurs rires lascifs, je ne peux pas… cette morte, je la sens, et je sais ce qu'elle veut de moi… je le sais, j'ai encore un devoir… je n'en ai pas encore fini… son secret n'est pas encore sauvé… elle ne m'a pas encore libéré… »

Du milieu du bateau venaient des bruits de pas traînants, des claquements : des matelots commençaient à récurer le pont. Il sursauta, comme pris sur le fait : son visage crispé se fit anxieux. Il se leva et chuchota : « Je m'en vais… je m'en vais. » C'était pitié que de le voir : son regard ravagé, les yeux gonflés, rougis par l'alcool ou les larmes. Il refusa ma sympathie : dans son attitude courbée, je percevais la honte, la honte infinie de s'être livré à moi, à la nuit. Malgré moi, je dis : « Me permettrez-vous de vous rendre visite dans votre cabine en cours d'après-midi… »

Il me regarda – une expression railleuse, dure, cynique, tiraillait ses lèvres, quelque chose de mauvais bousculait et déformait chacune de ses paroles.

« Ha… votre fameux devoir d'assistance… ha… C'est avec cette maxime que vous avez réussi à me faire parler. Mais non, cher monsieur, je vous remercie. Ne croyez pas que j'aie la tâche plus facile depuis que je me suis arraché les entrailles devant vous jusqu'aux excréments… Plus personne ne peut rapiécer cette vie gâchée… c'est pour rien que j'ai servi l'honnête gouvernement hollandais… ma rente est fichue, je rentre en Europe comme un misérable chien… un chien qui gémit derrière un cercueil… on ne cède pas impunément à l'amok, il finit par vous terrasser et j'espère en avoir bientôt terminé… Non, merci, cher monsieur, pour votre aimable visite… j'ai déjà des compagnons de cabine… quelques bonnes vieilles bouteilles de whisky, qui parfois me consolent, et puis mon ami d'autrefois, auquel, hélas, je ne me suis pas adressé en temps voulu, mon brave Browning… il est finalement plus utile que tous les bavardages… Ne vous donnez pas cette peine… le seul droit qui reste à l'homme, c'est tout de même de crever comme il en a envie… et sans être importuné par des secours étrangers. »

Il me regarda de nouveau d'un air de sarcasme… et même de défi, mais je sentais qu'il n'y avait là que de la honte, une honte infinie. Puis il courba les épaules, se détourna sans me saluer et traversa d'un pas étrangement bancal et traînant le gaillard avant déjà clair en direction des cabines. Je ne l'ai plus revu. Vainement je le cherchai à l'endroit habituel la nuit suivante, puis celle d'après. Il ne reparut plus et j'aurais pu croire qu'il s'était agi d'un rêve ou d'une apparition irréelle si, entre-temps, je n'avais remarqué parmi les passagers un homme portant un crêpe autour du bras, un grand commerçant hollandais qui, m'apprit-on, venait de perdre sa femme, victime d'une maladie tropicale. Je le voyais aller et venir à l'écart des autres, la mine grave et tourmentée, et la pensée que je connaissais sa préoccupation la plus secrète m'emplissait d'une mystérieuse timidité : chaque fois qu'il passait, je m'écartais pour ne pas trahir d'un regard que j'en savais plus sur son sort que lui-même.

C'est dans le port de Naples que se produisit ensuite l'étrange accident dont je crois trouver la signification dans le récit de l'inconnu. La plupart des passagers avaient débarqué, pour ma part j'étais allé à l'opéra, puis dans un des cafés animés de la via Roma. Dès que nous eûmes repris un canot en direction du paquebot, je remarquai qu'autour du navire croisaient quelques embarcations équipées de torches et de lampes à acétylène et qu'en haut, dans l'obscurité du pont, se déroulait un mystérieux va-et-vient de *carabinieri* et de gendarmes. J'interrogeai un marin pour savoir ce qui s'était passé. La façon dont il éluda ma question m'indiqua aussitôt qu'on avait donné une consigne de silence et, même le lendemain, alors que le navire continuait paisiblement sa route vers Gênes comme si de rien n'était, il fut impossible d'apprendre quoi que ce soit. Ce n'est que dans les journaux italiens que je lus le récit romancé du prétendu accident qui avait eu lieu dans le port de Naples. Cette nuit-là, écrivaient-ils, à une heure tardive pour éviter aux passagers un spectacle désagréable, on avait prévu de transférer sur un canot le cercueil d'une dame de la haute société, originaire des colonies hollandaises, et l'on était en train de le descendre par l'échelle de corde en présence de l'époux lorsque quelque chose de lourd tomba du navire, entraînant le cercueil dans sa chute ainsi que les porteurs et le mari, qui les secondait. Un des journaux affirmait que c'était l'acte d'un fou qui s'était précipité sur l'échelle de corde ; un autre, enjolivant les faits, déclarait que l'échelle s'était rompue sous le poids de la charge. Quoi qu'il en soit, la compagnie maritime semblait avoir fait tout son possible pour dissimuler la réalité. Des canots parvinrent non sans peine à sauver les porteurs et l'époux de la défunte ; quant au cercueil de plomb, il coula immédiatement et on ne parvint pas à le repêcher. Un autre article mentionnait brièvement qu'on avait retrouvé dans le port le corps d'un homme d'une quarantaine d'années, mais nul ne parut établir de relation entre cette découverte et le romanesque incident ; pour moi, en revanche, à peine avais-je lu ces quelques lignes que ce fut comme si soudain, à travers la feuille de papier, la face blanche comme lune, avec ses lunettes étincelantes, me fixait une dernière fois, tel un fantôme.

Lettre d'une inconnue [1]

1. Les traductrices remercient chaleureusement Nathalie Chancel-Vaisse pour sa relecture.

Lorsque le romancier bien connu R. revint au petit matin à Vienne après une revigorante excursion de trois jours dans les montagnes, et qu'il acheta le journal à la gare, il se souvint, la date à peine entrevue, que c'était le jour de son anniversaire. Le quarante et unième, pensa-t-il aussitôt, et il n'en conçut ni joie ni peine. Il feuilleta rapidement les pages bruissantes du journal et regagna son appartement en taxi. Le domestique lui annonça qu'en son absence, il avait reçu deux visites et quelques appels téléphoniques, et lui apporta une pile de lettres sur un plateau. Nonchalamment, R. regarda le courrier en attente, ouvrit quelques enveloppes dont l'expéditeur l'intéressait ; et relégua momentanément une lettre dont l'écriture lui était inconnue et qui lui sembla trop volumineuse. Entre-temps le thé avait été servi, il se cala confortablement dans son fauteuil, feuilleta encore une fois le journal et quelques imprimés ; puis il alluma un cigare et prit la lettre qu'il avait mise de côté.

Elle contenait une vingtaine de pages écrites en hâte par une main féminine inquiète qu'il ne connaissait pas, un manuscrit plutôt qu'une lettre. Machinalement, il tâta encore une fois l'enveloppe pour s'assurer qu'elle ne contenait pas un mot d'accompagnement oublié. Mais elle était vide et ne portait, pas plus que les feuillets, ni adresse ni signature. Étrange, pensa-t-il, et il reprit la lettre. « À toi, qui ne m'as jamais connue » figurait en titre, en apostrophe. Intrigué, R. s'interrompit : s'adressait-on à lui ou à un rêve… ? Sa curiosité s'éveilla soudain. Et il se mit à lire.

Mon enfant est mort hier – trois jours et trois nuits, j'ai lutté avec la mort pour cette tendre petite vie, quarante heures durant, alors que la grippe faisait tressaillir son pauvre corps fiévreux, j'ai veillé à son chevet. J'ai rafraîchi son front brûlant, j'ai tenu ses petites mains inquiètes jour et nuit. Le troisième soir, je me suis effondrée. Mes yeux n'en pouvaient plus, ils se fermaient sans que j'en fusse consciente. Trois heures, peut-être quatre, j'ai dormi sur le fauteuil dur, et pendant ce temps la mort l'a emporté. Il est maintenant couché là, mon tendre, mon pauvre garçon, dans son petit lit d'enfant, tout comme il est mort ; on lui a seulement fermé les yeux, ses yeux sombres et vifs, on lui a croisé les mains sur sa chemise blanche, et quatre bougies brûlent aux quatre coins du lit. Je n'ose pas regarder, je n'ose pas bouger, car lorsque les flammes vacillent, des ombres glissent furtivement sur son visage et sur ses lèvres closes et c'est comme si ses traits s'animaient, et je pourrais penser qu'il n'est pas mort, qu'il va se réveiller et me dire une tendresse d'enfant de sa voix claire. Mais je le sais, il est mort et je ne veux plus regarder, je ne veux plus espérer une fois encore, être une fois encore déçue. Je le sais, je le sais, mon enfant est mort hier – je n'ai désormais plus que toi au monde, toi seul, qui ne sais rien de moi, qui t'amuses en ce moment sans te douter de rien ou qui badines avec les choses et les êtres. Toi seul, qui ne m'as jamais connue et que j'ai toujours aimé.

J'ai pris la cinquième bougie et l'ai posée sur la table où je t'écris. Car je ne puis rester seule avec mon enfant mort sans crier à m'en arracher l'âme, et à qui pourrais-je parler en cette heure d'effroi, sinon à toi, qui étais et restes tout pour moi ! Peut-être ne pourrai-je te parler tout à fait clairement, peut-être ne me comprendras-tu pas – mon esprit est confus, mes tempes martèlent et cognent, mes membres me font si mal. Je crois avoir la fièvre, peut-être déjà la grippe, qui rôde en ce moment de porte en porte, et ce serait bien ainsi, je m'en irais avec mon enfant et n'aurais pas à porter la main sur moi. Parfois tout devient noir devant mes yeux, je ne pourrai peut-être même pas achever cette lettre – mais je veux rassembler toutes mes forces pour une fois, une seule et unique fois te parler, à toi mon amour, qui ne m'as jamais reconnue.

À toi seul je veux parler, tout te dire enfin ; tu dois tout savoir de ma vie, qui a toujours été la tienne et dont tu n'as jamais rien su. Mais tu ne dois connaître mon secret qu'à ma mort, lorsque tu n'auras plus à m'apporter de réponse, lorsque cette chaleur et ce froid qui en cet instant font trembler mes membres signifieront vraiment que c'est la fin. Si je devais vivre, je déchirerais cette lettre et me tairais comme je me suis toujours tue. Mais si tu la tiens entre tes mains, alors sache que c'est une morte qui te relate sa vie, sa vie, qui a été tienne de sa première à sa dernière heure consciente. Ne crains pas mes paroles ; une morte ne veut plus rien, ni amour, ni pitié, ni consolation. Je ne veux qu'une chose, que tu croies tout ce que te révèle ma douleur qui vient chercher refuge en toi. Crois-moi en tout, c'est la seule chose que je te demande : on ne ment pas à l'heure de la mort de son unique enfant.

Je veux te dévoiler toute ma vie, qui ne commença pour de bon que le jour où je t'ai connu. Le passé n'était que brouillard et confusion où mon souvenir ne se replongeait plus, une sorte de cave pleine de choses informes, poussiéreuses, couvertes de toiles d'araignée, et peuplée de gens dont mon cœur ne sait plus rien. Lorsque tu arrivas, j'avais treize ans et j'habitais dans l'immeuble où tu vis encore, cet immeuble où tu tiens entre tes mains ma lettre, mon dernier souffle de vie ; j'habitais sur le même palier, la porte juste en face de ton appartement. Tu ne te souviens certainement plus de nous, de la misérable veuve de conseiller aux comptes (elle était toujours en deuil) et de la maigre jeune fille – nous étions très discrets, comme enfouis dans notre médiocrité de petit-bourgeois –, tu n'as peut-être jamais entendu notre nom, il ne figurait pas sur notre porte, et personne ne venait, personne ne nous réclamait. Et puis cela fait si longtemps, quinze, seize ans, non, tu ne sais certainement plus, mon amour, mais moi, oh moi, je me souviens passionnément de chaque détail, je sais comme si c'était hier le jour, non, l'heure où j'entendis parler de toi pour la première fois, où je te vis pour la première fois, et comment ne le saurais-je pas puisque c'est à cet instant que le monde commença pour moi. Souffre que je te raconte tout depuis le début, mon amour, ne te lasse pas, je t'en prie, d'entendre un quart d'heure parler de moi, de moi qui ne me suis pas lassée de t'aimer toute une vie.

Avant que tu n'emménages dans notre immeuble, c'étaient des gens laids, méchants et querelleurs qui habitaient derrière ta porte. Pauvres comme ils l'étaient, ils haïssaient particulièrement la pauvreté toute proche, la nôtre, parce qu'elle ne voulait rien avoir en commun avec leur rudesse de prolétaires déchus. L'homme était un ivrogne qui battait sa femme ; souvent le vacarme de chaises renversées et d'assiettes brisées nous réveillait la nuit ; une fois elle sortit dans l'escalier, battue jusqu'au sang, les cheveux arrachés, tandis que son mari saoul vociférait derrière elle ; il fallut que les voisins sortent sur le palier et le menacent d'appeler la police. Ma mère évitait depuis le début tout commerce avec eux et me défendait de parler à leurs enfants, ce dont ils se vengeaient sur moi à la moindre occasion. Dans la rue, ils criaient des insanités sur mon passage, et ils me lancèrent un jour des boules de neige si dures que mon front se mit à saigner. L'immeuble entier haïssait ces gens d'un même instinct, et lorsqu'à l'occasion d'un incident – je crois que le mari avait été emprisonné pour vol – ils durent quitter les lieux avec leur bazar, ce fut un grand soulagement pour tout le monde. L'écriteau « À louer » resta quelques jours sur la porte d'entrée, puis il fut retiré, et la nouvelle se répandit rapidement par le concierge qu'un écrivain, un homme seul et tranquille, avait loué l'appartement. J'entendis alors ton nom pour la première fois.

Quelques jours plus tard déjà, on vint peindre, blanchir, crépir et poser du papier pour purifier l'appartement de ses répugnants occupants ; on martelait, on cognait, on nettoyait, on raclait, mais ma mère ne s'en plaignait pas, elle disait qu'on était enfin débarrassé de cette pagaille. Toi, je ne t'avais pas encore aperçu pendant l'installation : ce fut ton domestique qui supervisa tous ces travaux, ce petit majordome sérieux aux cheveux gris qui, de toute sa hauteur, dirigeait avec discrétion et efficacité. Il nous impressionnait tous beaucoup, d'une part parce que, dans notre immeuble de faubourg, un majordome était quelque chose de tout à fait nouveau, d'autre part parce qu'il était toujours d'une extrême politesse avec tout le monde, sans pour autant se mettre au niveau des domestiques et condescendre à des bavardages de bonne camaraderie. Dès le premier jour, il salua respectueusement ma mère comme une dame, et même avec moi, petite gamine, il était toujours sérieux et accessible. Lorsqu'il prononçait ton nom, c'était avec une certaine déférence, un respect particulier – on voyait tout de suite que son attachement pour toi dépassait le dévouement habituel du serviteur. Comme je l'ai aimé pour cela, ce bon vieux Johann, même si je le jalousais de pouvoir toujours être auprès de toi et te servir !

Je te raconte tout cela, mon amour, toutes ces petites choses presque ridicules, afin que tu comprennes comment, dès le début déjà, tu avais pu gagner un tel ascendant sur l'enfant farouche, intimidée que j'étais. Avant même que tu n'entres en personne dans ma vie, il y avait déjà un nimbe autour de toi, un halo de richesse, de singularité et de secret – tous, dans ce petit immeuble de faubourg (les gens qui ont une vie étriquée sont toujours curieux de la moindre nouveauté devant leur porte), nous attendions déjà impatiemment ton arrivée. Et cette curiosité à ton endroit, c'est d'abord moi qui la ressentis le plus vivement lorsqu'en rentrant de l'école, un après-midi, je vis le véhicule de déménagement stationner devant l'immeuble. La plupart des choses, les meubles lourds avaient déjà été montés par les déménageurs, on portait maintenant les uns après les autres les objets plus petits ; je restai devant la porte pour tout admirer, tes affaires étaient si singulières, je n'en avais jamais vu de semblables ; il y avait là des fétiches indiens, des sculptures italiennes, de grands tableaux aux couleurs crues, et pour finir arrivèrent les livres, je n'aurais jamais pensé qu'il pût y en avoir tant, et de si beaux. Ils furent tous empilés sur le pas de la porte, où le domestique les prit et les épousseta soigneusement un par un à la tête de loup et au plumeau. Curieuse, je tournais autour de la pile qui ne cessait d'augmenter, le domestique ne me chassait pas mais ne m'encourageait pas non plus ; aussi n'osais-je en toucher un seul, bien que j'eusse volontiers caressé le cuir souple de certains. Je me contentai d'un timide coup d'œil de côté sur les titres : il y en avait en français, en anglais et dans des langues que je ne connaissais pas. Je crois que j'aurais pu les contempler des heures durant ; mais ma mère m'appela.

Toute la soirée, je ne pus m'empêcher de penser à toi – avant même de te connaître. Je ne possédais moi-même qu'une douzaine de livres bon marché, à la couverture de carton en lambeaux, que j'aimais plus que tout et que je relisais sans cesse. Une question dès lors ne me quitta plus : à quoi pouvait bien ressembler l'homme qui possédait et avait lu tous ces merveilleux ouvrages, qui savait toutes ces langues, qui était si riche et si cultivé à la fois ? J'associais une sorte de respect surnaturel à l'idée de tous ces livres. J'essayais de me faire une image de toi : tu étais un vieux monsieur avec des lunettes et une longue barbe blanche, un peu comme notre professeur de géographie, mais en plus bienveillant, plus beau et plus doux – je ne sais pourquoi j'étais déjà certaine à l'époque que tu devais être beau alors que je pensais encore à toi comme à un vieil homme. Cette nuit-là et sans te connaître encore, je rêvai de toi pour la première fois.

Le jour suivant tu emménageas, mais, malgré une surveillance assidue, je ne parvins pas à t'apercevoir – ma curiosité n'en fut que plus grande. Enfin, le troisième jour, je te vis, quelle surprise bouleversante ce fut de te découvrir si différent, sans le moindre rapport avec cette puérile image d'un Dieu le Père. J'avais rêvé d'un vieillard bienveillant à lunettes, et c'est toi qui vins – exactement comme tu es aujourd'hui encore, toi l'immuable sur qui les années glissent nonchalamment ! Tu portais une ravissante tenue de sport brun clair et tu montais les escaliers avec cette légèreté inimitable de jeune garçon, toujours deux marches à la fois. Ton chapeau, tu le tenais à la main, si bien que je vis – avec un étonnement indescriptible – ton visage clair et vivant et ta chevelure juvénile :

j'en tressaillis véritablement de surprise, tu étais si jeune, si beau, d'une minceur si souple, si élégante. Et n'est-ce pas étrange : en cette première seconde je ressentis très nettement ce que moi et tous les autres ne cesserions de ressentir avec une sorte de surprise comme étant si singulier en toi : que tu es un homme à deux facettes, un jeune homme fougueux, léger, tout dévoué au jeu et à l'aventure, et en même temps, dans ton art, un homme d'un implacable sérieux, scrupuleux, infiniment instruit et cultivé. Inconsciemment je perçus ce que chacun ensuite sentit chez toi, à savoir que tu menais une vie double, une vie avec une face claire, ouverte au monde, et une très sombre que toi seul connaissais – cette profonde ambivalence, le secret de ton existence, je la sentis dès mon premier regard, moi, la jeune fille envoûtée de treize ans.

Comprends-tu enfin, mon amour, quel miracle, quelle attirante énigme tu devais représenter pour l'enfant que j'étais ? Cet être que l'on respectait parce qu'il écrivait des livres, parce qu'il était célèbre dans cet autre vaste monde, le découvrir soudain en élégant jeune homme de vingt-cinq ans à la gaieté enfantine ! Dois-je encore te dire que dès ce jour, rien ne m'intéressa plus dans notre immeuble, dans tout mon pauvre univers d'enfant que toi, et qu'avec toute l'insistance, toute l'obstination indiscrète d'une jeune fille de treize ans, je ne tournai plus qu'autour de ta vie, de ton existence. Je t'observais, observais tes habitudes, observais les gens qui venaient chez toi, et tout ceci ne faisait qu'accroître encore, au lieu de l'apaiser, ma curiosité envers toi, car toute l'ambivalence de ton être s'exprimait dans la diversité de ces visites. Tu recevais des jeunes gens, des camarades en compagnie desquels tu riais avec exubérance, des étudiants dépenaillés, et puis toujours des dames, qui venaient en automobile, le directeur de l'opéra une fois, ce grand chef d'orchestre que je n'avais vu qu'à une distance respectueuse à son pupitre, et puis des petites demoiselles qui fréquentaient encore l'école commerciale et se glissaient, gênées, dans ton appartement, oui, des femmes, vraiment beaucoup de femmes. Je ne m'imaginais pas grand-chose alors, pas même lorsqu'un matin, en allant à l'école, je vis l'une d'elles sortir de chez toi entièrement voilée – je n'avais que treize ans, et la curiosité passionnée avec laquelle je t'espionnais ne savait pas encore, dans l'enfant, qu'elle était déjà de l'amour.

Mais je sais encore exactement, mon bien-aimé, le jour et l'heure où je ne fus plus qu'à toi, tout entière et pour toujours. Je revenais de promenade avec une camarade d'école et nous bavardions devant le porche. Une voiture arriva, s'arrêta, et déjà tu sautais du marchepied avec cette souplesse impatiente qui, aujourd'hui encore, m'attire vers toi, et tu te dirigeas vers la porte. Je ne pus m'empêcher d'aller t'ouvrir et me trouvai alors sur ton chemin, si bien que nous faillîmes nous heurter. Tu m'adressas ce regard chaud, doux et enveloppant qui était comme une marque de tendresse, tu me souris – je ne pourrais trouver d'autre mot que : tendrement – et tu dis tout bas, presque sur le ton de l'intimité : « Merci mille fois, mademoiselle. »

Ce fut tout, mon amour ; mais dès cette seconde, en sentant ce regard doux et tendre, je te fus acquise. Certes, j'appris plus tard, j'appris rapidement, que ce regard enveloppant, qui attire vers toi, qui couvre et déshabille en même temps, ce regard de séducteur né, tu l'accordes à chaque femme qui te frôle, à chaque demoiselle de magasin qui te vend quelque chose, à chaque femme de chambre qui t'ouvre la porte, et que ce regard n'est pas l'expression consciente de la volonté ni de l'inclination, mais que c'est ta tendresse pour les femmes qui le réchauffe et l'adoucit tout à fait inconsciemment lorsqu'il leur est adressé. Mais moi, l'enfant de treize ans, je ne m'en doutais pas : j'avais comme plongé dans un feu. Je croyais cette tendresse destinée à moi seule, et à compter de cet instant la femme en l'adolescente que j'étais, s'éveilla et cette femme fut tienne pour toujours.

« Qui était-ce ? » demanda mon amie. Je ne pus lui répondre tout de suite. Il m'était impossible de prononcer ton nom : en cette seconde déjà, en cette unique seconde, il m'était devenu sacré, c'était désormais mon secret. « Oh, un monsieur qui habite l'immeuble », bafouillai-je maladroitement. « Mais alors pourquoi as-tu rougi comme ça lorsqu'il t'a regardée ? » railla mon amie avec toute la cruauté d'une enfant curieuse. Et comme je sentais bien que sa plaisanterie touchait à mon secret, le sang m'échauffa les joues encore plus. Gênée, je devins grossière. « Espèce d'idiote ! » dis-je violemment : je l'aurais étranglée. Mais son rire redoubla, plus moqueur encore, jusqu'à ce que, de fureur impuissante, je sentisse les larmes me venir aux yeux. Je la plantai là et remontai chez moi en courant.

Dès cette seconde, je t'ai aimé. Je le sais, les femmes t'ont souvent dit ce mot, à toi, l'enfant gâté. Mais crois-moi, personne ne t'a aimé ainsi, comme une esclave, comme un chien, personne n'a éprouvé à ton égard autant de dévotion que l'être que j'étais et suis resté pour toi, car rien sur terre n'égale l'amour ignoré d'un enfant de l'ombre parce que cet amour est plus désespéré, plus dévoué, plus soumis, plus à l'affût et plus passionné que ne le sera jamais l'amour fait de désir et d'exigence inconsciente d'une femme adulte. Seuls les enfants solitaires peuvent garder intacte leur passion tout entière : les autres gâchent leur sentiment en bavardages, l'usent dans les confidences, ils ont beaucoup entendu, beaucoup lu sur l'amour et savent que c'est un sort commun. Ils jouent avec comme si c'était un jouet, l'exhibent comme les jeunes garçons leur première cigarette. Mais moi, je n'avais personne à qui me confier, nul ne m'avait instruite ni mise en garde, j'étais sans expérience et ne me doutais de rien : je me suis précipitée vers mon destin comme vers un gouffre. Tout ce qui poussait et s'ouvrait en moi ne connaissait que toi, le rêve de toi, pour confident : mon père était mort depuis longtemps, ma mère, dans son éternel accablement et son anxiété de pensionnée, m'était étrangère, mes camarades de classe dévergondées me répugnaient parce qu'elles jouaient avec ce qui était pour moi l'ultime passion – aussi projetai-je sur toi tout ce qui se serait sinon brisé et dispersé, tout mon être condensé, débordant d'une insatiable impatience. Tu étais pour moi – comment te le dire ? Toute comparaison est insuffisante – tu étais tout, toute ma vie. Seul existait ce qui avait un rapport avec toi, tout dans mon existence n'avait de sens que lié à toi. Tu métamorphosas ma vie entière. Jusque-là indifférente et médiocre à l'école, je fus soudain la première, je lus des milliers de livres jusque tard dans la nuit parce que je savais que tu aimais les livres, je commençai, à la surprise de ma mère, à m'exercer au piano avec un acharnement presque obtus parce que je croyais que tu aimais la musique. Je lavais et raccommodais mes vêtements juste pour apparaître proprette et aimable à tes yeux, et qu'il y eût à gauche sur mon vieux tablier (c'était une robe d'intérieur de ma mère retaillée à cet effet) un carré de tissu rapporté m'était insupportable. Je craignais que tu ne le remarques et ne me méprises ; c'est pour cela que je pressais mon cartable dessus en montant les escaliers, tremblante de peur à l'idée que tu puisses le voir. Mais quelle naïveté : tu ne m'as jamais, presque jamais plus regardée.

Et pourtant, je ne faisais à la vérité rien d'autre de la journée que t'attendre et te guetter. À notre porte il y avait un petit judas rond en laiton à travers lequel on pouvait voir ton palier. Ce judas – non, ne souris pas, mon amour, aujourd'hui encore, oui, aujourd'hui encore je n'ai pas honte de ces heures ! – ce judas était mon œil sur le monde extérieur, c'est là, dans le vestibule glacial, anxieuse devant la méfiance de ma mère, que je restai assise tous ces mois, toutes ces années, un livre à la main, des après-midi entiers sur le qui-vive, tendue comme une corde, vibrant lorsque ta présence l'effleurait. J'étais toujours autour de toi, comme un ressort en mouvement ; mais tu le sentais aussi peu que le ressort de la montre que tu portes dans ta poche et qui patiemment compte et mesure tes heures dans le noir, qui accompagne tes pas d'un inaudible battement de cœur et sur laquelle, une fois à peine sur des millions de tic-tac, ton regard pressé tombe brièvement. Je savais tout de toi, connaissais chacune de tes habitudes, chacune de tes cravates, chacun de tes costumes, je connus et distinguai bientôt toutes tes relations et les répartis entre celles que j'aimais et celles qui m'étaient odieuses : de ma treizième à ma seizième année, j'ai vécu chaque heure en toi. Ah, quelles folies n'ai-je pas commises ! Je baisai la poignée de porte que ta main avait touchée, je volai un mégot de cigare que tu avais jeté avant d'entrer chez toi, et il m'était sacré parce que tes lèvres l'avaient touché. Cent fois le soir, je descendais dans la rue sous un prétexte quelconque pour voir dans laquelle de tes pièces brillait la lumière et sentir ainsi plus sûrement encore ta présence, ta présence invisible. Et les semaines où tu étais en voyage – mon cœur se figeait d'appréhension lorsque je voyais le bon Johann descendre ton sac de voyage jaune –, ces semaines-là, ma vie était morte et dépourvue de sens. Morose, ennuyée, fâchée, je me traînais tout en veillant à ce que ma mère ne remarquât pas mon désespoir à mes yeux rougis de larmes.

Je le sais, tout ce que je te raconte là n'est que débordements grotesques, folies d'enfant. Je devrais en avoir honte, mais je n'en ai pas honte, car jamais mon amour pour toi ne fut plus pur ni plus passionné que dans ces excès enfantins. Je pourrais passer des heures, des jours entiers à te raconter comment j'ai vécu avec toi, toi qui me connaissais à peine de vue, car si je te croisais dans les escaliers et qu'il n'y avait pas de repli possible, alors, par crainte de rencontrer ton regard incandescent, je passais devant toi en courant, tête baissée, comme on se jette à l'eau pour échapper au feu dévorant. Des heures entières, des jours entiers je pourrais te parler de ces années disparues depuis longtemps pour toi, dérouler tout le calendrier de ta vie ; mais je ne veux pas t'ennuyer, je ne veux pas te tourmenter. Je voudrais juste te confier le plus beau moment de mon enfance et je te prie de ne pas te moquer de son insignifiance car, pour l'enfant que j'étais, il représenta l'éternité. Cela devait être un dimanche. Tu étais parti en voyage et ton domestique tirait par la porte ouverte de l'appartement les épais tapis qu'il avait battus. C'était lourd pour ce brave homme et, dans un accès de témérité, j'allai lui proposer mon aide. Il fut étonné mais me laissa faire, et – pourrais-je seulement te dire avec quelle respectueuse, quelle pieuse vénération ! – je vis ainsi ton appartement de l'intérieur, ton monde, le bureau auquel tu avais coutume de t'asseoir et où quelques fleurs trônaient dans un vase bleu en cristal. Tes armoires, tes tableaux, tes livres. Ce n'était qu'un regard fugitif et chapardeur dans ta vie, car le fidèle Johann m'aurait certainement défendu d'observer plus avant, mais de ce seul regard j'en inspirai toute l'atmosphère et j'eus ainsi de quoi me repaître dans mes interminables rêves du jour et de la nuit.

Cette brève minute fut la plus heureuse de mon enfance. Je voulais te la raconter afin que toi qui ne me connais pas, tu commences enfin à entrevoir cette vie qui te fut liée jusqu'à se perdre. Je voulais te la raconter ainsi que mon heure la plus funeste, qui en fut hélas si proche. J'avais – je te l'ai déjà dit – tout oublié pour toi, je ne faisais pas attention à ma mère et ne m'occupais de personne. Je ne remarquai pas qu'un monsieur d'un certain âge, un commerçant d'Innsbruck, lointain cousin de ma mère, venait souvent et restait longtemps ; en fait, cela m'agréait seulement parce qu'il emmenait parfois maman au théâtre, ce qui me permettait de rester seule, de penser à toi et de t'épier, unique et suprême bonheur pour moi. Un jour, ma mère me fit venir dans sa chambre avec un certain embarras ; elle voulait me parler sérieusement. Je pâlis et sentis soudain mon cœur cogner : avait-elle soupçonné, deviné quelque chose ? Ma première pensée fut pour toi, le secret qui me reliait au monde. Mais ma mère était elle aussi gênée, elle m'embrassa (ce qu'elle ne faisait jamais) tendrement une, deux fois, m'attira près d'elle sur le sofa et commença, hésitante et confuse, à m'expliquer que son cousin, qui était veuf, lui avait fait une demande en mariage et qu'elle – essentiellement pour mon bien – avait résolu de l'accepter. Mon sang bouillonnant me monta au cœur : je n'avais qu'une pensée pour toute réponse, et c'était toi. « Mais nous restons ici, n'est-ce pas ? » parvins-je à articuler avec difficulté. « Non, nous allons à Innsbruck, Ferdinand y possède une belle villa. » Je n'en entendis pas plus. Tout devint noir devant mes yeux. Je sus plus tard que j'avais perdu connaissance ; j'entendis ma mère chuchoter à mon beau-père, qui s'était posté derrière la porte, que j'avais soudain reculé, mains écartées, et que j'étais tombée comme un morceau de plomb. Ce qui se produisit les jours suivants, la façon dont je m'opposai dans mon impuissance d'enfant à leur volonté surpuissante, je ne puis te le décrire : aujourd'hui encore cette pensée fait trembler la main qui t'écrit. Mon véritable secret, je ne pouvais le trahir, et ma résistance passait donc pour entêtement, méchanceté et bravade. Plus personne ne me parlait, tout se faisait derrière mon dos. On profitait des heures où j'étais à l'école pour faire avancer le déménagement : quand je rentrais à la maison, un nouvel objet avait été vendu ou emporté. Je voyais l'appartement se défaire et ma vie avec lui, puis un jour, alors que j'arrivais pour le déjeuner, je constatai que les déménageurs étaient passés et avaient tout emporté. Dans les chambres vides se trouvaient les bagages et deux lits de camp pour ma mère et moi : c'est là que nous devions dormir encore une nuit avant de partir pour Innsbruck.

En ce dernier jour, je sentis avec une soudaine certitude que je ne pourrais vivre sans ta présence. Je ne savais point d'autre salut que toi. La façon dont je me l'imaginais et si j'étais seulement capable d'idées claires en ces heures de désespoir, cela, jamais je ne saurai le dire, mais soudain – ma mère était partie – je me levai telle que j'étais, dans mes vêtements d'écolière, et allai chez toi. Non, je n'y allai pas : jambes raides, articulations tremblantes, je fus comme poussée par un magnétisme vers ta porte. Je te l'ai déjà dit, je ne savais pas clairement ce que je voulais : tomber à tes pieds et te supplier de me garder comme servante, comme esclave, et je crains que tu ne souries de cet innocent fanatisme d'adolescente, mais – mon amour, tu ne sourirais plus si tu avais vu comme j'étais restée dehors sur le palier glacial, transie de peur et pourtant mue par une force incompréhensible, et comme je parvins pour ainsi dire à détacher mon bras tremblant de mon corps et à le lever – ce combat dura toute l'éternité de quelques épouvantables secondes – afin de presser mon doigt sur la sonnette. Aujourd'hui encore j'ai dans l'oreille cette sonnerie stridente, puis le silence qui suivit tandis que mon cœur cessait de battre, que mon sang se figeait, ne guettant plus que ta venue.

Mais tu ne vins pas. Personne ne vint. Tu étais visiblement sorti cet après-midi-là et Johann était allé faire une course ; alors, à tâtons – le son éteint de la sonnette vibrant encore à mon oreille –, je retournai dans notre appartement défait, vidé, et me jetai épuisée sur un plaid, fatiguée par ces quatre pas comme si j'avais marché des heures dans une neige profonde. Mais sous cet épuisement brûlait, toujours vive, la détermination de te voir, de te parler, avant qu'ils ne m'arrachent à ces lieux. Il n'y avait là, je te le jure, aucune pensée sensuelle, j'étais encore ignorante précisément parce que je ne pensais à rien d'autre qu'à toi : je voulais juste te voir, te voir encore une fois, m'agripper à toi. Toute la nuit, cette longue, cette épouvantable nuit, je t'ai attendu, mon amour. Ma mère à peine endormie, je me glissai dans le vestibule pour guetter ton retour. Toute la nuit j'attendis, et c'était une nuit glaciale de janvier. J'étais fatiguée, mes membres me faisaient mal et il n'y avait plus de fauteuil pour s'asseoir : je m'allongeai donc sur le sol froid au ras duquel un courant d'air soufflait par-dessous la porte. Je n'avais sur moi que ma robe légère sur ce sol froid et douloureux car je n'avais pas pris de couverture ; je ne voulais pas avoir chaud par crainte de m'endormir et de ne pas t'entendre rentrer. Je pressais mes pieds transis l'un contre l'autre, mes bras tremblaient : je devais régulièrement me lever tant il faisait froid dans cette affreuse obscurité. Mais je t'attendais, t'attendais, t'attendais comme le destin.

Enfin – il devait déjà être deux ou trois heures du matin – j'entendis la porte de l'immeuble se refermer, puis des pas dans l'escalier. Le froid m'avait quittée, une chaleur m'envahit soudain, doucement j'ouvris la porte pour me précipiter vers toi et tomber à tes pieds… Ah, je ne sais ce que, stupide enfant, j'aurais fait à l'époque. Les pas se rapprochaient, la lueur d'une bougie vacillait. Tremblante, je tenais la poignée. Était-ce bien toi qui montais ?

Oui, c'était toi, mon amour – mais tu n'étais pas seul. J'entendis un petit rire délicat, le froufrou d'une robe de soie et ta voix tout bas – tu rentrais avec une femme…

Je ne sais comment je survécus à cette nuit. Le matin suivant, à huit heures, ils me traînèrent à Innsbruck ; je n'avais plus la force de me rebeller.

Mon enfant est mort la nuit dernière – je serai de nouveau seule si je dois vraiment continuer à vivre. Ils viendront demain, des inconnus frustes vêtus de noir, ils apporteront un cercueil et l'y coucheront, mon pauvre, mon unique enfant. Des amis viendront peut-être aussi, ils apporteront des couronnes, mais que sont des fleurs sur un cercueil ? Ils me consoleront et me diront je ne sais quels mots, des mots, des mots : mais que peuvent-ils pour moi ? Je le sais, il me faudra bien être à nouveau seule. Et il n'y a rien de plus éprouvant que d'être seule parmi les gens. J'ai connu cela autrefois, pendant ces deux années interminables à Innsbruck, de mon seizième à mon dix-huitième anniversaire, où je vécus comme une prisonnière, comme une bannie dans ma famille. Mon beau-père, un homme très calme et peu disert, était bon pour moi, et ma mère, comme pour expier un tort inconscient, semblait prête à réaliser tous mes souhaits ; les jeunes gens se pressaient autour de moi, mais je les repoussais tous avec un orgueil passionné. Je ne voulais pas vivre heureuse, satisfaite loin de toi, je m'enterrais dans un monde obscur fait de tourments volontaires et de solitude. Les robes colorées qu'ils m'achetaient, je ne les mettais pas, je me refusais à aller au concert, au théâtre ou à me promener en bonne compagnie. C'est à peine si j'avais mis le pied dans notre rue : pourrais-tu croire, mon amour, que je ne connais pas dix rues de cette petite ville où je vécus deux ans ? J'étais en deuil et voulais être en deuil, je m'enivrais du moindre manque que je m'imposais en plus du fait de ne pas te voir. Et puis, je ne voulais pas me laisser distraire de mon obsession à ne vivre qu'en toi. Je restais seule à la maison des heures, des jours durant, à ne rien faire d'autre que penser à toi encore et toujours, me remémorant encore et toujours les cent petits souvenirs de toi, chaque rencontre, chaque attente, me rejouant ces menus épisodes comme au théâtre. Et c'est bien parce que je me suis répété chaque seconde révolue un nombre incalculable de fois que toute mon enfance est restée en moi comme un brûlant souvenir et que je ressens chaque minute de ces années passées avec autant de chaleur et de vivacité que si elle avait coulé hier dans mes veines.

Je n'ai vécu qu'en toi à cette époque. Je m'achetais tous tes livres ; que ton nom soit cité dans le journal et c'était jour de fête. Le croiras-tu ? Je connais par cœur chaque phrase de tes livres, tant je les ai lues. Si l'on me réveillait la nuit pour me lire une phrase de toi prise au hasard, je pourrais, aujourd'hui encore, treize ans après, la terminer comme en rêve :

chaque mot de toi m'était évangile et prière. Le monde entier n'existait qu'en relation avec toi : je lisais dans le journal de Vienne les annonces de concerts, de premières, juste pour deviner ce qui t'intéresserait, et lorsque le soir tombait, je t'accompagnais de loin : à cette heure, il entre dans la salle, il s'assoit. J'en rêvais mille fois parce qu'une seule fois je t'avais vu à un concert.

Mais pourquoi te raconter tout cela, ce fanatisme frénétique et enragé contre soi-même, ce fanatisme tragique et désespéré d'enfant abandonnée, à quoi bon le raconter à celui qui ne l'a jamais soupçonné, qui ne l'a jamais su ? Mais étais-je encore une enfant à l'époque ? J'eus dix-sept ans, j'eus dix-huit ans – les jeunes gens commençaient à se retourner sur moi dans la rue, mais cela ne faisait que m'agacer. Car l'amour ou ne serait-ce qu'un simple jeu avec l'amour en pensant à quelqu'un d'autre que toi m'était inconcevable, la pensée même m'en était étrangère, oui, la simple tentation me serait apparue comme un crime. Ma passion pour toi restait la même, elle ne fit qu'évoluer avec mon corps ; avec l'éveil de mes sens, elle se fit plus brûlante, plus charnelle, plus femme. Et ce que l'enfant, dans sa volonté confuse et inexpérimentée, l'enfant qui jadis tirait sur la sonnette de ta porte, ne pouvait imaginer, était désormais mon unique pensée : m'offrir à toi, m'abandonner à toi.

Les gens de mon entourage me croyaient farouche, disaient que j'étais timide (je gardais opiniâtrement mon secret derrière mes lèvres serrées). Mais en moi mûrissait une volonté de fer. Toutes mes pensées et mes aspirations n'avaient qu'un but : retourner à Vienne, retourner vers toi. Et j'imposai ma volonté, aussi insensée, aussi incompréhensible qu'elle pût sembler aux yeux des autres. Mon beau-père était fortuné et me considérait comme son propre enfant. Mais j'affirmai obstinément vouloir gagner ma vie par mes propres moyens et obtins enfin d'aller à Vienne chez un parent comme employée d'un grand magasin de confection.

Dois-je te dire où me conduisirent mes premiers pas lorsque, par un soir d'automne brumeux – enfin ! enfin ! –, j'arrivai à Vienne ? Je laissai mes bagages à la gare, me précipitai dans un tramway – comme il me semblait lent, chaque arrêt m'exaspérait – et courus jusqu'à ton immeuble. Tes fenêtres étaient éclairées, mon cœur chantait. Alors seulement la ville se mit à vivre, dont l'effervescence m'avait parue étrangère et dépourvue de sens, alors seulement je me remis à vivre de te deviner si proche, toi, mon rêve éternel. Je ne me doutais pas qu'en réalité je n'étais pas plus éloignée de tes pensées lorsque je me trouvais au-delà de vallées, de montagnes et de fleuves, qu'en cet instant où il ne restait plus que la mince vitre éclairée de ta fenêtre entre toi et mon regard rayonnant. Je ne pouvais que lever les yeux, là était la lumière, là était la maison, toi, mon univers. Deux ans durant j'avais rêvé de cette heure, et voilà qu'elle m'était offerte. Je restai toute la soirée, une longue et douce soirée nuageuse, devant tes fenêtres, jusqu'à ce que la lumière s'éteigne. Ensuite seulement, je rentrai chez moi.

Je passai alors toutes les soirées devant ton immeuble. Je travaillais jusqu'à six heures au magasin, un service dur, astreignant, mais je l'aimais car cette fébrilité me faisait ressentir moins douloureusement la mienne. Et dès que le rideau de fer se déroulait bruyamment derrière moi, je courais vers ma destination chérie. Te voir juste une fois, te croiser juste une fois, c'était mon unique volonté, pouvoir une fois embrasser du regard ton visage. Au bout d'une semaine environ je te vis enfin, à un instant où je ne m'y attendais pas : tu traversas la rue alors que j'épiais justement tes fenêtres, et soudain je redevins l'enfant de treize ans, je sentis le sang me monter aux joues et, à l'encontre de mon désir qui n'aspirait qu'à sentir ton regard, je baissai la tête et passai à toute allure devant toi comme si on me pourchassait. Plus tard j'eus honte de cette fuite effarouchée d'écolière, car ma volonté était claire désormais : je voulais te rencontrer, je te cherchais, je voulais que tu me reconnaisses après toutes ces années perdues à désirer, je voulais que tu me voies, je voulais que tu m'aimes.

Mais tu mis du temps à me remarquer bien que je fusse dans ta rue tous les soirs, que soufflât la tempête de neige ou le vent cinglant et mordant de Vienne. J'ai souvent attendu vainement pendant des heures, et souvent tu finissais par quitter l'immeuble en compagnie de camarades, deux fois aussi je te vis avec des femmes et je sentis alors ma maturité à ce qu'il y avait de différent, de nouveau dans mon sentiment pour toi, au tressaillement soudain de mon cœur qui me déchirait l'âme de part en part lorsque je voyais une femme que je ne connaissais pas marcher avec assurance bras dessus bras dessous avec toi. Je n'étais pas surprise, je me rappelais bien tes éternelles visiteuses du temps où j'étais enfant, mais cela me faisait cette fois presque physiquement mal, quelque chose se crispait en moi, à la fois hostile et jaloux envers cette évidente familiarité charnelle avec une autre. Un jour, naïvement fière comme je l'étais, et comme je le suis peut-être encore, je me tins éloignée de chez toi : mais cette soirée de bravade et de révolte fut affreusement vide. Le soir suivant je revenais humblement devant ton immeuble, attendant, attendant comme j'ai attendu ma destinée entière devant ta vie fermée.

Un soir enfin, tu me remarquas. Je t'avais vu arriver de loin et rassemblai tout mon courage pour ne pas t'éviter. Le hasard voulut qu'une voiture de livraison rétrécisse le passage, il te fallut passer tout près de moi. Involontairement ton regard distrait m'effleura et, à peine avait-il croisé le mien, si attentif – quelle secousse du souvenir en moi ! –, qu'il devint ce regard à femmes, ce regard tendre qui couvre et découvre, ce regard qui enveloppe et déjà saisit, et qui pour la première fois fit de l'enfant que j'étais une femme, une amoureuse. Une, deux secondes ce regard soutint le mien, qui ne pouvait, ni ne voulait se détacher – puis tu me dépassas. Le cœur me battait : involontairement je dus ralentir le pas, une incontrôlable curiosité me poussa à me retourner et je vis alors que tu t'étais arrêté pour me regarder. Et à la curiosité intéressée avec laquelle tu m'observais, je le sus aussitôt : tu ne me reconnaissais pas.

Tu ne m'avais pas reconnue, ni à l'époque, ni jamais, jamais tu ne m'as reconnue. Comment décrire, mon amour, la déception de cet instant ? C'était la première fois que j'endurais cette fatalité qui m'a accompagnée toute ma vie et avec laquelle je meurs : n'être pas reconnue par toi, n'avoir jamais été reconnue. Comment te la décrire, cette déception ? Car vois-tu, durant ces deux années à Innsbruck où je pensais à toi chaque minute, me dépeignant sans cesse nos retrouvailles à Vienne, j'avais rêvé les possibilités les plus folles comme les plus heureuses, au gré de mon humeur. Tout était, si je puis le dire ainsi, rêvé de bout en bout ; dans les moments les plus noirs, je m'étais imaginé que tu me rejetterais, que tu me mépriserais parce que j'étais trop insignifiante, trop laide, trop pressante. Toutes les formes de ta malveillance, de ta froideur, de ton indifférence, je m'en étais fait des tableaux passionnés – mais même dans les instants les plus noirs et malgré la conscience aiguë que j'avais de mon infériorité, je n'avais osé envisager le plus terrible : que tu n'aies même pas conscience de mon existence. Maintenant, je le comprends, oui – ah ! tu m'as appris à le comprendre : le visage d'une fille, d'une femme doit être quelque chose d'extrêmement changeant pour un homme, parce qu'il ne fait généralement qu'exprimer une passion, une candeur ou une fatigue, et qu'il disparaît aussi facilement qu'un reflet dans le miroir, et qu'un homme peut donc plus vite perdre le visage d'une femme car l'âge le traverse de ses ombres et de ses lumières, et les vêtements la parent différemment d'une fois sur l'autre. Les résignées, voilà celles qui savent. Mais moi, la jeune fille d'alors, je ne pouvais pas encore comprendre cet oubli, car ma préoccupation démesurée, incessante à ton endroit avait fini par faire naître en moi la folie de croire que toi aussi, tu pensais souvent à moi et que tu m'attendais ; comment aurais-je seulement pu respirer si j'avais su que je n'étais rien pour toi, si j'avais su que jamais ne t'effleurait le moindre souvenir de moi ! Et cet éveil face à ton regard qui me montrait que plus rien en toi ne me connaissait, qu'aucun fil de souvenir ne reliait ta vie à la mienne fut une première chute dans la réalité, un avant-goût de mon destin.

Tu ne me reconnus pas à l'époque. Et lorsque nous nous croisâmes à nouveau deux jours plus tard et que ton regard m'enveloppa avec une certaine familiarité, tu ne reconnus pas davantage en moi celle qui t'avait aimé et que tu avais éveillée, mais juste la jolie jeune fille de dix-huit ans qui s'était trouvée au même endroit deux jours auparavant. Tu me regardas, agréablement surpris, un léger sourire se dessina sur tes lèvres. À nouveau tu passas devant moi, à nouveau tu ralentis le pas : je tremblais, j'exultais, je priais pour que tu me parles. Pour la première fois, j'eus l'impression d'être vivante à tes yeux : moi aussi, je ralentis le pas, je ne t'évitai pas. Et soudain je te devinai derrière moi, sans me retourner je sus que j'entendrais enfin ta voix chérie s'adresser à moi pour la première fois. L'attente me paralysait, je craignais déjà de rester figée, tant mon cœur battait – tu vins alors à mon côté. Tu me parlas de ta voix légère et gaie comme si nous étions amis depuis toujours – ah, tu ne me devinais pas, jamais tu n'as deviné quoi que ce soit de ma vie ! –, tu me parlais avec un naturel si enchanteur que je parvins même à te répondre. Nous descendîmes ensemble toute la rue. Puis tu me demandas si nous pouvions dîner ensemble. Je répondis oui. Qu'aurais-je osé te refuser ?

Nous dînâmes dans un petit restaurant – te souviens-tu où il était ? Mais non, tu ne distingues certainement plus cette soirée des autres, qu'étais-je donc pour toi ? Une parmi des centaines, une aventure dans une chaîne ininterrompue. Qu'est-ce qui aurait dû me rappeler à ton souvenir ? Il est vrai que je parlais peu car il m'était infiniment doux de t'avoir près de moi, de t'entendre me parler. Je ne voulais gâter aucun de ces instants par une question, un mot stupide. Je te serai toujours reconnaissante de cette heure où tu comblas ma vénération passionnée, tu étais si doux, si léger, si délicat, sans insistance aucune, sans ces caresses empressées, et d'une familiarité si amicale et si sûre dès le premier instant que tu m'aurais conquise si depuis longtemps déjà je n'avais été tienne de toute ma volonté et de tout mon être. Ah, tu ignores ce que tu exauças d'incommensurable en ne décevant pas cinq années d'attente naïve !

Il se faisait tard, nous partîmes. À la porte du restaurant tu me demandas si j'étais pressée ou si j'avais encore du temps. Comment aurais-je pu te cacher que j'étais prête pour toi ! Je dis que j'avais encore du temps. Tu me demandas alors, passant outre une légère hésitation, si je ne voulais pas venir encore un peu chez toi, pour bavarder. « Très volontiers ! » répondis-je avec toute l'évidence de mes sentiments, mais je remarquai aussitôt que tu accueillais mon empressement avec un sentiment de gêne ou de joie, en tout cas tu étais visiblement surpris. Aujourd'hui je comprends mieux, je sais que les femmes, même dévorées par le désir de céder, se doivent de nier leur consentement, de feindre la frayeur ou une indignation qui veut d'abord être amadouée par d'insistantes prières, par des mensonges, des serments et des promesses. Je sais que seules peut-être les professionnelles de l'amour, les prostituées, acceptent si allègrement une telle invitation, ou les naïves, les toutes jeunes filles. Pour moi – et comment l'aurais-tu soupçonné ? –, ce n'était que la volonté faite parole, le désir longtemps contenu de ces mille et une journées qui s'exprimait enfin. Quoi qu'il en soit, tu étais interloqué, je commençais à t'intéresser. Je sentais que tu m'observais du coin de l'œil, intrigué, tandis que nous marchions en bavardant. Ton intuition, la sûreté magique de ton intuition pour tout ce qui touchait à l'être humain flaira aussitôt quelque chose d'inhabituel, un mystère en cette jolie fille confiante. L'homme curieux en toi était aux aguets, et je remarquai, à tes questions détournées, attentives, à quel point tu voulais l'approcher, ce mystère. Mais je t'échappais : je préférais passer pour sotte que de te le dévoiler.

Nous montâmes chez toi. Pardonne-moi, mon amour, si je te dis que tu ne peux comprendre ce que ce couloir, ces marches étaient pour moi, ce vertige, cette confusion, et ce bonheur qui m'affolait, me torturait, me tuait presque. Maintenant encore, je ne peux y penser sans verser de larmes, et je n'en ai plus. Cependant, mets-toi à ma place, chaque objet était comme habité par ma passion, symbole de mon enfance, de mon désir : la porte, devant laquelle je t'ai mille fois attendu, les marches, d'où j'espérais toujours entendre ton pas et où je t'ai vu pour la première fois, le judas à travers lequel j'épiais de toute mon âme, le paillasson devant ta porte où je me suis agenouillée une fois, le bruit de la clé, qui m'a toujours fait bondir lorsque je te guettais. Toute mon enfance, toute ma passion nichaient là, dans les quelques mètres carrés de cet espace, là était toute ma vie, et voilà qu'elle s'abattait sur moi comme une tempête car tout, absolument tout se réalisait et je marchais à tes côtés, oui, moi à tes côtés, dans ta, dans notre maison. Songe – cela semble banal, mais je ne sais comment le dire autrement – qu'une vie durant, le monde jusqu'à ta porte avait été toute la morne réalité du quotidien, et qu'au-delà commençait le royaume magique de l'enfant, le royaume d'Aladin, songe que j'ai mille fois fixé ta porte d'un regard brûlant, cette porte que je franchissais à présent en chancelant, et tu pourras entrevoir – entrevoir seulement, jamais tout à fait savoir, mon amour ! – ce que cette vertigineuse minute emportait de ma vie.

Je passai alors toute la nuit chez toi. Tu ne t'es pas douté qu'aucun homme encore ne m'avait touchée, qu'aucun homme n'avait vu ni caressé mon corps. Et comment l'aurais-tu deviné, mon amour ? Je ne t'opposais aucune résistance, je réprimais toute hésitation de pudeur pour que tu ne pusses deviner le secret de mon amour pour toi, qui t'aurait assurément effrayé – car tu n'aimes que ce qui est léger, ludique, futile, tu as peur d'intervenir dans une destinée. Te gaspiller auprès de toutes, auprès du monde, c'est ce que tu veux, tu ne veux pas de victime. Si je te dis maintenant, mon amour, que j'étais vierge en me donnant à toi, je t'en supplie : ne te méprends pas ! Je ne t'accuse pas, tu ne m'as pas piégée, tu ne m'as pas menti, ni séduite – moi, moi seule ai couru vers toi, me suis jetée contre ta poitrine, jetée vers ma destinée. Jamais, jamais je ne t'accablerai, non, toujours je te remercierai, car cette nuit fut pour moi si riche, si étincelante de plaisir, si légère de bonheur. Lorsque j'ouvrais les yeux dans le noir et te sentais à mes côtés, je m'étonnais que les étoiles ne fussent pas au-dessus de moi tant le ciel me semblait proche, jamais je n'ai eu de regrets, jamais, pour l'amour de cette heure. Je m'en souviens encore : tandis que tu dormais, que j'entendais ton souffle, que je sentais ton corps et moi-même si proche de toi, j'ai pleuré de bonheur dans le noir.

Très tôt le lendemain, je hâtai mon départ. Je devais travailler et voulais m'en aller avant que ton domestique n'arrivât : il ne fallait pas qu'il me voie. Lorsque je me retrouvai habillée devant toi, tu me pris dans tes bras et me regardas longuement ; était-ce un souvenir, obscur et lointain, qui palpitait en toi, ou te paraissais-je simplement belle, heureuse comme je l'étais ? Puis tu m'embrassas sur la bouche. Je me dégageai doucement et m'apprêtai à partir. Tu me demandas alors : « Ne veux-tu pas emporter quelques fleurs ? » J'acceptai. Tu pris quatre roses blanches du vase de cristal bleu sur le bureau (ah, ce vase que je connaissais depuis ce regard chapardeur de mon enfance) et tu me les donnas. Des jours durant, je les ai baisées.

Nous étions convenus d'une autre soirée. Je vins et ce fut de nouveau merveilleux. Tu m'offris une troisième nuit encore. Puis tu m'annonças que tu devais partir en voyage – oh, comme je détestais ces voyages depuis mon enfance ! – et tu promis de te manifester dès ton retour. Je te donnai une adresse en poste restante – je ne voulais pas te dire mon nom. Je gardais mon secret. À nouveau tu m'offris quelques roses en guise d'adieu – d'adieu.

Tous les jours, deux mois durant, je demandais… mais non, à quoi bon te dépeindre les tourments de l'attente, du désespoir. Je ne t'accuse pas, je t'aime comme tu es, ardent et oublieux, généreux et infidèle, je t'aime ainsi, seulement ainsi, tel que tu as toujours été et que tu es encore. Tu étais revenu depuis longtemps, je le voyais à tes fenêtres éclairées, et tu ne m'avais pas écrit. Je n'ai pas une ligne de toi en mes derniers instants, pas une ligne de toi, à qui j'ai donné ma vie. J'ai attendu, attendu comme une désespérée. Mais tu ne m'as pas appelée, tu ne m'as pas écrit une ligne... pas une...

Mon enfant est mort hier – c'était aussi ton enfant. C'était aussi ton enfant, mon amour, l'enfant d'une de ces trois nuits, je te le jure, on ne ment pas dans l'ombre de la mort. C'était notre enfant, je te le jure, car aucun homme ne m'a touchée entre ces heures où je me suis donnée à toi et celles où il me fut arraché du corps. Ton étreinte m'avait rendue sacrée à moi-même. Comment aurais-je pu me partager entre toi, qui étais tout pour moi, et d'autres qui ne faisaient qu'effleurer sans bruit ma vie ? C'était notre enfant, mon bien-aimé, l'enfant de mon amour lucide et de ta tendresse insouciante, dispendieuse, presque inconsciente, notre enfant, notre fils, notre unique enfant. Mais tu te demandes maintenant – choqué peut-être, ou simplement étonné –, tu te demandes maintenant, mon amour, pourquoi j'ai tu son existence toutes ces années et ne parle de lui qu'en ce jour où il gît dans le noir, endormi pour toujours, déjà prêt à partir pour ne plus jamais revenir, plus jamais ! Mais comment aurais-je pu te le dire ? Jamais tu ne m'aurais crue, moi, l'étrangère, la femme bien trop complaisante de trois nuits, qui s'était offerte sans résistance, pleine de désir même, jamais tu n'aurais cru qu'elle, l'anonyme d'une rencontre fugitive, te fût restée fidèle, à toi l'infidèle – jamais, sans réticence, tu n'aurais reconnu cet enfant comme le tien ! Jamais, même si mes paroles t'avaient paru plausibles, tu n'aurais pu étouffer le soupçon que je cherchais à t'attribuer, à toi qui étais fortuné, l'enfant d'une heure d'infidélité. Tu m'aurais suspectée, une ombre serait restée, une timide ombre de méfiance aurait plané entre toi et moi. Je ne le voulais pas. Et puis, je te connais, bien mieux que tu ne te connais, toi qui aimes l'insouciance, la légèreté, le jeu dans l'amour, cela t'aurait embarrassé d'être soudain père, soudain responsable d'une vie. Toi qui ne peux respirer qu'en liberté, tu te serais senti lié d'une manière ou d'une autre. Tu m'aurais – oui, je le sais, il en eût été ainsi, même contre ta propre volonté – tu m'aurais haïe pour ces chaînes. Peut-être pour quelques heures, ou quelques minutes à peine, j'aurais été un poids pour toi, l'objet de ta haine – mais moi, dans ma fierté, je voulais que toute ta vie tu penses à moi sans souci. Je préférais tout prendre sur moi plutôt que d'être un poids afin que parmi toutes tes femmes je sois la seule à laquelle tu penses avec amour, avec reconnaissance. Mais en réalité, tu n'as jamais pensé à moi, tu m'as oubliée.

Je ne t'accuse pas, mon amour, non, je ne t'accuse pas. Pardonne-moi si parfois une goutte d'amertume coule dans ma plume – mais mon enfant, notre enfant est couché là, mort sous les bougies vacillantes ; j'ai brandi mon poing vers Dieu et l'ai traité d'assassin, mes sens sont troublés, confus. Pardonne-moi cette accusation, pardonne-la-moi ! Je sais bien que tu es bon et serviable au plus profond de ton cœur, tu aides chacun, même l'inconnu qui te le demande. Mais ta bonté est si singulière, elle est ouverte à chacun, qu'il prenne autant que ses mains peuvent saisir, elle est grande, infiniment grande, ta bonté, cependant – pardonne-moi – elle est nonchalante. Il faut l'exhorter, il faut la prendre. Tu aides lorsqu'on t'appelle, lorsqu'on te prie, tu aides par honte, par faiblesse, non par joie. Tu n'as – souffre qu'on te le dise ouvertement – pas plus d'inclination pour l'être dans la misère et la peine que pour ton frère dans le bonheur. Et les êtres comme toi, même les meilleurs d'entre eux, on les prie difficilement. Une fois, j'étais encore une enfant, je te vis par le judas donner à un mendiant qui avait sonné à ta porte. Tu lui donnas vite et beaucoup avant même qu'il ne t'en priât, mais tu le fis en hâte et avec quelque crainte, surtout qu'il s'en aille au plus vite, comme si tu avais redouté de le regarder dans les yeux. Cette façon d'aider inquiète, timide, fuyant la reconnaissance, je ne l'ai jamais oubliée. Et c'est pour cela que je ne me suis jamais adressée à toi. Certes, je sais que tu serais resté à mes côtés même sans être certain qu'il s'agissait bien de ton enfant. Tu m'aurais consolée, donné de l'argent, beaucoup d'argent, mais toujours avec la secrète impatience d'éloigner de toi ce qui t'incommode ; oui, je crois que tu m'aurais même convaincue de me débarrasser de l'enfant avant qu'il ne soit trop tard. Et c'est ce que je redoutais par-dessus tout – car, comment n'aurais-je pas obéi à tes désirs, comment aurais-je osé te refuser quelque chose ! Mais cet enfant était tout pour moi, puisqu'il était de toi, oui, il était encore toi, mais plus le bienheureux, l'insouciant que je ne parvenais pas à retenir, il était toi pour toujours – pensais-je – donné à moi, emprisonné dans mon corps, lié à ma vie. Je t'avais enfin attrapé, je pouvais te sentir, sentir ta vie battre dans mes veines, te nourrir, t'allaiter, te choyer, t'embrasser si une irrésistible envie m'en prenait. Vois-tu, mon amour, pourquoi je fus si heureuse en apprenant que j'attendais un enfant de toi, pourquoi je te le cachai : tu ne pouvais désormais plus m'échapper.

Assurément, mon amour, ce ne furent pas seulement des mois heureux comme mes pensées s'étaient plu à se le représenter, ce furent aussi des mois d'horreur et de tourment, de dégoût devant la bassesse humaine. Ce ne fut pas facile. Les derniers temps, je ne pouvais plus aller au magasin, mes cousins auraient remarqué mon état et l'auraient signalé à la maison... Je ne voulais pas demander d'argent à ma mère – je subsistai donc jusqu'à la délivrance en vendant le peu de bijoux que je possédais. Une semaine auparavant, mes dernières couronnes me furent dérobées dans mon armoire par une blanchisseuse, je dus aller à la maternité. Là où seules, dans le dénuement, se traînent les nécessiteuses, les parias et les oubliées, là, dans les bas-fonds de la misère, là est né l'enfant, ton enfant. C'était à mourir : tout était étranger et froid, froid, froid ! Nous étions froides les unes envers les autres, toutes couchées là, seules et pleines de haine les unes pour les autres, poussées par la misère, la même souffrance dans cette sinistre salle saturée de chloroforme et de sang, de cris et de râles. Ce que la pauvreté doit supporter d'humiliations, de honte morale et physique, je l'ai enduré là, à travers la promiscuité avec les prostituées et les malades, qui faisaient de leur destin commun une méchanceté commune, à travers le cynisme des jeunes médecins qui, le sourire ironique, rabattent le drap des femmes sans défense et les examinent du haut de leur prétendue science, à travers la cupidité des gardiennes – oh, ici, la pudeur d'un être humain est crucifiée par les regards et fustigée par les mots. La tablette avec ton nom, c'est tout ce qui reste de toi, car ce qui est couché dans le lit n'est plus qu'un morceau de viande palpitante ausculté par des curieux, un objet de spectacle et d'étude – ah, elles ne savent pas, les femmes qui, dans la demeure de leur époux, offrent des enfants à cet homme qui attend tendrement, elles ne savent pas ce que cela signifie d'être comme sur une table d'expérimentation, et de mettre seule et sans défense un enfant au monde ! Et si je lis le mot « enfer » dans un livre, je pense aujourd'hui encore malgré moi à cette salle engorgée d'exhalaisons, de soupirs, de rires et de cris sanglants, où j'ai souffert, à cet abattoir de la pudeur.

Pardonne, pardonne-moi d'en parler. Je ne l'évoquerai que cette fois, et puis jamais plus, jamais plus. Onze ans je me suis tue et je serai bientôt muette pour l'éternité : il me fallait crier, crier une fois combien j'ai payé cher cet enfant, qui était ma félicité et qui repose maintenant sans un souffle de vie. Je les avais déjà oubliées, ces heures, oubliées depuis longtemps dans le sourire, dans la voix de cet enfant, dans ma félicité, mais à présent qu'il est mort, la douleur reprend vie et il me faut la hurler de toute mon âme, cette fois, cette unique fois. Mais ce n'est pas toi que j'accuse, c'est Dieu, Dieu seul qui a rendu cette douleur vaine. Ce n'est pas toi que j'accuse, je te le jure, jamais ma colère ne s'est élevée contre toi. Même à l'heure où mon corps se tordait en couches, où il brûlait de honte sous les regards fureteurs des étudiants, même à la seconde où la douleur m'arrachait l'âme, je ne t'ai pas accusé devant Dieu ; jamais je n'ai regretté ces nuits, jamais je n'ai insulté mon amour pour toi, toujours je t'ai aimé, toujours j'ai béni l'heure où tu as croisé mon chemin. Et si je devais encore une fois traverser l'enfer de ces heures en sachant ce qui m'attend, je le referais, mon amour, mille et mille fois encore !

Notre enfant est mort hier – tu ne l'as jamais connu. Jamais, même lors des fugitives rencontres de hasard, ce petit être épanoui, ton être, n'a frôlé ton regard en passant. Je me suis longtemps tenue éloignée de toi après la naissance de l'enfant ; mon désir pour toi était devenu moins douloureux, oui, je crois que je t'aimais moins passionnément, du moins ne souffrais-je pas autant de mon amour depuis que cet enfant m'avait été donné. Je ne voulais pas me partager entre toi et lui ; si bien que je ne me donnais pas à toi, bienheureux qui vivais dans l'ignorance de mon existence, mais à cet enfant, qui avait besoin de moi, que je devais nourrir, que je pouvais embrasser et étreindre. Je semblais sauvée de mon malheur, de ma fébrilité à ton égard, sauvée par cet autre toi-même qui était pourtant véritablement mien – il était rare que mes sentiments me portent encore, humblement, vers ta maison. Je ne faisais qu'une seule chose : pour ton anniversaire, je t'envoyais toujours un bouquet de roses blanches, les mêmes que celles que tu m'avais offertes jadis, après notre première nuit d'amour. T'es-tu une fois demandé, durant ces dix ou onze années, qui te les envoyait ? T'es-tu souvenu de celle à qui jadis tu avais offert ces mêmes roses ? Je ne le sais pas et ne le saurai jamais. Te les envoyer en secret une fois par an, faire refleurir le souvenir de cette heure – cela me suffisait.

Tu ne l'as jamais connu, notre pauvre enfant – aujourd'hui je me reproche de te l'avoir caché, car tu l'aurais aimé. Tu ne l'as jamais connu, le pauvre garçon, tu ne l'as jamais vu sourire lorsqu'il levait doucement les paupières et que de ses sombres yeux vifs – tes yeux ! – il jetait alors une lumière claire et joyeuse sur moi, sur le monde entier. Ah, il était si gai, si gentil : toute la légèreté de ton être se retrouvait naïvement en lui, ta prompte et fraîche fantaisie se renouvelait en lui ; il pouvait jouer des heures amoureusement avec les choses, tout comme tu joues avec la vie, puis redevenir sérieux, sourcils levés, assis devant ses livres. Chaque jour un peu plus il devenait toi ; cette dualité faite de sérieux et de jeu qui t'est propre commençait déjà à s'épanouir en lui, et plus il te ressemblait, plus je l'aimais. Il a bien appris, il pépiait en français comme une petite pie, ses cahiers étaient les mieux tenus de la classe, et comme il était joli, comme il était élégant dans son habit de soie noir ou dans sa petite marinière blanche. Il était toujours le plus élégant de tous, où qu'il aille ; lorsque je marchais avec lui sur la plage de Grado, les femmes s'arrêtaient pour caresser ses longs cheveux blonds et lorsqu'il faisait de la luge sur le Semmering, les gens, admiratifs, se retournaient sur lui. Il était si mignon, si tendre, si confiant : lorsqu'il entra l'année dernière à l'internat du Theresianum, il portait son uniforme et sa petite épée comme un page du dix-huitième siècle – il n'a désormais plus que sa petite chemise sur lui, le pauvre enfant qui gît là, les lèvres pâles et les mains jointes.

Mais tu me demanderas peut-être comment je parvins ainsi à élever l'enfant dans le luxe, comment je fus en mesure de lui offrir la vie claire et riante de la haute société. Très cher, je te parle du fond de l'ombre ; je n'ai aucune honte, je veux te le dire, mais ne t'effraie pas, mon amour – je me suis vendue. Je ne devins pas tout à fait ce qu'on appelle une fille des rues, une prostituée, mais je me suis vendue. J'avais de riches amis, de riches amants : je commençai par les chercher, puis ce furent eux qui me cherchèrent, car j'étais – l'as-tu remarqué ? – très belle. Chaque homme à qui je me donnais s'attachait à moi, tous m'ont été reconnaissants, tous m'ont aimée – sauf toi, mon amour, sauf toi !

Me méprises-tu maintenant de t'avoir révélé que je me suis vendue ? Non, je sais que tu ne me méprises pas, je sais que tu comprends tout et que tu comprendras aussi que je ne l'ai fait que pour toi, pour ton autre toi, ton enfant. J'avais vécu l'horreur de la misère dans cette salle de la maternité, je savais que dans ce monde le pauvre est toujours la victime, l'humilié, celui qu'on foule aux pieds, et je ne voulais pas, à aucun prix, que ton enfant, ton bel enfant, grandisse dans les bas-fonds, dans la fange, dans l'hébétude et le vulgaire de la rue, dans l'air empesté d'une arrière-cour. Sa bouche délicate ne devait pas connaître la langue du caniveau, son corps blanc, le linge grossier, informe de la pauvreté – ton enfant devait tout avoir, toute la fortune, toute la légèreté de la terre, il devait à nouveau s'élever vers toi, dans la sphère de ta vie.

C'est pour cela, rien que pour cela, mon amour, que je me suis vendue. Ce n'était pas un sacrifice à mes yeux, car ce qu'on appelle communément l'honneur et la honte n'avaient pas de valeur pour moi : tu ne m'aimais pas, toi, le seul à qui mon corps appartenait, je n'avais donc qu'indifférence pour ce qui le concernait. Les cajoleries des hommes, même leur passion la plus intime ne me touchaient pas profondément, bien que j'eusse une grande considération pour certains d'entre eux et que ma compassion pour leur amour non partagé m'ébranlât souvent en me rappelant mon propre destin. Tous ceux que je connaissais étaient bons avec moi, tous me choyaient, me respectaient. Il y eut un veuf en particulier, un comte d'un certain âge, qui alla frapper à toutes les portes afin de faire accepter l'enfant sans père, ton enfant, au Theresianum – il m'aimait comme sa fille. Trois fois, quatre fois il me demanda en mariage – je pourrais être comtesse aujourd'hui, maîtresse d'un merveilleux château dans le Tyrol, je pourrais vivre délivrée de toute peine, car l'enfant aurait un père aimant qui l'idolâtrait, et moi un homme posé, noble et bon à mes côtés – je ne l'ai pas fait malgré son insistante ferveur et la peine que lui procura mon refus. Peut-être fut-ce une folie, car je vivrais maintenant au calme, protégée, et l'enfant, ce cher amour, serait avec moi, mais – pourquoi ne pas te l'avouer – je ne voulais pas me lier, je voulais rester libre pour toi à toute heure. Au plus profond de moi, dans l'inconscient de mon être, vivait encore le vieux rêve naïf que tu m'appellerais peut-être une dernière fois auprès de toi, ne serait-ce que pour une heure. Et pour cette faible chance, j'ai tout repoussé, rien que pour être libre à ton premier appel. Qu'était ma vie entière depuis le sortir de l'enfance sinon une attente, l'attente de ton bon vouloir !

Et cette heure, elle est vraiment arrivée. Mais tu l'ignores, tu ne la devines pas, mon amour ! Même en cette heure tu ne m'as pas reconnue – tu ne m'as jamais reconnue, jamais ! Je t'avais pourtant déjà souvent croisé auparavant, au théâtre, au concert, au Prater, dans la rue – chaque fois mon cœur tressaillait, mais tes yeux ne me voyaient pas : c'est que physiquement j'étais devenue une autre, l'enfant timide était devenue une femme, belle, comme ils disaient, drapée de coûteux vêtements, entourée d'admirateurs : comment, dans le crépuscule de ta chambre à coucher, pouvais-tu retrouver en moi la fille timide ! Parfois, l'un des hommes avec qui je me promenais te saluait. Tu remerciais et me regardais : mais ton regard était une distance polie, il reconnaissait la beauté, jamais la personne, distant, affreusement distant. Une fois, je m'en souviens encore, alors que je m'étais presque habituée à cet oubli, j'en ai pourtant éprouvé une brûlante torture : j'étais à l'opéra avec un ami, et toi dans la loge voisine. Les lumières s'étaient éteintes pour l'ouverture et je ne pouvais plus voir ton visage, je sentais juste ton souffle si proche de moi comme en cette nuit d'autrefois et, sur le velours de la cloison qui séparait nos loges, ta main s'était appuyée, ta main fine et délicate. Je fus prise de l'infini désir de me pencher et de baiser humblement cette main étrangère, cette main tant aimée dont j'avais senti un jour la tendre étreinte. Autour de moi le flot de la musique me submergeait, mon désir redoubla de passion, je dus me retenir, me faire violence si fort était mon désir de poser mes lèvres sur ta main si chère. À la fin du premier acte, je priai mon ami de partir avec moi. Je ne supportais plus de t'avoir là près de moi, si distant et si proche dans le noir.

Mais l'heure vint, elle vint encore une fois, une dernière fois dans ma vie en ruine. C'était il y a presque un an jour pour jour, au lendemain de ton anniversaire. Étrange : j'avais pensé à toi toutes ces heures, car je célébrais ton anniversaire comme une fête. Très tôt le matin, j'étais allée acheter les roses blanches que je te faisais envoyer tous les ans en souvenir d'une heure que tu avais oubliée. L'après-midi, je sortis avec mon garçon, l'emmenai à la pâtisserie Demel et le soir au théâtre, je voulais que lui aussi, sans en savoir la signification, ressentît dès son enfance cette journée comme un jour de fête mystique. Le jour suivant, j'étais avec mon ami de l'époque, un jeune et riche fabricant de Brünn avec lequel je vivais déjà depuis deux ans, qui m'idolâtrait et me gâtait, qui voulait m'épouser comme les autres, et à qui, comme aux autres, je me refusais sans raison apparente bien qu'il nous couvrît de cadeaux, moi et l'enfant, et fût aimable dans sa bonté un peu fade et servile. Nous allâmes au concert, y retrouvâmes une société joyeuse, soupâmes dans un restaurant de la Ringstrasse et là, au milieu des rires et des bavardages, je proposai d'aller danser au Tabarin. Ce type de lieu à la gaieté alcoolisée et systématique me faisait horreur d'ordinaire, comme toute nuit de débauche, et je m'opposais toujours à ce genre de projets, mais cette fois – une force magique insondable semblait me pousser à lancer cette proposition au milieu de l'approbation enthousiaste des autres – j'eus soudain un désir inexpliqué, comme si quelque chose de particulier m'attendait là-bas. Habitués à m'être agréables, tous se levèrent prestement, nous y allâmes, bûmes du champagne, et une gaieté furieuse, presque douloureuse, telle que je n'en avais jamais connu, s'empara tout d'un coup de moi. Je bus, chantai les chansons kitsch avec les autres et me sentis presque contrainte de danser et de rire. Mais soudain – comme si quelque chose de froid ou d'incandescent s'était d'un coup posé sur mon cœur – je fus déchirée : tu étais à la table voisine, entouré de quelques amis, et tu me regardais avec admiration et désir, de ce regard qui m'avait toujours chavirée. Pour la première fois depuis dix ans, tu me regardais à nouveau avec la puissance tout inconsciente et passionnée de ton être. Je tremblais. Mon verre levé m'en serait presque tombé des mains. Heureusement, les convives ne remarquèrent pas mon trouble, il se perdit dans le brouhaha des rires et de la musique.

Ton regard se faisait toujours plus brûlant et m'embrasait. Je ne savais pas si tu m'avais enfin reconnue ou si tu me désirais de nouveau, comme une autre, une inconnue. Le sang m'était monté aux joues, je répondais distraitement à mes compagnons : tu devais voir combien ton regard me bouleversait. Sans te faire remarquer, tu m'invitas d'un signe de tête à venir te rejoindre un instant dans le vestibule. Puis tu payas ostensiblement, pris congé de tes camarades et sortis, non sans m'avoir encore fait comprendre que tu m'attendrais dehors. Je tremblais de froid, je tremblais de fièvre, je ne pouvais plus donner de réponse, ni maîtriser mon sang affolé. Il se trouve qu'un couple de nègres entreprit au même instant une nouvelle danse bizarre en claquant des talons et en poussant des cris perçants ; tous les regards se tournèrent vers eux et je profitai de cette seconde. Je me levai, dis à mon ami que je ne serais pas longue et te suivis.

Dehors, dans le vestibule, tu m'attendais devant le vestiaire, ton regard était clair lorsque j'arrivai. Souriant, tu te précipitas à ma rencontre ; je vis aussitôt que tu ne me reconnaissais pas, tu ne reconnaissais pas l'enfant d'autrefois, ni la jeune fille ; encore une fois tu t'emparas de moi comme de quelque chose de nouveau, d'inconnu. « Auriez-vous aussi une heure à me consacrer un jour ? » demandas-tu sans ambages – je sentis à l'assurance de tes manières que tu me prenais pour une de ces femmes que l'on achète le temps d'une soirée. « Oui », dis-je, ce oui tremblant mais tout naturel et consentant que t'avait déjà répondu cette même fille, il y a plus de dix ans, dans la rue crépusculaire. « Et quand pourrions-nous nous voir ? » dis-tu. « Quand vous le voulez », répondis-je – je n'avais pas de honte face à toi. Tu me regardas, légèrement étonné, avec cet étonnement méfiant et curieux d'autrefois, lorsque ma réponse empressée t'avait surpris. « Maintenant, par exemple ? » demandas-tu, un peu hésitant. « Oui, dis-je, partons. »

Je voulus aller prendre mon manteau au vestiaire. Je me souvins alors que mon ami avait gardé le ticket des manteaux que nous avions déposés en même temps. Retourner le voir pour le lui réclamer n'aurait pas été possible sans explication embarrassante, d'un autre côté, je ne voulais pas renoncer à cette heure désirée depuis si longtemps. Je n'hésitai donc pas une seconde, pris juste mon châle sur ma robe de soirée et sortis dans la nuit brumeuse sans me soucier de mon manteau, sans me soucier de l'être bon et tendre qui me faisait vivre depuis plusieurs années et que je rabaissais devant ses amis au rang de bouffon ridicule, de celui dont la maîtresse file après de longues années au premier sifflement d'un inconnu. Oh, j'étais profondément consciente de ma bassesse, de mon ingratitude, de mon ignominie envers cet ami sincère, je sentais que mon geste était ridicule et que ma folie humiliait mortellement un homme bienveillant, je sentais que je déchirais ma vie – mais que m'étaient l'amitié, mon existence, contre l'impatience de sentir encore une fois tes lèvres, d'entendre encore une fois tes douces paroles tout contre moi ? Voilà comment je t'ai aimé, je peux te le dire maintenant que tout est fini, révolu. Et je crois que si tu m'appelais sur mon lit de mort, je trouverais soudain la force de me lever et de partir avec toi.

Une voiture attendait devant l'entrée, nous allâmes chez toi. J'entendis à nouveau ta voix, sentis ta tendre présence, et fus aussi étourdie, aussi naïvement heureuse et troublée qu'autrefois. Monter à nouveaux les escaliers pour la première fois depuis plus de dix ans – non, non, je ne puis te décrire cette impression, la façon dont je sentais à la fois le passé et le présent – et en tout cela : toi et encore toi. Ta chambre avait peu changé, quelques tableaux de plus, et plus de livres, ici et là des meubles inconnus, mais tout me souriait familièrement. Et sur le bureau, il y avait le vase avec les roses – mes roses, que je t'avais envoyées la veille pour ton anniversaire en souvenir d'une femme dont tu ne te souvenais pas, que tu ne reconnaissais même pas en cet instant où elle t'était si proche, sa main dans la tienne et ses lèvres contre tes lèvres. Malgré tout, j'étais heureuse que tu prennes soin de ces fleurs : il y avait ainsi un soupçon de mon être, un souffle de mon amour autour de toi.

Tu me pris dans tes bras. Je restai à nouveau toute une merveilleuse nuit chez toi. Mais au cœur même de la volupté nue, tu ne me reconnus pas. Comblée, je me livrai à tes savantes tendresses et vis que ta passion ne faisait pas de différence entre une amante et une prostituée, que tu te livrais tout entier à ton désir avec la prodigue exubérance de ton être. Tu étais si tendre et si doux avec moi, la fille ramenée du cabaret, tu étais si noble, si respectueux et en même temps si passionné dans la jouissance de la femme ; à nouveau je ressentis, encore chancelante du bonheur d'autrefois, cette singulière ambiguïté de ton être, la passion savante et spirituelle dans la sensuelle, qui avait déjà fait de l'enfant ton esclave. Jamais, chez un homme, je n'avais connu pareil abandon à l'instant de la volupté, un tel jaillissement, un tel rayonnement du plus profond de l'être – qui cependant s'éteint aussitôt dans une amnésie infinie, presque inhumaine. Mais moi aussi, je m'oubliais : qui étais-je à présent, dans le noir près de toi ? Étais-je l'enfant brûlante d'autrefois, la mère de ton enfant ou l'étrangère ? Ah, tout était si familier, déjà vécu et pourtant merveilleusement nouveau en cette nuit passionnée. Et je priais qu'elle veuille ne pas finir.

Mais le matin arriva, nous nous levâmes tard, tu m'invitas à prendre le petit déjeuner avec toi. Nous bûmes ensemble le thé qu'une main invisible à ton service avait discrètement déposé dans la salle à manger, et nous bavardâmes. À nouveau tu me parlas avec la chaleureuse et franche familiarité qui t'est propre, et à nouveau il n'y eut ni question indiscrète, ni curiosité pour l'être que j'étais. Tu ne me demandas pas comment je m'appelais, ni où j'habitais : une fois de plus je ne fus pour toi que l'aventure, l'anonyme, l'heure d'extase qui se dissout sans laisser de traces dans la fumée de l'oubli. Tu me dis que tu comptais partir très loin, en Afrique du Nord, pour deux ou trois mois, je tremblai au cœur de mon bonheur car j'entendais déjà marteler à mon oreille : fini, fini et oubliée ! J'aurais voulu tomber à tes genoux et crier : « Emmène-moi pour qu'enfin tu me reconnaisses, enfin, enfin après tant d'années ! » Mais j'étais si timide, si lâche, si servile, si faible devant toi. Je ne parvins qu'à dire : « Comme c'est dommage », tu me regardas en souriant : « As-tu vraiment de la peine ? »

Je fus alors saisie d'une fougue soudaine. Je me levai, te regardai, longuement, fixement. Puis je dis : « L'homme que j'aimais était toujours en voyage, lui aussi. » Je regardai droit dans la prunelle de tes yeux. « Là, là, il va me reconnaître ! », tout en moi tremblait, se bousculait. Mais tu me souris et dis pour me consoler : « Mais on revient. » « Oui, répondis-je, on revient, mais alors on a oublié. »

Il dut y avoir quelque chose de singulier, de passionné dans mon intonation, car toi aussi, tu te levas et me regardas, étonné et plein de tendresse. Tu me pris par les épaules. « Ce qui est bon ne s'oublie pas, toi, je ne t'oublierai pas », dis-tu, et ton regard plongea en moi, comme s'il voulait s'imprégner de cette image. Et tandis que je sentais ce regard pénétrer en moi, inquisiteur, aspirant à lui tout mon être, je crus enfin le charme de la cécité rompu. Il va me reconnaître, il va me reconnaître ! Toute mon âme tremblait à cette idée.

Mais tu ne me reconnus pas. Non, tu ne me reconnus pas, jamais je ne t'avais été plus étrangère qu'en cette seconde, car sinon, sinon tu n'aurais jamais pu faire ce que tu fis quelques minutes plus tard. Tu m'avais embrassée, encore une fois passionnément. Je dus remettre de l'ordre dans mes cheveux défaits et, tandis que je me recoiffais, je vis dans le miroir – et je crus m'effondrer de honte et d'horreur – que tu glissais discrètement quelques gros billets de banque dans mon manchon. Comment parvins-je à ne pas crier, à ne pas te gifler en cette seconde – moi, qui t'aimais depuis l'enfance, moi, la mère de ton enfant, tu me payais pour cette nuit ! J'étais pour toi une fille du Tabarin, rien de plus, tu m'avais payée, payée ! Il ne te suffisait pas de m'oublier, il fallait aussi que tu m'humilies.

Je rassemblai en hâte mes affaires. Je voulais partir, partir au plus vite. C'était trop douloureux. J'allai prendre mon chapeau, il était sur le bureau près du vase de roses blanches, mes roses. Lorsqu'une force puissante, irrésistible me saisit : une fois encore je voulus en appeler à ton souvenir. « Me donnerais-tu une de ces roses ? » « Volontiers », dis-tu et tu en pris aussitôt une. « Mais elles t'ont peut-être été données par une femme, dis-je, une femme qui t'aime ? » « Peut-être, je ne sais pas. Elles m'ont été données, et j'ignore par qui ; c'est pour cela que je les aime tant. » Je te regardai. « Peut-être viennent-elles aussi d'une femme que tu as oubliée ! »

Tu me regardas, étonné. Je soutins ton regard. « Reconnais-moi, reconnais-moi enfin ! » criaient mes yeux. Mais ton regard innocent souriait, aimable. Tu m'embrassas encore. Mais tu ne me reconnus pas.

Je me précipitai vers la porte, car je sentais les larmes me monter aux yeux et je ne voulais pas que tu le voies. Dans l'antichambre – j'étais sortie si précipitamment – je manquai bousculer Johann, ton domestique. Intimidé, il fit un bond de côté et s'empressa d'ouvrir la porte de l'appartement pour me laisser sortir, et là – en cette seconde, tu entends, en cette brève seconde où, les yeux pleins de larmes, je regardais ce vieil homme, ses yeux s'éclairèrent soudain. En cette seconde, tu entends, ce vieil homme qui ne m'avait pas vue depuis mon enfance me reconnut. J'aurais pu tomber à genoux et lui baiser les mains pour cela. Je me contentai de tirer prestement de mon manchon les billets avec lesquels tu m'avais châtiée, et je les lui donnai. Effrayé, il leva les yeux vers moi en tremblant – en cette seconde, il devina peut-être plus de choses sur moi que tu ne le fis ta vie entière. Tous les hommes, tous, m'ont choyée, tous ont été bons avec moi – toi, toi seul m'as oubliée, toi seul ne m'as jamais reconnue !

Mon enfant est mort, notre enfant – je n'ai désormais plus personne au monde, personne à aimer que toi. Mais qu'es-tu pour moi, toi qui jamais, jamais ne me reconnais, qui passes devant moi comme devant un cours d'eau, qui marches sur moi comme sur une pierre, qui toujours t'en vas, qui t'éloignes et me laisses dans une éternelle attente ? Une fois je crus te tenir, toi le fugitif, à travers l'enfant. Mais c'était ton enfant : dans la nuit il m'a cruellement quittée pour faire un voyage, il m'a oubliée et ne reviendra jamais. Je suis de nouveau seule, plus seule que jamais, je n'ai rien, rien de toi – plus d'enfant, pas un mot, pas une ligne, pas un souvenir, et si quelqu'un prononçait mon nom devant toi, tu l'entendrais sans ciller. Pourquoi ne pas vouloir mourir, puisque je suis morte pour toi, pourquoi continuer, puisque tu m'as quittée ? Non, mon amour, je ne me plains pas de toi, je ne vais pas déverser mes lamentations dans le bonheur de ton foyer. Ne crains pas que je te harcèle davantage – pardonne-moi, il fallait qu'une fois je crie de toute mon âme, en cette heure où mon enfant repose là, mort et abandonné. Cette unique fois, il me fallait te parler – je retournerai ensuite au silence de mon obscurité, à ce silence que j'ai toujours gardé auprès de toi. Mais tu n'entendras pas ce cri tant que je vivrai – c'est à ma mort seulement que tu recevras ce testament de moi, qui t'ai plus aimé que toutes les autres et que tu n'as jamais reconnue, qui t'ai toujours attendu et que tu n'as jamais appelée. Peut-être, peut-être m'appelleras-tu alors et pour la première fois je te serai infidèle, je ne t'entendrai pas depuis ma mort : je ne te laisse pas de portrait, pas de signe, de même que tu ne m'as rien laissé ; jamais tu ne me reconnaîtras, jamais. C'était mon destin lorsque j'étais vivante, qu'il en soit ainsi lorsque je serai morte. Je ne veux pas t'appeler en ma dernière heure, je m'en vais sans que tu connaisses mon nom ni mon visage. Je meurs légère, car tu n'en souffres pas là où tu es. Si ma mort te faisait du mal, je ne pourrais pas mourir.

Je ne peux plus écrire… mon esprit est si confus… mes membres me font mal, j'ai la fièvre… je crois que je vais devoir m'allonger. Peut-être est-ce bientôt la fin, peut-être que le destin me sera clément pour une fois et que je n'aurai pas à les voir emporter mon enfant… Je ne peux plus écrire. Adieu, mon amour, adieu, je te remercie… Ce fut bien comme ce fut, malgré tout. Je veux t'en remercier jusqu'à mon dernier souffle. Je me sens rassérénée : je t'ai tout dit, tu sais maintenant, non, tu entrevois à peine combien je t'ai aimé, et tu n'as de cet amour aucun poids à porter. Je ne te manquerai pas, cela me console. Rien n'aura changé dans ta belle vie limpide… ma mort ne t'affecte pas… Cela me console, mon amour.

Mais qui… qui t'enverra désormais les roses blanches pour ton anniversaire ? Ah, le vase restera vide, la petite brise, le petit souffle de ma vie qui flottait autour de toi une fois par an lui aussi se dissipera ! Mon amour, écoute, je t'en prie… c'est la première et la dernière prière que je t'adresse… fais-le pour moi, prends à chacun de tes anniversaires – c'est un jour où l'on pense à soi – prends des roses et mets-les dans le vase. Fais-le, mon amour, fais-le comme d'autres font dire une messe une fois par an pour une défunte bien-aimée. Mais moi, je ne crois plus en Dieu et ne veux pas de messe, je ne crois qu'en toi, je n'aime que toi et ne veux continuer à vivre qu'en toi… ah, juste un jour par an, doucement, tout doucement, comme j'ai vécu auprès de toi… Je t'en prie, fais-le, mon amour… c'est ma première et ma dernière prière… je te remercie… je t'aime, je t'aime… adieu.

Il reposa la lettre de ses mains tremblantes. Puis il resta pensif un long moment. Lui revint alors, vague, le souvenir d'une petite voisine, d'une jeune fille, d'une femme dans un cabaret, mais un souvenir confus et vague comme un galet qui scintille et tremble au fond d'une eau vive. Des ombres allaient et venaient, mais elles ne formaient pas une image. Il ressentait des souvenirs de sensations sans pourtant se souvenir. Il lui semblait avoir rêvé de tous ces personnages, rêvé souvent et profondément, mais juste rêvé.

Alors son regard tomba sur le vase bleu devant lui, sur le bureau. Il était vide, vide pour la première fois depuis des années le jour de son anniversaire. Il tressaillit comme si soudain, invisible, une porte s'était ouverte et qu'un courant glacial venu d'un autre monde envahissait la quiétude de la pièce. Il sentit une mort et il sentit un amour immortel : quelque chose s'ouvrit dans son âme et il eut pour l'Invisible une pensée immatérielle et passionnée, comme on pense à une musique lointaine.

Destruction d'un cœur

Pour bouleverser définitivement un cœur, le destin n'a pas toujours besoin de prendre un élan vigoureux, ni de déployer une violence brutale. Provoquer la destruction justement à partir d'un motif fugitif excite son incoercible plaisir de créateur. Dans notre langage humain imprécis, nous appelons motif ce premier et léger effleurement et nous comparons étonnés sa minuscule dimension avec la force qui continue souvent d'agir puissamment après coup ; mais de même qu'une maladie commence rarement quand elle se déclare, de même le destin d'un homme ne se dévoile qu'en devenant visible et sous forme d'événement. Toujours, le destin régit depuis longtemps à l'intérieur, dans l'esprit et le sang, avant de toucher l'âme de l'extérieur. Se connaître est déjà se défendre, et la plupart du temps en vain.

Le vieil homme – il s'appelait Salomonsohn et avait le droit de se faire appeler dans son pays *Geheimer Kommissionsrat* (« Conseiller privé aux Commissions ») – fut réveillé la nuit à l'hôtel de Gardone où il accompagnait sa famille pour les fêtes de Pâques, par une violente douleur : son corps lui semblait enserré par les douves coupantes d'un tonneau, à peine le souffle pouvait-il se frayer un passage dans les muscles tendus de sa poitrine. Le vieil homme s'effraya, car il souffrait souvent de colique hépatique, et contre le conseil de son médecin il avait choisi à cause de sa famille le séjour dans le Sud au lieu de la cure à Karlsbad prescrite. Redoutant une de ces crises dangereuses, il palpa anxieusement son large corps pour constater bientôt – soulagé, au milieu de la douleur qui continuait à le tourmenter – que seul l'estomac lui faisait très mal, manifestement à la suite de l'inhabituelle nourriture italienne ou d'une de ces légères intoxications dont les voyageurs sont souvent victimes dans ce pays. Avec un soupir d'aise, il laissa retomber sa main tremblante, mais la pression demeurait et gênait le souffle : alors, pour se donner un peu de mouvement, le vieil homme sortit lourdement du lit en gémissant. Et, de fait, s'il se tenait debout, et plus encore s'il marchait, la pression devenait plus faible. Mais la chambre obscure offrait peu d'espace, en outre il craignait de réveiller la femme qui dormait dans le lit jumeau et de l'inquiéter inutilement. Il passa donc sa robe de chambre, glissa ses pieds nus dans des pantoufles de feutre et se rendit à tâtons dans le couloir pour marcher un peu et calmer l'oppression.

À l'instant où il ouvrit la porte qui donnait dans le couloir obscur, l'heure qui sonnait au clocher entra par la fenêtre grande ouverte : quatre coups de cloche d'abord violents qui ensuite tintèrent en tremblant et s'éteignirent doucement au-dessus du lac. Quatre heures du matin.

Le long couloir était plongé dans le noir. Mais grâce au souvenir précis du jour, le vieil homme savait qu'il était rectiligne et spacieux. Aussi marchait-il sans avoir besoin d'éclairage, allant et venant d'une extrémité à l'autre, satisfait de sentir que peu à peu se desserrait cette étreinte autour de la poitrine. Il se préparait déjà, presque délivré de la douleur par cet exercice bienfaisant, à regagner sa chambre, quand un bruit l'arrêta, effrayé. Un bruit : un chuchotement ténu et pourtant impossible à ignorer, s'approchait de quelque part dans l'obscurité. Quelque chose craquait dans la charpente, quelque chose murmurait, bougeait, et déjà un mince rayon de lumière venu d'une porte entrouverte coupait pendant une seconde les ténèbres informes. Qu'est-ce que c'était ? Le vieil homme s'enfonça involontairement dans un coin, non par curiosité, mais cédant à un sentiment de honte bien compréhensible à l'idée d'être pris sur le fait dans une errance nocturne aussi étrange. Mais, malgré lui, il avait presque cru apercevoir, pendant l'unique seconde où la lumière illumina le couloir, qu'une silhouette féminine vêtue de blanc se glissait hors de cette pièce et disparaissait à l'autre extrémité du corridor. Et réellement, là-bas, à l'une des dernières chambres, cliquetait maintenant une légère poignée de porte. Puis tout fut de nouveau noir et silencieux.

Le vieil homme se mit soudain à tituber comme s'il avait reçu un coup au cœur. Là-bas, à l'extrémité du couloir, là où cette poignée de porte avait traîtreusement bougé, là, il y avait… là il y avait seulement ses propres chambres, l'appartement de trois pièces qu'il avait loué pour sa famille. Sa femme, il l'avait quittée endormie quelques minutes auparavant, donc – non, une erreur était impossible – cette silhouette féminine qui revenait aventureusement d'une chambre étrangère ne pouvait être personne d'autre qu'Erna, sa fille, âgée d'à peine dix-neuf ans.

Le vieil homme frissonna de tout son corps, tellement l'épouvante le glaçait. Sa fille Erna, l'enfant blonde et débordante de vie – non, cela ne pouvait pas être possible, il devait s'être trompé –, que pouvait-elle donc faire dans une chambre étrangère, sinon… Il repoussa de lui sa propre pensée comme une mauvaise bête, mais l'image fantomatique de la silhouette fuyante planta impérieusement ses griffes dans ses tempes, impossible à arracher, impossible à supprimer : il lui fallait une certitude. En haletant, il tâtonna le long du mur jusqu'à la porte de la jeune fille, voisine de la sienne. Mais, horreur : justement ici, justement à cette seule porte dans le couloir, un mince rayon de lumière tremblait entre les joints, et par le trou de la serrure perçait un point blanc révélateur : à quatre heures du matin, elle avait encore de la lumière dans sa chambre ! Et nouvelle preuve : l'interrupteur venait juste de cliqueter à l'intérieur, le blanc fil de lumière se fondit dans le noir sans laisser de trace – non, non, inutile de se mentir à soi-même –, Erna, sa fille, c'était-elle qui se glissait la nuit d'un lit étranger dans le sien.

Le vieil homme tremblait d'horreur et de froid ; en même temps, la sueur jaillit de tout son corps et inonda ses pores. Sa première idée fut d'enfoncer la porte, de frapper sa fille à coups de poings, l'éhontée. Mais ses pieds chancelaient sous le large corps. Il trouva à peine la force de se glisser dans sa chambre et son lit ; là, il tomba sur les oreillers, la tête vide, comme une bête abattue.

Le vieil homme reposait immobile dans son lit ; ses yeux ouverts regardaient fixement dans l'obscurité. À côté de lui s'élevait insouciant et repu le souffle de sa femme. Sa première idée fut de la secouer pour la réveiller, lui rapporter l'épouvantable découverte, épancher son cœur, donner libre cours à sa douleur, à sa fureur. Mais comment prononcer à voix haute, avec des paroles, cette chose épouvantable ? Non, jamais, jamais ce mot ne franchirait ses lèvres. Mais que faire ? Que faire ?

Il essayait de réfléchir. Mais ses pensées titubaient en désordre comme des chauves-souris aveugles. C'était tellement monstrueux : Erna, la tendre enfant bien élevée, aux yeux câlins... quand, quand l'avait-il encore trouvée lisant un livre d'école, suivant péniblement avec son petit doigt rose les difficiles caractères d'imprimerie... quand l'avait-il conduite dans sa petite robe bleu pâle de l'école à la confiserie, quand avait-il senti le baiser d'enfant donné par la bouche encore poudrée de sucre... N'était-ce pas hier ?... Non, c'était il y avait des années... mais hier, oui, réellement hier, ne l'avait-elle pas prié comme une enfant de lui acheter le sweater bleu et or qui paradait avec d'aussi vives couleurs dans la vitrine ? « Mon petit papa, s'il te plaît ! s'il te plaît ! » – les mains jointes et le rire de joie sûre de soi auquel il ne pouvait jamais résister... Et maintenant,

maintenant elle se glissait, à dix pouces de sa propre porte, la nuit dans le lit d'un homme étranger et s'y roulait avide et nue…

Mon Dieu !… Mon Dieu !… Il gémit involontairement, le vieil homme. Cette honte ! Cette honte !… mon enfant, ma tendre enfant protégée, avec n'importe quel homme… Avec qui ?… Qui cela peut-il être ?… Il y a seulement trois jours que nous sommes à Gardone et elle ne connaissait auparavant aucun de ces gandins bichonnés, ni ce comte Ubaldi à la petite tête, ni l'officier italien et ce cavalier mecklembourgeois… c'est seulement en dansant le deuxième jour qu'ils ont fait connaissance et déjà l'un d'eux l'aurait… Non, ce ne peut pas avoir été le premier soir, non… cela doit avoir commencé plus tôt… à la maison… et je ne sais rien, je ne devine rien, imbécile que je suis, fieffé imbécile. Mais que sais-je d'eux, d'ailleurs ? Toute la journée, je m'éreinte pour elle, je reste assis quatorze heures durant au bureau, exactement comme autrefois dans le train avec ma valise d'échantillons… rien que pour ramasser de l'argent pour elle. De l'argent, de l'argent pour qu'elle ait de beaux vêtements et devienne riche… et le soir, quand je rentre à la maison, mort de fatigue, elles sont sorties : au théâtre, au bal, en soirée… que sais-je donc d'elles, de ce qu'elles font toute la journée ?… Tout ce que je sais maintenant, c'est que mon enfant va avec son jeune corps rejoindre des hommes comme une fille de la rue… Oh, cette honte !

Le vieil homme ne cessait pas de gémir. Chaque nouvelle pensée creusait davantage la blessure : il avait l'impression que son cerveau saignait à vif, comme fouillé par des vers rouges.

Mais pourquoi ai-je toléré tout cela ?… Pourquoi suis-je encore couché là maintenant à me torturer, tandis qu'elle dort tout son soûl avec son corps luxurieux ?… Pourquoi ne suis-je pas tout de suite entré dans sa chambre, pour qu'elle sache que je connais sa honte ?… Pourquoi ne l'ai-je pas tout de suite rouée de coups ?… Parce que je suis faible… Parce que je suis lâche… J'ai toujours été faible envers toutes les deux… je leur ai toujours cédé sur tout… c'est que j'étais si fier de leur faire une vie facile alors que la mienne était déjà gâchée… j'ai gratté l'argent avec les ongles, sou après sou… je me serais laissé arracher la chair des mains rien que pour les voir satisfaites… mais à peine les avais-je enrichies qu'elles ont eu honte de moi... Je n'ai plus été assez élégant pour elles... trop inculte... où aurais-je acquis de la culture ? On m'a déjà retiré de l'école à douze ans et j'ai dû gagner de l'argent, de l'argent, de l'argent... Porter des valises d'échantillons, rouler de village en village et ensuite faire le représentant de ville en ville avant de pouvoir ouvrir mon propre commerce... et à peine étaient-elles arrivées au sommet et se voyaient-elles logées dans leur propre maison qu'elles n'aimèrent plus mon bon vieux nom honnête... j'ai dû m'acheter le titre de *Kommissionsrat, Geheimrat*, afin qu'on ne l'appelle plus Mme Salomonsohn, afin qu'elles puissent avoir l'air distinguées... Distinguées ! Distinguées !... Elles ont ri de moi quand je me suis défendu devant leur manie de distinction, contre leur société « élégante », quand je leur racontais comment ma mère, Dieu la bénisse, dirigeait la maison, silencieuse, humble, rien que pour le père et nous... elles ont dit que je n'étais plus à la page... « Tu n'es plus à la page, mon petit papa », disait-elle toujours en se moquant de moi... oui, plus à la page, oui... et maintenant elle s'allonge avec des hommes étrangers dans un lit étranger, mon enfant, mon enfant unique… Oh, cette honte, cette honte… La douleur arrachait de tels soupirs à la poitrine du vieil homme que la femme à côté de lui se réveilla. « Qu'y a-t-il ? » demanda-t-elle, ivre de sommeil. Le vieil homme ne bougea pas et retint son souffle. Et il resta ainsi couché et immobile dans le noir cercueil de son supplice jusqu'au cœur du matin, rongé par ses pensées comme par des vers.

Le matin, il arriva le premier à la table du petit déjeuner. Il prit place en soupirant, chaque bouchée lui répugnait.

De nouveau seul, pensait-il, toujours seul !… Quand je vais au bureau le matin, elles dorment tout leur soûl, alanguies par leurs sauteries et soirées à la comédie… quand je reviens le soir elles sont déjà parties pour s'amuser, dans le monde : là elles n'ont pas besoin de moi… oh, l'argent, le maudit argent les a corrompues… il me les a rendues étrangères… Moi, pauvre fou, je l'ai ramassé pour elles et je me suis volé moi-même, je me suis appauvri et je les ai rendues mauvaises… je me suis échiné pendant cinquante absurdes années, je ne me suis pas accordé un seul jour de congé et maintenant je suis seul…

Il s'impatientait peu à peu. Pourquoi ne vient-elle pas... je veux lui parler, il faut que je lui dise... il faut que nous partions d'ici, tout de suite... pourquoi ne vient-elle pas... elle est sans doute encore fatiguée, elle dort magnifiquement avec une bonne conscience, pendant que je me déchire le cœur, fou que je suis... Et la mère passe des heures à sa toilette, il faut qu'elle prenne un bain, qu'elle s'apprête, se fasse manucurer, coiffer, elle n'en sort pas avant onze heures... est-ce là un miracle ?... Qu'est-ce qu'un enfant peut devenir ainsi ?... Oh, l'argent, le maudit argent.

Derrière lui, un pas léger fit craquer le parquet. « Bonjour, mon petit papa, bien dormi ? » Quelque chose se pencha tendrement de côté, un mince baiser frôla le front où le sang martelait. Involontairement, il recula la tête : le parfum de Coty, douceâtre et lourd, l'écœurait. Et ensuite...

« Qu'as-tu, mon petit papa... de nouveau de mauvaise humeur... Un café, garçon, et du jambon et des œufs... Mal dormi, ou mauvaises nouvelles ? »

Le vieil homme se maîtrisa. Il baissa la tête sans avoir le courage de lever les yeux, et se tut. Il voyait seulement les mains de sa fille sur la table, ces mains aimées : nonchalantes, manucurées, elles jouaient sur le gazon blanc de la table comme de minces lévriers choyés. Il tremblait. Timidement, son regard remontait à tâtons le long des tendres bras virginaux, les bras enfantins qui autrefois le... c'était il y avait combien de temps ?... l'étreignaient si souvent avant le coucher... Il voyait l'élégante courbe des seins qui tremblaient avec le souffle, libres sous le nouveau sweater. Nue... nue, se roulant avec un homme étranger, pensait-il avec une fureur contenue. Il a saisi tout cela, palpé, caressé, goûté, savouré... ma chair et mon sang... mon enfant... oh, cette canaille étrangère... oh... oh...

Inconsciemment, il avait de nouveau gémi. « Qu'as-tu donc, mon petit papa ? », dit-elle en se pressant contre lui, câline. « Ce que j'ai ? gronda-t-il en lui-même. Une putain comme fille et pas le courage de le lui dire. »

Il ne fit que grommeler confusément : « Rien ! Rien ! » et il s'empara hâtivement du journal pour bâtir avec les feuilles déployées une palissade contre le regard interrogateur de sa fille, car il se sentait de plus en plus incapable de rencontrer ces yeux. Ses mains tremblaient. Il fallait le lui dire maintenant, maintenant, tant que nous sommes seuls, cela le torturait. Mais sa voix défaillit : il ne trouva même pas la force de lever le regard.

Et soudain, d'une secousse il repoussa sa chaise et s'enfuit à pas lourds vers le jardin ; car il sentait que malgré lui une grosse larme allait rouler sur sa joue. Et il ne fallait pas qu'elle vît cela.

Le vieil homme aux jambes courtes erra dans le jardin, fixant longuement le lac. Aveuglé intérieurement par des larmes refoulées, il ne put pourtant bientôt se défendre de voir la beauté de ce paysage : s'élevant en vagues vertes sous une lumière argentée, hachurées de noir par les minces traits des cyprès, les collines apparaissaient, de couleur blanche, et derrière elles, plus rudes, les montagnes, sévères et pourtant dominant sans orgueil le charme du lac, tels des hommes graves le jeu insignifiant d'enfants chéris. Comme cela se déployait avec douceur, comme tout était ouvert, fleuri, hospitalier, comme cela donnait envie d'être bienveillant et bon, ce bienheureux et intemporel sourire de Dieu au creux de son Sud ! Heureux ! Le vieil homme, l'esprit confus, balançait sa tête trop lourde. Ici, on pouvait être heureux. Un jour, j'ai voulu avoir cela moi aussi, sentir une fois moi aussi combien le monde des sans-soucis est beau… j'ai voulu moi aussi enfin, après cinquante ans à écrire et compter et marchander et trafiquer, jouir de quelques beaux jours… une fois, une fois, une fois, avant qu'on m'enterre… soixante-cinq ans, mon Dieu, la mort a déjà une main dans votre corps, et l'argent ne vous sert plus à rien et les docteurs… Je voudrais auparavant juste quelques instants de souffle libre, avoir une fois aussi quelque chose pour moi… Mais feu mon père l'a toujours dit : le divertissement n'est pas fait pour nous autres, on porte son paquet sur le dos jusque dans la tombe… Hier, j'ai pensé que moi aussi je pourrais une fois me donner du bon temps… hier, j'étais quelque chose comme un homme heureux, je me suis réjoui de ma belle enfant blonde, je me suis réjoui de sa joie… et déjà Dieu m'a puni, déjà il me l'enlève… Car maintenant pour moi c'est passé pour toujours… Je ne peux plus parler avec ma propre enfant… je ne peux plus la regarder dans les yeux, tant j'ai honte… Je devrai toujours y penser, à la maison, au bureau et la nuit dans mon lit : où est-elle maintenant, où était-elle, qu'a-t-elle fait ?… ne plus jamais rentrer tranquillement à la maison, et elle est assise là et bondit à ma rencontre, et mon cœur vibre quand je la vois, jeune et belle… Quand elle m'embrasse, je me demanderai qui les a eues hier, ces lèvres… Vivre toujours avec la peur quand elle est loin de moi, et avoir toujours honte quand je vois ses yeux. – Non, on ne peut pas vivre ainsi… on ne peut pas vivre ainsi…

Le vieil homme titubait en murmurant comme un homme ivre. Sans cesse, il regardait le lac, et toujours des larmes revenaient couler dans sa barbe. Il dut ôter son lorgnon et il resta si bêtement sur le chemin étroit, avec ses yeux myopes mouillés, qu'un jeune jardinier qui passait par là s'arrêta stupéfait, éclata de rire et se moqua de l'homme hébété en lançant quelques plaisanteries italiennes. Cela arracha le vieil homme à son ivresse de douleur, il saisit son lorgnon et se faufila de côté dans le jardin pour s'y cacher devant les hommes, quelque part sur un banc.

Mais à peine s'était-il approché d'un coin dissimulé dans le jardin qu'un rire venu de gauche le fit de nouveau sursauter… un rire qu'il connaissait et qui maintenant lui déchirait le cœur. Il avait été sa musique, pendant dix-neuf ans, ce rire léger et exubérant de sa fille… pour ce rire il avait roulé en troisième classe jusqu'à Poznan et au creux de la Hongrie, rien que pour verser quelque chose à leurs pieds, un humus jaune sur lequel fleurissait cette gaîté insouciante… il avait vécu uniquement pour ce rire et sa bile s'était irritée dans son corps à le rendre malade… uniquement pour que ce rire continue à tinter autour de la bouche aimée. Et à présent ce maudit rire le coupait jusqu'aux entrailles comme une scie portée au rouge.

Et pourtant il était attiré malgré sa résistance. Elle était au bord du court de tennis, elle faisait tournoyer la raquette dans sa main nue, s'amusant à la jeter haut d'un poignet souple et la rattrapant de nouveau. Et toujours, en même temps que la raquette tourbillonnante, le rire exubérant tournoyait dans le ciel d'azur. Les trois messieurs la regardaient avec admiration, le comte Ubaldi en légère chemise de tennis, l'officier engoncé dans son uniforme raide et le cavalier dans ses *breeches*[1] impeccables, trois formes masculines nettement profilées telles des statues autour de ce jouet qui voletait comme un papillon. Le vieil homme regardait, lui-même captivé. Mon Dieu, comme elle était belle dans sa robe claire qui dégageait la cheville, une poussière de soleil dans ses cheveux blonds ! Et comme ces jeunes membres sentaient avec bonheur leur propre légèreté quand ils sautaient et couraient, enivrés et enivrants, avec l'obéissance rythmiquement aisée des articulations. À présent, elle jetait en l'air avec entrain la blanche balle de tennis, puis une deuxième, une troisième ; c'était merveilleux, la manière dont en se pliant et rattrapant la balle, la mince badine de son corps de jeune fille s'élançait, bondissait pour saisir la dernière balle. Il ne l'avait jamais vue ainsi, embrasée par des flammes exubérantes, elle-même flamme blanche et flottante avec la fumée argentée du rire sur le flamboiement du corps – une déesse virginale, descendue en panique du lierre du

1. Pantalons coupés au-dessous du genou, genre de bermudas en plus collants. *(N.d.T.)*

jardin méridional, du tendre bleu du lac miroitant ; jamais, à la maison, ce corps solide et mince ne se tendait dans un jeu enflammé, dans une telle danse sauvage. Jamais, non, jamais il ne l'avait vue ainsi, à l'intérieur de la ville étouffée, oppressée par ses murs, jamais il n'avait entendu dans sa chambre et dans la rue la gaîté chantante de sa voix d'alouette ainsi libérée de l'étranglement terrestre du gosier, non, non, jamais elle n'avait été aussi belle. Le vieil homme ne cessait pas de la contempler. Il avait tout oublié, il ne voyait plus rien que cette blanche flamme fuyante. Et il serait resté ainsi, absorbant cette image d'un regard passionné, si elle n'avait pas finalement d'une torsion agile, d'un bond happant l'air, voltigeant, attrapé aussi la dernière des balles avec lesquelles elle jonglait, et soufflant, haletante, échauffée, le regard riant et fier, l'avait serrée sur sa poitrine. « Bravo, bravo » – les trois messieurs qui avaient regardé excités son adroite réception de la balle applaudirent comme après la fin d'un air d'opéra. Ces voix gutturales arrachèrent le vieil homme à son enchantement. Il les regarda fixement, furieux.

Ce sont eux, les canailles, martelait son cœur. Les voilà… Mais lequel est-ce d'entre eux ?… lequel des trois l'a eue ?… Comme ils sont accoutrés élégamment, parfumés et rasés, ces fainéants… à leur âge, nous autres, nous devions rester assis au bureau avec des pantalons reprisés, et s'user les talons devant les clients… et leurs pères, ils sont peut-être aujourd'hui encore assis comme cela et s'arrachent les ongles jusqu'au sang pour eux… mais eux, ils font le tour du monde, ils ne font rien de leur vie, ils ont des visages bronzés insouciants et d'insolents yeux clairs… c'est bien facile, comme cela, d'être frais et réjoui, on n'a qu'à jeter à une enfant vaniteuse quelques mots sucrés et la voilà qui rampe dans votre lit… Mais qui est-ce, parmi ces trois, lequel est-ce ?… L'un d'eux, je le sais, il la voit nue à travers sa robe, et il claque de la langue, celle-là, je l'ai eue… il la connaît brûlante et nue et il pense : ce soir encore, et il lui fait des clins d'œil – oh, ce chien !… pouvoir le fouetter à mort, ce chien !

On l'avait aperçu de l'autre côté. Sa fille brandit sa raquette pour le saluer et rit dans sa direction, les messieurs saluèrent. Il ne remercia pas, il fixa seulement son regard noyé, rougi, sur la bouche exubérante de sa fille : que tu puisses encore rire comme ça, éhontée… mais celui-là aussi rit peut-être en lui-même et pense : le voilà, le vieux juif idiot qui la nuit scie son lit en ronflant… s'il savait, le vieux fou !… Oui, je sais, vous riez, vous m'évitez du pied comme une sale vomissure… mais la fille, elle est coquette et consentante, elle court prestement dans votre lit… et la mère, elle est déjà un peu grosse et trop accoutrée, fardée et peinte, mais pourtant, si on l'en convainquait, elle oserait peut-être encore un petit tour de danse… Vous avez raison, chiens, vous avez raison, si elles vous courent après, ces femmes en chaleur, les sans honneur… Qu'est-ce que cela peut vous faire, si le cœur de l'autre se tord de douleur… pourvu que vous vous amusiez, pourvu qu'elles s'amusent, ces femmes sans honneur… On devrait vous abattre au revolver, vous frapper avec le fouet de chasse à courre… Mais vous avez raison, tant que personne ne le fait… tant que l'on se borne à dévorer la colère en soi comme un chien ce qu'il a rejeté… vous avez raison, si l'on est si lâche, si pitoyablement lâche… que l'on ne va pas saisir l'éhontée et la tirer par la manche pour l'arracher à vous… Si l'on ne fait que rester là, muet, la bile dans la bouche, lâche… lâche… lâche…

Des deux mains, le vieil homme se tenait à la balustrade, tellement une colère impuissante le secouait. Et soudain il cracha devant ses pieds et sortit du jardin en titubant.

Le vieil homme s'enfonça à pas lourds dans la petite ville, il s'arrêta soudain devant une vitrine ; toutes sortes de choses pour touristes s'amassaient ici pêle-mêle, au hasard, formant des pyramides artificielles et des étagères colorées, chemises et filets, blouses et matériel de pêche, livres, biscuits. Mais son regard s'était fixé sur un seul objet qui restait méprisé au milieu de l'élégant bric-à-brac : un bâton noueux, gros et grossier, renforcé par une pointe de fer, lourd à la main et capable de porter des coups terribles en s'abattant… Abattre… abattre le chien ! Cette pensée le plongea dans un vertige égaré, presque voluptueux ; cela le poussa à entrer dans la boutique, où il acheta cette matraque bulbeuse pour une petite somme. Et à peine eut-il au poing le lourd objet dangereusement massif qu'il se sentit plus fort : une arme rend toujours plus sûr de soi l'homme au corps faible. Il sentit qu'à partir de la poignée les muscles se tendaient avec plus de véhémence. « Abattre… abattre le chien ! » murmurait-il en lui-même, et inconsciemment son lourd pas trébuchant devenait plus ferme, plus droit, plus rapide ; il marchait, mieux encore, il courait d'un bout à l'autre du chemin côtier, déjà suant et essoufflé, mais plutôt à cause de l'irruption de la passion que de la marche accélérée. Car sa main se crispait de plus en plus fougueusement sur la poignée massive.

Avec son arme, il entra dans la fraîcheur ombreuse du hall de l'hôtel, cherchant d'un œil irrité l'adversaire invisible. Et réellement, dans le coin, sur les moelleux fauteuils d'osier, ils étaient assis tous ensemble, aspirant whisky et soda avec des chalumeaux de paille, compagnie paresseuse qui bavardait gaiement : sa femme, sa fille et les trois inévitables. Lequel est-ce ? Lequel est-ce ? pensait-il sourdement, le poing serré sur le lourd bâton noueux. Auquel des trois fracasser le crâne ?… à qui ?… à qui ? Mais déjà, se méprenant sur la recherche inquiète de son père, Erna se levait d'un bond et courait à sa rencontre. « Te voilà, petit papa !

Nous t'avons cherché partout. Pense donc, M. de Medwitz nous emmène dans sa Fiat, nous allons jusqu'à Desenzano, tout le long du lac. » En même temps, elle l'entraînait tendrement vers la table, comme s'il devait encore remercier pour l'invitation.

Les messieurs s'étaient courtoisement levés et lui tendaient la main. Le vieil homme tremblait. Mais à son bras il y avait la douce et chaude présence apaisante de sa fille. Sa volonté réduite à l'impuissance, il prit l'une après l'autre les mains tendues, il s'assit en silence, sortit un cigare, et ses dents acharnées mâchèrent avec colère la masse molle. Au-dessus de lui reprenait le cours de la conversation interrompue, menée en français, survolée par un rire joyeux à plusieurs voix.

Le vieil homme était assis en silence, courbé, mordant son cigare, si bien que le jus brun lui coulait entre les dents. Ils ont raison… ils ont raison, pensait-il. Il faut me cracher à la figure… maintenant je lui ai encore tendu la main !… à tous les trois, mais je sais bien que l'un d'eux est la canaille… je suis calmement assis à la même table que lui… je ne l'abats pas, non, je ne l'abats pas, je lui tends poliment la main… Ils ont raison, tout à fait raison s'ils rient de moi... Et comme ils parlent par-dessus ma tête, comme si je n'étais pas là !... comme si je gisais déjà sous terre... et pourtant elles savent bien toutes les deux, Erna et sa mère, que je ne comprends pas un mot de français... elles le savent toutes les deux, toutes les deux, mais aucune ne m'adresse la parole, rien que pour l'apparence, rien que pour je ne reste pas assis, là aussi ridicule, aussi épouvantablement ridicule... Je suis de l'air pour elles, une breloque désagréable, quelque chose d'importun, de dérangeant... quelque chose dont on a honte et que l'on ne rejette pas parce qu'il gagne de l'argent... l'argent, l'argent, cet argent crasseux et pitoyable avec lequel je l'ai corrompue... cet argent sur quoi repose la malédiction de Dieu... Elles ne m'adressent pas un mot, ma femme, ma propre enfant, elles n'ont de regards que pour ces gommeux lisses, pomponnés... elles leur rient, excitées comme s'ils avaient passé la main sur leur chair... Et moi, moi je tolère tout cela... je suis assis là, je les écoute rire, et je ne comprends rien, et je reste quand même assis là, au lieu de les abattre avec le poing... au lieu de leur flanquer une raclée avec mon bâton et de les séparer avant qu'ils ne commencent à s'accoupler devant mes yeux… je permets tout cela… je reste là, silencieux, stupide, lâche… lâche… lâche…

« Permettez ? », demanda en cet instant, dans un allemand pénible, l'officier italien, en sortant son briquet.

Alors, arraché à ses pensées brûlantes, le vieil homme sursauta et regarda avec fureur l'homme qui ne se doutait de rien. La colère était encore brûlante en lui. Un instant, la main se crispa sur le bâton. Mais ensuite la bouche s'étira de nouveau, oblique et pendante, et se déforma en un ricanement absurde. « Oh, je permets », répéta-t-il, et sa voix se cassa, tranchante. « Certainement, je permets, hé, hé… Je permets tout… ce que vous voulez… hé, hé… je permets tout… tout ce que j'ai est certes à votre disposition… avec moi on peut tout se permettre… »

L'officier le regarda, étonné. Sachant mal la langue, il n'avait pas tout à fait compris. Mais ce rire oblique, ricanant, l'inquiétait. L'Allemand sursauta involontairement, les deux femmes étaient blanches comme la craie – pendant un instant l'air entre eux resta figé et sans souffle, comme pendant la mince pause entre l'éclair et le tonnerre qui va gronder.

Mais ensuite la distorsion sauvage se relâcha, le bâton glissa du poing crispé. Comme un chien battu, le vieil homme rampa en lui-même et toussota, embarrassé, effrayé de sa propre audace. Hâtivement, Erna renoua la conversation interrompue pour détendre la pénible tension, le baron allemand répondit avec une gaieté visiblement forcée et, après quelques minutes, les flots bloqués coulaient de nouveau sans souci.

Le vieil homme restait complètement absent au milieu des bavardages, on aurait pu croire qu'il dormait. Le massif bâton, échappé à ses mains, oscillait inutilement entre ses jambes. Sa tête glissait de plus en plus profondément sous la main qui la soutenait. Mais personne ne faisait plus attention à lui : la vague sonore de la conversation roulait par-dessus son silence, parfois un mot de plaisanterie exubérante faisait jaillir une écume étincelante de rires ; mais lui, il gisait immobile au-dessous, dans une obscurité infinie, noyé dans la honte et la douleur.

Les trois messieurs se levèrent, Erna suivit rapidement et la mère avec plus de lenteur ; ils s'en allèrent, répondant à une joyeuse invite, dans la salle de musique voisine et n'estimèrent pas nécessaire de solliciter particulièrement l'homme qui sommeillait tout seul. Touché enfin par le vide soudain autour de lui, il se réveilla comme un dormeur saisi par la sensation de froid quand, la nuit, la couverture a glissé au sol et qu'un courant d'air glacé passe sur le corps nu. Involontairement, son regard chercha vers les fauteuils abandonnés ; mais alors, du piano voisin martelait déjà un jazz brinquebalant et entraînant, il entendait des rires et des cris encourageants. Ils dansaient à côté. Oui, danser, toujours danser, cela, ils savaient le faire ! Secouer de nouveau le sang, toujours se frotter lascivement les uns aux autres jusqu'à ce que le rôti soit à point. Danser le soir, la nuit et en plein jour, les fainéants, les oisifs, c'est ainsi qu'ils amadouent les filles.

Exaspéré, il reprit le rude bâton et se glissa à leur suite. Il s'arrêta devant la porte. Le cavalier allemand était au clavier et dans un bruit de ferraille jouait sur les touches une rengaine américaine, par cœur et avec de fausses notes, à demi détourné pour regarder en même temps les danseurs. Erna dansait avec l'officier, la mère, lourde et forte, poussait rythmiquement d'avant en arrière, non sans peine, le longiligne comte Ubaldi. Mais le vieil homme ne fixait qu'Erna et son partenaire. Il fallait voir ce gandin poser ses mains, légères et cajoleuses, sur les tendres épaules de la jeune fille, on eût dit que cet être lui appartenait totalement ! Comme ce corps se balançait et s'abandonnait, pour ainsi dire se promettait, se pressant contre le corps de l'homme, comme ils se mélangeaient devant les yeux du père dans leur passion péniblement contenue ! Oui, c'était lui – car dans ces deux corps flottant brûlait visiblement une connaissance réciproque, une communauté qui avait déjà pénétré dans le sang. Oui, c'était lui – ce ne pouvait être que lui, il le lisait dans les yeux de sa fille. À demi fermés et pourtant débordants d'ivresse, ces yeux rayonnaient, dans le vol fugitif de la danse, au souvenir d'une brûlante jouissance – c'était lui, le voleur, qui la nuit saisissait ardemment et pénétrait ce qui maintenant se dévoilait dans une mince robe flottante à moitié transparente, son enfant, son enfant !

Involontairement, il s'approcha pour la lui arracher. Mais elle ne le remarqua pas. À chaque mouvement, elle s'abandonnait au rythme, à l'imperceptible pression du guide, du séducteur qui la dirigeait : la tête rejetée en arrière, la bouche humide ouverte, elle n'était plus qu'ivresse et oubli de soi, elle voguait légèrement dans le flot tendre de la musique, sans percevoir la salle où elle se trouvait, le temps ou les gens, ni le vieil homme tremblant et haletant qui fixait sur elle un regard injecté de sang dans une fanatique extase de colère. Elle ne sentait qu'elle-même, ses propres jeunes membres suivant sans résistance les cahots syncopés de la mélodie haletante, tourbillonnante ; elle ne sentait qu'elle-même, et qu'une créature virile la désirait, le souffle tout proche, un bras fort l'entourait et dans ce doux suspens elle devait se garder de s'appuyer sur lui avec des lèvres pleines de convoitise et le désir ardemment pénétrant de se donner. Et tout cela était conscient au vieil homme, comme par magie, dans son sang bouleversé : toujours, quand le flot de la danse emportait la jeune fille loin de lui, il avait l'impression qu'elle disparaissait pour l'éternité.

Soudain, comme une corde qui claque, la musique s'arrêta au milieu d'une mesure. Le baron allemand se leva d'un bond. Il riait : « Assez joué pour vous, dit-il en français. Maintenant je veux danser moi-même. » Tous approuvèrent avec enthousiasme, le groupe abandonna la dualité de la danse pour former un ensemble souple et flottant.

Le vieil homme revint à lui : faire quelque chose maintenant, dire quelque chose ! Ne pas rester là si balourd, si pitoyablement superflu. Sa femme voguait justement devant lui, un peu essoufflée par l'effort et pourtant chaude de satisfaction. La colère lui donna une résolution subite. Il lui barra le chemin. « Viens, haleta-t-il avec impatience. Il faut que je te parle. »

Elle le regarda étonnée : des gouttes de sueur perlaient sur le front du vieil homme, ses yeux étaient égarés. Que voulait-il donc ? Pourquoi la déranger juste maintenant ? Déjà des mots de refus se formaient sur ses lèvres ; mais il y avait quelque chose de tellement palpitant, de si dangereux dans l'attitude de l'homme que, se rappelant soudain les explosions furieuses d'autrefois, elle le suivit de mauvais gré.

« Excusez, messieurs, un instant ! » dit-elle en se tournant d'abord vers les trois hommes. Elle s'excuse auprès d'eux, pensa rageusement l'homme en colère, ils ne se sont pas excusés auprès de moi quand ils se sont levés de table. Je suis le chien pour eux, le paillasson que l'on piétine. Mais ils ont raison, ils ont raison, si je le tolère.

Elle attendait, les sourcils sévèrement levés : comme un écolier devant le maître, il se tenait devant elle les lèvres tremblantes.

« Eh bien ? » le provoqua-t-elle finalement.

« Je ne veux pas... je ne veux pas... » balbutia-t-il enfin maladroitement. « Je ne veux pas que vous... que vous fréquentiez ces gens-là.

– Quels gens ? » – faisant exprès de ne pas comprendre, elle leva un regard indigné comme si c'était elle-même qu'il avait offensée.

« Ces gens-là – furieux, la tête basse, il fit un signe en direction de la salle de musique –, ça ne me va pas... je ne veux pas...

– Et pourquoi pas ? »

Toujours ce ton inquisitorial, pensa-t-il exaspéré, comme si j'étais son serviteur, et énervé il balbutia : « J'ai mes raisons... mes raisons très spéciales… Ça ne me va pas… Je ne veux pas qu'Erna parle avec ces gens… Je ne suis pas forcé de tout dire.

– Alors je suis désolée. » Elle refusa en s'emportant. « Je trouve que ces trois messieurs sont extraordinairement bien élevés, un milieu bien meilleur que celui que nous trouvons chez nous.

– Un milieu bien meilleur !… Ces fainéants… ces… ces… » Une colère de plus en plus insupportable l'étranglait. Et soudain il frappa du pied. « Je ne veux pas… j'interdis… tu as compris ?

– Non, répondit-elle avec sang-froid. Je n'ai rien compris du tout. Je ne sais pas pourquoi je devrais gâcher le plaisir de notre enfant…

– Son plaisir !… son plaisir !… » Il titubait comme s'il avait reçu un coup, le visage rouge, le front ruisselant de sueur – sa main tâtonnait dans le vide à la recherche du lourd bâton, pour s'y agripper ou frapper. Mais il l'avait oublié. Cela le fit de nouveau revenir à lui. Il se maîtrisa – une onde chaude lui passa soudain sur le cœur. Il s'approcha comme s'il voulait prendre la main de sa femme. Sa voix devint toute petite, presque mendiante.

« Tu… tu ne me comprends pas… Je ne veux rien pour moi… je vous en prie seulement… c'est ma première prière depuis des années : partons d'ici… partons pour Florence, pour Rome, pour où vous voudrez, tout me convient… Vous pouvez choisir comme vous voulez… mais partons seulement d'ici, je t'en prie… partir… partir seulement, aujourd'hui même… aujourd'hui… je… je ne peux pas supporter ça plus longtemps… je ne peux pas.

– Aujourd'hui ? » Elle plissa le front, étonnée et hostile. « Partir aujourd'hui ? En voilà des idées ridicules… et seulement parce que ces messieurs te sont antipathiques… Tu n'es pas obligé de les fréquenter. »

Il restait là, levant des mains suppliantes. « Je ne peux plus supporter ça, je te l'ai dit… Je ne peux pas, je ne peux pas. Ne me pose plus de questions, je t'en prie… Mais crois-moi, je ne peux plus le supporter… je ne peux pas. Fais quelque chose pour moi, une seule fois, pour moi… »

De l'autre côté, le piano avait recommencé à marteler. Elle leva les yeux, saisie malgré elle par ce cri ; mais comme il était indiciblement ridicule, le gros petit homme rouge comme frappé d'une attaque, les yeux égarés et gonflés, les mains, levées et tremblantes, hors des manches trop courtes : c'était pénible de le voir aussi pitoyable. Son humeur adoucie durcit de nouveau : « C'est impossible, décida-t-elle. Pour aujourd'hui nous avons accepté la promenade… et partir demain alors que nous avons loué pour trois semaines… on se rendrait ridicules… je ne vois pas la moindre raison de partir… je reste ici et Erna aussi…

– Et moi, je peux partir, n'est-ce pas ?… Je ne fais que déranger ici… déranger vos… plaisirs. »

Avec ce cri étouffé, il lui coupa la parole au milieu de la phrase. Son corps massif et courbé s'était cabré. Les mains étaient devenues des poings, sur le front tremblait dangereusement la veine de la colère. Il voulut encore s'arracher quelque chose, un mot ou un coup. Mais soudain il fit brusquement demi-tour, et marcha de plus en plus vite en trébuchant vers l'escalier et monta les marches en hâte comme un homme poursuivi.

Le vieil homme monta hâtivement les marches en haletant : être dans sa chambre maintenant, être seul, se maîtriser, calmer ses nerfs, ne rien faire d'insensé ! Il avait déjà atteint l'étage supérieur, quand – ce fut comme si une griffe brûlante lui déchirait les entrailles de l'intérieur –, il tituba soudain, blanc comme de la craie, en s'accrochant au mur. Oh, cette douleur folle, brûlante, malaxante ; il dut serrer les dents pour ne pas hurler. En gémissant, le corps agressé se recroquevilla.

Il sut aussitôt ce qui l'avait frappé : une crise hépatique, un de ces terribles accès comme ceux qui l'avaient souvent torturé ces derniers temps, mais jamais encore le martyre n'avait été aussi diabolique que cette fois. Pas d'émotion, avait dit le médecin – il s'en souvint au même instant au milieu de sa douleur. Et au milieu de sa douleur il se moqua furieusement de lui-même. C'était facile à dire, pas d'émotion… qu'il me montre comment on fait, monsieur le professeur, pour ne pas s'émouvoir quand on… oh… oh…

Le vieil homme gémit, tellement la griffe invisible fouillait comme de la braise le corps torturé. Il se traîna avec peine jusqu'à la porte de son salon, la poussa d'un coup et tomba sur le canapé, les dents mordant le coussin. Quand il fut couché, la douleur céda aussitôt un peu, les deux ongles brûlants ne s'enfoncèrent plus à une profondeur aussi diabolique dans les entrailles cruellement blessées. Il faut que je me fasse une compresse, se rappela-t-il, que je prenne mes gouttes, et cela ira tout de suite mieux. Mais il n'y avait personne pour l'aider, personne. Et lui-même n'avait pas la force de se traîner dans l'autre chambre ou seulement jusqu'à la sonnette.

Il n'y a personne, pensait-il avec amertume, je crèverai un jour comme un chien... car je le sais, ce qui me fait mal comme cela, ce n'est pas la bile, c'est la mort qui grandit en moi... je sais... que je suis un homme abattu et aucun professeur, aucune cure ne peuvent plus m'aider... à soixante ans on ne recouvre plus la santé... Je sais ce qui creuse et fouille en moi, c'est la mort, et les quelques années qui me restent encore, ce ne sera plus vivre, mais mourir, rien que mourir... Mais pourquoi, pourquoi donc ai-je vécu ?... vécu pour moi, pour moi seul ?... Quelle vie était-ce : seulement amasser de l'argent, de l'argent, de l'argent, toujours rien que pour d'autres, et maintenant, à quoi ça me sert ?... J'ai eu une femme, c'était une jeune fille quand je l'ai prise, j'ai ouvert son ventre et elle m'a donné un enfant ; année après année, nous avons respiré du même souffle dans le même lit... et maintenant, où est-elle maintenant ?... je ne reconnais plus son visage, je ne reconnais plus sa voix... elle me parle comme une étrangère et ne songe jamais à ma vie, à tout ce que je sens et souffre et pense... elle m'est totalement étrangère depuis des années et des années... Où tout cela s'est-il enfui, où est-ce passé ?... Et on a eu un enfant... elle a échappé à vos mains en grandissant, j'ai cru qu'ici on commençait encore une fois à vivre, plus clairement, plus heureusement qu'il ne vous l'a été accordé à vous-même, ici, on ne meurt pas totalement... et alors on s'éloigne de vous la nuit et on se donne à des hommes... Je mourrai pour moi tout seul, rien que pour moi seul... car pour les autres je suis déjà mort... Mon Dieu, mon Dieu, je n'ai jamais été aussi seul...

La griffe attaquait parfois furieusement, puis relâchait sa prise. Mais l'autre douleur martelait de plus en plus profondément dans les tempes ; les pensées, ces cailloux durs, pointus, impitoyablement brûlants, s'enfonçaient dans le front : ne pas penser maintenant, surtout ne pas penser ! Le vieil homme avait ôté son pardessus et sa veste – maladroit et informe, le corps enflé tremblait sous la chemise bouffante. Avec précaution, il appuya la main sur l'endroit douloureux. Je ne suis plus rien que ce qui fait mal là, sentait-il, je ne suis que cela, rien que ce morceau de peau brûlante… et seul ce qui fouille là à l'intérieur, seul cela m'appartient encore, c'est *ma* maladie, *ma* mort… je ne suis que cela… c'est-à-dire non plus *Kommissionsrat*, quelqu'un qui n'a plus de femme ni d'enfant ni de maison ni de commerce… et cela seul est réel, ce que je sens avec mes doigts, mon corps et cette chaleur à l'intérieur, qui fait mal… Tout le reste est folie, n'a plus de sens… car ce qui fait mal ne fait mal qu'à moi seul… ce qui me soucie ne soucie que moi seul… ils ne me comprennent plus et je ne les comprends plus… on est tout seul avec soi-même, jamais je ne l'ai senti à ce point. Mais maintenant je le sais, alors que je suis couché là et que je sens la mort grandir sous ma peau, maintenant, trop tard, dans ma soixante-cinquième année, juste avant que je crève, tandis qu'elles dansent et vont se promener ou font la foire, ces femmes sans honneur… maintenant je sais que je n'ai vécu que pour elles, qui ne m'en sont pas reconnaissantes, et jamais, pas une heure, pour moi-même… Mais en quoi m'importent-elles… en quoi m'importent-elles encore… pourquoi penser à elles, qui ne pensent jamais à moi ?… Mieux vaut crever qu'accepter leur pitié… en quoi m'importent-elles encore ?…

Peu à peu, reculant pas à pas, la douleur le quittait : cette main furieuse ne plongeait plus aussi griffue, plus aussi brûlante dans le corps souffrant. Mais quelque chose de sourd restait, à peine sensible en tant que douleur, quelque chose d'étranger pressait et oppressait et creusait ses galeries à l'intérieur. Le vieil homme était allongé les yeux fermés et épiait, tendu, ces silencieux grignotages et tiraillements : il avait l'impression que cette puissance étrangère et inconnue creusait pour extraire quelque chose en lui, avec un outil d'abord pointu, puis émoussé, comme si se relâchait et se défaisait, fibre après fibre, quelque chose dans son corps fermé. Cela ne déchirait plus aussi sauvagement. Cela ne faisait plus mal. Mais pourtant quelque chose couvait et pourrissait silencieusement là à l'intérieur, quelque chose commençait à mourir. Tout ce qu'il avait vécu, tout ce qu'il avait aimé disparaissait dans cette flamme lentement dévorante, se calcinait et fumait, avant de tomber friable et carbonisé en une tiède bourbe d'indifférence. Quelque chose arrivait, il le sentait sourdement, quelque chose arrivait tandis qu'il était étendu ainsi et songeait passionnément à sa vie. Quelque chose touchait à sa fin. Qu'est-ce que c'était ? Il épiait et épiait en lui.

Et peu à peu commença le déclin de son cœur.

Il était couché les yeux fermés, le vieil homme, dans la chambre crépusculaire. Il était encore à demi éveillé, il rêvait déjà à moitié. Et là, entre le sommeil et l'éveil, sa sensibilité confuse lui donna l'impression que suintait doucement vers l'intérieur, venu il ne savait d'où (d'une blessure qui ne faisait pas mal et qu'il ignorait), quelque chose d'humide et de brûlant, comme s'il saignait dans son propre sang. Il ne faisait pas mal, cet écoulement invisible, il ne ruisselait pas fortement. Très lentement, les gouttes tombaient comme des larmes, dégoulinantes et tièdes, et chacune d'elles frappait en plein cœur. Mais le cœur, le cœur sourd, ne donnait aucun son, il absorbait en silence ce courant étranger. Il l'absorbait comme une éponge et en devenait de plus en plus lourd, déjà cela gonflait, déjà cela débordait dans l'étroite structure de la poitrine. Peu à peu, plein et débordant, saturé de son propre contenu, cela commença doucement à tirer vers le bas, à étirer les ligaments, à tirailler les muscles raidis, le cœur douloureux pressait et oppressait, de plus en plus lourdement, immensément grand déjà, suivant sa propre pesanteur. Et maintenant (comme cela faisait mal !), maintenant la pesanteur se défaisait, maintenant cela commençait à s'enfoncer. Sans secousse, sans déchirure, très lentement cela se détachait des fibres de la chair – très lentement, pas comme une pierre, pas comme un fruit qui tombe ; non, comme une éponge saturée d'humidité, cela sombrait plus profondément, de plus en plus profondément dans du tiède, du vide, quelque part dans un néant qui était hors de lui-même, une vaste nuit sans fin. Et d'un seul coup tout fut horriblement silencieux à l'endroit où s'était trouvée un instant plus tôt la chaude source du cœur : là, quelque chose d'inquiétant et froid béait à vide. Rien ne battait plus, rien ne gouttait plus : tout était devenu silencieux à l'intérieur, tout à fait mort. Et creuse et noire comme un cercueil, la poitrine frissonnant d'horreur se voûtait autour de ce néant muet et incompréhensible.

Si fort était ce sentiment de rêve, si profond l'égarement, que le vieil homme somnolant porta involontairement la main au côté gauche de sa poitrine pour savoir s'il n'avait plus son cœur en lui. Mais Dieu soit loué ! quelque chose de sourd et de rythmé battait encore sous ses doigts tâtonnants, et pourtant c'était comme un coup mat dans le vide, comme si son cœur fût parti. Car c'était étrange : brusquement son corps semblait séparé de lui. Aucune douleur ne tiraillait plus, aucun souvenir ne tressaillait plus dans un nerf supplicié, là, à l'intérieur, tout était muet, raide et pétrifié. Qu'est-ce que cela veut dire ? pensait-il. Je venais tout juste d'être torturé par tant de choses, l'intérieur était encore brûlant et oppressé, chaque fibre tressaillait encore. Que m'est-il arrivé ? Il écouta, comme dans une grotte, pour entendre si le passé ne bougeait pas. Mais ce ruissellement, ce bruissement, ces gouttes, ces chocs, étaient très loin – il écoutait et écoutait – rien, rien, rien ne renvoyait d'écho. Rien ne torturait plus, rien n'enflait plus, plus rien ne faisait mal : tout devait être vide et noir à l'intérieur, comme le creux d'un arbre incendié. Et d'un seul coup il eut l'impression qu'il était déjà mort ou que quelque chose était déjà mort en lui, tellement le sang se figeait, horriblement muet. Froid comme un cadavre gisait sous lui son propre corps, il avait peur de le toucher avec sa main chaude.

Le vieil homme écoutait en lui : il n'entendait pas que les cloches du lac sonnaient leurs heures à l'intérieur de sa chambre, chacune enveloppée dans un peu plus de crépuscule. Autour de lui grandissait déjà la nuit. L'obscurité effaçait les choses de l'espace qui s'écoulait et se déplaçait au loin : même le ciel plus clair dans le carré de la fenêtre s'éteignit complètement dans les ténèbres. Le vieil homme ne s'en aperçut pas, il fixait seulement le noir en lui, il n'écoutait que le vide en lui comme en sa propre mort.

Alors enfin retentirent dans la chambre voisine des éclats de rire et de l'exubérance, une lumière flamboya à côté – un rayon en jaillit par la porte seulement appuyée. Le vieil homme tressaillit, effrayé : sa femme, sa fille ! Elles allaient tout de suite le trouver ici sur le lit de repos, lui poser des questions. En hâte, il boutonna son pardessus et sa veste : quel besoin avaient-elles de connaître sa crise, qu'est-ce que ça pouvait leur faire ?

Mais les deux femmes ne le cherchaient pas. Elles étaient manifestement pressées, le gong martelait fougueusement la troisième invitation au dîner. Elles s'apprêtaient apparemment : l'homme aux aguets entendait chaque mouvement par la porte ouverte. Maintenant elles ouvraient les volets, maintenant elles posaient sur la table de toilette les bagues doucement cliquetantes, maintenant les souliers faisaient du tapage sur le parquet et entretemps elles parlaient : chaque mot, chaque syllabe cruellement compréhensible frappait l'oreille attentive du vieil homme. D'abord, elles parlèrent et se moquèrent des messieurs, d'un petit incident pendant le trajet, tout cela léger et facile dans un pêle-mêle cahotant, pendant le manège de la toilette, se laver, se courber, se nettoyer. Et soudain la conversation bascula sur lui.

« Où est donc papa ? » avait demandé Erna, tout étonnée de penser à lui si tard.

« Comment le saurais-je ? » C'était la voix de la mère, aussitôt irritée par cette seule mention. « Il nous attend sans doute dans le hall en lisant pour la centième fois les cours de la bourse dans la *Frankfurter Zeitung* – sinon rien ne l'intéresse. Crois-tu qu'il n'a fait que jeter un coup d'œil sur le lac ? Il ne se plaît pas ici, m'a-t-il dit aujourd'hui à midi. Il voulait que nous partions aujourd'hui même.

– Partir aujourd'hui ?... Oui, et pourquoi donc ? » C'était de nouveau la voix d'Erna.

« Je ne sais pas. Qui peut le comprendre. Notre compagnie ne lui convient pas, il ne peut manifestement pas souffrir ces messieurs – il sent vraisemblablement lui-même comme il s'accorde mal avec eux. C'est réellement une honte la manière dont il se conduit, les vêtements toujours froissés, le col ouvert. Tu devrais le rendre un peu attentif, lui conseiller de se tenir un peu plus soigné, au moins le soir, il t'écoute, toi. Et ce matin... J'ai cru que j'allais m'enfoncer dans la terre quand il a agressé le lieutenant à cause du briquet…

– Oui, maman, qu'est-ce que ça voulait dire ?… Je voulais déjà te demander… Qu'est-ce qu'il avait, papa ?… Je ne l'ai jamais vu comme ça… je suis vraiment effrayée.

– Ah, laisse, c'était de la mauvaise humeur… les cours se sont vraisemblablement effondrés… ou c'est parce que nous avons parlé français… Il ne peut pas supporter que d'autres s'amusent… Tu ne t'en es pas aperçue : pendant que nous dansions, il se tenait à la porte comme un assassin derrière l'arbre… Partir ! Partir sur-le-champ ! et seulement parce qu'il en a soudain envie… S'il ne se plaît plus ici, qu'il nous laisse notre joie… mais je ne me soucie plus de lui, qu'il dise et fasse ce qu'il veut. »

La conversation s'arrêta. Manifestement la toilette du soir s'était achevée pendant la discussion : mieux encore, la porte fut ouverte, maintenant elles sortaient de leur chambre, l'interrupteur cliqueta, la lumière s'éteignit.

Le vieil homme était assis en silence sur le canapé. Il avait entendu chaque mot. Mais étrangement, cela ne faisait plus mal, plus mal du tout. Ce qui auparavant avait martelé et déchiré, le cruel rouage, restait muet dans sa poitrine, c'était sans doute cassé. Rien ne tressaillait plus en lui bien qu'il fût profondément blessé. Pas de colère, pas de haine… rien… rien… Il boutonna calmement ses vêtements, descendit prudemment l'escalier à pas lourds et prit place à leur table comme avec des étrangers.

Il ne leur parla pas ce soir-là, les deux femmes de nouveau ne remarquèrent pas ce silence serré comme des poings. Sans saluer, il remonta dans sa chambre, se mit au lit et éteignit la lumière. Sa femme ne revint que bien plus tard de quelque joyeux divertissement ; comme elle le croyait endormi, elle se déshabilla dans l'obscurité. Il entendit bientôt sa respiration lourde et immobile.

Le vieil homme, seul avec lui-même, fixait les yeux ouverts le vide illimité de la nuit. À côté de lui, quelque chose était étendu et respirait profondément : il s'efforça de se rappeler que ce corps, qui buvait là le même air de la même chambre, était celui qu'il avait connu jeune et ardent, qui lui avait donné un enfant, un corps lié à lui par le plus profond mystère du sang ; sans cesse, il s'efforçait de penser que cette douceur et cette chaleur à côté de lui, qu'il pouvait toucher de la main, avaient été autrefois de la vie dans sa vie. Mais c'était étrange : le souvenir ne suscitait plus de sentiment. Et il entendait cette respiration sans la différencier des rumeurs venues par la fenêtre ouverte, les petits raz de marée murmurants qui clapotaient sur les cailloux de la rive. Tout cela était lointain et inexistant, plus rien qu'un à-côté, quelque chose de hasardeux et étranger : passé, passé pour toujours.

Une fois, il tressaillit encore : tout doucement et sournoisement, la porte de la chambre de sa fille s'ouvrit à côté. Donc aujourd'hui de nouveau – il sentit un coup brûlant au cœur qu'il croyait déjà mort. Une seconde sursauta là quelque chose comme un nerf, avant de mourir complètement. Car cela aussi était passé : qu'elle fasse ce qu'elle veut ! En quoi m'importe-t-elle encore !

Et le vieil homme reposa de nouveau sa tête sur l'oreiller. L'obscurité pressait plus doucement les tempes douloureuses, déjà une fraîcheur bleue s'insinuait, bienfaisante, dans le sang. Et bientôt un sommeil ténu plongea dans l'ombre ses sens privés de force.

Quand la femme se réveilla le matin, elle vit son mari déjà en manteau et chapeau. « Que fais-tu donc ? » demanda-t-elle encore ivre de sommeil.

Le vieil homme ne se retourna pas, il bourrait tranquillement son pyjama dans son sac de voyage. « Tu le sais bien, je rentre. Je n'emporte que le plus nécessaire, vous pourrez m'envoyer le reste. »

La femme sursauta. Qu'est-ce que cela voulait dire ? Elle n'avait jamais entendu sa voix ainsi : chaque mot était comme arraché entre les dents, totalement froid, totalement figé. Elle sortit du lit, les deux jambes en avant. « Tu ne veux quand même pas partir ?… Attends… nous partons aussi, j'ai déjà dit à Erna… »

Mais il fit seulement un violent geste de refus. « Non… non… Ne vous dérangez pas. » Et sans regarder autour de lui, il marcha à pas lourds vers la porte. Pour abaisser la poignée de la porte, il dut un instant déposer sa valise par terre. Et dans le sursaut de cette unique seconde, il se souvint : mille fois, il avait ainsi posé sa valise d'échantillons devant une porte étrangère avant de sortir à reculons avec des courbettes, saluant servilement pour obtenir d'autres commandes. Mais ici, il n'était plus question de commerce : il omit donc tout salut. Sans un regard, sans un mot, il souleva de nouveau son sac de voyage et abaissa la poignée cliquetante de la porte entre lui et sa vie d'autrefois.

Elles ne comprenaient pas, la mère et la fille, ce qui était arrivé. Mais la brusquerie frappante et le caractère résolu de ce départ les inquiétaient toutes les deux. Elles lui écrivirent aussitôt, dans sa résidence du sud de l'Allemagne, des lettres d'explications détaillées, elles soupçonnaient un malentendu, des lettres presque tendres, elles demandaient, pleines d'inquiétude, s'il avait fait bon voyage, s'il était bien arrivé, elles se déclaraient soudain prêtes à céder et disposées à chaque instant à interrompre leur séjour. Il ne répondait pas. Elles écrivirent plus instamment, elles télégraphièrent : aucune réponse n'arrivait. Seule leur parvint, envoyée par la firme, la somme qu'une des lettres mentionnait comme nécessaire : un mandat postal avec le cachet de la firme, sans un mot écrit à la main, sans un salut.

Un état de choses aussi inexplicable et oppressant leur fit précipiter leur retour. Bien qu'annoncées par télégraphe, personne ne les attendait à la gare, à la maison aussi rien n'avait été préparé : le vieil homme, comme les domestiques l'assurèrent, avait laissé les dépêches éparpillées sur la table et était parti sans donner d'instructions. Le soir, alors qu'elles étaient à table, elles entendirent enfin la porte d'entrée : elles se levèrent d'un bond et coururent à sa rencontre. Il les regarda fixement, surpris – il avait manifestement oublié les dépêches –, mais, sans exprimer de sentiments particuliers, il se laissa tranquillement embrasser par sa fille, conduire dans la salle à manger, et il écouta ce qu'elles racontaient. Mais il ne demanda rien, tira, muet, sur son cigare, répondit parfois laconiquement ou ne réagit pas quand on lui posait une question ou qu'on lui adressait la parole : c'était comme s'il dormait les yeux ouverts. Puis il se leva lourdement et alla dans sa chambre.

Et tout resta ainsi les jours suivants. Sa femme inquiète chercha en vain à lui parler : plus elle le pressait, à bout de nerfs, plus il éludait en se retirant en lui-même. Quelque chose était fermé en lui, était devenu inaccessible, un accès était muré. Il prenait encore ses repas à table avec elles, restait, quand il y avait des invités, un instant en silence et muré en lui. Mais il ne prenait plus part à rien, et quand les invités par hasard au milieu de la conversation rencontraient ses yeux, ils avaient un sentiment pénible, car un regard mort, sans profondeur et morne, passait par-dessus leurs têtes.

La bizarrerie croissante du vieil homme frappa même ceux qui lui étaient le plus étrangers. Déjà, les gens de leur connaissance commençaient à se pousser en secret du coude quand ils le rencontraient dans la rue : le vieil homme, l'un des plus riches de la ville, se faufilait comme un mendiant le long des murs, le chapeau de travers et cabossé, le manteau saupoudré de cendre de cigare, chancelant étrangement à chaque pas et marmonnant la plupart du temps tout seul à mi-voix. Si on le saluait, il levait des yeux effrayés, si on lui adressait la parole, il répondait à l'interlocuteur par un regard vide et oubliait de lui tendre la main. D'abord, beaucoup pensèrent que le vieil homme était sourd et ils répétaient leurs paroles à voix plus haute. Mais ce n'était pas cela, il lui fallait toujours du temps pour se tirer lui-même de son sommeil intérieur, et au milieu de la conversation il retombait dans son étrange égarement. Alors ses yeux s'éteignaient d'un seul coup, il rompait hâtivement et reprenait sa marche trébuchante, sans remarquer la surprise de l'autre. Il semblait toujours sortir d'un rêve sourd, arraché à un face-à-face ennuagé avec soi-même : les gens, on le voyait, ne vivaient plus pour lui. Il ne demandait de nouvelles de personne, ne remarquait pas dans son foyer le sourd désespoir de sa femme ni l'interrogation déconcertée de sa fille. Il ne lisait pas de journal, n'écoutait aucune conversation ; aucun mot, aucune question ne traversait l'indifférence voilée de tristesse de son âme, ne fût-ce que pour un instant. Même son monde le plus proche lui devenait étranger : son commerce ; parfois il restait encore, morne, au bureau, pour signer des lettres. Mais quand le secrétaire arrivait au bout d'une heure pour prendre les lettres signées, il trouvait le vieil homme exactement tel qu'il l'avait laissé, avec le même regard vide sur les lettres non lues, rêvant sans les voir. Finalement, il remarqua lui-même son inutilité et resta complètement en dehors.

Mais le plus étrange, et pour toute la ville le plus étonnant, fut ceci : le vieil homme, qui n'avait jamais appartenu aux croyants de la communauté, commença d'un seul coup à devenir pieux. Indifférent d'habitude et jamais ponctuel à table et aux rendez-vous, il ne manquait pourtant pas de se rendre au temple à l'heure fixée : il se tenait là en calotte de soie noire, le manteau de prière sur les épaules, toujours à la même place, la même qu'autrefois son père, et il balançait sa tête fatiguée en psalmodiant. Ici, dans la salle à demi abandonnée, où les mots grondaient autour de lui étrangers et obscurs, c'était là qu'il était le mieux, seul avec lui-même, une sorte de paix s'étendait sur son égarement et discourait avec l'obscurité dans sa propre poitrine ; mais si l'on lisait les prières des morts et qu'il voyait les parents, les enfants, les amis d'un défunt accomplissant leur devoir avec émotion et avec toujours de nouvelles courbettes et conjurations pour appeler la miséricorde de Dieu sur le défunt, alors ses yeux se brouillaient quelquefois : il était le dernier, il le savait. Personne ne dirait une prière pour lui. Aussi murmurait-il pieusement avec les autres et pensait en même temps à lui-même comme à un mort.

Un jour, le soir tard, il revenait d'une de ces promenades égarées, quand au milieu du chemin il fut surpris par la pluie. Le vieil homme avait comme toujours oublié son parapluie. Il y avait des voitures à disposition à faible prix, des porches de maisons et des auvents de verre offraient une protection contre le nuage qui se déversait rapidement, mais l'original continuait à chanceler et osciller, indifférent sous l'averse. Dans le chapeau cabossé s'amassait une flaque qui suintait, les manches dégoulinantes laissaient couler des ruisseaux entiers sur ses propres pas : il n'y faisait pas attention et continuait à trotter, presque le seul dans la rue désertée par les gens. Et ainsi, trempé et ruisselant, plus semblable à un vagabond qu'au maître de l'élégante villa qui l'attendait, il atteignit l'entrée de sa maison juste au moment où une automobile aux phares puissants s'arrêta devant lui, et la secousse envoya encore de la boue liquide sur le piéton distrait. La portière s'ouvrit soudain, du coupé éclairé électriquement sa femme descendit en hâte, derrière elle avec un parapluie protecteur quelque visiteur distingué, et un second monsieur ; ils se rencontrèrent devant la porte. Sa femme le reconnut et sursauta d'effroi en le voyant dans cet état, dégoulinant, froissé, comme un ballot tiré de l'eau ; elle détourna involontairement le regard. Le vieil homme comprit aussitôt : elle avait honte de lui devant ses invités. Et sans émotion, sans colère, pour lui éviter la gêne d'une présentation, il marcha comme un étranger les quelques pas qui menaient jusqu'à l'escalier de service : là, il obliqua humblement pour entrer.

À partir de ce jour, le vieil homme n'emprunta plus que l'escalier de service dans sa propre maison : ici, il était sûr de ne rencontrer personne. Ici, il ne dérangeait pas, ici, personne ne le dérangeait. Il s'absentait aussi des repas – une vieille servante lui apportait son plateau dans sa chambre ; si sa femme ou sa fille essayaient de pénétrer chez lui, il les renvoyait hâtivement en grommelant, avec un geste de défense embarrassée et pourtant invincible. Finalement, elles le laissèrent seul, on se déshabitua de s'inquiéter de lui et il ne demanda rien. Des rires et de la musique filtraient souvent à travers les murs des autres pièces qui lui étaient déjà étrangères, il entendait dehors des voitures rouler et s'éloigner en pétaradant jusqu'au creux de la nuit. Mais tout cela lui était tellement étranger qu'il ne regardait même pas par la fenêtre : qu'est-ce que cela lui faisait ? Seul, le chien montait encore chez lui et se couchait devant le lit de l'oublié.

Rien ne faisait plus mal dans le cœur mort, mais à l'intérieur du corps la taupe noire continuait à fouiller, déchirait jusqu'au sang la chair palpitante. Les crises augmentaient de semaine en semaine, finalement l'homme torturé céda à la pression des médecins qui exigeaient un examen. Le professeur avait l'air grave. Pour le préparer, prudemment, le professeur dit qu'une opération était à présent inévitable. Mais le vieil homme ne s'effraya pas, il ne fit que sourire tristement : Dieu soit loué, on allait vers la fin. C'était la fin de l'agonie, maintenant venait le bon, la mort. Il interdit au médecin d'en souffler mot à sa famille, il se fit préciser le jour et se prépara. Il se rendit pour la dernière fois dans son bureau (où plus personne ne l'attendait et où tous le regardèrent comme un étranger), il s'assit encore une fois sur le vieux tabouret de cuir où il avait pesé pendant trente ans, toute sa vie, mille et mille heures, il se fit donner un chéquier et remplit l'une des feuilles : il l'apporta au président de la communauté qui s'effraya presque devant la hauteur de la somme. Elle était destinée à des œuvres de bienfaisance et à sa tombe ; pour échapper à tout remerciement, il sortit hâtivement en trébuchant, perdit son chapeau, mais il ne se baissa plus pour le ramasser. Et ainsi, tête nue, les yeux brouillés dans son visage ridé et d'un jaune maladif, il trotta (les gens le suivirent d'un regard étonné) vers la tombe de ses parents. Là, quelques oisifs observèrent le vieil homme et s'étonnèrent encore une fois : il parlait longuement et à voix haute avec les pierres à moitié pourries, comme on parle avec des gens. Annonçait-il sa prochaine arrivée ou demandait-il leur bénédiction ? Personne n'entendait les paroles – seules les lèvres bougeaient en silence et la tête branlante s'inclinait toujours plus profondément dans la prière. Quand il sortit, les mendiants se pressèrent autour de celui qu'ils connaissaient bien ; il racla vite ses poches à la recherche de monnaie et de billets et il avait déjà tout distribué quand arriva une retardataire, clopin-clopant, une vieille femme ratatinée qui l'implora en pleurant. Troublé, il chercha partout – il ne trouva plus rien. Seul pesait encore à son doigt quelque chose d'étranger et de lourd : son anneau de mariage en or. Un souvenir quelconque lui passa par l'esprit – il ôta hâtivement la bague et la donna à la femme étonnée.

Et ainsi, tout à fait pauvre, tout à fait vidé et seul, le vieil homme s'offrit au couteau.

Quand le vieil homme se réveilla de l'anesthésie, les médecins, reconnaissant qu'il était en danger, firent entrer dans la chambre sa femme et sa fille averties entre-temps. Avec effort, l'œil s'ouvrit entre les paupières entourées d'une ombre bleuâtre : « Où suis-je ? » dit-il, en regardant fixement le lieu étranger et la blancheur d'une pièce jamais vue.

Alors sa fille se pencha pour lui donner une marque de tendresse. Et soudain un signe de connaissance tressaillit dans l'œil qui cherchait à l'aveugle. Une lumière, une petite lumière monta dans la pupille : c'était elle, l'enfant, l'infiniment aimée, c'était Erna, la tendre et belle enfant ! Très, très lentement la lèvre amère se détendit – un sourire, un tout petit sourire, dont la bouche fermée avait été privée depuis longtemps, commença prudemment à se dessiner. Et émue par cette joie si péniblement exprimée, elle se pencha plus près pour embrasser la joue exsangue du père.

Mais alors – était-ce le souvenir du parfum douceâtre, ou le cerveau à demi anesthésié songeait-il à des instants oubliés ? –, une terrible métamorphose bouleversa les traits encore pleins de bonheur ; les lèvres sans couleur se recollèrent tout à coup en un furieux réflexe de défense, la main travailla violemment sous la couverture et voulut se lever comme pour repousser quelque chose de répugnant, tout le corps blessé trembla d'émotion. « Dehors !... dehors !... » balbutièrent, sans articuler mais distinctement, les lèvres pâles. Et un refus si terrible marqua le visage tressaillant de l'homme incapable de fuir que le médecin inquiet poussa les femmes de côté. « Il délire, il vaut mieux le laisser seul maintenant. »

À peine les deux femmes étaient-elles parties que les traits crispés se détendirent faiblement, tombant dans une somnolence vide. La respiration se faisait encore sourdement – la poitrine râlait de plus en plus profondément autour de l'air lourd de la vie. Mais bientôt elle fut fatiguée de boire cet amer aliment humain. Et quand la main du médecin chercha les battements du cœur, celui-ci avait déjà cessé de faire mal au vieil homme.

Vingt-quatre heures de la vie d'une femme

Dans la petite pension de la Riviera où je logeais à cette époque, dix ans avant la guerre, avait éclaté à notre table une vive discussion qui, de façon totalement inattendue, menaça de dégénérer en violente dispute, voire en conflit haineux et en échanges d'insultes. La plupart des gens ont une imagination obtuse. Ce qui ne les touche pas directement, ce qui ne les taraude pas profondément, ne peut guère les enflammer ; mais si une vétille a lieu juste sous leurs yeux, à portée immédiate de leurs sens, elle éveille aussitôt en eux une passion excessive. Ils compensent alors en quelque sorte leur indifférence coutumière par une véhémence déplacée et outrancière.

Tel avait été le cas cette fois à notre tablée entièrement bourgeoise, dont les convives, d'ordinaire, s'en tenaient paisiblement au *small talk* et aux petites plaisanteries légères et, la plupart du temps, s'égaillaient juste après le repas : le couple d'Allemands pour faire des excursions et des photos en amateurs, le Danois corpulent pour s'adonner à une pêche ennuyeuse, la dame anglaise distinguée pour se plonger dans ses livres, le couple d'Italiens pour faire des escapades à Monte-Carlo et moi, pour paresser sur une chaise de jardin ou pour travailler. Mais cette fois, nous restâmes tous à nous accrocher les uns avec les autres pendant cette discussion acharnée ; et quand soudain, l'un de nous se levait d'un bond, ce n'était pas, comme d'habitude, pour prendre congé avec politesse, mais emporté par une exaspération qui, je l'ai déjà dit, prenait des formes presque violentes.

L'incident qui avait poussé les hôtes de notre table à se cabrer ainsi était, au vrai, assez étrange. Certes, la pension où nous logions tous les sept se présentait de l'extérieur comme une villa isolée – ah, quelle vue merveilleuse on avait de ses fenêtres sur la plage garnie de rochers ! –, mais en fait, elle n'était que la dépendance moins chère du grand Palace Hôtel, avec lequel elle communiquait directement par le jardin, de sorte que nous, les pensionnaires d'à côté, étions en relations constantes avec ses clients. Or la veille, cet hôtel avait eu à subir un fameux scandale. Ce jour-là était arrivé par le train de midi, à 12 h 20 – il me faut donner l'heure précise, car elle est aussi importante pour cet épisode que pour le thème de cette conversation échauffée –, un jeune Français qui avait pris une chambre avec vue sur la mer : cela montrait déjà en soi une certaine aisance. Mais ce qui frappait agréablement chez lui, c'était non seulement son élégance discrète, mais surtout sa beauté exceptionnelle, foncièrement sympathique : au milieu d'un fin visage de fille, une moustache blonde soyeuse flattait sensuellement des lèvres chaleureuses ; sur son front blanc bouclaient des cheveux souples, bruns et ondulés ; ses yeux tendres cajolaient à chaque regard – tout était doux, caressant, aimable dans sa nature, mais sans aucun artifice ni affectation. S'il rappelait aussi de loin, à première vue, un peu ces mannequins de cire rose qui posent avec vanité dans les vitrines des grandes boutiques de mode et, une canne ornée à la main, incarnent l'idéal de la beauté masculine, cette impression de fatuité s'évanouissait quand il s'approchait. Car chez lui (cas des plus rares !), l'amabilité était innée, émanait pour ainsi dire de sa personne. Il saluait chacun au passage d'une manière à la fois simple et cordiale, et c'était un vrai plaisir de voir que sa grâce, toujours prête à s'exprimer, éclatait naturellement à tout propos. Il s'empressait, quand une dame se rendait au vestiaire, d'aller lui chercher son manteau, il avait pour chaque enfant un regard amical ou un bon mot, il se montrait à la fois discret et sociable – bref, il semblait être un de ces hommes comblés qui, se sachant agréables aux autres par l'éclat de leur visage et leur charme juvénile, ont le don de retransformer cette assurance en grâce. Parmi les clients de l'hôtel d'ordinaire âgés et souffrants, sa présence faisait un bien fou ; et cette démarche triomphante de jeunesse, cette légèreté et cette fraîcheur que le charme confère à certains hommes lui gagnaient irrésistiblement la sympathie de tous. Deux heures après son arrivée, il jouait déjà au tennis avec les filles du gros industriel de Lyon – Annette, douze ans, et Blanche, treize –, et leur mère, la belle, douce et modeste Mme Henriette, souriait de voir avec quelle coquetterie inconsciente ses oisillonnes flirtaient avec le jeune étranger. Le soir, il assista pendant une heure à nos parties d'échecs tout en racontant discrètement de charmantes anecdotes, et flâna longuement sur la terrasse avec Mme Henriette tandis que son époux jouait, comme toujours, aux dominos avec une relation d'affaires ; tard le soir, je le vis aussi avec la secrétaire de l'hôtel, dans l'ombre du bureau, converser familièrement de façon suspecte. Le lendemain matin, il accompagna mon partenaire danois à la pêche, fit preuve de connaissances étonnantes dans ce domaine, s'entretint longtemps de politique avec l'industriel de Lyon, ce en quoi il se montra aussi un bon amuseur car on entendit le rire gras du monsieur bien en chair couvrir le ressac. Après le déjeuner – je dois préciser, pour la compréhension de la situation, toutes les phases de son emploi du temps –, il passa une nouvelle heure seul avec Mme Henriette dans le jardin à prendre le café, joua encore au tennis avec ses filles, bavarda avec le couple d'Allemands dans le hall. À six heures, je le trouvai à la gare en allant poster une lettre. Il vint en hâte à ma rencontre et raconta, comme s'il devait s'excuser, qu'il était obligé de s'absenter, mais qu'il reviendrait dans deux jours. Le soir, il manqua en effet dans la salle à manger, mais seulement physiquement, car, à toutes les tables, on ne parlait que de lui en vantant ses manières plaisantes et enjouées.

La nuit, ce devait être vers les onze heures, j'étais assis dans ma chambre pour finir la lecture d'un livre quand soudain, par la fenêtre ouverte, j'entendis dans le jardin des cris et des appels anxieux ; de l'autre côté, dans l'hôtel, régnait une émotion visible. Plus par inquiétude que par curiosité, je descendis immédiatement, gagnai en cinquante pas le Palace et trouvai les clients et le personnel en proie à une grande agitation. Mme Henriette, dont le mari, avec sa ponctualité coutumière, jouait aux dominos avec son ami de Namur, n'était pas revenue de sa promenade du soir sur la plage et l'on craignait un accident. Comme un taureau, l'homme d'habitude si lourd et si pataud courait sans cesse vers le rivage et quand, de sa voix déformée par l'excitation, il lançait dans la nuit : « Henriette ! Henriette ! », ce cri avait quelque chose de la plainte effarée, primitive, d'une énorme bête blessée à mort. Les serveurs et les boys, surexcités, montaient et descendaient l'escalier, on réveilla tous les clients et on appela la gendarmerie. Au beau milieu de cette effervescence, le gros homme, le gilet ouvert, trébuchait et marchait lourdement, sanglotant et hurlant dans la nuit ce nom en pure perte : « Henriette ! Henriette ! » Entre-temps, les enfants, en haut, s'étaient réveillées et appelaient en chemise de nuit leur mère par la fenêtre ; le père s'empressa de monter les rejoindre pour les calmer.

Puis arriva une chose si effroyable qu'on peut à peine la raconter, car la nature violemment tendue dans les moments extrêmes donne souvent à l'attitude humaine une expression si tragique qu'aucun mot, aucune image, ne peut la traduire avec une force aussi foudroyante. Soudain, l'homme pesant et large descendit les marches gémissantes, le visage altéré – épuisé et pourtant furieux.

– Rappelez tout le monde, dit-il. C'est inutile. Ma femme m'a quitté.

Il y avait de la tenue chez cet homme mortellement frappé – fruit d'une tension surhumaine devant tous ces gens qui l'entouraient, qui le regardaient en se pressant avec curiosité et qui, soudain, effrayés, troublés et désorientés, se détournèrent de lui. Il lui resta encore juste assez de force pour passer devant nous en titubant sans regarder personne, et pour éteindre la lumière dans la salle de lecture ; après, on entendit son corps lourd, massif, tomber sourdement dans un fauteuil, puis un sanglot sauvage, bestial – de ceux que, seul, peut lâcher un homme qui n'a encore jamais pleuré. Et cette souffrance élémentaire eut sur chacun de nous, jusqu'au plus humble, une sorte de force anesthésiante. Aucun des serveurs et des clients qui s'étaient faufilés jusque-là n'osa sourire ni prononcer un mot de compassion. En silence, l'un après l'autre, comme gênés par cette explosion d'émotions fracassante, nous nous glissâmes à nouveau dans nos chambres ; et il ne resta plus dans la pièce obscure que ce colosse abattu tressaillant et sanglotant, complètement seul avec lui-même dans la maison s'éteignant peu à peu, bruissant et chuchotant, soufflant et murmurant.

On comprendra qu'un événement aussi fulgurant, survenu juste sous nos yeux, à portée de nos sens, était propre à exciter considérablement des gens habitués à l'ennui et aux passe-temps insouciants. Mais cette querelle, qui éclata avec tant de véhémence à notre table et s'échauffa au point qu'on en vint presque aux mains, si elle eut certes pour point de départ cet incident étonnant, tenait en fait bien plus de la discussion de principe, de la confrontation enfiévrée de conceptions de la vie antagonistes. Par l'indiscrétion d'une femme de chambre qui avait lu la lettre – l'époux complètement effondré l'avait froissée quelque part sur le sol dans sa rage impuissante –, il était rapidement apparu que Mme Henriette ne s'était pas enfuie seule, mais de mèche avec le jeune Français (pour qui la sympathie de presque tous commença vite à diminuer). Au reste, il était à première vue parfaitement compréhensible que cette petite Madame Bovary ait troqué son gros époux provincial contre un beau jeune homme élégant. Mais ce qui frappa autant chacun dans la pension, c'était que ni l'industriel ni ses filles, ni même Mme Henriette, n'avaient jamais vu ce Lovelace avant – et donc, que cette discussion de deux heures le soir sur la terrasse et cette heure dans le jardin à prendre le café avaient dû suffire pour pousser une femme irréprochable de trente-trois ans à quitter du jour au lendemain son mari et ses deux enfants pour suivre à l'aventure un jeune galant totalement inconnu.

Or, les hôtes de notre table refusèrent ce fait apparemment flagrant, qu'ils tinrent pour une tromperie perfide et une manœuvre rusée du couple d'amoureux. Pour eux, à l'évidence, Mme Henriette avait noué depuis longtemps des relations secrètes avec le jeune homme et le joueur de flûte[1] n'était venu ici que pour décider des derniers détails de sa fuite, car – telle fut leur conclusion – il était complètement impossible qu'une femme honnête, après seulement deux heures de tête-à-tête, se sauve à la première note. Moi, cela m'amusait d'être d'un autre avis et je défendis résolument la possibilité, même la vraisemblance, qu'une femme se morfondant depuis longtemps dans un couple décevant fût prête intérieurement à ce sursaut d'énergie. Par mon opposition inattendue, la discussion devint rapidement générale et s'enflamma surtout parce que les deux couples, l'allemand comme l'italien, refusaient l'existence du coup de foudre, le traitant de

1. Allusion au personnage de la légende allemande, qui punit les habitants de Hameln de ne l'avoir pas payé pour les avoir débarrassés d'une invasion de rats en enlevant tous leurs enfants, qu'il entraîne hors de la ville au son de sa flûte. *(N.d.T.)*

folie et de plate invention romanesque avec un mépris outrageant.

Nul n'est besoin de remâcher par le menu le cours houleux de cette dispute entre la soupe et le pudding : seuls les professionnels de la *table d'hôte* sont spirituels, et les arguments lancés dans le feu d'une querelle de convives sont souvent banals, car ramassés de la main gauche à la va-vite. De même, il est difficile d'expliquer comment notre discussion prit rapidement des formes aussi choquantes : l'irritation, je pense, naquit du fait que, malgré eux, les deux maris voulaient écarter l'idée que leurs propres femmes puissent être exposées à de tels abîmes et de tels dangers. Malheureusement, ils ne trouvèrent pas de meilleur argument à m'opposer que l'idée que seul pouvait parler ainsi un homme qui jugeait l'âme féminine sur les conquêtes occasionnelles, trop faciles des célibataires ; cela m'irrita déjà passablement, mais quand la dame allemande pimenta en outre cette leçon de la moutarde doctorale voulant qu'il y eût d'un côté les femmes honnêtes et de l'autre les « natures de catins », parmi lesquelles, à son avis, devait compter Mme Henriette, je fus à bout de patience et devins à mon tour agressif. Toute cette négation du fait évident qu'une femme, dans bien des heures de sa vie, est livrée à des forces mystérieuses qui dépassent sa volonté et sa conscience, cachait seulement la peur de l'instinct personnel, de la part diabolique de notre nature. Il semble même que bien des gens prennent plaisir à se sentir plus forts, plus moraux et plus purs que ceux qui se laissent « facilement entraîner ». Personnellement, je trouvais plus honnête qu'une femme suive librement et passionnément son instinct au lieu, comme c'est généralement le cas, de tromper son mari en fermant les yeux dans ses bras. Telles furent, à peu près, mes paroles, et plus les autres attaquaient la pauvre Mme Henriette dans le feu roulant de la discussion, plus je la défendais ardemment (en vérité, bien au-delà de ce que je pensais). Finalement, les deux couples virent une provocation dans mon emballement, et ce quatuor peu harmonieux se ligua contre moi avec un tel acharnement que le vieux Danois jovial qui était assis là, quasiment chronomètre en main comme à un match de football, devait taper de temps en temps avec ses doigts sur la table en disant : « *Gentlemen, please*... » Mais cela ne ramenait jamais qu'une trêve provisoire. Trois fois déjà, l'Allemand s'était levé d'un bond, écarlate, et sa femme avait eu bien du mal à le calmer – bref, une douzaine de minutes encore et les paroles auraient fait place aux actes si soudain Mrs C., comme une huile apaisante, n'avait tempéré les esprits troublés.

Mrs C., la vieille dame anglaise distinguée aux cheveux blancs, était tacitement la présidente d'honneur de notre table. Très droite sur sa chaise, s'adressant à chacun avec une amabilité toujours égale, silencieuse mais écoutant avec un intérêt des plus gracieux, elle offrait déjà physiquement une vision bienfaisante : une quiétude et une concentration merveilleuses émanaient de son air noble et réservé. Elle se tenait dans une certaine mesure à l'écart de tous, mais elle savait avec beaucoup de tact témoigner à chacun une attention marquée : la plupart du temps, elle restait dans le jardin avec ses livres, parfois elle jouait du piano, mais on la voyait rarement en compagnie ou plongée dans une discussion intense. On ne la remarquait guère, et pourtant elle avait sur nous tous un pouvoir étrange. Ainsi, dès qu'elle intervint pour la première fois dans notre débat, nous fûmes unanimement saisis du sentiment pénible de n'avoir pas su nous dominer et d'avoir été trop bruyants.

Mrs C. avait profité du silence tendu qui s'était fait quand le monsieur allemand s'était levé brusquement avant qu'on le pousse à nouveau à se rasseoir à table. Soudain, elle leva son regard gris et clair, me regarda une seconde d'un air indécis, puis aborda le sujet avec une clarté presque objective.

– Vous croyez donc, si je vous ai bien compris, que Mme Henriette… qu'une femme innocente peut se jeter dans une aventure soudaine, qu'il y a des actes qui auraient paru impossibles à une telle femme une heure auparavant et dont elle ne peut guère être rendue responsable ?

– Je le crois absolument, chère madame.

– Mais de ce fait, tout jugement moral serait complètement absurde et toute transgression de l'éthique, justifiée. Si vous admettez vraiment que le crime passionnel, comme les Français l'appellent, n'est pas un crime, à quoi bon une justice d'État ? De plus, il ne faut pas beaucoup de bonne volonté – et vous en avez étonnamment à revendre, ajouta-t-elle d'un ton léger en souriant – pour trouver une passion dans chaque crime et, par elle, une excuse à ce crime.

Le ton à la fois clair et presque gai de ses paroles me toucha de façon extrêmement agréable. Imitant malgré moi son approche objective, je répondis à mon tour, moitié sérieux, moitié badin :

– La justice statue certainement sur ces choses avec plus de sévérité que moi. Il est de son devoir de protéger sans pitié les conventions et les usages de la communauté ; elle est donc forcée de condamner plutôt que d'excuser. Mais je ne vois pas pourquoi, à titre particulier, je devrais prendre le rôle du procureur : je préfère jouer les défenseurs. Pour ma part, j'ai plus de plaisir à comprendre les gens qu'à les juger.

Mrs C. me regarda un moment de ses yeux clairs et gris, sans bouger, avec hésitation. Craignant qu'elle ne m'ait mal compris, je m'apprêtai à lui répéter en anglais ce que j'avais dit. Mais avec une gravité étrange, comme à un examen, elle reprit ses questions.

– Ne trouvez-vous donc pas laid ou méprisable qu'une femme abandonne son mari et ses deux filles pour suivre un inconnu dont elle ne peut encore savoir s'il est digne de son amour ?

Pouvez-vous vraiment excuser une conduite aussi imprudente et irréfléchie chez une femme qui, pourtant, n'est pas des plus jeunes et qui aurait dû savoir se tenir, ne fût-ce que pour ses enfants ?

– Je vous répète, chère madame, insistai-je, que je me refuse dans ce cas à juger ou à condamner. À vous, je peux tranquillement avouer que j'ai tout à l'heure un peu exagéré ; cette pauvre Mme Henriette n'est sûrement pas une héroïne, pas même une nature aventureuse ; c'est tout juste une *grande amoureuse*. Autant que je la connaisse, elle ne me paraît être qu'une femme médiocre et faible pour laquelle j'ai un peu de respect parce qu'elle a suivi courageusement sa volonté, mais pour qui j'éprouve encore plus de pitié, car elle sera certainement demain, si ce n'est déjà aujourd'hui, profondément malheureuse. Elle a agi peut-être de façon bête, certes inconsidérée, mais en aucun cas basse ou odieuse, et je maintiens que je conteste à tout le monde le droit de mépriser cette pauvre infortunée.

– Et vous, avez-vous toujours le même respect et la même considération pour elle ? Ne faites-vous pas du tout de différence entre la femme honorable que vous côtoyiez avant-hier et celle qui, hier, s'est enfuie avec un parfait inconnu ?

– Absolument aucune. Pas la moindre, pas la plus infime.

– *Is that so* ?

D'instinct, elle parla en anglais : toute la conversation semblait curieusement la préoccuper. Après un bref instant de réflexion, elle leva à nouveau son regard clair vers moi pour me demander :

– Et si vous croisiez demain Mme Henriette, disons à Nice, au bras de ce jeune homme, voudriez-vous encore la saluer ?

– Naturellement.

– Et lui parler ?

– Bien entendu.

– Pourriez-vous, si vous... si vous étiez marié, présenter une telle femme à votre épouse, comme si rien ne s'était passé ?

– Sans aucun doute.

– *Really* ? dit-elle encore en anglais, frappée d'une surprise incrédule.

– *Surely I would*, répondis-je moi-même en anglais inconsciemment.

Mrs C. se tut. Elle parut réfléchir, toujours avec effort, et soudain, elle dit en me regardant, comme étonnée par son propre courage :

– *I don't know, if I would. Perhaps I might do it also.*

Et, avec cette assurance indescriptible avec laquelle seuls les Anglais savent clore un entretien fermement, mais sans brusquerie, elle se leva et me tendit aimablement la main. Grâce à son entremise, le calme avait été restauré et nous la remerciâmes tous en nous-mêmes de pouvoir, juste après nous être affrontés, nous saluer les uns les autres avec une certaine courtoisie ; et l'atmosphère, déjà dangereusement crispée, se détendit après quelques plaisanteries légères.

Bien que notre discussion parût s'être réglée avec aménité, son aigreur laissa pourtant un léger froid entre mes opposants et moi. Le couple d'Allemands resta sur la réserve, tandis que l'Italien s'amusa à me demander les jours suivants, de plus en plus narquois, si j'avais eu des nouvelles de la « cara signora Henrietta ». Mais malgré la politesse des formes, une partie de la convivialité loyale et sans façons de notre table était irrévocablement détruite.

La froideur ironique de mes anciens adversaires me semblait d'autant plus frappante que

Mrs C. me témoignait depuis cette discussion une gentillesse toute particulière. Bien qu'elle gardât par ailleurs une retenue extrême et ne fût presque jamais encline à parler avec les autres convives en dehors des repas, elle trouva désormais plusieurs fois l'occasion de m'aborder et – pourrais-je presque dire – de me distinguer dans le jardin, car sa discrétion raffinée semblait ériger un entretien privé en faveur singulière. En fait, pour être franc, elle me recherchait ouvertement, usant de tous les prétextes pour lier conversation avec moi, et ce, de manière si flagrante que j'aurais pu en tirer vanité et me faire des idées étranges si elle n'avait pas été une vieille femme aux cheveux blancs. Mais quand nous devisions, nos échanges revenaient inéluctablement au même point de départ : Mme Henriette. Elle semblait prendre un mystérieux plaisir à accuser de manque de sérieux et d'inconsistance morale l'épouse oublieuse de ses devoirs. Mais en même temps, elle avait l'air ravie que je conserve inflexiblement ma sympathie à cette femme douce et élégante, et que rien ne puisse jamais me convaincre de renier cette bienveillance. Elle orientait toujours nos discussions dans ce sens et à la fin, je ne sus plus que penser de cette obstination bizarre, presque fantasque.

Il en fut ainsi pendant quelques jours, cinq ou six, sans qu'elle ait nullement laissé entendre pourquoi ce genre d'échanges avait pris pour elle une certaine importance. Que ce fût pourtant bien le cas m'apparut évident quand je mentionnai en passant, au cours d'une promenade, que mon séjour ici touchait à sa fin et que je songeais à partir le surlendemain. Là, son visage d'habitude si calme prit soudain une expression étrangement tendue et je crus voir l'ombre d'un nuage voiler ses yeux gris comme la mer :

– Comme c'est dommage… dit-elle. Il y a encore tellement de choses dont j'aurais discuté avec vous…

À partir de cet instant, une certaine agitation et une vague anxiété révélèrent que, pendant qu'elle parlait, elle pensait à autre chose, chose qui la préoccupait fortement et la déconcentrait. Finalement, cette distraction parut elle-même la troubler car, au cours d'un silence soudain, elle me prit brusquement la main :

– Je vois bien que je ne peux pas exprimer clairement ce que j'aimerais vous dire. Il vaut mieux que je vous l'écrive.

Sur ce, d'un pas rapide que je ne lui avais encore jamais vu, elle se dirigea vers la pension.

En effet, je trouvai le soir, juste avant le dîner, une lettre dans ma chambre de son écriture franche et énergique. Ayant, hélas, traité un peu à la légère tous les papiers de ma jeunesse, je ne puis reproduire le texte de sa requête – juste indiquer sa teneur approximative : elle me demandait si elle pouvait me raconter un épisode de sa vie. Cette histoire remontait à si longtemps, précisait-elle, qu'elle ne faisait guère plus partie de sa vie actuelle, et que je doive partir le surlendemain lui rendrait plus aisé de parler d'une chose qui l'obsédait, la tourmentait au fond d'elle-même depuis plus de vingt ans. Si je ne trouvais pas cet entretien importun, elle me prierait volontiers de l'écouter un moment.

La lettre, dont je rapporte ici juste le contenu, me fascina énormément : qu'elle soit formulée en anglais la rendait d'autant plus claire et résolue. Il ne me fut pourtant pas facile d'y répondre et je déchirai trois brouillons avant d'écrire ce mot :

« C'est un honneur pour moi que vous m'accordiez une telle confiance et je vous promets de vous répondre honnêtement si vous m'y invitez. Je ne peux naturellement pas vous demander de m'en dire plus que vous le souhaitez. Mais ce que vous direz, dites-le-moi, comme à vous, en toute sincérité. S'il vous plaît, croyez bien que votre confiance est pour moi un honneur insigne. »

Le billet fit son chemin dans sa chambre, et le lendemain matin, je trouvai sa réponse :

« Vous avez parfaitement raison : une demi-vérité ne vaut rien, seule compte la vérité entière. Je vais rassembler toutes mes forces pour ne rien me cacher et pour ne rien vous taire. Venez dans ma chambre après le dîner – à soixante-sept ans, je n'ai pas à craindre que vous vous mépreniez sur cette invitation. C'est que, dans le jardin, ou au voisinage des gens, je ne peux pas parler. Croyez-moi, il ne m'a pas été facile de me décider. »

Dans la journée, nous nous croisâmes encore à table et devisâmes aimablement de choses insignifiantes. Mais plus tard, dans le jardin, elle m'évita déjà avec une confusion manifeste et je trouvai à la fois gênant et touchant que cette vieille dame aux cheveux blancs s'enfuie devant moi, timide comme une jeune fille, dans une allée de pins parasols.

Le soir, à l'heure convenue, je frappai à sa porte, qui s'ouvrit aussitôt ; la chambre était voilée par un demi-jour tamisé : seule la petite veilleuse sur la table projetait un cône de lumière jaune dans la pièce plongée dans la pénombre. Sans gêne, Mrs C. vint à ma rencontre, m'offrit un fauteuil et s'assit face à moi ; chacun de ces gestes, je le sentais, avait été pesé, mais pourtant un silence s'installa malgré elle, le silence de la décision difficile, qui commença à s'éterniser mais que je n'osai rompre, car je sentais qu'ici une forte volonté luttait avec violence contre une forte résistance. Du salon en dessous montaient parfois en tournoyant les notes confuses d'une valse, que j'écoutai intensément, comme pour m'abstraire du poids de ce silence. Elle-même sembla aussi trouver pénible la tension affectée de cette attente, car soudain, elle prit son élan et commença :

– Seul le premier mot est difficile. Je me suis préparée depuis deux jours à être parfaitement claire et sincère. J'espère que j'y arriverai. Peut-être ne comprenez-vous pas encore pourquoi je vous raconte ça, à vous un étranger, mais il ne se passe pas un jour, et presque pas une heure, sans que je pense à cet événement ; et vous pouvez me croire, moi une vieille femme, si j'affirme qu'il est insupportable d'être hanté toute sa vie par un seul jour de son existence, car ce que je vais vous raconter ne s'étend que sur une période de vingt-quatre heures en soixante-sept ans, et je me suis souvent dit jusqu'à la folie : qu'importe si on a agi une fois avec inconséquence ! Mais on ne se défait pas de ce qu'on nomme, par un terme très vague, la conscience et j'ai pensé, en vous entendant discuter si objectivement du cas Henriette, que peut-être ce ressassement absurde et cette autoaccusation perpétuelle prendraient fin si je pouvais me résoudre à parler librement une fois devant quelqu'un de ce jour de ma vie. Si je n'étais pas anglicane, mais catholique, la confession m'aurait donné depuis longtemps l'occasion de libérer ce secret par la parole, mais comme cette consolation nous est refusée, je fais aujourd'hui cette tentative étrange de m'en décharger en vous le confiant. Je sais que tout cela est très singulier, mais vous avez accepté ma proposition sans hésiter et je vous en sais gré.

Donc, je vous ai déjà dit que je ne voulais vous raconter qu'un seul jour de mon existence – le reste me semble insignifiant et ennuyeux pour tout autre que moi. Ce qui s'est passé dans ma vie jusqu'à ma quarante-deuxième année ne sort nullement de l'ordinaire. Mes parents étaient de riches landlords écossais, nous possédions de grosses usines et de grandes fermes et résidions, comme il est d'usage chez les nobles, la majeure partie de l'année dans nos domaines et à Londres pendant la *season*. À dix-huit ans, j'ai rencontré mon mari dans une soirée – c'était le deuxième fils de la célèbre famille de R… – et il avait servi dix ans dans l'armée des Indes. Nous nous mariâmes peu après et menâmes l'existence insouciante de notre milieu social : un quart de l'année à Londres, un autre sur nos terres, le reste du temps d'hôtel en hôtel en Italie, en Espagne et en France. Jamais la plus petite ombre n'a terni notre couple, les deux fils nés de notre union sont aujourd'hui déjà adultes. Quand j'avais quarante ans, mon mari mourut subitement. Il avait rapporté une maladie du foie de ses années sous les tropiques. Je le perdis en l'espace de deux semaines atroces. Mon fils aîné avait déjà une situation, le plus jeune était au *college* – aussi me retrouvai-je du jour au lendemain dans un grand vide ; et cette solitude fut pour moi, qui avais l'habitude d'une tendre compagnie, une souffrance terrible. Dans la maison désolée, où chaque chose me rappelait la perte tragique de mon cher mari, il me parut impossible de rester ne fût-ce qu'un jour de plus : je décidai alors, tant que mes fils ne seraient pas mariés, de voyager beaucoup dans les années suivantes.

Au fond, je considérai dès lors ma vie comme parfaitement inutile et dénuée de sens. L'homme dont j'avais partagé chaque heure et chaque pensée pendant vingt-trois ans était mort, mes enfants n'avaient pas besoin de moi, je craignais d'assombrir leur jeunesse par ma tristesse et ma mélancolie – et moi, je ne voulais et ne demandais plus rien. Je partis d'abord m'installer à Paris, où je flânai par ennui dans les musées et les magasins. Mais la ville et les choses qui m'entouraient me restaient étrangères et j'évitais les gens, car je ne supportais pas leurs regards poliment compatissants sur mes vêtements de deuil. Comment s'écoulèrent ces mois d'errance morne, à l'aveuglette, je ne saurais le dire : je sais juste que j'avais toujours envie de mourir, mais pas la force de hâter cette fin que j'appelais douloureusement.

Dans ma deuxième année de deuil, j'avais alors quarante-deux ans, au cours de cette fuite inavouée devant une existence devenue dérisoire et pour me soulager du poids du temps qui m'accablait, j'étais allée fin mars à Monte-Carlo. Pour être franche, je me rendis là-bas par ennui, tourmentée par ce vide intérieur qui monte en soi comme un haut-le-cœur et qui, au moins, veut bien se nourrir de petits stimulants extérieurs. Moins je vibrais intérieurement, plus j'étais portée vers les endroits où s'emballe le tourbillon de la vie : pour ceux qui ne ressentent rien, l'agitation fougueuse d'autrui est encore un excitant pour les nerfs, comme le théâtre ou la musique.

Voilà pourquoi j'allais assez souvent au casino. Cela m'attirait de voir le bonheur ou la consternation passer comme une houle fébrile sur les visages des autres, alors que mon cœur restait cruellement à marée basse. Qui plus est, mon mari, sans être frivole, avait fréquenté à l'occasion les salles de jeu et j'avais conservé malgré moi, avec une certaine piété, toutes ses anciennes habitudes. Là commencèrent ces vingt-quatre heures qui furent plus exaltantes que tous les jeux et chavirèrent mon destin pendant des années.

À midi, j'avais déjeuné avec la duchesse de M., une parente de ma famille, et, après le dîner, je ne me sentais pas assez fatiguée pour aller me coucher. J'entrai alors au casino, flânai de-ci de-là parmi les tables et regardai d'une façon particulière la mosaïque des joueurs. Je dis d'une façon particulière, car en fait, mon défunt mari me l'avait apprise un jour où, lassée de ce spectacle, je m'étais plainte de m'ennuyer de voir toujours les mêmes visages : les vieilles femmes ratatinées restant des heures sur leur fauteuil avant d'oser placer un jeton, les professionnels rusés et les cocottes férues de jeux de cartes – toute cette société interlope, venue de toutes parts, qui, je ne vous apprends rien, est bien moins pittoresque et romantique que dans les mauvais romans qui la décrivent comme la *fleur de l'élégance* et l'aristocratie de l'Europe. Et en même temps, le casino d'il y a vingt ans, où roulait encore l'argent liquide – où les billets froissés, les napoléons d'or, les insolentes pièces de cinq francs tournoyaient en désordre –, était infiniment plus attirant qu'aujourd'hui où, dans les salles de jeu modernes et pompeuses, le public embourgeoisé des voyages Cook gaspille avec ennui ses jetons insipides. Pourtant, déjà à cette époque, je trouvais trop peu d'attraits à l'uniformité de ces visages impassibles jusqu'à ce que mon mari, qui se passionnait en privé pour la chiromancie, l'art de lire dans les mains, me montrât un mode d'observation très spécial, au vrai bien plus intéressant, exaltant et passionnant que celle du badaud nonchalant : ne jamais regarder un visage, mais juste le rectangle de la table, et là encore, seulement les mains et leur comportement. J'ignore si, par hasard, vous avez un jour simplement contemplé les tables vertes, le seul rectangle au milieu duquel la boule, telle un ivrogne, tangue de numéro en numéro ; et où des bouts de papier tourbillonnants, des pièces rondes d'or et d'argent tombent dans les cases comme des semailles que le râteau du croupier, tranchant comme une faux, récolte d'un coup sec ou expédie en gerbe au gagnant. Les seules choses qui varient, dans une telle perspective, sont les mains : toutes ces mains vives qui s'agitent, attendent autour du tapis vert, épient depuis l'antre toujours différent d'une manche – chacune un fauve prêt à bondir, chacune de forme et de couleur diverses, certaines nues, d'autres bridées par des anneaux ou des chaînes cliquetantes, beaucoup velues comme des bêtes sauvages ou moites et tordues comme des anguilles, mais toutes tendues et vibrant d'une énorme impatience. Malgré moi, elles me faisaient toujours penser à un champ de courses, où l'on retient les chevaux qui piaffent sur la ligne de départ pour qu'ils ne s'élancent pas avant l'heure. Elles frémissent, se dressent et se cabrent exactement comme eux. On reconnaît tout à ces mains, à leur façon d'attendre, de saisir et de se figer : le cupide, aux serres qui agrippent ; le gaspilleur, aux mains indolentes ; le calculateur, à leur calme ; le désespéré, aux jointures tremblantes ; des centaines de caractères se révèlent en un éclair dans leur manière de prendre l'argent : que ce soit en le froissant, en le dispersant nerveusement, ou en le laissant rouler d'une main lasse sur le tapis. L'homme se dévoile quand il joue – formule banale, je sais ; mais j'ajoute : sa propre main le trahit encore plus durant ces instants. Car tous les joueurs, ou presque, apprennent vite à fermer leur visage – là, au-dessus de leur col de chemise, ils portent le masque froid de l'*impassibilité* –, ils forcent les plis de leurs lèvres à se défroisser, broient leur agitation entre leurs dents serrées, interdisent à leurs yeux toute lueur anxieuse, effacent les contractions des muscles de leurs traits en les cachant sous une indifférence affectée et un air policé. Mais justement parce que leur attention se concentre éperdument sur la maîtrise de leur visage, ils oublient leurs mains, et ils oublient qu'il y a des gens qui n'ont d'yeux que pour elles et qui devinent en les voyant tout ce qu'au-dessus des lèvres plissées par le sourire, veulent taire les regards faussement indifférents. La main, elle, révèle son secret sans pudeur. Car vient immanquablement l'instant où tous ces doigts contenus avec peine, apparemment endormis, sortent de leur nonchalance distinguée. Dans la seconde tendue où la boule de la roulette tombe dans sa petite case et où l'on annonce le numéro gagnant, chacune de ces cent ou de ces cinq cents mains fait un geste tout à fait personnel, mû par un instinct primitif. Et quand on a l'habitude d'observer l'arène de ces mains, cette éruption sans cesse renouvelée, sans cesse inattendue de tempéraments toujours différents a un effet plus électrisant que le théâtre ou la musique ; je ne saurais vous décrire les milliers d'attitudes qu'ont les mains quand elles jouent : certaines, bêtes sauvages aux doigts velus, griffus, agrippent l'argent comme des araignées ; d'autres, nerveuses, tremblantes, aux ongles blafards, osent à peine le toucher ; d'autres encore semblent nobles ou viles, brutales ou timides, rusées ou comme balbutiantes – mais chacune de ces paires de mains exprime une vie distincte, sauf les quatre ou cinq des croupiers. Celles-là sont purement des machines, elles fonctionnent avec une précision concrète, laborieuse – parfaitement froide envers les autres, vivantes et survoltées. Pour autant, ces mains sobres sont elles-mêmes étonnantes par le contraste qu'elles offrent avec leurs sœurs en chasse et passionnées : elles revêtent, pourrais-je dire, un autre uniforme, comme des policiers au milieu d'une révolte populaire enflammée. À cela s'ajoute l'attrait personnel qui pousse, après quelques jours, à se familiariser avec toutes les passions et les habitudes de certaines mains ; au bout de peu de temps, j'avais déjà des connaissances parmi elles et je les divisais entre les sympathiques et les hostiles : beaucoup me répugnaient tellement par leur avidité et leur grossièreté que j'en détournais toujours les yeux, comme d'une indécence. Chaque nouvelle main autour de la table était pour moi une expérience et une curiosité : souvent, j'oubliais de regarder le visage qui la dominait et qui se tenait planté sans bouger, corseté dans un col comme un froid masque mondain au-dessus d'une veste de smoking ou d'une brillante poitrine.

En entrant ce soir-là dans la salle, passant devant deux tables bondées pour gagner la troisième et préparant déjà quelques pièces d'or, j'entendis avec surprise dans ce silence total, assourdissant, où règne une tension extrême et qui plane toujours quand la boule, perdant de la vitesse, vacille encore entre deux numéros – j'entendis juste en face de moi un bruit tout à fait singulier, un craquement et un claquement, comme des articulations qui se brisent. Malgré moi, je regardai, interdite. Et là, je vis – vraiment, avec effroi ! – deux mains comme je n'en avais encore jamais vu, une droite et une gauche, s'accrocher l'une à l'autre comme des bêtes qui se battent, s'étirant et s'agrippant avec une telle force que les articulations des doigts craquaient avec le bruit sec d'une noix qui se casse. C'étaient des mains d'une très rare beauté, exceptionnellement longues, exceptionnellement fines et pourtant sillonnées de muscles tendus, très blanches avec, au bout, des ongles pâles, nacrés, finement arrondis. Je les ai regardées avec étonnement toute la soirée, ces mains extraordinaires, uniques en vérité, mais ce qui d'abord m'avait tant effrayée, c'était leur fureur, leur expression follement passionnée, la manière dont elles se pressaient et se battaient convulsivement. Là se trouvait un homme aux abois qui, je le sus tout de suite, refoulait sa passion au bout de ses doigts pour qu'elle ne le détruise pas. Sur quoi… à la seconde où la boule tomba dans un bruit sec et où le croupier annonça le numéro… à cette seconde, ses mains s'écroulèrent comme deux bêtes percées par une seule balle. Toutes les deux s'effondrèrent, vraiment mortes et pas juste épuisées, s'affaissant dans un geste de déception, de foudroiement et d'anéantissement si frappant que je ne saurais le décrire. Car jamais avant ni depuis je n'ai vu des mains si expressives, où chaque muscle était une bouche et où, sensiblement, la passion sourdait presque par tous les pores. Un instant, elles restèrent étalées sur le tapis vert comme des méduses échouées sur le rivage, flasques et inanimées. Puis l'une, la droite, commença à se redresser péniblement sur le bout de ses doigts, tressaillit, recula, tourna sur elle-même, vacilla, reprit sa rotation et, soudain, se tendit nerveusement vers un jeton, qu'elle fit rouler avec hésitation, entre le bout du pouce et l'index, comme une petite roue. Tout à coup, elle se ramassa et fit le gros dos comme une panthère, puis elle bondit, crachant pour ainsi dire le jeton de cent francs au centre du carreau noir. Aussitôt, comme mue par un signal, l'excitation s'empara de la main gauche, passive et dormante ; elle se leva, glissa, rampa même vers sa sœur tremblante, l'air fatigué par le coup ; et toutes les deux restèrent ouvertes en frissonnant, leurs jointures frappant le tapis en silence comme des dents qui claquent quand on grelotte de fièvre – non, jamais encore je n'avais vu des mains aussi monstrueusement expressives, ni une forme aussi spasmodique de tension et d'excitation. Tout le reste dans cet espace voûté, le bourdonnement des voix, les cris sonores des croupiers, les allées et venues des clients et celles de la boule même qui, lancée alors de sa hauteur, sauta dans sa cage ronde – toute cette multitude de vibrations énervantes me parut soudain morte et figée à côté de ces deux mains pantelantes, glacées et frissonnantes, de ces mains incroyables que je ne pouvais que regarder fixement, ensorcelée.

Mais à la fin, je n'y tins plus : il me fallait voir la personne, je devais voir le visage auquel appartenaient ces mains magiques, et craintivement – oui, craintivement en vérité, car j'avais peur de ces mains ! –, mon regard monta lentement vers les manches et les épaules étroites. À nouveau, je tressaillis, car ces traits parlaient la même langue débridée, formidablement exaltée que les mains, ils partageaient la même expression effroyablement acharnée avec la même beauté fine et presque féminine. Jamais je n'avais vu un tel visage, aussi déjeté, aussi écartelé – avec toute latitude de le regarder tranquillement comme un masque, comme une statue aveugle ; ni à gauche, ni à droite, ne se tourna une seule seconde son œil possédé : la pupille, fixe, noire, bille de verre ternie, se tenait sous des paupières écarquillées, reflétant la boule couleur acajou qui, turbulente comme un pitre, roulait et sautait dans le cercle de la roulette. Jamais, je dois le répéter, je n'avais vu de visage aussi tendu, aussi fascinant. C'était celui d'un jeune homme d'environ vingt-quatre ans – un visage mince, délicat, un peu allongé et par là, tellement expressif. Tout comme les mains, il n'avait pas l'air entièrement viril – plutôt d'appartenir à un garçon jouant avec passion – mais tout cela, je ne m'en aperçus que plus tard, car alors, ce visage disparaissait derrière un air cupide et frénétique. La bouche fine, ardente, dévoilait à moitié les dents : à dix pas, on voyait qu'elles s'entrechoquaient fébrilement entre les lèvres obstinément ouvertes. Une mèche de cheveux mouillée, blond clair, était collée au front, rabattue vers l'avant comme celle d'un homme qui tombe, et la peau, autour des ailes du nez, était agitée par des tressaillements ininterrompus, comme si, en dessous, ondulaient de petites vagues invisibles. Et cette tête toute penchée en avant s'inclinait toujours plus inconsciemment, au point qu'elle semblait entraînée dans le tourbillon de la petite boule ; là seulement je compris la crispation convulsive de ces mains : seule leur pression contraire, leur contraction maintenait en équilibre le corps arraché à son centre de gravité. Jamais – je dois toujours le répéter – je n'avais encore vu de visage où la passion se montrait à nu avec tant d'impudeur, tant d'animalité, et je le regardai fixement... tout aussi fascinée, captivée par sa fièvre, que l'étaient ses regards par les bonds et les rebonds de la boule dans son tourbillon. À partir de cette seconde, je ne remarquai plus rien d'autre dans la salle, tout me parut terne, confus et sombre à côté du feu éclatant de ce visage et, par-dessus la foule, j'observai peut-être une heure ce seul homme et chacun de ses gestes ; soudain, une lueur étincela dans ses yeux, la pelote crispée de ses mains fut déchirée comme par une explosion et ses doigts bondirent, s'écartèrent en tremblant quand le croupier poussa vingt pièces d'or vers les griffes avides. À cette seconde, le visage rajeunit et s'illumina, les plis se défroissèrent, les yeux brillèrent, le corps crispé en avant se redressa, vif et léger – l'homme sembla tout à coup détendu comme un cavalier, porté par un sentiment de triomphe ; et ses doigts firent tinter amoureusement les pièces avec orgueil, les lancèrent d'une chiquenaude les unes contre les autres et s'amusèrent à les faire danser et sonner. Puis il tourna à nouveau la tête avec inquiétude, flaira pour ainsi dire le tapis vert comme un limier cherchant la bonne piste, et versa d'un coup brusque tout le tas de pièces d'or dans une des cases. Dès lors, recommencèrent le guet et la tension. À nouveau ondulèrent ces vagues électriques à partir de ses lèvres, à nouveau les mains se crispèrent, le visage enfantin disparut et fit place à une attente pleine de convoitise, jusqu'à ce qu'une déception soudaine dissipât la tension convulsive : le visage, qui s'animait avant comme celui d'un gamin, blêmit et vieillit, les yeux se ternirent et s'éteignirent – tout cela en l'espace d'une seconde, celle où la boule tomba sur un numéro qui n'était pas le sien. Il avait perdu : pendant quelques instants, il regarda fixement le tapis, d'un air presque stupide, comme s'il n'avait pas compris, mais, juste après le premier cri galvanisant du croupier, ses doigts, à nouveau, saisirent quelques pièces d'or. Son assurance, pourtant, l'avait quitté ; il plaça d'abord les pièces sur une case puis, se ravisant, sur une autre et, alors que la boule roulait déjà, suivant une impulsion soudaine, il y jeta d'une main tremblante deux billets froissés.

Cette alternance trépidante de gains et de pertes dura sans arrêt à peu près une heure, pendant laquelle je ne détachai pas un seul instant mon regard fasciné de ce visage toujours changeant, sur lequel affluaient et refluaient toutes les passions ; je ne les quittai pas des yeux, ces mains magiques qui exprimaient par chacun de leurs muscles, telle une fontaine jaillissante, tout l'éventail des sentiments. Jamais, au théâtre, je n'avais été aussi captivée par les traits d'un acteur que par ce visage, sur lequel, comme l'ombre et la lumière sur un paysage, ne cessaient de passer par saccades toutes les couleurs et les émotions. Jamais une pièce ne m'avait fait vibrer aussi profondément que l'exaltation de cet inconnu. Si quelqu'un m'avait observée à ce moment-là, il aurait pu prendre mon regard d'acier fixé sur lui pour une hypnose et, de manière assez semblable, j'étais plongée dans un état d'hébétude totale : je ne pouvais simplement pas quitter des yeux ce jeu de physionomies, et tout le reste – les lumières, les rires, les gens et les regards qui se confondaient dans la salle – planait, informe, autour de moi, comme un feu orangé avec au milieu ce visage, flamme entre les flammes. Je n'entendais rien, ne sentais rien, ne remarquais pas les gens qui se pressaient à mes côtés, ni les autres mains qui se tendaient comme des antennes pour lancer ou rafler de l'argent ; je ne voyais pas la boule, ne percevais pas la voix du croupier, et pourtant je voyais comme en rêve tout ce qui se passait, grossi par l'excès et la fièvre dans le miroir concave de ces mains. Car, pour savoir si la boule tombait sur le rouge ou le noir, si elle roulait ou s'arrêtait, je n'avais pas besoin de regarder la roulette : chaque phase – le gain et la perte, l'attente et la déception – s'inscrivait d'une pointe de feu dans les nerfs et les attitudes de ce visage sous l'empire de la passion.

Mais alors vint un instant effroyable, un instant que j'avais vaguement redouté en moi depuis le début, qui était suspendu au-dessus de mes nerfs tendus comme un orage et, brusquement, les écorcha. À nouveau, la boule avait ralenti sa course avec des petits bruits de clapet, à nouveau palpitait cette seconde où cent bouches retenaient leur souffle, jusqu'à ce que la voix du croupier annonçât... zéro, cette fois, tandis que son râteau raclait déjà de tous côtés les pièces cliquetantes et les billets crissants. À cet instant, les deux mains crispées firent un geste particulièrement effrayant : elles bondirent presque pour attraper quelque chose qui n'était pas là, puis retombèrent de tout leur poids, comme mortes de fatigue, sur la table. Là, soudain, elles se ranimèrent, quittèrent fébrilement le tapis pour courir sur le corps tremblant, filèrent le long du tronc comme des chats sauvages – en haut, en bas, à droite, à gauche –, fouillant nerveusement toutes les poches pour voir si une pièce oubliée ne se cachait pas encore quelque part. Mais à chaque fois, elles revenaient vides et, chaque fois, cette recherche inutile, insensée, reprenait plus éperdument, alors que déjà, la roulette recommençait à tourner, les autres continuaient à jouer, les pièces tintaient, les sièges remuaient et cent petits bruits confus emplissaient la salle. Je tressaillis, frémissant d'effroi tant je devais éprouver tout cela, comme si c'étaient mes propres doigts qui fouillaient désespérément les poches et les replis de l'habit froissé, cherchant la moindre pièce. Et soudain, d'un seul coup, le joueur se mit debout en face de moi, comme un homme pris d'un malaise subit qui se lève pour ne pas étouffer. Derrière lui, sa chaise tomba par terre avec fracas. Mais sans le remarquer, sans faire attention à ses voisins, qui l'évitèrent craintivement, il quitta lourdement la table en titubant.

Je fus comme pétrifiée à cette vue. Car je compris aussitôt où allait cet homme : à la mort. Celui qui se levait ainsi n'allait pas regagner une auberge, une taverne, une femme, un compartiment de chemin de fer, une quelconque forme de vie, mais courait droit à une chute sans fond. Même l'être le plus cynique, dans cette salle infernale, aurait pu reconnaître qu'il n'avait plus aucun appui – chez lui, dans une banque ou dans sa famille –, mais qu'il avait misé ses derniers sous, qu'il avait engagé sa vie, et qu'à présent il s'en allait ailleurs en trébuchant, n'importe où, mais sûrement hors de cette vie. J'avais toujours redouté, senti comme par magie dès la première seconde qu'ici était en jeu bien plus que le gain et la perte ; et pourtant, cela me frappa comme la foudre quand je vis brusquement la vie s'enfuir de ses yeux et la mort répandre sa lividité sur ce visage encore l'instant d'avant plein de vitalité. Instinctivement – tant j'étais pénétrée par ses gestes expressifs –, je dus me retenir d'une main pendant qu'il s'arrachait à sa place en chancelant ; car ce vertige, alors, passa de ses membres à mon corps, comme sa tension dans mes nerfs et mes veines. Mais très vite, je fus *emportée*, je me sentis forcée de le suivre : malgré moi, mes pieds se mirent en marche. Cela se passa de façon totalement inconsciente, quelque chose m'y poussa et, sans prêter attention à personne, sans sentir ce que faisaient mes jambes, je courus dans le couloir vers la sortie.

Il se tenait près du vestiaire, l'employé lui avait apporté son manteau. Mais ses bras ne lui obéissaient plus : aussi le valet empressé l'aidait-il à mettre péniblement ses manches comme à un paralysé. Je le vis porter machinalement la main à la poche de son gilet pour lui donner un pourboire, mais ses doigts, après l'avoir tâtée, en sortirent vides. Là, soudain, il parut se souvenir de tout, balbutia avec gêne un ou deux mots à l'homme, puis il s'élança d'un seul coup et descendit, vacillant comme un ivrogne, les marches du casino, d'où le valet le suivit un instant des yeux avec un sourire méprisant avant de comprendre.

Ce geste était si bouleversant que j'eus honte de le regarder. Malgré moi, je me tournai sur le côté, gênée d'avoir assisté, comme depuis la rampe d'un théâtre, au désespoir d'un inconnu – mais soudain, la peur incompréhensible qui m'habitait me poussa à continuer. Très vite, je me fis donner mon vestiaire et, sans idée précise, de façon tout à fait automatique, totalement instinctive, je me précipitai à la suite de cet homme dans les ténèbres.

Mrs C. interrompit un instant son histoire. Elle était restée face à moi sans bouger, en parlant presque sans relâche avec ce calme et cette objectivité bien à elle, comme parle seulement quelqu'un qui s'est préparé intérieurement et qui a ordonné les événements avec soin. Là, elle s'arrêta pour la première fois, hésita et suspendit soudain son récit pour s'adresser directement à moi :

– Je vous ai promis à vous comme à moi-même, commença-t-elle un peu nerveusement, de raconter toute la vérité avec une franchise extrême. Mais à présent, je dois aussi vous demander d'accorder foi à cette sincérité et de ne pas prêter à ma façon d'agir de motifs dissimulés, dont je n'aurais peut-être pas à rougir aujourd'hui, mais que l'on soupçonnerait ici entièrement à tort. Je dois par conséquent souligner qu'en courant dans la rue après ce jeune joueur effondré, je n'étais absolument pas amoureuse de lui – je ne le voyais pas du tout comme un homme ; et de fait, pour moi qui avais alors plus de quarante ans, jamais plus, depuis la mort de mon époux, le regard d'un homme n'a compté. Cette chose était *irrévocablement* passée. Je vous dis ça expressément et c'est indispensable, car sinon vous ne comprendriez pas toute l'horreur des événements ultérieurs. En revanche, j'aurais du mal à définir clairement le sentiment qui m'entraîna jadis aussi impérieusement à suivre ce malheureux. Il y avait là de la curiosité, mais surtout une peur effroyable ou, plus exactement, la peur d'une chose effroyable que j'avais sentie, dès la première seconde, planer autour de ce jeune homme comme un nuage invisible. Mais on ne peut pas analyser ni décomposer de telles sensations, parce qu'elles surgissent pêle-mêle de façon trop violente, trop rapide et trop spontanée : sans doute n'ai-je rien fait d'autre que le geste de secours instinctif par lequel on retient un enfant qui s'élance vers une voiture dans la rue. Peut-être ce geste permet-il d'expliquer pourquoi des gens qui ne savent pas nager sautent d'un pont pour sauver une personne qui se noie. Ils sont juste entraînés comme par magie, une volonté les pousse à se jeter à l'eau avant qu'ils aient le temps de réaliser l'absurde témérité de leur acte ; c'est précisément comme ça, sans penser, sans réflexion consciente, que j'ai suivi cet infortuné hors de la salle de jeux jusqu'à la sortie, et de la sortie jusqu'à la terrasse.

Et je suis sûre que ni vous ni aucun être lucide n'aurait pu échapper à cette curiosité angoissée, car il n'était rien de plus sinistre que la vue de ce jeune homme d'à peu près vingt-quatre ans qui, péniblement, comme un vieillard, se balançant tel un ivrogne, brisé et désarticulé, continuait à se traîner du perron jusqu'à la terrasse donnant sur la rue. Là, il se laissa tomber lourdement sur un banc – comme un sac. À nouveau, ce geste me fit penser en frissonnant : cet homme-là est à bout. Seul un mort peut s'effondrer ainsi, ou un être au corps déserté par toute tension vitale. La tête, inclinée de travers, était affaissée sur le dossier, les bras pendaient mollement, informes, jusqu'au sol. Dans le clair-obscur de la lumière vacillante des réverbères, on aurait pu le prendre pour un homme qui s'était brûlé la cervelle. Et là – je ne peux expliquer comment cette vision jaillit soudain en moi, mais elle s'imposa de manière frappante, terrible, avec une vérité effroyable –, à cette seconde, je le vis devant moi comme un suicidé, et j'eus la certitude infaillible qu'il portait un revolver dans sa poche et qu'on trouverait demain son corps sur ce banc ou un autre, sans vie, couvert de sang. Car sa chute était celle d'une pierre qui tombe dans un abîme et ne s'arrête pas avant d'avoir touché le fond : jamais je n'avais vu une attitude physique exprimer autant de lassitude et de désespoir.

À présent, imaginez ma situation : je me tenais à vingt ou trente pas derrière le banc avec cet homme inerte, brisé, en ne sachant que faire – poussée d'un côté par l'envie de l'aider et, de l'autre, retenue par la peur inculquée, héritée, d'aborder un inconnu dans la rue. La lueur des becs de gaz tremblotait dans le ciel sans nuages, de rares passants filaient dans les allées, minuit approchait et j'étais presque seule dans le parc avec cet homme aux allures de suicidé. Cinq fois, dix fois déjà, je m'étais enhardie pour aller vers lui, et toujours la pudeur m'avait arrêtée, ou peut-être l'intuition plus profonde que ceux qui tombent aiment entraîner leurs sauveurs dans leur chute – et au cœur même de cette valse-hésitation, je sentais clairement le côté absurde, ridicule de la situation. Mais je ne pouvais ni parler ni partir, ni agir ni l'abandonner. Et j'espère que vous me croirez si je vous dis que j'ai peut-être erré une heure, une heure interminable sur cette terrasse avec perplexité, pendant que des milliers de petites vagues déchiraient le temps en déferlant sur le rivage, tant j'étais ébranlée et saisie par l'image de cet homme totalement anéanti.

Et pourtant, je ne trouvai pas le courage de dire un mot, de faire un seul geste, et j'aurais encore attendu la moitié de la nuit, ou peut-être un égoïsme plus sensé m'aurait-il finalement poussée à rentrer à l'hôtel – oui, je crois même que j'étais déjà décidée à laisser ce fardeau de malheur à sa prostration –, mais là, une force supérieure eut raison de mon indécision. Entendez, il se mit à pleuvoir. Déjà, pendant toute la soirée, le vent avait rassemblé de lourds nuages printaniers au-dessus de la mer ; et on sentait avec son cœur comme avec ses poumons que le ciel pesait de tout son poids quand, soudain, une goutte fouetta le sol et déjà, une pluie battante éclata, formant de grosses rigoles que le vent chassa. D'instinct, je me réfugiai sous l'auvent d'un kiosque, mais j'eus beau ouvrir mon parapluie, les trombes d'eau rebondirent sur ma robe. Je sentis même la poussière froide des gouttes crépitant sur la terre éclabousser mes mains et mon visage.

Mais – et c'était une vision si terrible qu'aujourd'hui encore, après deux décennies, ce souvenir me serre la gorge –, sous cette pluie torrentielle qui s'abattait sur lui, le malchanceux restait immobile sur son banc. L'eau ruisselait de toutes les gouttières, on entendait vers la ville des voitures gronder, à droite et à gauche fuyaient des ombres qui remontaient le col de leur manteau ; tout ce qui avait un souffle de vie se courbait craintivement, détalait, cherchait un abri ; partout chez les hommes et les bêtes on sentait la peur de l'orage qui se déversait – seul cet homme sombre pelotonné sur son banc ne bougeait pas d'un pouce. Je vous ai déjà dit qu'il lui était donné comme par magie de traduire tous ses sentiments par des gestes éloquents ; mais rien, rien au monde ne pourrait exprimer le désespoir, le renoncement total, la mort vivante de manière aussi bouleversante que cette inertie sous une pluie battante, cet épuisement trop grand pour se lever et faire les quelques pas jusqu'à l'auvent protecteur, cette suprême indifférence envers soi-même. Aucun sculpteur, aucun poète, ni Michel-Ange ni Dante, n'a jamais rendu de façon aussi déchirante l'ultime désespoir, l'extrême détresse sur la terre que cet être vivant qui se laissait bombarder par les éléments, déjà trop apathique, trop éreinté pour faire un seul geste pour se protéger.

Ça me fit réagir, je ne pus m'en empêcher. Je traversai d'une traite la série de rideaux de pluie et secouai l'homme effondré, ruisselant sur son banc.

– Venez !

J'empoignai son bras. Quelque chose me regarda fixement avec difficulté. Un vague mouvement sembla vouloir lentement se réveiller en lui, mais il ne comprit pas.

– Venez ! répétai-je, presque avec colère, en tirant à nouveau sur sa manche trempée.

Alors il se leva en titubant, sans volonté.

– Que voulez-vous ? demanda-t-il.

Je ne sus que répondre, car j'ignorais moi-même où l'emmener : seulement loin de l'averse glacée, de cette léthargie absurde, suicidaire sur ce banc, de ce désespoir extrême. Je ne lâchai pas son bras, mais continuai à tirer cet homme amorphe jusqu'au kiosque, dont le petit auvent le protégerait au moins un peu de la fureur des éléments. Au-delà, je ne savais rien, je ne voulais rien. Juste mettre cet homme au sec, sous un toit : quant au reste, je n'y avais pour l'instant pas pensé.

Aussi nous tînmes-nous côte à côte sous cet abri étroit, avec derrière nous la paroi fermée du kiosque et, au-dessus de nos têtes, seulement le mince auvent sous lequel la pluie insatiable, qui le traversait sournoisement, faisait jaillir sans cesse des giclées froides sur nos visages et nos vêtements. La situation devenait impossible. Je ne pouvais pas rester plus longtemps près de cet inconnu ruisselant de pluie. Toutefois, après l'avoir tiré jusqu'ici, je ne pouvais pas non plus le quitter sans un mot. Il fallait faire quelque chose : peu à peu, je m'astreignis à une réflexion claire et précise. Au mieux, pensai-je, je pouvais le ramener chez lui dans une voiture, et puis regagner mon hôtel : demain, il saura bien s'en sortir tout seul. Je demandai ainsi à l'homme qui, planté près de moi, regardait fixement dans la nuit tumultueuse :

– Où habitez-vous ?

– Nulle part… Je viens d'arriver ce soir à Nice… On ne peut pas aller chez moi.

Je ne compris pas immédiatement la dernière phrase. C'est plus tard que je me rendis compte que cet homme me prenait pour… une cocotte, pour une de ces femmes qui rôdent ici en foule la nuit autour du casino, dans l'espoir d'arracher un peu d'argent aux joueurs chanceux ou aux ivrognes. Car enfin, que pouvait-il penser d'autre – ce n'est qu'à présent, en vous le racontant, que je conçois tout le côté invraisemblable, et même extravagant, de ma situation – comment aurait-il pu me voir autrement, car la manière dont je l'avais enlevé à son banc pour l'entraîner résolument n'était vraiment pas celle d'une dame. Mais cette pensée ne me vint pas alors. Ce ne fut que plus tard, trop tard, que je m'aperçus de son affreuse méprise à mon égard. Autrement, je n'aurais jamais prononcé les mots suivants, qui ne firent que le conforter dans son erreur :

– Eh bien, on prendra une chambre d'hôtel. Vous ne pouvez pas rester ici. Vous devez dormir quelque part.

Mais aussitôt, je m'aperçus de son erreur gênante car, loin de se tourner vers moi, il refusa d'un petit ton railleur :

– Non, je n'ai pas besoin de chambre, guère plus besoin de rien. Ne te donne pas de peine, il n'y a rien à tirer de moi. Tu t'es trompée sur le client, je n'ai pas d'argent.

À nouveau, ce fut dit d'une manière si effrayante, avec une indifférence tellement bouleversante – et voir cet homme avachi le dos contre la paroi, trempé et épuisé intérieurement, m'ébranla à tel point que je ne perdis pas de temps à me froisser de façon mesquine. J'éprouvais juste ce que j'avais ressenti dès le premier instant où je l'avais vu tituber hors de la salle de jeux, et sans arrêt pendant cette heure invraisemblable : qu'ici un homme jeune, plein de souffle et de vie, se tenait au seuil de la mort et que je *devais* le sauver. Je m'approchai de lui.

– Ne vous occupez pas de l'argent, venez ! Vous ne devez pas rester ici, je vais trouver à vous loger. Ne vous inquiétez de rien, venez maintenant !

Il tourna la tête comme s'il s'efforçait pour la première fois de voir mon visage dans l'obscurité, pendant que la pluie battait sourdement autour de nous et que la gouttière déversait de l'eau qui tambourinait à nos pieds. Son corps aussi parut s'éveiller lentement de sa léthargie.

– Bon, comme tu veux, dit-il. Tout m'est égal… Finalement, pourquoi pas ? Allons-y.

Je rouvris le parapluie, le jeune homme marcha à mes côtés en me prenant le bras. Cette familiarité soudaine me fut désagréable, et même elle m'horrifia, me glaça jusqu'au fond du cœur. Mais je n'eus pas le courage de lui interdire quoi que ce soit ; car si je l'avait repoussé, il serait tombé dans un abîme sans fond, et tout ce que j'avais tenté jusqu'alors aurait été vain. Nous rebroussâmes chemin et fîmes les quelques pas jusqu'au casino. Là, seulement, je m'aperçus que je ne savais que faire de lui. Mieux valait, me dis-je, réfléchissant très vite, l'amener dans un hôtel, glisser de l'argent dans sa main pour qu'il y passe la nuit et rentre demain chez lui : je ne pensai pas au-delà. Et comme des fiacres passaient à présent devant le casino, j'en hélai un et nous y montâmes. Quand le cocher demanda où nous allions, je ne sus tout d'abord que répondre. Mais me rappelant soudain que l'homme complètement trempé, ruisselant à mes côtés, ne pourrait être admis dans aucun bon hôtel – tout en ne songeant pas, en femme vraiment candide, à l'ambiguïté de mes paroles –, je criai simplement :

– Dans un hôtel modeste !

Le cocher, impavide sous la pluie qui l'arrosait, fouetta les chevaux. L'inconnu près de moi ne prononça pas un mot et les roues tournèrent avec fracas, tandis que la pluie s'abattait violemment sur les vitres : j'eus alors l'impression, dans cet espace sombre, confiné comme un cercueil, de faire route avec un cadavre. Je tentai de réfléchir, cherchant quelque chose à dire, pour dissiper le silence étrange, atroce, de notre trajet, mais je ne trouvai rien. Quelques minutes plus tard, la voiture s'arrêta, je descendis la première et payai le cocher pendant qu'il fermait la portière d'un air ensommeillé. Nous nous tenions devant la porte d'un petit hôtel inconnu ; au-dessus de nous, la voûte d'un auvent de verre offrait une faible protection contre la pluie qui déchirait la nuit impénétrable avec une affreuse monotonie.

L'inconnu, fléchissant sous son poids, s'était appuyé d'instinct contre le mur, et son chapeau mouillé et ses vêtements froissés dégouttaient et dégoulinaient. Il se tenait là comme un ivrogne que l'on sort encore étourdi des flots, et autour du petit coin où il s'adossait se formait un petit filet d'eau. Mais il ne faisait pas le moindre effort pour se secouer ni ôter son chapeau, d'où les gouttes ne cessaient de couler sur son front et sur son visage. Il était complètement apathique et je ne saurais vous dire combien son abattement me bouleversait.

Il était temps d'intervenir. Je portai la main à ma poche.

– Voilà cent francs, lui dis-je. Prenez une chambre et retournez demain à Nice.

Il leva les yeux, surpris.

– Je vous ai observé dans la salle de jeu, insistai-je, remarquant son hésitation. Je sais que vous avez tout perdu et je crains que vous soyez sur le point de faire une bêtise. Ce n'est pas une honte d'accepter de l'aide... Là, prenez !

Mais il repoussa ma main avec une vigueur dont je ne l'aurais pas cru capable.

– Tu es une brave fille, dit-il, mais ne gaspille pas ton argent. On ne peut plus m'aider. Que je dorme ou non cette nuit m'est totalement indifférent. Demain, d'ailleurs, tout sera fini. Personne ne peut m'aider.

– Non, vous devez le prendre, m'obstinai-je, demain vous aurez changé d'avis. Commencez par dormir, la nuit porte conseil. De jour, on voit les choses différemment.

Mais, comme je le pressais encore d'accepter l'argent, il écarta ma main presque violemment.

– Assez ! dit-il d'une voix sourde, cela n'a pas de sens. Mieux vaut que j'en finisse dehors, pour ne pas salir de sang la chambre de ces gens. Ni cent, ni mille francs ne pourront m'aider. Je retournerais encore demain au casino avec mes derniers sous et je ne cesserais de jouer jusqu'à ce que j'aie tout perdu. À quoi bon recommencer ? J'en ai assez.

Vous ne sauriez imaginer comme ce ton morne me perça jusqu'au fond de l'âme ; représentez-vous la scène : à deux pas de vous se tient un homme jeune, vif et plein de vie, et l'on sait que si on ne jette pas toutes ses forces dans la bataille, ce garçon qui, maintenant, pense, parle et respire, dans deux heures sera un cadavre. En moi monta comme une rage, une fureur de vaincre cette résistance insensée. J'empoignai son bras.

– Trêve de sottises ! Là, vous allez monter, prendre une chambre, et demain matin je viendrai vous chercher pour vous conduire à la gare. Vous devez quitter cet endroit et partir dès demain, je ne serai pas tranquille tant que je ne vous aurai pas vu, avec votre billet, dans le train. On ne jette pas sa vie aux orties, quand on est jeune, seulement parce qu'on a perdu quelque cent ou mille francs. C'est de la lâcheté, une bêtise que l'on fait dans un moment d'exaspération et de colère. Demain, vous me donnerez raison vous-même !

– Demain ! répéta-t-il d'un ton étrangement sombre et ironique. Demain ! Si tu savais où je serai demain ! Si tant est que je le sache moi-même... Au fond, je suis quand même un peu curieux de le découvrir... Non, non, rentre chez toi, ne te donne pas de peine et ne gaspille pas ton argent.

Mais je ne désarmai pas. C'était comme une obsession, une frénésie en moi. Je saisis brutalement sa main et y mis de force le billet de banque.

– Prenez l'argent et montez tout de suite ! (Sur quoi, je marchai résolument vers la sonnette et la tirai.) Bon, maintenant j'ai sonné, le portier va venir et vous irez vous coucher. Demain, à neuf heures, j'attendrai devant l'hôtel et je vous conduirai aussitôt à la gare. Ne vous inquiétez pas du reste, je ferai le nécessaire pour que vous puissiez rentrer chez vous. Mais maintenant, mettez-vous au lit, dormez autant que vous pouvez et ne pensez à rien !

À cet instant, la clé tourna dans la serrure et le portier ouvrit.

– Viens ! dit soudain le jeune homme d'une voix dure, forte, exaspérée, et je sentis ses doigts étreindre ma main dans une poigne de fer. Je m'affolai – j'étais si effrayée, pétrifiée, comme frappée par la foudre, que je perdis totalement la raison… Je voulus me défendre, m'échapper… mais ma volonté était comme paralysée… et je… vous allez le comprendre… je… j'avais honte, devant le portier qui attendait avec impatience, de lutter contre un inconnu. Ainsi... je me retrouvai tout à coup dans l'hôtel ; je voulus parler, dire quelque chose, mais j'avais la gorge nouée... Sa main lourde, impérieuse, me serrait le bras... Je la sentis vaguement, inconsciemment, m'entraîner dans un escalier... Une clé grinça... Et soudain, je me retrouvai seule avec cet inconnu dans une chambre obscure, dans un hôtel dont, aujourd'hui encore, je ne sais pas le nom.

Mrs C. s'arrêta à nouveau et se leva brusquement. Sa voix ne semblait plus lui obéir. Elle s'approcha de la fenêtre, regarda quelques minutes dehors ou peut-être n'appuya que son front contre la vitre froide : je n'eus pas le courage de bien regarder, car j'étais gêné d'observer la vieille dame dans son trouble. Je restai donc assis sans bruit, sans poser de questions, jusqu'à ce qu'elle ait regagné, d'un pas mesuré, son siège en face de moi.

– Bien... Maintenant, le plus dur est dit. Et j'espère que vous me croirez si, à nouveau, je vous assure, je vous jure sur tout ce que j'ai de plus sacré, sur mon honneur et mes enfants, je vous jure que, jusqu'à cette seconde, aucune pensée d'une... d'une liaison avec cet inconnu ne m'était venue à l'esprit, que j'ai agi vraiment sans le vouloir – que soudain, totalement à mon insu, mon existence a été jetée dans cette situation comme par une trappe insoupçonnée. J'ai promis, à vous comme à moi, de dire la vérité, aussi je vous répète que je n'ai été prise dans cette aventure tragique que par une volonté presque excédée d'aider cet homme et par rien d'autre – par aucun sentiment personnel, donc sans aucun désir et sans me douter de rien.

Ce qui s'est passé cette nuit-là dans cette chambre, épargnez-moi de vous le raconter ; moi-même, je n'en ai oublié aucune seconde et je ne l'oublierai jamais. Car jusqu'au point du jour, je me suis battue avec cet homme pour sa vie, donc je vous le répète : c'était une lutte entre la vie et la mort. Je sentais avec certitude par chacun de mes nerfs que cet inconnu, déjà à moitié perdu, livrait un combat ultime avec toute l'ardeur et la passion d'un homme menacé de mort. Il se cramponnait à moi comme quelqu'un qui sent déjà le gouffre s'ouvrir sous ses pieds. Quant à moi, je rassemblai toutes mes forces pour tenter de le sauver.

De telles heures, un être – voire un parmi des millions – ne les vit peut-être qu'une seule fois dans sa vie ; et moi-même, je n'aurais jamais imaginé sans cet affreux hasard avec quel feu, quel désespoir et quelle ardeur irrépressible un homme fini, abandonné, aspire encore une fois chaque goutte pourpre de vie ; et je n'aurais jamais soupçonné – moi qui avais été vingt ans éloignée de toutes les forces diaboliques de l'existence – la manière remarquable, fantastique dont parfois la nature concentre le chaud et le froid, la mort et la vie, le ravissement et le désespoir en l'espace de quelques soupirs. Et cette nuit fut si pleine de lutte et de dispute, de passion, de colère et de haine, de larmes de supplication et d'ivresse, qu'elle me parut durer mille ans et que nous – deux êtres enlacés chancelant vers le fond de l'abîme, l'un possédé par la mort et l'autre inconscient – sortîmes changés de cette mêlée fatale, complètement transformés, avec un autre état d'esprit et d'autres sentiments.

Mais je ne parlerai pas de ça. Je ne peux et ne veux pas le raconter. Je dois juste encore évoquer la minute inouïe de mon réveil, le lendemain matin. Je sortis d'un sommeil de plomb, des profondeurs d'une nuit telle que je n'en avais jamais vécu. Il me fallut longtemps pour ouvrir les yeux et la première chose que je vis fut, au-dessus de moi, un plafond inconnu et puis, en tâtonnant, une chambre laide, totalement étrangère, sans savoir du tout comment j'étais arrivée là. D'abord, je voulus croire que c'était encore un rêve, un rêve plus concret et plus net, que j'avais fait en émergeant de ce sommeil lourd et confus – mais déjà, derrière les fenêtres, brillait la lumière cinglante, bien réelle, du soleil matinal ; de la rue en bas s'élevait un bruit de voitures, de sonnettes de tramways et de voix – et alors, je compris que je ne rêvais plus, que j'étais réveillée. Instinctivement, je me redressai pour reprendre mes esprits, et là… quand je tournai les yeux sur le côté… là, je vis – je ne saurais jamais vous dire mon effroi – un inconnu dormir dans le grand lit près de moi… un parfait étranger, à moitié nu… Non, cette frayeur ne peut pas se décrire : elle m'envahit soudain à un point si terrible que je me laissai retomber, sans forces, sur l'oreiller. Mais ce n'était pas une absence plongeant dans l'oubli salutaire, au contraire : à la vitesse de l'éclair, tout m'apparut de manière aussi consciente qu'inexplicable et je n'eus plus qu'un désir – mourir de honte et de dégoût de me trouver avec un inconnu dans le lit anonyme d'un hôtel louche. Je sais aussi distinctement que les battements de mon cœur s'arrêtèrent, que je retins mon souffle comme si cela pouvait étouffer ma vie et surtout ma conscience, cette conscience claire, atrocement nette, qui saisissait tout et pourtant ne comprenait rien.

Je ne saurai jamais combien de temps je suis restée allongée ainsi, les membres froids comme la glace : les morts doivent être tout aussi raides dans leur cercueil. Je sais juste que j'avais fermé les yeux et que je priais Dieu, n'importe quelle puissance du ciel, pour que ce ne soit pas vrai, que ce ne soit pas réel. Mais mes sens affûtés ne me laissaient plus m'abuser : j'entendais dans la chambre voisine des gens parler, de l'eau couler… dehors, quelqu'un traînait les pieds dans le couloir, et chacun de ces signes témoignait implacablement du cruel état de veille de mes sens.

Combien de temps dura cet affreux moment, je l'ignore : de telles secondes ont une autre dimension que le temps mesuré de la vie. Mais soudain, une nouvelle peur s'empara de moi, une peur lancinante, effroyable : cet inconnu, dont j'ignorais complètement le nom, pouvait se réveiller et me parler. Je compris aussitôt que je n'avais qu'une seule issue : m'habiller, fuir, avant qu'il se réveille. Qu'il ne me voie plus jamais, que je ne lui parle plus. Me sauver loin, loin, loin, avant qu'il soit trop tard, vers une vie quelconque, regagner mon hôtel et, par le premier train, quitter ce lieu ignoble, filer de ce pays ; ne plus jamais croiser le regard, le chemin de cet homme ; n'avoir aucun témoin, ni accusateur ni complice. Cette pensée me sortit de ma léthargie : prudemment, avec les gestes furtifs du voleur, je sortis pouce par pouce du lit (pour ne pas faire de bruit) et cherchai mes vêtements à tâtons. Je m'habillai avec une précaution extrême, tremblant à chaque seconde qu'il ne se réveille. Bientôt je fus prête. Là… j'avais réussi. Près de lui, par terre, gisait encore mon chapeau. Vite, sur la pointe des pieds, je m'empressai de le ramasser. À cette seconde, je ne *pus* m'en empêcher : je lançai un dernier regard sur le visage de l'inconnu qui avait été précipité dans ma vie comme une pierre du haut d'une corniche. Je voulais juste lui jeter un coup d'œil, mais… ce fut très bizarre, car le jeune homme qui était étendu là, assoupi – était *vraiment* un étranger pour moi : au début, je ne reconnus pas du tout le visage de la veille. Les traits creusés, bouleversés, tendus par la passion, les traits crispés de l'être en proie à une excitation mortelle étaient comme effacés – cet homme-ci avait un tout autre visage, complètement juvénile, totalement ingénu, qui *rayonnait* vraiment de pureté et de sérénité. Les lèvres, mordues et serrées entre ses dents la veille, étaient écartées par un rêve et déjà à moitié arrondies pour former un sourire ; les cheveux blonds bouclaient mollement sur son front détendu et sa poitrine ondulait tranquillement au rythme de son souffle sur son corps au repos.

Vous vous rappelez peut-être que je vous ai dit que je n'avais encore jamais vu la passion et l'avidité s'exprimer à un point aussi marqué que chez cet inconnu au casino. Et j'ajoute que je n'ai jamais vu, pas même chez les enfants – dont le sommeil pourtant, au début de la vie, est parfois nimbé d'un halo de sérénité angélique –, un air d'aussi pure clarté, de sommeil vraiment *bienheureux*. Sur ce visage se gravaient tous les sentiments avec une plasticité sans égale, et en cet instant il reflétait une délivrance paradisiaque, la quiétude d'un homme détendu et sauvé. À cette vue surprenante, je sentis toute peur, tout effroi tomber de mes épaules comme un lourd manteau noir – je n'avais plus honte, non, j'étais presque heureuse. Cette aventure effrayante, incompréhensible, avait soudain pris un sens pour moi et je me *réjouissais*, j'étais *fière* de penser que, sans mon dévouement, ce beau jeune homme fragile, couché là paisiblement comme une fleur, aurait été découvert inanimé, en sang, le visage fracassé, les yeux violemment écarquillés, quelque part sur un rocher : je l'avais sauvé, il était sauvé. Et là, je contemplai d'un regard *maternel* – je n'ai pas d'autre mot – ce garçon endormi que j'avais remis au monde aussi douloureusement que mes propres enfants. Et au milieu de cette chambre confinée, dans ce sordide hôtel de passe, je fus envahie par un sentiment que l'on éprouve parfois dans une église : une impression béate de miracle et de sanctification. L'épisode le plus effrayant de ma vie avait fait naître en moi cet instant fraternel, le plus étonnant et le plus grandiose.

Avais-je fait un geste trop bruyant ? Laissé échapper une parole ? Je l'ignore. Mais le dormeur ouvrit soudain les yeux. Je reculai de peur. Il regarda autour de lui avec surprise – comme je l'avais fait moi-même –, l'air de s'extraire péniblement d'une confusion et d'un abîme profonds. Son regard parcourut attentivement la chambre anonyme, puis, avec ébahissement, il tomba sur moi. Mais avant même qu'il ait pu parler ou reprendre ses esprits, je m'étais ressaisie. Il ne fallait pas le laisser ouvrir la bouche, lui permettre une question, une familiarité : rien de ce qui s'était produit la veille et cette nuit ne devait être renouvelé, évoqué, commenté.

– Je dois partir, annonçai-je très vite. Restez là et habillez-vous. À midi, je vous retrouverai à l'entrée du casino ; là-bas, je m'occuperai du reste.

Puis, avant qu'il ait pu répliquer, je m'enfuis pour ne plus voir cette chambre, et je courus, sans me retourner, hors de la maison dont je ne savais pas plus le nom que celui de l'inconnu avec qui j'avais passé la nuit.

Mrs C. interrompit son récit pour reprendre son souffle. La tension et la souffrance avaient complètement disparu de sa voix : telle une voiture qui peine à gravir la montagne et, parvenue au sommet, dévale la pente avec aisance, son discours, déchargé de son poids, reprit comme s'il avait des ailes :

– Bon : je me hâtai jusqu'à mon hôtel dans les rues éclairées par la lumière matinale, où le temps lourd avait été chassé par un refroidissement, comme s'étaient dissipés mes tourments. Car n'oubliez pas ce que je vous ai dit précédemment : après la mort de mon mari, j'avais totalement renoncé à ma vie. Mes enfants n'avaient plus besoin de moi, je n'aspirais à rien moi-même. Or, toute vie qui n'est pas vécue dans un but précis est une erreur. Là, soudain, pour la première fois, une tâche m'avait été donnée : j'avais sauvé un homme, je l'avais arraché à sa destruction en mettant en œuvre toutes mes forces. Seul un petit obstacle restait à surmonter et je devais remplir cette mission. Je courus donc à mon hôtel : le regard étonné du portier de ne me voir rentrer qu'à neuf heures du matin, ne me toucha pas – l'irritation et la honte avaient cessé de m'accabler – et un brusque regain d'envie de vivre, l'impression nouvelle, inattendue, de la nécessité de mon existence, coulaient dans mes veines comme un feu débordant. Je me changeai en hâte dans ma chambre, troquai machinalement (je ne m'en aperçus que plus tard) ma robe de deuil contre une plus claire, allai à la banque retirer de l'argent et me précipitai à la gare pour me renseigner sur le départ des trains ; avec une résolution qui m'étonna moi-même, j'honorai aussi d'autres obligations et quelques rendez-vous. À présent, il ne me restait plus qu'à m'occuper du voyage et du sauvetage définitif de l'homme que le destin avait jeté sur mon chemin.

Certes, il me fallait de la force pour me présenter devant lui. Car tous les événements de la veille s'étaient déroulés dans l'obscurité, dans un grand tourbillon, comme quand deux pierres, entraînées par un torrent, s'entrechoquent brutalement ; nous nous connaissions à peine de vue, je n'étais même pas sûre que l'étranger me reconnaîtrait. La veille, ç'avait été un hasard, une ivresse, une possession de deux êtres égarés, mais aujourd'hui je devais affronter plus franchement son regard, à la claire et cruelle lumière du jour, en montrant mon visage et toute ma personne.

Mais tout se révéla plus facile que je ne l'avais cru. À peine m'étais-je approchée du casino à l'heure convenue qu'un jeune homme sauta d'un banc et courut à ma rencontre. Il avait quelque chose de très spontané, d'heureux et d'enfantin dans sa surprise, comme dans chacun de ses gestes puissamment expressifs : il s'élança vers moi, les yeux rayonnants de reconnaissance et de joie respectueuse mais, très vite, il les baissa avec humilité dès qu'il sentit les miens troublés par sa présence. La gratitude, on la voit si rarement éclater chez les gens, et même les plus reconnaissants ne savent pas comment l'exprimer ; ils ont honte, se taisent avec gêne et font parfois semblant d'être paralysés pour cacher leurs sentiments. Là, pourtant, chez cet homme dont le Créateur, comme un mystérieux sculpteur, traduisait toutes les émotions par de beaux gestes sensuels, l'expression de la gratitude flamboyait aussi comme une passion qui irradiait du centre de son corps. Il se pencha au-dessus de ma main, inclina avec dévotion son visage juvénile, et pendant une minute entière la baisa respectueusement en effleurant juste mes doigts ; sur ce, il recula, s'enquit de ma santé en me regardant d'un air touchant, avec des mots si pleins de tact qu'en quelques minutes toutes mes angoisses disparurent. Et, comme pour refléter l'embellie de mes sentiments, le paysage resplendissait autour de nous, délivré des maléfices des éléments : la mer qui, la veille, s'agitait avec colère, était si étale et si claire que chaque galet brillait sous le léger ressac ; le casino, ce bourbier de l'enfer, luisait d'un blanc mauresque sous le ciel lavé, damassé ; et le kiosque, sous l'auvent duquel nous avait poussés la pluie diluvienne, avait rouvert, abritant une boutique de fleuriste : là-bas s'entassait un fouillis bariolé de gros bouquets de fleurs et de verdure – blancs, rouges, verts et multicolores, vendus par une demoiselle au corsage chatoyant.

J'invitai le jeune homme à déjeuner dans un petit restaurant, où l'inconnu me raconta l'histoire de son aventure tragique. Elle confirmait entièrement ma première intuition, quand j'avais vu ses mains tremblantes s'agiter sur le tapis vert. Il était issu d'une vieille famille noble de la Pologne autrichienne, se destinait à la carrière diplomatique, avait étudié à Vienne et passé brillamment le premier de ses examens un mois auparavant. Pour le récompenser et fêter l'événement, son oncle, un officier d'état-major chez qui il habitait, l'avait conduit en fiacre au Prater, où ils étaient allés à l'hippodrome. L'oncle avait eu de la chance au jeu et gagné trois fois de suite ; puis, avec la grosse liasse de billets qu'il avait raflée, ils avaient soupé dans un restaurant élégant. Le lendemain, pour son succès à l'examen, le futur diplomate avait reçu de son père une somme équivalente à son allocation du mois ; encore deux jours plus tôt, il l'aurait trouvée grosse, mais à présent, comparée à ce gain facile, elle lui parut faible et dérisoire. Aussi, dès la fin du repas, il retourna aux courses de trot, où il misa sans mesure, passionnément, et la chance ou plutôt la malchance voulut qu'il quittât le Prater avec le triple de ce montant. Dès lors, il fut saisi par la frénésie du jeu – tantôt aux courses, tantôt dans des clubs ou des cafés –, folie qui épuisa ses nerfs, ruina ses études, dévora son temps et, surtout, son argent. Il ne pouvait plus raisonner, dormir paisiblement, ni même se dominer : une nuit, rentré chez lui d'un club où il avait tout perdu, il trouva en se dévêtant un billet de banque froissé oublié dans son gilet. Il ne résista pas, se rhabilla et erra dans la ville jusqu'à ce qu'il vît dans un café des joueurs de dominos avec qui il resta jusqu'au point du jour. Une fois, sa sœur, qui était mariée, l'aida en remboursant des usuriers qui ne demandaient qu'à ouvrir un crédit à l'héritier d'une grande famille. La chance au jeu le porta encore quelque temps, mais s'étiola ensuite inexorablement ; plus il perdait, plus ses dettes en souffrance et l'urgence de les honorer le poussaient à chercher un gain décisif qui le sauverait. Depuis longtemps déjà, il avait mis en gage sa montre et ses vêtements et, finalement, il commit une indignité : il vola dans l'armoire de sa vieille tante deux grands pendentifs qu'elle portait rarement. Le premier, il l'engagea contre une grosse somme que le jeu, le soir même, quadrupla. Mais au lieu de racheter le bijou, il risqua le tout pour le tout et perdit. Au moment de partir en voyage, le voleur, n'ayant pas encore été découvert, engagea le deuxième pendentif ; et, suivant une idée soudaine, il prit un train pour Monte-Carlo dans l'espoir de gagner à la roulette la fortune de ses rêves. Ici, il avait déjà vendu sa valise, ses habits et son parapluie ; il ne lui restait plus qu'un revolver chargé de quatre balles et une petite croix ornée de pierreries offerte par sa marraine, la princesse X, dont il ne voulait pas se séparer. Mais même cette croix, il l'avait vendue cinquante francs dans l'après-midi pour pouvoir jouir une dernière fois du plaisir du jeu ce soir-là – en pariant sur sa vie.

Tout cela, il me le raconta avec ce charme enchanteur de ses traits vifs et éloquents. Et moi, je l'écoutai, émue, captivée, exaltée ; pas un instant je ne fus choquée à l'idée que cet homme assis à ma table était, au fond, un voleur. Si quelqu'un m'avait suggéré la veille que moi, une femme au passé irréprochable, exigeant dans son cercle la droiture la plus stricte, je causerais avec un inconnu à peine plus âgé que mon fils et qui avait volé des pendentifs en perles, j'aurais cru qu'il avait perdu l'esprit. Mais pas une seconde je n'éprouvai la moindre indignation au cours de son récit. Il le faisait avec tant de passion et de naturel qu'il avait plutôt l'air de parler d'une fièvre, d'une maladie que d'un acte scandaleux. De plus, pour quelqu'un qui, comme moi, avait connu la nuit passée une telle cascade d'imprévus, le mot « impossible » avait soudain perdu son sens. J'avais même appris durant ces dix heures bien plus qu'on ne peut imaginer sur la réalité que je ne l'avais fait en quarante ans de vie bourgeoise.

Mais autre chose m'effraya lors de cet aveu : c'était l'éclat fiévreux de ses yeux, qui créait un frémissement électrique dans tous les nerfs de son visage quand il parlait de sa passion du jeu. Son évocation l'enflammait encore : avec une netteté effrayante, son visage expressif reproduisait chaque tension, joyeuse ou douloureuse. Malgré elles, comme sur le tapis vert, ses mains merveilleuses, nerveuses, aux articulations fines, se changèrent peu à peu en fauves, tantôt chassant et tantôt fuyant : pendant qu'il racontait, je les vis parcourues de tremblements, se tordre et serrer les poings irrésistiblement, puis bondir à nouveau et se remettre en boule. Et quand il avoua le vol des pendentifs, elles s'élancèrent, vives comme l'éclair (d'instinct, je tressaillis), pour les saisir comme un voleur : je *vis*, pour ainsi dire, les doigts sauter frénétiquement sur les bijoux et les avaler dans le creux d'une paume. Et avec une frayeur indicible, je sentis que cet homme était empoisonné par sa passion jusqu'aux dernières gouttes de son sang.

Ce fut cela qui me frappa et m'horrifia tellement dans son récit : de voir un homme jeune, clairvoyant, insouciant par nature, terriblement esclave d'une passion morbide. Je considérai alors comme mon premier devoir de convaincre mon protégé inattendu de quitter sur-le-champ Monte-Carlo, où la tentation était trop dangereuse, pour aller retrouver le jour même sa famille avant qu'elle découvre la disparition des pendentifs et que son avenir soit à jamais ruiné. Je lui promis de l'argent pour le voyage et le rachat des bijoux à l'usurier, mais à la condition qu'il parte avant la nuit et me jure sur l'honneur de ne plus jamais toucher à une carte ni à aucun jeu de hasard.

Je n'oublierai jamais avec quelle ardente reconnaissance, d'abord humble, puis s'enflammant peu à peu, m'écouta cet inconnu égaré, à quel point il *but* mes paroles quand je lui promis de l'aide. Soudain, il tendit ses deux mains sur la table pour saisir les miennes dans un geste inoubliable d'adoration et de promesse sacrée. Ses yeux clairs, bien qu'un peu confus, étaient baignés de larmes, tout son corps tremblait nerveusement d'un bonheur ému. J'ai si souvent cherché à vous dépeindre l'expressivité sans pareille de ses gestes, mais *celui-là*, je ne saurais vous le décrire, car c'était un ravissement si extatique et surnaturel qu'on n'en voit presque jamais de tel sur une figure humaine ; il était seulement comparable à l'ombre blanche qu'on aperçoit en se réveillant d'un rêve, quand on croit avoir devant soi le visage évanescent d'un ange.

Pourquoi le cacher : je ne résistai pas à cette vue. La gratitude enchante, car on la voit si rarement s'exprimer. Le tact fait du bien. Et pour moi, qui suis froide et mesurée, une telle exubérance était une nouveauté bienfaisante, et même délicieuse. De plus, tout comme cet homme éperdu, écrasé, le paysage s'était magiquement réveillé après la pluie de la veille. Quand nous sortîmes du restaurant, la mer, redevenue étale, brillait magnifiquement – partout le bleu, juste moucheté de blanc par les mouettes, s'étendait jusqu'au ciel, faisant place à l'autre bleu qui montait dans les nues. Vous connaissez le paysage de la Riviera. Il donne toujours l'impression d'être beau mais, plat comme une carte postale, il offre tranquillement à l'œil ses couleurs toujours vives, à l'instar d'une beauté endormie, indolente, qui se laisse placidement caresser par tous les regards, orientale jusque dans son humeur toujours accueillante. Mais parfois, très rarement, il y a ici des jours où cette beauté se lève, sort de sa léthargie, vous hèle avec force en revêtant des couleurs crues qui scintillent ardemment, vous lance victorieusement au visage la profusion de ses fleurs – là, alors, elle s'embrase, brûle de sensualité. En ce matin béni, une journée aussi enivrante était sortie du chaos frénétique de cette nuit d'orage : la rue miroitait, comme lavée, le ciel s'irisait de turquoise, et partout s'enflammaient des buissons, torches multicolores tranchant sur un vert vif, gorgé d'humidité. Les montagnes paraissaient plus proches et plus claires dans l'air allégé, inondé de soleil ; elles se massaient avec curiosité plus près de la petite ville étincelante et, où que l'on tournât le regard, on sentait l'appel et l'aiguillon de la nature qui s'emparait des cœurs, malgré eux.

– Prenons une voiture, dis-je, et longeons la corniche.

Le jeune homme opina, enthousiaste : pour la première fois depuis son arrivée, il parut vraiment voir, remarquer le paysage. Jusqu'alors, il n'avait connu que la salle confinée du casino, avec son odeur moite et étouffante, la foule hideuse, dénaturée qui s'y pressait et une mer grise, maussade et houleuse. Mais là se déployait devant nous l'immense éventail de la plage baignée de soleil, et l'œil charmé se tournait de tous côtés, enivré. Nous roulions lentement dans une calèche (il n'y avait pas encore d'automobiles) sur le chemin splendide, passant devant de nombreuses villas et points de vue ; cent fois, à chaque maison, à chaque pavillon niché à l'ombre des pins verts, on était pris d'un désir secret : ici, on pouvait vivre en paix, à l'écart du monde !

Ai-je jamais été plus heureuse dans ma vie qu'au cours de ces instants ? Je l'ignore. Près de moi, dans la voiture, se trouvait ce jeune homme, la veille encore dans les griffes de la fatalité et de la mort, et maintenant ébahi, éclaboussé par le disque blanc du soleil : il semblait rajeuni de plusieurs années, redevenu enfant – un garçonnet joueur aux yeux à la fois pétulants et respectueux, en qui rien ne me ravissait tant que sa délicatesse folle. La voiture était-elle coincée à l'avant sur un raidillon, les chevaux peinaient-ils sur la pente, il sautait sur la route pour pousser par-derrière. Si je parlais d'une fleur ou la montrais sur le sentier, il s'empressait d'aller la cueillir. Quand il vit un petit crapaud, attiré par la pluie de la veille, ramper avec peine sur le chemin, il le souleva et le porta soigneusement dans l'herbe verte pour que la voiture ne l'écrase pas ; entre-temps, il raconta avec hilarité les choses les plus drôles et les plus charmantes : je crois bien que ce rire était pour lui une sorte de délivrance, sinon il lui aurait fallu chanter, sauter ou faire une folie, tant il était heureux et enivré par sa soudaine exubérance.

Tandis que nous roulions lentement sur les hauteurs d'un tout petit village, il souleva son chapeau avec politesse. Je m'étonnai : qui saluait-il là, cet étranger parmi les étrangers ? Il rougit légèrement à ma question et m'expliqua, presque en s'excusant, que nous étions passés devant une église et que, chez lui, en Pologne, comme dans tous les pays strictement catholiques, il était d'usage de se découvrir dès l'enfance devant les églises et les lieux saints. Ce grand respect pour le sacré m'émut profondément et, me rappelant cette croix dont il avait parlé, je lui demandai s'il était croyant. Quand il avoua avec un peu de gêne qu'il espérait que la grâce divine s'étendrait jusqu'à lui, une idée me vint brusquement.

– Arrêtez-vous ! criai-je au cocher, et je descendis aussitôt.

Il me suivit en me demandant avec surprise :

– Où allons-nous ?

Je me bornai à répondre :

– Venez avec moi.

Il m'accompagna jusqu'à l'église, une petite chapelle de village en briques. Les murs intérieurs, chaulés, paraissaient gris et vides et, par la porte ouverte, un cône de lumière jaune se découpait nettement dans l'obscurité, nimbant de bleu un petit autel. Deux bougies nous regardaient d'un œil voilé dans la pénombre, où flottaient de chaudes vapeurs d'encens. Nous entrâmes, il ôta son chapeau, trempa sa main dans le bénitier, se signa et fit une génuflexion. Mais à peine s'était-il relevé que je lui pris la main.

– Allez vers un autel, l'exhortai-je, ou n'importe quelle image qui est pour vous sacrée, et faites la promesse solennelle que je vous soufflerai.

Il me considéra, étonné, presque effrayé. Mais comprenant très vite, il s'approcha d'une niche, se signa et s'agenouilla avec docilité.

– Je jure, dit-il après moi, et je poursuivis :

– Que jamais plus, je ne prendrai part à un jeu d'argent, quel qu'il soit, ni n'exposerai ma vie et mon honneur à cette passion.

Il répéta ces paroles en tremblant : elles résonnèrent, fortes et claires, dans le vide sépulcral. Puis un silence plana, au point qu'on entendit, dehors, le bruissement des arbres dont le vent agitait les feuilles. Et soudain, il se jeta à terre comme un pénitent et dit, avec une extase inouïe, une suite de mots rapides en polonais que je ne compris pas. Mais ce devait être une prière extatique de contrition et d'action de grâce car, toujours, sa confession impétueuse courbait humblement sa tête jusqu'au prie-Dieu, toujours plus ardemment se répétaient les syllabes étrangères et toujours plus fort, avec une ferveur indicible, il lançait le même mot. Jamais, ni avant ni après, je n'ai entendu prier ainsi dans une église. Ses mains crispées étreignaient le prie-Dieu, tout son corps était agité par un ouragan intérieur qui, tantôt le soulevait, tantôt le jetait à terre. Il ne voyait, ne sentait plus rien : il semblait être entièrement dans un autre monde, un purgatoire de la métamorphose, ou emporté par un élan vers une sphère plus sacrée. Enfin, il se leva lentement, se signa et se retourna avec peine. Il avait les genoux tremblants, le visage blême comme un homme au comble de l'épuisement. Mais quand il me vit, ses yeux rayonnèrent, un sourire pur, de vraie *piété*, éclaira son visage transporté. Il s'approcha de moi, s'inclina très bas à la russe, saisit mes deux mains et les effleura respectueusement de ses lèvres :

– Dieu vous a envoyée à moi. Je l'ai remercié pour cela.

Je ne sus que répondre. Mais j'aurais voulu que soudain, au-dessus des chaises basses, l'orgue retentisse, car j'avais l'impression d'avoir pleinement réussi : j'avais sauvé cet homme à jamais.

Nous sortîmes de l'église dans la lumière radieuse, ruisselante comme celle d'un jour de mai : jamais le monde ne m'avait paru plus beau. Nous roulâmes encore deux heures dans la voiture sur le chemin riche en panoramas, offrant à chaque tournant une nouvelle vue sur la colline. Mais nous ne parlions plus. Après cette richesse d'émotions, chaque mot semblait pauvre. Et quand mon regard rencontrait par hasard le sien, je le détournais avec gêne, tellement j'étais troublée de voir le miracle que j'avais causé.

Vers cinq heures de l'après-midi, nous rentrâmes à Monte-Carlo. J'avais un rendez-vous avec des parents qu'il ne m'était plus possible d'annuler. À vrai dire, j'aspirais au fond de moi à une pause, une détente après cette profusion de sentiments. C'était trop de bonheur. Je sentais que je devais me reposer de cet état d'extase, de passion excessive comme je n'en avais jamais connu de ma vie. J'offris donc à mon protégé, pour un instant seulement, de venir dans mon hôtel ; et là-bas, dans ma chambre, je lui remis l'argent pour le voyage et le rachat des bijoux mis en gage.

Nous convînmes qu'il achèterait son billet pendant mon rendez-vous et me retrouverait à l'entrée de la gare vers sept heures du soir, une demi-heure avant que le train, *via* Gênes, le ramène chez lui. Mais quand je voulus lui tendre les cinq billets de banque, ses lèvres prirent une pâleur étrange.

– Non… pas… d'argent… je vous en prie, pas d'argent ! dit-il entre ses dents d'une voix heurtée, cependant qu'à nouveau ses doigts tremblaient de nervosité. Pas d'argent… pas d'argent… Je ne dois pas en voir… répéta-t-il encore, comme terrassé par la peur et le dégoût.

Mais je rassurai sa pudeur : ce serait juste un *prêt* et, s'il lui pesait, il pouvait m'établir un reçu.

– Oui… oui… un reçu, murmura-t-il en détournant les yeux.

Il froissa les billets comme un objet collant qui vous salit les doigts, puis les mit dans sa poche sans les regarder et traça d'un seul trait, à la va-vite, quelques mots sur une feuille. Quand il leva les yeux, la sueur perlait à son front : une sorte de secousse semblait monter en lui pour l'étouffer et, à peine avait-il poussé le papier vers moi, qu'elle le traversa ; puis soudain – malgré moi, je reculai de peur –, il tomba à genoux et baisa l'ourlet de ma robe. Un geste indescriptible : je tremblai de tous mes membres devant son impétuosité. Un étrange frisson me saisit, je me troublai et ne pus que bégayer :

– Je vous remercie de m'être aussi reconnaissant. Mais, s'il vous plaît, partez maintenant ! À sept heures ce soir, dans le hall d'entrée de la gare, nous nous ferons nos adieux.

Il me considéra, de ses yeux humides et brillants d'émotion ; un instant, je crus qu'il voulait dire quelque chose ; un instant, il parut vouloir s'approcher de moi. Mais soudain, encore une fois, il s'inclina très bas, et il quitta la chambre.

Mrs C. interrompit à nouveau son récit. Elle s'était levée pour s'approcher de la fenêtre et regardait dehors. Elle resta longtemps sans bouger ; je vis alors son dos, qui se dessinait comme une silhouette, trembler légèrement. Puis elle se retourna d'un seul coup, résolue, et ses mains, jusqu'alors calmes et immobiles, firent soudain un geste d'arrachement, comme si elle voulait déchirer quelque chose. Là, elle me considéra d'un air dur, presque intrépide, et elle reprit très vite :

– Je me suis engagée à vous parler en toute sincérité et je vois maintenant comme cette promesse était nécessaire. Car ce n'est qu'à présent où je m'oblige à raconter pour la première fois cette heure intégralement, à chercher des mots clairs pour exprimer un sentiment totalement confus à cette époque, que je comprends nettement beaucoup de choses que j'ignorais alors ou que, peut-être, je ne voulais simplement pas savoir. Voilà pourquoi je vais vous dire, crûment, sans hésiter, la vérité à vous comme à moi-même : à la seconde où le jeune homme quitta ma chambre et où je restai seule, j'eus l'impression – qui me saisit vaguement comme un malaise – d'avoir reçu un coup au cœur : quelque chose m'avait mortellement blessée, mais je ne savais pas – ou je refusais de savoir – en quoi l'attitude pourtant respectueuse et touchante de mon protégé m'avait si douloureusement frappée.

Mais à présent que je me force, sans ménagement, à extraire de moi mon passé comme s'il m'était étranger, et qu'avoir un témoin ne me permet pas de dissimuler, de cacher par lâcheté un sentiment honteux, je m'en rends compte clairement : ce qui, alors, me fit si mal, fut la déception de… d'avoir vu ce jeune homme me quitter si docilement… sans chercher à me retenir, à rester avec moi… qu'il se soit soumis humblement, respectueusement, à mon premier désir de le voir partir, au lieu… au lieu de faire une tentative pour m'entraîner avec lui… qu'il m'ait seulement vénérée comme une sainte apparue sur son chemin… et qu'il n'ait pas… pas senti que j'étais une femme.

Ce fut pour moi une déception… une déception que je ne m'avouai ni à l'époque ni par la suite, mais l'intuition d'une femme sait tout, sans mot et sans conscience. Car… à présent, j'ai cessé de m'abuser : si ce jeune homme, alors, m'avait enlacée pour me le demander, je serais partie avec lui jusqu'au bout du monde, j'aurais déshonoré mon nom et celui de mes enfants… Je me serais enfuie avec lui sans écouter la voix de ma raison, sans souci du qu'en-dira-t'on, comme cette Mme Henriette avec le jeune Français qu'elle ne connaissait même pas la veille… Je n'aurais pas demandé où ni pour combien de temps, je ne me serais pas retournée un seul instant sur ma vie d'avant… J'aurais sacrifié mon argent, mon nom, ma fortune, mon honneur à cet homme… J'aurais mendié pour lui, et sans doute n'y a-t-il guère de bassesse en ce monde à laquelle il n'aurait pu m'entraîner. Tout ce que le genre humain nomme égards et pudeur, j'y aurais renoncé s'il avait dit un mot, fait un seul pas vers moi, s'il avait tenté de me prendre, tant je lui étais attachée à cette seconde-là. Mais… je vous l'ai déjà dit… cet homme à l'attitude étrange n'avait plus d'yeux pour moi ni pour la femme en moi… et combien je brûlais de m'abandonner à lui de tout mon être, je le sentis seulement quand je me retrouvai seule avec moi-même et que la passion, qui levait déjà vers le ciel son visage lumineux, presque séraphique, retomba sombrement en moi et ne palpita plus que dans le vide d'une poitrine délaissée. Je me levai avec peine, car le rendez-vous qui m'attendait m'accablait doublement. C'était comme si mon front était couvert d'un casque de fer oppressant et que je chancelais sous son poids : mes pensées étaient aussi confuses que mes pas quand j'allai enfin dans l'autre hôtel retrouver mes parents. Là, m'étant assise lourdement au milieu d'une discussion animée, je sursautai à chaque fois que, en levant les yeux par hasard, je voyais leurs figures impassibles. Comparées à celle du jeune homme, comme mue par le jeu de l'ombre et de la lumière sur les nuages, elles me semblaient glacées ou pareilles à des masques. J'avais l'impression de me trouver parmi des morts bruyants, tant la société qui m'entourait était atrocement froide ; et, tandis que je mettais un sucre dans ma tasse et que je conversais distraitement, me revenait sans cesse en tête, comme poussé par le sang qui battait dans mes veines, ce visage dont la contemplation m'était devenue une joie brûlante et que – pensée effrayante ! – je devais voir pour la dernière fois dans une heure ou deux. J'avais dû pousser un gémissement ou un soupir sans le savoir car, soudain, la cousine de mon mari se pencha vers moi et demanda si je me sentais mal, tant j'avais l'air pâle et oppressée. Cette question inopinée m'aida à prétexter sans peine que j'étais en effet tourmentée par une migraine, et je sollicitai la permission de me retirer discrètement.

Une fois rendue à moi-même, je me précipitai aussitôt à mon hôtel. Et à peine étais-je seule là-bas que m'envahit la sensation de vide, d'abandon, à laquelle était ardemment liée le désir de revoir ce jeune homme que je devais quitter à jamais ce jour-là. Je fis les cent pas dans ma chambre, ouvris en vain plusieurs tiroirs, changeai de robe et de ruban et me scrutai dans le miroir pour voir si, ainsi parée, je ne pouvais pas encore l'attacher à moi. Et tout à coup, je compris ce que je voulais : tout faire pour ne pas être séparée de lui ! En l'espace d'une seconde brutale, ce désir se changea en résolution. Je courus au rez-de-chaussée dire au portier que je partais par le train du soir. Il fallait se dépêcher. Je sonnai la femme de chambre pour qu'elle m'aide à faire mes bagages, car le temps pressait. Pendant que nous rivalisions de zèle pour caser dans les malles vêtements et objets usuels, j'imaginais la surprise de mon protégé : je l'accompagnerais jusqu'au train et, au dernier, au tout dernier moment, quand il m'aurait déjà tendu la main pour me dire au revoir, je monterais dans le wagon à son grand étonnement, pour passer avec lui cette nuit, et la suivante – aussi longtemps qu'il voudrait de moi. Un élan d'enthousiasme bouillonnait dans mes veines et, parfois, je m'esclaffais à l'improviste en jetant des robes dans mes malles, déconcertant la femme de chambre. Mes sens – je m'en apercevais en même temps – étaient déréglés. Et quand le chasseur vint prendre mes bagages, je le dévisageai sans comprendre : il m'était difficile de penser aux choses pratiques, tant j'étais dominée par mon exaltation intérieure.

L'horloge tournait, il devait être près de sept heures – au mieux, il restait vingt minutes avant le départ du train –, mais je me consolai à l'idée que ma venue n'était plus un adieu, car j'étais résolue à l'accompagner dans son voyage aussi longtemps, aussi loin qu'il l'accepterait. Le chasseur porta mes malles dehors et je courus à la caisse de l'hôtel pour régler ma note. Sitôt la monnaie rendue par l'employé, j'allais partir quand une main me toucha affectueusement l'épaule. Je tressaillis. C'était ma cousine qui, inquiète de mon soi-disant malaise, venait s'enquérir de mon état. Je n'avais que faire d'elle, chaque seconde de retard était une perte de temps fatale, mais je me forçai à être polie et à lui répondre quelques instants.

– Tu dois te mettre au lit, conseilla-t-elle, tu as sûrement de la fièvre.

Et c'était peut-être bien le cas, car le sang battait violemment à mes tempes et, parfois, je sentais l'ombre d'un malaise naissant flotter devant mes yeux. Je refusai en tâchant d'avoir l'air reconnaissante, alors que chaque mot me brûlait les lèvres et que j'aurais préféré repousser d'un coup de pied son aide importune. Mais la fâcheuse s'éternisa, m'offrit de l'Eau de Cologne et insista pour m'en rafraîchir elle-même les tempes ; moi, je comptais les minutes intérieurement, pensai à lui en même temps et cherchai un prétexte pour échapper à cette compassion énervante. Et plus je m'agitais, plus j'avais l'air suspecte : finalement, elle voulut presque me forcer à aller me coucher. Au beau milieu de ses exhortations, je vis soudain l'horloge au centre du hall : sept heures vingt-huit… et le train partait à trente-cinq. Tout d'un coup, avec l'indifférence brutale des désespérés, j'écartai sa main :

– Adieu, je dois partir ! lançai-je.

Et sans me soucier de son regard ébahi, sans me retourner, je filai, en passant devant les serveurs de l'hôtel, vers la porte, la rue et la gare. Déjà, aux gesticulations énervées du chasseur qui attendait là-bas avec mes bagages, je vis de loin qu'il était grand temps. Aveuglée par la rage, je fonçai au portillon du quai, mais là, le contrôleur m'arrêta. J'avais oublié de prendre un billet. Je faillis le pousser pour pouvoir accéder à la voie quand le train se mit en marche : je le fixai des yeux, tremblant de tous mes membres, pour saisir au moins un regard, un signe, un salut, par la fenêtre d'un wagon. Mais comme le train accélérait, je n'arrivai plus à voir le visage désiré. Les voitures défilaient toujours plus vite et, au bout d'une minute, il ne resta plus qu'un nuage de fumée noire devant mes yeux enténébrés.

Je dus rester comme pétrifiée Dieu sait combien de temps, car le groom s'était adressé à moi plusieurs fois, sans doute en pure perte, avant d'oser me toucher le bras. Je sursautai. Devait-il rapporter mes bagages à l'hôtel ? Il me fallut plusieurs minutes pour reprendre mes esprits : non, ce n'était pas possible, je ne pouvais pas revenir après ce départ précipité, ridicule, et je ne voulais pas non plus y retourner, plus jamais ; je lui ordonnai donc, impatiente de me retrouver seule, de caser mes bagages à la consigne. Puis, dans le tourbillon sans cesse renouvelé des gens qui se pressaient dans le hall avant de s'égailler, je tentai de réfléchir clairement pour échapper à la colère, au remords et au désespoir qui m'étranglaient, car – pourquoi ne pas l'avouer – l'idée d'avoir manqué notre dernière rencontre par ma faute me déchirait comme une lame cruelle. J'aurais pu crier tant son tranchant aigu, chauffé à blanc, me faisait mal. Seuls les êtres qui ignorent totalement la passion connaissent peut-être, à des moments, exceptionnels, des débordements d'émotion aussi brusques et torrentiels : là, des années entières se précipitent dans leur poitrine, avec la violence des forces inemployées. Ni avant, ni depuis, je n'ai jamais éprouvé une telle surprise, une impuissance aussi enragée qu'à cette seconde, car moi qui étais prête à tout risquer – à laisser tomber d'un seul coup toute ma vie épargnée, amassée, ménagée –, je me trouvai soudain face à un mur d'absurdité, contre lequel se heurtait ma passion désarmée.

Ce que je fis ensuite ne pouvait qu'être tout aussi absurde : un acte fou, et même stupide, j'ai presque honte de le raconter – mais j'ai promis, à vous comme à moi, de ne rien cacher ; donc, j'ai… j'ai cherché à le retrouver… c'est-à-dire, en tentant d'évoquer chaque instant que j'avais passé avec lui… Je me sentais violemment attirée par tous les lieux où nous étions allés la veille ensemble : par le banc du parc auquel je l'avais arraché, la salle de jeu où je l'avais vu en premier, et même l'hôtel malfamé, pour revivre encore une fois, une dernière fois, le passé. Et le lendemain, je voulais refaire en voiture le tour de la corniche, reprendre le même chemin, pour ranimer en moi chaque geste et chaque mot – tant ma confusion était bête et puérile. Mais songez que les événements s'étaient abattus sur moi comme la foudre et que je m'étais sentie proprement assommée. Mais là, trop brutalement sortie de ce tumulte, je voulais savourer à nouveau lentement ce que j'avais vécu fugitivement, grâce à l'illusion magique que l'on nomme la mémoire – enfin : ce sont des choses que l'on comprend ou pas. Peut-être faut-il un cœur ardent pour les concevoir.

Aussi allai-je d'abord au casino, pour chercher la table à laquelle il avait joué et, parmi toutes les mains, imaginer la sienne. J'entrai donc dans le hall : c'était, je m'en souvenais, à la table de gauche, dans la deuxième salle, que je l'avais aperçu en premier. Chacun de ses gestes était toujours présent à mon esprit : j'aurais pu retrouver sa place comme une somnambule, les yeux fermés et les mains tendues. Une fois dans la pièce, je la traversai aussitôt. Et là… quand mon regard quitta la porte pour se tourner vers la cohue… Il m'arriva une chose étrange… Là-bas était assis à la place même où je l'avais pensé, là – hallucination due à la fièvre ! –, vraiment lui… lui… exactement comme je l'avais vu dans ma rêverie… tout comme la veille, les yeux fixés sur la boule, et pâle comme un spectre… mais lui… lui… indéniablement lui…

Je faillis crier, tant j'étais effarée. Mais je maîtrisai ma frayeur devant cette vision absurde et je fermai les yeux.

– Tu es folle… tu rêves… tu as de la fièvre, me dis-je. C'est vraiment impossible, tu as une hallucination… Il a quitté la ville il y a une demi-heure.

Ce fut seulement alors que je rouvris les yeux. Mais, chose épouvantable : tout comme avant, il était assis là en chair et en os… J'aurais reconnu ses mains parmi des millions… Non, je ne rêvais pas, c'était bien lui. Il n'était pas parti comme il me l'avait juré, il était venu là… Ce fou avait apporté sur le tapis vert l'argent que je lui avais donné pour qu'il rentre chez lui et il l'avait joué, complètement absorbé par sa passion, pendant que mon cœur se tordait de désespoir pour lui.

Un réflexe me poussa en avant : mes yeux étaient submergés par la rage, par une rage folle. Brusquement, je vis rouge et brûlai de prendre à la gorge celui qui avait violé son serment, abusé si honteusement de ma confiance, de mon dévouement et de mes sentiments. Mais à nouveau, je me contins. Avec une lenteur délibérée (combien de force elle me coûta !), je m'approchai de la table et m'arrêtai en face de lui – un monsieur me fit place avec politesse. Deux mètres de tissu vert se trouvaient entre nous deux et je pouvais, comme d'un balcon au spectacle, regarder fixement ce visage, ce même visage que j'avais vu, deux heures auparavant, rayonner de reconnaissance, illuminé par l'aura de la grâce divine et qui, maintenant, disparaissait convulsivement sous les feux infernaux de la passion. Les mains, ces mains que j'avais vues l'après-midi enserrer le prie-Dieu d'une église pour faire un serment des plus sacrés, agrippaient de nouveau l'argent autour de lui en se tordant comme des vampires lubriques. Car il avait gagné – il devait avoir beaucoup, énormément gagné : devant lui scintillait un monceau de jetons, de louis d'or et de billets de banque, un amas épars où ses doigts, ses doigts nerveux, se baignaient et s'étiraient avec délice. Je les vis tenir et plier les billets, tourner et caresser les pièces, puis soudain, d'un seul coup, en saisir une poignée et les jeter sur une case. Aussitôt, les ailes du nez reprirent leurs tressaillements, l'appel du croupier attira ses yeux brillants d'avidité, qui passèrent de l'argent à la boule endiablée, et il parut se répandre en dehors de lui-même, les coudes apparemment cloués au tapis vert. L'obsession qui le consumait se révélait de manière encore plus effrayante, plus horrible que la soirée précédente, car chacun de ses gestes tuait cette autre image, lumineuse comme sur un fond d'or, que j'avais gravée en moi avec crédulité.

Nous respirions ainsi à deux mètres l'un de l'autre et je le regardais sans qu'il s'en aperçût. Il ne levait pas les yeux vers moi, il ne voyait personne, son regard coulait uniquement vers l'argent, vacillait et vagabondait avec la boule qui roulait : tous ses sens, concentrés sur son circuit vertigineux, faisaient des allers-retours anxieux. Le monde entier, toute l'humanité s'étaient réduits à ce rectangle d'étoffe tendu pour ce drogué du jeu. Et je savais que je pourrais rester là des heures et des heures sans qu'il ait la moindre idée de ma présence.

Rapidement, je n'y tins plus. Mue par une décision soudaine, je fis le tour de la table, me plaçai derrière lui et, d'une main, lui saisis violemment l'épaule. Il leva vers moi un regard chancelant, me fixa une seconde avec des yeux vitreux, comme un ivrogne qu'on secoue avec peine et dont le regard est encore terne, abruti par des brumes intérieures. À cet instant, il parut me reconnaître, sa bouche s'ouvrit en tremblant, il me considéra d'un air ravi et bégaya à voix basse, avec une familiarité confuse pleine de mystère :

– Ça marche bien… Je l'ai su tout de suite quand je suis entré et que je l'ai vu là… Je l'ai su tout de suite…

Je ne compris pas ce qu'il disait. Je remarquai juste qu'il était grisé par le jeu, que ce fou avait tout oublié, sa promesse solennelle, son rendez-vous, moi et le monde. Mais malgré son obsession, l'extase qu'il avait eue en me voyant m'enchanta à tel point que, me laissant prendre par ses paroles, je lui demandai de qui il parlait.

– Du vieux général russe, là-bas, qui n'a qu'un bras, chuchota-t-il en se pressant tout contre moi pour que personne n'entende le secret magique. Là-bas, celui aux favoris blancs avec le serveur derrière lui. Il gagne à chaque coup, je l'ai déjà observé hier, il doit avoir une martingale et je mise toujours comme lui… Hier aussi, il a toujours gagné… J'ai seulement fait l'erreur de continuer à jouer quand il est parti… C'était ma faute… Hier, il a dû gagner vingt mille francs… Et aujourd'hui aussi, il gagne à chaque fois… Alors, je mise toujours comme lui… Maintenant…

Il s'interrompit soudain au milieu de sa phrase, car le croupier lança son ronflant « Faites vos jeux ! » et déjà, son regard se détournait, tanguant avidement vers l'endroit où était assis, grave et impassible, le Russe à barbe blanche qui plaça posément, d'abord une pièce d'or et puis, en hésitant, une deuxième sur la quatrième case. Aussitôt, les mains fougueuses, devant moi, piochèrent dans leur tas d'or et jetèrent une poignée de pièces sur le même numéro. Et quand, au bout d'une minute, le croupier cria : « Zéro ! » et que son râteau balaya le tapis d'une seule rotation, le joueur fixa, stupéfait, le flot d'argent qui refluait. Mais croyez-vous qu'il se soit retourné vers moi ? Non, il m'avait complètement oubliée ; j'étais perdue, envolée, balayée de sa vie, et tous ses sens tendus étaient fixés sur le général qui, calmement, balançait encore deux pièces d'or dans sa main, ne sachant sur quel numéro les placer.

Je ne saurais vous dire ma rancœur et mon désespoir. Mais imaginez ce que pouvait m'inspirer un homme pour qui on a laissé tomber toute sa vie, et qui ne voit plus en vous qu'un moucheron que l'on chasse d'une main nonchalante. À nouveau, une vague de colère m'inonda. J'empoignai son bras si fort qu'il sursauta.

– Levez-vous tout de suite ! dis-je à voix basse, mais d'un ton péremptoire. Rappelez-vous ce que vous avez juré aujourd'hui à l'église, du serment que vous avez violé, misérable !

Il me regarda fixement, consterné et tout pâle. Ses yeux prirent soudain un air de chien battu et ses lèvres tremblèrent. Puis, le passé parut lui revenir et il fut comme saisi d'une horreur de lui-même.

– Oui… oui… balbutia-t-il. Oh, mon Dieu… mon Dieu… Oui, je viens, pardonnez-moi…

Et déjà, sa main ramassait tout l'argent, d'abord prestement, d'un geste vif, en se ressaisissant, mais ensuite avec indolence, comme repoussée par un courant contraire. Son regard était retombé sur le général russe, qui venait de miser.

– Encore un instant… (Il jeta cinq pièces d'or sur la même case.) Rien que cette partie… Je vous jure que je viens tout de suite… juste encore cette partie… juste encore…

À nouveau, sa voix s'éteignit. La boule avait commencé à rouler, l'attirant dans sa course. Une fois de plus, l'obsédé s'était détourné de moi, évadé de lui-même – parti à la dérive dans la petite cuvette lisse où la minuscule boule roulait et bondissait. À nouveau, le croupier cria et le râteau racla les cinq pièces d'or sur le tapis. Le fou avait perdu. Mais il ne se retourna pas. Il m'avait oubliée, comme son serment, comme la parole qu'il m'avait donnée une minute avant. Déjà, sa main avide se tendait vers le tas d'argent qui fondait et son regard ivre chavirait, irrésistiblement attiré par l'homme qui magnétisait sa volonté, l'homme qui portait chance en face de lui.

J'étais à bout de patience. Je le secouai à nouveau, cette fois violemment.

– Levez-vous sur-le-champ ! Tout de suite… Vous avez dit : juste encore cette partie…

Mais là se passa une chose inattendue. Il se retourna brusquement ; et le visage qui me considéra n'exprimait plus l'humilité et la perplexité, mais une colère folle, avec des yeux brûlants et des lèvres tremblant de rage.

– Laissez-moi tranquille ! feula-t-il. Partez ! Vous me portez malheur. Je perds toujours quand vous êtes là. C'était comme ça hier et encore aujourd'hui. Allez-vous-en !

Un instant, je fus sidérée. Mais après, devant sa folie, ma colère se déchaîna aussi.

– Je vous porte malheur ? répétai-je. Menteur, voleur, vous qui m'avez juré…

Mais je ne pus continuer, car le possédé bondit de son siège et me repoussa, au mépris du tumulte naissant.

– Fichez-moi la paix ! hurla-t-il sans retenue. Je ne suis pas sous votre tutelle… Là… là… prenez votre argent, dit-il en me jetant quelques billets de cent francs. Mais maintenant, laissez-moi tranquille !

Il avait crié très fort, comme un fou, ignorant la centaine de gens autour de lui. Tous le dévisageaient, riaient et glosaient – d'autres affluaient même de la salle voisine. J'eus soudain l'impression qu'on m'avait arraché mes vêtements et que j'étais toute nue devant cette foule…

– *Silence, Madame, s'il vous plaît* ! dit le croupier à voix haute, d'un ton autoritaire, en cognant le râteau sur le tapis.

C'était moi que ce misérable avait tancée ainsi… Humiliée, submergée par la honte, je me figeai, devant les curieux qui chuchotaient, comme une prostituée à qui on a jeté de l'argent. Deux cents, trois cents yeux effrontés se rivèrent sur moi et là… mortifiée par la boue de l'insulte, alors que mon regard se détournait pour les éviter, il tomba sur un visage dont la surprise me cingla – c'était ma cousine qui me fixait, hébétée, bouche bée et une main levée, comme saisie d'effroi.

Cela me donna un coup au cœur : avant même qu'elle ait pu bouger, se remettre de sa stupeur, je me précipitai hors de la salle : mon élan me porta justement vers le banc, ce même banc sur lequel l'enragé s'était jeté la veille. Tout aussi abattue, tout aussi épuisée et brisée, je tombai sur le bois dur et implacable.

Cela remonte à vingt-quatre ans, et pourtant, quand j'évoque cet instant où je me suis tenue, fouettée par son mépris, devant mille inconnus, le sang se glace dans mes veines. Et je sens de nouveau avec effroi que ce qu'on appelle âme, esprit et sentiment avec grandiloquence, ce qu'on nomme souffrance, doit être une substance bien molle, bien piètre et bien lâche, car tout cela, même exacerbé, ne peut pas totalement anéantir le corps souffrant et torturé. Car malgré ça, le cœur s'obstine à battre, l'homme survit à de telles heures au lieu de mourir et de tomber comme un arbre foudroyé. Juste une seconde, un bref instant, cette douleur m'avait traversée et projetée hors d'haleine, égarée, sur ce banc, avec l'intuition voluptueuse que je devais mourir.

Mais, je viens de le dire, toute souffrance est lâche, elle cède face à l'exigence irrésistible de la vie, qui semble plus fortement imprimée dans notre corps que la passion de la mort dans notre esprit. Même après que mes sentiments eurent été à ce point broyés, chose pour moi un mystère, je me relevai, sans savoir cependant que faire. Soudain, il me revint que mes malles m'attendaient à la gare, et de là, une autre idée me traversa : partir, partir, partir d'ici, de cet enfer maudit. Je courus à la gare sans prêter attention à personne et demandai l'heure du prochain train pour Paris ; à dix heures, me dit le guichetier, et je fis enregistrer aussitôt mes bagages. Dix heures… Il s'était passé tout juste vingt-quatre heures depuis cette rencontre effroyable, si riche en sentiments des plus déraisonnables que mon monde intérieur en était fracassé à jamais. Mais pour l'instant, je n'entendais qu'un mot dans le rythme du train, martelé et saccadé : partir ! partir ! partir ! Et toujours, le sang dans mon front battait à mes tempes comme un soufflet : partir ! partir ! partir ! Partir de cette ville, échapper à moi-même, retrouver ma maison, ma famille, mon existence d'avant ! J'arrivai à Paris tout au bout de la nuit. Là, je passai d'une gare à l'autre, j'allai droit à Boulogne, puis de Boulogne à Douvres, de Douvres à Londres et de Londres chez mon fils – tout cela d'une seule traite, sans penser, sans réfléchir, quarante-huit heures sans dormir, sans parler, sans manger, deux jours où le fracas des roues me criait ce seul mot : partir ! partir ! partir ! Quand j'entrai enfin dans la maison de campagne de mon fils, où l'on ne m'attendait pas, tout le monde sursauta : il devait y avoir quelque chose dans mon attitude, dans mon regard, qui me trahissait. Mon fils voulut m'embrasser, mais je me dérobai : il m'était insupportable de penser qu'il pût effleurer des lèvres que je jugeais souillées. Je balayai toutes les questions, demandai juste un bain, car mon corps avait grand besoin d'évacuer, en plus de la poussière du train, les bribes de passion du possédé, de l'homme indigne, qui semblaient y rester collées. Puis je me traînai jusqu'à ma chambre et dormis douze, quatorze heures d'un sommeil de plomb, comme je n'ai jamais dormi ni avant ni depuis – et je sais maintenant, après une telle nuit, ce que c'est qu'être mort, couché dans un cercueil. Ma famille m'entoura comme une malade, mais son affection me fit mal, car j'avais honte de ses attentions, de son profond respect, et je devais sans cesse m'empêcher de lui crier que je l'avais trahie, oubliée et presque abandonnée pour une passion folle et effrénée.

Puis je partis sans but dans une petite ville française où je ne connaissais personne, car j'étais poursuivie par la hantise que tout le monde pouvait voir ma honte, ma transformation au premier regard, tant je me sentais marquée et salie jusqu'au fond de l'âme. Parfois, le matin, dans mon lit, j'avais une peur atroce d'ouvrir les yeux. Tourmentée par le souvenir de la nuit où je m'étais soudain réveillée près d'un inconnu à moitié nu, j'avais alors le seul désir, comme jadis, de mourir sur-le-champ.

Mais finalement, le temps a un pouvoir profond et l'âge une étrange force d'usure sur les sentiments. On sent l'approche de la mort, son ombre ténébreuse s'étendre sur nos pas et là, les choses paraissent moins choquantes, moins poignantes et perdent beaucoup de leur danger. Peu à peu, je surmontai le choc : et lorsqu'après de longues années, je rencontrai un jour en société l'attaché de la légation autrichienne, un jeune Polonais, et qu'il me raconta qu'un fils d'un de ses cousins s'était brûlé la cervelle dix ans plus tôt à Monte-Carlo – je ne tremblai même pas. Cela ne me fit presque pas mal : peut-être – pourquoi nier son égoïsme – cela me fit-il du bien, car désormais, ma dernière crainte de le recroiser n'avait plus lieu d'être : je n'avais plus de témoins contre moi excepté ma mémoire. Depuis, je suis devenue plus calme. Au fond, vieillir revient à n'avoir plus peur de son passé.

Et maintenant, vous allez aussi comprendre comment j'en suis venue soudain à vous parler de mon propre destin. Quand vous avez défendu Mme Henriette et dit avec passion que vingt-quatre heures pouvaient parfaitement décider du sort d'une femme, je me suis sentie concernée. Je vous en ai su gré car, pour la première fois, j'ai eu comme l'impression d'être reconnue. Et puis je me suis dit : peut-être que décharger une fois mon âme me délivrera du joug de l'anathème et du spectre du passé ; et qu'après, je pourrai aller là-bas demain, entrer dans la même salle où j'ai rencontré mon destin, sans plus haïr cet homme ni me haïr moi-même. Alors, la pierre qui oppresse mon âme sera levée, ira peser de tout son poids sur mon passé et l'empêchera de ressusciter. Cela m'a fait du bien d'avoir pu vous raconter tout cela : je me sens plus légère, presque heureuse… je vous en remercie.

À ces mots, soudain, elle s'était levée et je compris qu'elle en avait fini. Je cherchai quelque chose à dire, un peu embarrassé. Mais elle avait dû sentir mon émotion, car elle lança très vite :

– Non, s'il vous plaît, ne parlez pas… Je préférerais que vous ne répondiez pas, que vous ne disiez rien… Soyez remercié de m'avoir écoutée et faites un bon voyage.

Debout en face de moi, elle me tendit la main pour prendre congé. D'instinct, je levai les yeux vers son visage, et les traits de cette vieille dame qui me regardait d'un air aimable et, en même temps, un peu honteux, me parurent merveilleusement touchants. Était-ce le reflet de la passion ancienne, était-ce la confusion qui empourpra ses joues jusqu'à ses cheveux blancs ? Mais elle se tenait là comme une jeune fille, troublée par le souvenir de son premier amour et gênée par son propre aveu. Ému malgré moi, je fus tenté de lui témoigner d'un mot ma déférence. Mais ma gorge se serra. Alors, je m'inclinai et baisai respectueusement sa main flétrie, qui tremblait légèrement comme une feuille d'automne.

SOURCE DES TEXTES

Brûlant secret (Brennendes Geheimnis), publié en 1911 chez Insel Verlag, à Leipzig, faisait partie d'un recueil intitulé *Erste Erlebnis : Vier Geschichten aus Kinderland (Première expérience : quatre histoires du pays des enfants)* et comprenant également *La Gouvernante*, *Conte crépusculaire*, et *Petite nouvelle d'été*.

La Gouvernante (Die Gouvernante) a d'abord paru le 25 décembre 1907, à Vienne, dans la *Neue Freie Presse*. Stefan Zweig reprendra cette nouvelle quatre ans plus tard, en 1911, dans le recueil *Erste Erlebnis*.

La Confusion des sentiments (Verwirrung der Gefühle) paraît en 1927 chez Insel Verlag dans le recueil éponyme *(Verwirrung der Gefühle : Drei Novellen)* qui contient également *Vingt-quatre heures de la vie d'une femme* et *Destruction d'un cœur*.

Amok (Der Amokläufer) a paru pour la première fois le 4 juin 1922 dans la *Neue Freie Presse* (Vienne). La même année, cette nouvelle donnera son titre au recueil *Amok : Novellen einer Leidenschaft*, chez Insel Verlag, ou figurent aussi *La Femme et le paysage*, *Nuit fantastique*, *Lettre d'une inconnue*, et *La Ruelle au clair de lune*.

Lettre d'une inconnue (Brief einer Unbekannten), publié le 1er janvier 1922 dans la *Neue Freie Presse*, paraîtra cette année-là à la fois en un volume chez Lehmann & Schulze Verlag (Dresde), et dans le recueil *Amok*.

Destruction d'un cœur (Untergang eines Herzens) a paru en 1927 chez Insel Verlag dans le recueil *Verwirrung der Gefühle : Drei Novellen.*

Vingt-quatre heures de la vie d'une femme (Vierundzwanzig Stunden aus dem Leben einer Frau) a paru d'abord le 25 décembre 1925 dans la *Neue Freie Presse*, puis en 1927 dans le recueil *Verwirrung der Gefühle : Drei Novellen*.

TABLE

Composition et mise en pages : Facompo, Lisieux

Imprimé à Barcelone par:
CPI Black Print
octobre 2021

Dépôt légal : novembre 2018

Imprimé en Espagne